全球化中的大国农业

印 度 农 业

李 军 黄玉玺 胡 鹏 著

中国农业出版社

目　　录

第一章 印度概况

第一节 地理环境与自然资源

一、地理位置

"印度"得名于印度河，河名出自梵文 Sindhu（信度），意为"河"，现中文名称译法来自《大唐西域记》，此前称之为"天竺"或"身毒"。印度共和国位于南亚次大陆，我国新疆和西藏与其在东北部和西北部接壤，尼泊尔和不丹在其北部，西北部是巴基斯坦，缅甸和孟加拉国在其东北部和东部，南濒印度洋，西部和东部濒临阿拉伯海和孟加拉湾。领土面积 297.47 万平方千米，海岸线长 5 560 千米，主要由三部分组成：北部的喜马拉雅山区（其中包括海拔 8 598 米的印度最高峰康城章加峰）、中央平原（Indo-Gangetic Plain）以及南部的德干高原（Deccan Plateau）。多条河流发源于或流经印度，如：恒河（Ganges River）、布拉马普特拉河（Brahmaputra River）、亚穆纳河（Yamuna River）、戈达瓦里河（Godavari River）以及奎师那河（Krishna River）。此外，印度河（Indus River）上游的部分河段也位于印度境内。

二、自然资源

（一）水资源

印度大部分地区属于热带季风气候，一年可分为四个阶段，其中，1—2 月为凉季，3—5 月为夏季，6—9 月为雨季，10—12

月为东北季风期。

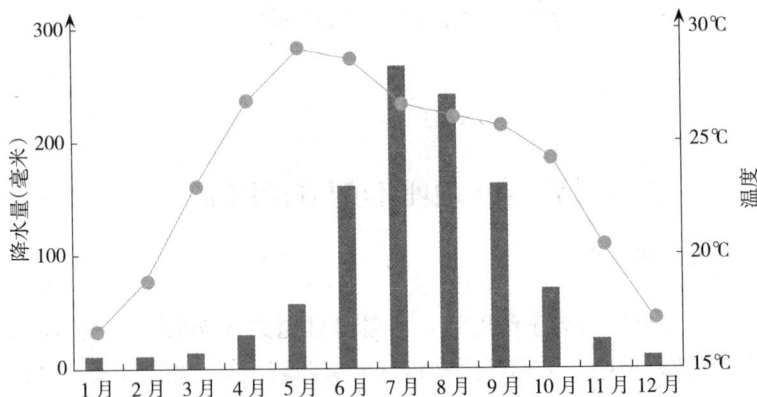

图 1-1　印度 1990—2012 年月均降水量与气温
资料来源：世界银行集团（WBG）。

印度年际降水量变化大，各季节分配不均（表 1-1）。1992—2016 年，年降水量最多为 1 297.3 毫米（1994—1995 年）、最少为 972.8 毫米（2009—2010 年），平均年降水量为 1 150.2 毫米；凉季降水总量最多为 69.8 毫米（2004—2005 年）、最少为 16.2 毫米（2000—2001 年），平均总量为 38.1 毫米，月均量为 19.1 毫米；夏季降水总量最多为 181.5 毫米（2014—2015 年）、最少为 90.3 毫米（2011—2012 年），平均总量为 121.3 毫米，月均量 40.4 毫米；雨季降水总量最多为 999.2 毫米（1994—1995 年）、最少为 689.8 毫米（2009—2010 年），平均总量 866.7 毫米，月均量 216.7 毫米；东北季风期降水总量最多为 187.7 毫米（1997—1998 年）、最少为 64.1 毫米（2000—2001 年），平均总量 117.5 毫米，月均量 39.2 毫米。

表 1-1　印度 1992—2016 年各季节降水量

单位：毫米

年份	雨季 （6—9 月）		东北季风期 （10—12 月）		凉季 （1—2 月）		夏季 （3—5 月）		年度总量 （1—12 月）	
	总量	月均	总量	月均	总量	月均	总量	月均	总量	月均
1992—1993	830.7	207.7	106.5	35.5	37.9	19.0	116.5	38.8	1 091.6	91.0
1993—1994	902.1	225.5	131.6	43.9	44.5	22.3	106.1	35.4	1 184.3	98.7
1994—1995	999.2	249.8	121.5	40.5	53.1	26.6	123.5	41.2	1 297.3	108.1
1995—1996	904.5	226.1	117.8	39.3	37.4	18.7	94.9	31.6	1 154.6	96.2
1996—1997	927.6	231.9	128.0	42.7	21.0	10.5	118.9	39.6	1 195.5	99.6
1997—1998	927.4	231.9	187.7	62.6	44.1	22.1	132.3	44.1	1 291.5	107.6
1998—1999	945.2	236.3	178.8	59.6	28.4	14.2	123.1	41.0	1 275.5	106.3
1999—2000	866.9	216.7	144.7	48.2	43.1	21.6	128.8	42.9	1 183.5	98.6
2000—2001	833.7	208.4	64.1	21.4	16.2	8.1	129.7	43.2	1 043.7	87.0
2001—2002	826.0	206.5	137.7	45.9	35.0	17.5	121.5	40.5	1 120.2	93.4
2002—2003	737.1	184.3	83.4	27.8	53.2	26.6	107.7	35.9	981.4	81.8
2003—2004	947.3	236.8	134.6	44.9	34.5	17.3	161.6	53.9	1 278.0	106.5
2004—2005	779.6	194.9	111.8	37.3	69.8	34.9	124.7	41.6	1 085.9	90.5
2005—2006	879.3	219.8	138.5	46.1	27.8	13.9	139.9	46.6	1 185.4	98.8
2006—2007	886.6	221.7	99.3	33.1	34.3	17.2	112.8	37.6	1 133.0	94.4
2007—2008	936.9	234.2	85.4	28.5	42.6	21.3	115.3	38.4	1 180.2	98.4
2008—2009	873.2	218.3	87.2	29.1	23.6	11.8	91.0	30.3	1 075.0	89.6
2009—2010	689.8	172.5	135.5	45.2	24.6	12.3	122.9	41.0	972.8	81.1
2010—2011	912.8	228.2	153.2	51.1	31.9	16.0	114.4	38.1	1 212.3	101.0
2011—2012	899.9	225.0	65.7	21.9	38.8	19.4	90.3	30.1	1 094.7	91.2
2012—2013	819.5	204.9	100.6	33.5	51.4	25.7	101.9	34.0	1 073.4	89.5
2013—2014	936.7	234.2	149.5	49.8	46.2	23.1	130.0	43.3	1 262.4	105.2
2014—2015	777.5	194.4	85.2	28.4	37.6	18.8	181.5	60.5	1 081.8	90.2
2015—2016	760.6	190.2	72.2	24.1						

资料来源：印度农业部官网。

此外，从降水量偏差比看，印度降水变化也较大。近年来，基本每个季节都会出现降水不足的情况，而由此伴生的旱灾也成为影响印度农业的主要灾种。印度年平均降水量地区差异很大，阿萨姆邦的乞拉朋齐年降水量高达 1 万毫米以上，是世界降水量最多的地区；西部的塔尔沙漠，全年少雨或无雨。北方气温最低为 15℃，南方气温高达 27℃，几乎没有无霜期，全年均可生长农作物，气候资源丰富。

印度的水资源比较丰富，全年降水总量为 39 300 亿立方米，平均降水深度为 1 083 毫米/年。全国 36％的地区年均降水量在 1 500 毫米以上，33.5％的地区为 750～1 150 毫米，其余地区为 750 毫米以下。充沛的雨水和众多的河流为农业生产和农业灌溉提供了有利条件，全国灌溉面积占耕地面积的 32.8％。但近些年来，印度也面临着耗水量增加的困难。印度水源状况尤其令人担忧，因为印度只占全球水源资源的 4％，但是人口占到了 16％。非农及农业的水源需求均大幅增长，各省因农业水源经常引发严重的冲突和矛盾。根据印度中央水源委员会的数据，到 2050 年，印度常年的总耗水量预计将倍增，从 6 340 亿立方米增加到 11 800 亿立方米。据水源部预测，40 年后，印度可供应饮用的人均水量将不到 2001 年的一半。

（二）矿产资源

印度矿产资源丰富，有 84 种主要矿物，包括 4 种燃料矿产，11 种金属矿物，49 种非金属矿物和 20 种次要矿物，拥有云母、煤、铁、铝、铬、锰、锌、铜、铅、磷酸盐、黄金、石油等丰富的资源。其中，云母的产量和储量为世界之首，铝土和煤的产量居世界第五位，云母出口贸易量占世界出口贸易量的 60％。印度有着世界高品位铁矿资源的 10％，铁矿的年产量居世界第 6 位，已达到 6 500 万吨，按现在的开采速度，能够开采 200 多年；印度拥有世界上最高品位的铝土矿，可采储量约为 28 亿吨，占世界储量的 8%，居世界第五位。印度煤的储量相当丰富，各种煤的探明储量为 1 920 亿吨，目前年产 2.5 亿吨，是世界上重要的产煤国之一。除此之外，铜矿、铅锌矿、锰矿储量也较多，铜矿可采储量 4.2 亿吨，铅锌矿可采储量约 2 亿吨，锰矿可采储量 2.3 亿吨。

截至 2008 年，主要资源可采储量估计为：煤 2 533.01 亿吨，铁矿石 134.6 亿吨，铬铁矿 9 700 万吨，锰矿石 1.67 亿吨，锌 970 万吨，铅 238.1 万吨，石灰石 756.79 亿吨，磷酸盐 1.42 亿吨，黄金 68 吨，石油 7.56 亿吨，天然气 10 750 亿立方米。此外，还有石膏、钻石及钛、钍、铀等。印度石油资源贫乏，可开采储量只有 7.6 亿吨，按目前的开采速度，仅可再开采 20 年。此外，印度目前约 85% 的石油消费需进口，天然气储量也只有 6 970 亿立方米，只能维持 20 多年。

（三）动植物资源

印度动植物资源很丰富，盛产稻谷、小麦、玉米、杂粮、小米、薯类、豆类、棉花、麻类、花生、芝麻、油菜籽、甘蔗、烟叶、茶等。其中全球产量排名首位的产品包括：椰子、芝麻籽、香蕉、栗子及牛只；排名第二者为稻米、高粱、生丝、花生、油菜、甘蔗、棉织布、烟、茶叶、云母与牛奶。印度饲养的牲畜和家禽主要是牛、羊、骆驼、猪、马、象、鸡、鸭等。由于宗教信仰的原因，印度牛的数量居世界首位。

印度的森林资源在亚洲各国中较为丰富。森林面积约 7 400 万公顷，居亚洲第二位，仅次于印度尼西亚，占全国国土总面积的 22%，原始森林约占森林总面积的 70%～80%。印度的木材蓄积量达 27 亿立方米，居亚洲第五位，生产多种热带硬木、树脂（紫胶、古尔胶）。印度幅员辽阔，地形多样，土壤、气候也适合多种多样林木成长，因此也是世界上树种最多的国家之一。其中娑罗双树、榄仁树、印度玫瑰木、印度黄檀以及羯布罗香等，不仅为印度所特有，而且因质地细密、坚硬而具有很高的经济价值。印度植物资源约为 3 万种，动物资源 7 万多种。印度森林树种很多，林木的蓄积总量达 27 亿立方米，居世界前列。

印度的海岸线长，专有海洋经济区面积为 200 万平方千米，有 300 万公顷水库，140 万公顷淡海水（半咸水），因此其捕捞业发展潜力巨大。印度 55％～60％的鱼产品来自于海洋。海水生物种类丰富，海洋渔业的发展潜力也很大。海洋渔业年资源量有 390 万吨，每年实际捕捞 240 万吨，近年来每年的出口贸易量在 35 万～40 万吨左右。海产品中，93％用手工、机械化方式捕获，剩余的 7％用远洋船队方式捕获，所以印度渔业资源开发潜力很大。

第二节　国民经济基本状况

印度经济规模位居世界前列。独立（1947 年）后至 20 世纪 70 年代末，印度经济的平均增长率只有 3％～4％，80 年代上升为 5％～6％，目前已进入 8％～9％的快速增长阶段。农业由严重缺粮到基本自给，工业已形成较为完整的体系。1980 年以来的三十余年中，各种产品产出量均有所增加，特别是水泥、成品钢材的增幅最大，分别增加 8.8 倍、7.4 倍；煤炭增加 3.4 倍，原油增加 2.2 倍，发电量增加 5.5 倍，粮食产量也增加了 81％。

印度 1990—2015 年国民经济发展状况见表 1-2。1990 年印度国民生产总值为 3 266.08 亿美元，人均国民生产总值为 375.15 美元，总储蓄占 GDP 的 23.11％。随着 1991 年 7 月全面经济改革，印度放松了对工业、外贸和金融部门的管制，经济保持高速增长，1992—1996 年实现经济年均增长 8.05％。进入 21 世纪，印度启动了新一轮经济改革，经济增速进一步加快。

2004—2005 财年（当年 4 月至次年 3 月，下同）至 2007—2008
财年，GDP 分别增长 7.92%、9.28%、9.26% 和 8.61%。
2008—2009 财年因受全球金融危机影响，增速有所回落，当年
GDP 总额为 11 869.13 亿美元，增速为 3.89%。2010 年的 GDP
增长率最高，为 10.26%，2011 年随即跌落到 6.64%，2013 年
后经济回暖，截至 2015 年底，国民生产总值为 20 953.98 亿美
元，GDP 增长率为 7.56%，在"十二五"规划（2012—2017
年）中，印度将经济增长目标设定为 8.2%，但近四年始终未达
目标。

表 1-2 印度 1990—2015 年国民经济发展状况

年份	国内生产总值 （亿，美元现值）	GDP 年增长 （%）	人均国内生产总值 （美元现值）	储蓄占 GDP 比重 （%）
1990	3 266.08	5.53	375.15	23.11
1991	2 748.42	1.06	309.33	22.35
1992	2 932.63	5.48	323.52	23.42
1993	2 841.94	4.75	307.41	21.83
1994	3 330.15	6.66	353.29	24.10
1995	3 666.00	7.57	381.53	26.08
1996	3 997.87	7.55	408.24	22.82
1997	4 231.61	4.05	424.09	25.74
1998	4 287.41	6.18	421.82	23.46
1999	4 668.67	8.85	451.09	26.74
2000	4 766.09	3.84	452.41	25.00
2001	4 939.54	4.82	460.83	26.84
2002	5 239.68	3.80	480.62	26.42
2003	6 183.56	7.86	557.90	28.26
2004	7 215.85	7.92	640.60	32.75
2005	8 342.15	9.28	729.00	33.66

（续）

年份	国内生产总值 （亿，美元现值）	GDP 年增长 （%）	人均国内生产总值 （美元现值）	储蓄占 GDP 比重 （%）
2006	9 491.17	9.26	816.73	34.96
2007	12 010.72	8.61	1 018.13	40.99
2008	11 869.13	3.89	991.52	36.49
2009	13 238.96	8.48	1 090.36	38.17
2010	16 565.62	10.26	1 345.72	38.22
2011	18 229.90	6.64	1 461.38	35.46
2012	18 289.85	5.62	1 447.45	33.95
2013	18 632.08	6.64	1 456.20	33.92
2014	20 424.39	7.24	1 576.82	33.14
2015	20 953.98	7.56	1 598.26	31.74

资料来源：世界银行集团（WBG）。

一、国民经济的基本结构

印度独立前经历了 200 多年的殖民统治，国民经济落后，具有帝国主义经济、民族资本主义经济、封建经济、个体经济等多种复杂经济成分，经济基础非常薄弱，生产力停滞落后，农业落后，农业劳动人口占 80% 以上。1947 年独立后，印度把加速工业发展、提高农业生产率和实现经济多元化作为经济发展的主要战略目标，并制定及实施了以公民营混合经济和计划经济为中心的一系列经济政策。

印度的产业结构调整机制大致可分为两个时期（任佳，2009）：第一个时期主要是尼赫鲁执政、实施工业化战略时期，第二个时期是印度实行自由化、市场化、私有化、全球化改革开放的时期。第一时期，即 20 世纪 80 年代中期以前，三次产业结构变化明显，特别是实施以重工业为主导的工业化战略和政府直接干预经济，使第二产业得到发展，重工业基础得到加强。1950—1951年度，第二产业占GDP的比重为13.6%，1984—1985年度上升为22.2%，上升近9个百分点。从20世纪80年代中期到2006—2007年度，第二产业占GDP比重上升速度减缓，上升近3个百分点，达到24.7%。第三产业在经济结构中的变动则相对缓慢，直至第二阶段，即80年代中期以后，才开始大幅提升。1950—1951年度，第三产业占GDP的比重为29.5%，1984—1985年度为39.3%，上升了近10个百分点。而从80年代中期以来，即1984—1985年度到2006—2007年度，第三产业占GDP的比重快速上升到54.7%，这一时期第三产业占GDP的比重上升了15个百分点。目前，印度在传统服务业发展的基础上，以保险、信息、商务等现代服务业为主的第三产业飞速发展，逐步实现了结构升级，传统服务业正在向现代服务业转换。

经过近半世纪的努力，虽然经历过1991年财政与外贸双赤字的日益恶化，国际收支严重失衡，债务清偿陷入困境，但印度政府采取改革措施，包括奖励出口、改善公共设施、放宽外商投资限制、降低进口关税及国营事业民营化等，不但促使经济快速复苏，经常账户赤字及通货膨胀情况亦大为改善。近年来，印度政府也认识到制造业发展落后的弊端，大力发展对基础设施依赖相对较低的产业，并取得了不俗的成绩，其汽车零配件制造、生物制药、化工、食品加工在国际市场上的竞争力日益凸现。"十一五"期间，印度GDP的年增长率为9%，其中农业年增长率是4%，工业10%~11%，服务业达到9%~11%。截至2015年底，三次产业占国民生产总值比例为17.05∶29.72∶53.23（%），年增长率分别达到1.25%、7.40%、8.92%（表1-3）。

表 1-3　印度 2001—2015 年农业、工业、服务业年增加值

单位:%

年份	农业增加值		工业增加值		服务业增加值	
	占 GDP	年增长率	占 GDP	年增长率	占 GDP	年增长率
2001	22.92	6.01	25.08	2.61	51.99	6.61
2002	20.70	−6.60	26.17	7.21	53.13	6.74
2003	20.74	9.05	26.01	7.32	53.25	7.89
2004	19.03	0.18	27.93	9.81	53.05	8.28
2005	18.81	5.14	28.13	9.72	53.06	10.91
2006	18.29	7.50	28.84	11.64	52.87	5.23
2007	18.93	2.25	34.67	7.01	46.40	12.10
2008	18.44	0.09	33.78	4.44	47.78	11.58
2009	18.39	0.81	33.15	9.16	48.46	11.55
2010	18.88	8.60	32.43	7.55	48.69	9.95
2011	18.53	5.02	32.50	7.81	48.97	6.59
2012	18.25	1.50	31.73	3.57	50.02	8.14
2013	18.33	4.19	30.81	5.03	50.86	7.84
2014	17.39	−0.25	30.01	5.88	52.60	10.34
2015	17.05	1.25	29.72	7.40	53.23	8.92

资料来源:世界银行集团（WBG）。

农业:印度是农业大国,主要农产品包括:稻米、小麦、牛奶、油料、甘蔗、茶叶、棉花和黄麻等。全国耕地面积约 1.6 亿公顷,人均耕地面积约 0.17 公顷。森林面积 5 300 万公顷,森林覆盖率为 16%。印度是世界第一大产奶国,牛、山羊、绵羊、水牛头数居世界第一,也是重要的产棉国和产茶国。近年来,农业增加值占 GDP 的比重呈下降趋势。从 2001 年的 22.92% 下降到 2015 年的 17.05%,除 2003 年、2007 年、2010 年有小幅增长外,其他各年均下降。农业增加值年增长率波动较大,2002 年和 2014 年出现负增长,分别为 −6.60% 和 −0.25%,2004

年、2008 年和 2009 年增长率低于 1%，而 2001 年、2003 年、2005 年、2006 年、2010 年、2011 年又出现 5% 以上的增长，甚至达到 9.0% 的高增长。自 2010 年农业增加值年增长率开始下降，直到 2015 年开始增长，增长率为 1.25%。

工业：近年来，印度政府开始逐步重视工业发展，工业走上快速发展的轨道，是世界第九大工业国，主要工业有制造业、电力、矿业、纺织、食品、精密仪器、汽车制造、软件制造和航空等行业。近年来，工业增加值在 GDP 中的比重经历了先增后降的趋势，2001 年为 25.08%，2007 年达到 34.67% 的峰值，此后又回落至 2015 年的 29.72%。从 2002 年到 2011 年，工业产值进入了快速增长期，除 2008 年受世界经济危机影响外，工业增加值年增长率均超过了 7%，2004—2006 年连续三年达到 9% 或以上，2006 年甚至达到了 11.64%。但 2012 年工业增加值急剧又回落至 3.57%，后再次回到 5% 以上，2015 年达到了 7.40%。

制造业成为近些年印度经济的亮点，产值从 2004—2005 年的 45 322.5 亿卢比增加到 2009—2010 年度的 105 180.3 亿卢比，2011—2012 年度达到 140 998.6 亿卢比。采矿业与采石业同期为 8 502.8 亿卢比、13 982.8 亿卢比、22 392.2 亿卢比；水电气供应同期为 6 267.5 亿卢比、11 252.2 亿卢比、13 600.2 亿卢比；建筑业同期为 22 885.5 亿卢比、50 219.0 亿卢比、67 073.5 亿卢比。其中制造业增速最为显著，2014—2015 年度达到 184 554.1 亿卢比，2015—2016 年度 199 433.0 亿卢比，2004—2015 年均增速为 12.97%。此外，IT、纺织、珠宝、钢铁、化工等部门发展也很快，政府目前力图不断提高印度制造业的竞争力。

服务业：印度的旅游业和服务业也较发达，在国民经济中占有相当的比例。旅游业是印度政府重点发展产业，也是重要就业部门，提供两千多万个岗位。入境旅游人数近年来逐年递增，旅游收入不断增加。主要旅游点有阿格拉、德里、斋浦尔、昌迪加尔、那烂陀、迈索尔、果阿、海德拉巴、特里凡特琅等。服务业是印度经济增长的最主要动力，使用的劳动力占全国总量不足1/3，却占国内生产总值的50%以上，增长值占GDP的比重从2001年的51.99%增至2015年的52.23%。增长势头迅猛，十五年内有九年增长率在8%以上。

2004—2005年度至2009—2010年度服务业产值分别为157 625.5亿卢比、179 885.9亿卢比、209 009.5亿卢比、241 529.8亿卢比、286 010.9亿卢比和333 297.6亿卢比，2011—2012年度达到464 111.8亿卢比。其中，酒店餐饮业同期产值分别为47 730.3亿卢比、56 692.9亿卢比、67 534.7亿卢比、78 324.7亿卢比、89 539.7亿卢比和100 854.8亿卢比；运输、仓储、通讯业同期产值分别为25 041.7亿卢比、27 967.7亿卢比、32 303.2亿卢比、36 679.7亿卢比、41 544.8亿卢比，和47 692.8亿卢比；基本由政府管理的金融、保险、房地产的产值同期为43 717.4亿卢比、49 310.2亿卢比、58 659.5亿卢比、69 146.4亿卢比、84 536.9亿卢比和96 218.6亿卢比。近年来，印度服务业增加值增速迅猛，占GDP的比重也越来越高，2015—2016年度为653 648.2亿卢比，服务业在印度经济发展中的地位也日趋明显。

二、印度的人口与就业

（一）印度人口构成

印度国内民族构成复杂，有10个大民族和几十个小民族。其中，印度斯坦族46.3%，泰卢固族8.6%，孟加拉族7.7%，马拉地族7.6%，泰米尔族7.4%，古吉拉特族4.6%，坎纳达族3.9%，马拉雅拉姆族3.9%，奥里雅族3.8%，旁遮普族2.3%。印度每个邦、每个民族都有自己的语言，登记注册的语

言和方言有千余种，而英语和印地语并列为官方语言。其中，主
要的语言有印地语（41%）、孟加拉语（8.1%）、泰卢固语
（7.2%）、马拉地语（7%）、泰米尔语（5.9%）、乌尔都语
（5%）、古吉拉特语（4.5%）、坎纳达语（3.7%）、马拉雅拉姆
语（3.2%）、奥里雅语（3.2%）、旁遮普语（2.8%）、阿萨姆语
（1.3%）、迈德里语（1.2%）、其他语言（5.9%）。宗教情况比
较复杂，约有 80.5% 的居民信奉印度教、13.4% 的居民信奉伊
斯兰教、2.3% 的居民信奉基督教、1.9% 的居民信奉锡克教、
0.8% 的居民信奉佛教、0.4% 的居民信奉耆那教。由于印度各民
族分布以及历史、宗教、文化等原因，民族问题显得异常复杂，
矛盾时常出现。在印度的各民族中，表列种姓和表列部落的人口
社会地位最低，绝大部分生活在贫困线之下，没有土地和权利，
只能在农村当佃农与雇农，在城市从事洗衣、制革、屠宰、清扫
等“不洁的工作”，不能进入寺庙、学校等公共场所。虽然印度
宪法规定不得对其进行歧视，并给予其公民权利，但现实生活中
并非如此。根据印度人口普查，全国表列种姓和表列部落人口占
总人口的 24%，也就是说约有 1/4 的人口得不到平等的就业机
会，达不到应有的生活水平，这严重影响了印度社会经济的
发展。

印度是世界第二人口大国，总人口在 2000 年已经突破 10
亿。据联合国粮食及农业组织（FAO）数据显示（表 1-4），
2015 年，印度人口 13.11 亿，男性 6.8 亿、女性 6.3 亿，农村
人口 8.6 亿，农业人口 6.0 亿。另据 Index Mundi 数据显示，截
至 2014 年 6 月，人口增长率 1.25%（出生率 19.89‰，死亡率
7.35‰，净迁移率 -0.05‰），年龄中值 27.3 岁（男性 26.7 岁，
女性 28 岁），其中，0～14 岁人口占 28.5%（男性 1.87 亿，女
性 1.65 亿），15～24 岁人口占 18.1%（男性 1.18 亿，女性
1.05 亿），25～54 岁人口占 40.6%（男性 2.58 亿，女性 2.43

亿），55～64 岁人口占 7%（男性 0.43 亿，女性 0.43 亿），65
岁及以上人口占 5.8%（男性 0.34 亿，女性 0.38 亿）。按国际
划分标准，印度当前人口处于"年轻型"时期。虽然印度的生育
率随着社会经济的发展而自然调节下降，但庞大的基数仍使印度
面临着巨大的人口增长压力，FAO 数据显示，到 2023 年，印度
人口数量将超过中国，达到 14.3 亿。

表 1-4　印度 1960—2015 年人口变化情况

单位：亿人，%

年份	总人口	男性	女性	农村人口	城市人口	人口增长率
1960	4.50	2.32	2.18	3.69	0.81	1.95
1965	4.98	2.57	2.40	4.04	0.94	2.08
1970	5.54	2.87	2.67	4.45	1.08	2.21
1975	6.22	3.22	3.00	4.90	1.32	2.32
1980	6.97	3.61	3.36	5.38	1.60	2.30
1985	7.82	4.05	3.77	5.91	1.91	2.25
1990	8.71	4.51	4.20	6.47	2.24	2.07
1995	9.61	4.97	4.63	7.01	2.59	1.92
2000	10.53	5.46	5.08	7.54	3.00	1.77
2005	11.44	5.93	5.51	7.98	3.47	1.58
2010	12.31	6.38	5.93	8.33	3.98	1.37
2011	12.47	6.47	6.01	8.39	4.08	1.33
2012	12.64	6.55	6.08	8.46	4.18	1.29
2013	12.79	6.63	6.16	8.52	4.28	1.25
2014	12.95	6.71	6.24	8.57	4.38	1.23
2015	13.11	6.80	6.32	8.62	4.49	1.21

资料来源：联合国粮食及农业组织（FAO）。

联合国经济和社会发展部人口司数据显示，20 世纪 80 年代
以来，印度人口出生率和死亡率逐渐下降，人口预期寿命逐渐增

长。其中出生率从 1960—1965 年的 40.4‰，下降到 1980—1985
年的 34.5‰，再到 2010—2015 年的 21.3‰；死亡率同期从
19.8‰降至 11.8‰，再到 7.9‰；婴儿死亡率同期从 140‰下降
到 95‰，再到 48‰；预期寿命同期从 44.1 岁增至 56.2 岁，再
到 66.0 岁。与此同时，印度居民生活水平也不断提高。印度人
类发展指数在 1980 年为 0.345，至 2005 年增长到 0.507，再到
2012 年增至 0.554。然而，与世界其他国家相比仍有一定差距，
如 2012 年印度人类发展指数排名是第 136 位，低于南亚地区和
全球的 0.558 和 0.694。

此外，印度还面临着严重的社会贫富差距问题。1993—1994
年低于贫困线的人口占 35.97%；农村地区总体贫困比例为
37.3%，到 2004—2005 年下降为 28.3%。城市人口同期对应比
例分别是 32.4% 和 25.7%。虽然近些年来中产阶级人数逐年增
加，但仍有大批人口处于贫困状态。在世界银行将贫困人口衡量
标准从原来的每天消费 1 美元提高到 1.25 美元后，印度贫困人
口比例从 2005 年的 24.3% 提高到 41.6%，数量从原先的 2.67
亿增加到 4.56 亿，占全球贫困人口总数的 1/3（印度官方规定，
城市居民月收入少于 6.78 美元，农村居民少于 6.32 美元为贫
困）。

（二）印度劳动力就业

独立 50 年来，印度经济发展取得了令人瞩目的成就，印度
经济发展的目标之一，是消除失业和向失业者提供有报酬的就业
机会。然而，50 年来的发展历程表明，这一目标未能实现。
2005 年，印度官方公布的失业率为 6%，但有关分析认为实际上
不充分就业人数约占整个就业人数的 6.5%，特别是女性就业比
例更低，仅相当于男性就业率的一半。根据印度国家样本调查组
织 NSSO 的数据，1999—2000 年度至 2004—2005 年度印度的就
业较 1993—1994 年度至 1999—2000 年度有了显著增长。就业机

会从 2 400 万增加到 4 700 万，就业增长率从 1.25% 增加到
2.62%。但由于劳动力以 2.84% 的比例增长，失业人口却呈增
加趋势，失业率从 1999—2000 年度的 7.31% 增加到 2004—2005
年度的 8.28%，经过多方努力，到 2009—2010 年度又降
至 6.6%。

　　15~29 岁年龄区间段，印度女性劳动力的失业率大体上高
于男性（表 1-5）。以 2009—2010 年度为例，印度农村女性失业
率是 12%，比男性高 1.1%；城市女性失业率 18.9%，比男性
高 8.4%。此外，除 2009—2010 年度外，城市人口失业率均高
于农村人口失业率。

表 1-5　印度 15~29 岁人口失业情况

单位：%

性别	地区	1993—1994 年	1999—2000 年	2004—2005 年	2009—2010 年
男性	城市	13.7	14.7	13.7	10.5
	农村	9.0	11.1	12.0	10.9
女性	城市	21.2	19.1	21.5	18.9
	农村	7.6	10.6	12.7	12.0

　　资料来源：印度政府"十二五"规划（2012—2017 年）。

　　另据印度"十二五"规划（2012—2017 年）数据显示，
2009—2010 年度组织部门就业比重比 2004—2005 年度增加
16%。然而，组织部门就业的增长主要得益于非正式雇工。组织
部门的非正式雇工从 2004—2005 年度的 46.4% 增长至 2009—
2010 年度的 57.8%，无组织部门没有明显变化。1999—2000 年
度有 91% 就业在无组织部门，而到 2009—2010 年度则上升至
93%。近年来，非正式雇工逐渐从农业领域流向非农业领域，从
无组织部门流向组织部门，值得注意的是，组织部门的正式雇工
并没有明显增加。

从就业的部门结构上看，近年来，农业占就业人口比重逐年下降，而制造业、非制造业和服务业占就业人口比重逐年上升。目前，印度一半以上的就业人口集中于农业，约五分之一集中于制造业和非制造业，约四分之一集中于服务业。

近年来，印度工资水平有较高的增长。印度"十二五"规划数据显示，农村地区男性长工和短工的工资分别增长了51％和56％。工资水平的增长也带动了消费的增长。从1993—1994年度到1999—2010年度，印度农村和城市地区消费水平分别增长了34％和17.4％。目前印度工资水平在男女性别、城乡地区、公共事业和非公共事业方面的差距仍然很大。

近年来，印度政府为促进就业推行了诸多政策，其中主要有：全国农村就业保障计划（NREGS）、乡村自我就业计划（SGSY）、国家以工代赈工程（National Food for Work Programme）和市镇就业计划（Swarna Jayanti Shahari Rojgar Yojana）等。

全国农村就业保障计划：第一阶段于2006年2月开始在全国200个最落后的地区实施，2007—2008年扩展到330个地区，3.39亿户家庭得到就业，在330个地区总共提供了143.5亿个劳动日的就业。2008—2009年扩展到所有地区，实际上在2008年4月就已覆盖所有地区。自2006年实施以来，约250亿美元已经直接作为工资支付给农户。尽管这项政策取得了一定的效果，但也受到质疑，一些经济学家反对集中在少数地区或街区的政策。2014年，新一任农业部部长上任后，宣布继续执行这个计划，但预算已被大大缩减了。

乡村自我就业计划：1994年4月开始实施，通过商业信贷和政府资助的组合贷款方式，提供小额资金扶持给生活在贫困线以下的家庭，帮助其形成可以产生收入的资产。资助的行业主要是手工加工业，可以带动大量劳动力就业，帮助贫困人口脱贫致富。资助的方式主要是自我帮助小组，通过贫困人口的自我组织实现。妇女是自我帮助小组的主要成员，他们通过勤俭持家，节省零用钱，并将其储存在小组的集体账户中，以解决不时之需，或是农业生产的资金周转问题。

国家以工代赈工程： 2004 年 10 月 13 日，在全国 150 个落后县实施，主要区域是部落民的聚居地。工程目标是，符合标准的受益家庭中，政府向至少一人提供一年 100 天的就业机会，并保证其最低标准工资。以工代赈工程所提供的工作种类，主要是能够增加社区资产的劳务。

市镇就业计划： 一个全新统一的中央资助计划，以取代昔日城市扶贫的尼赫鲁就业计划（NRY）、总理综合消除城市贫困计划（PMIUPEP）和城市基本服务方案（UBSP）。该项目提供针对城市贫困人口、失业和未充分就业人口的有报酬的就业；建立企业的就业制度与工资规定；根据城市基本服务方案创造适当的社区就业模式。

第二章　农业与印度经济

第一节　印度农业经济基本状况

　　印度是亚洲耕地面积最大的国家，虽然其陆地面积不及中国的三分之一，但其地形平坦的平原面积广大，耕地面积占全国的一半以上，将近三分之一耕地处于雨量充沛的地带，中部广阔的恒河平原地区土层深厚，土壤肥沃，为印度发展农业打下了良好基础。印度农业经济多样性明显，由传统乡村农耕、现代农业、手工艺以及现代行业和服务业所组成。农业在国民经济中非常重要，虽然近几年占 GDP 比重有下降趋势，但其仍然是最大的经济支柱。近 50 年来，印度政府十分重视农业生产，为农业发展提供了强有力的财政支持，农业生产发展迅速，基本实现了粮食自足。

　　印度农业生产结构以种植业为主，种植业又以粮食作物为主，主要农产品有稻米、小麦、油料作物、甘蔗、茶叶、棉花和黄麻等。印度是仅次于中国的世界第二大小麦、大米生产国和砂糖、花生与淡水鱼产地，世界第三大烟草生产国，世界第四大粗粮生产国，世界上最大的牛奶、椰子、生姜、姜黄、茶叶与黑胡椒的生产国，拥有全世界最多的豢养牛数目，人参果与芒果产量占世界首位。1961—2015 年，印度农业增加值从 157.83 亿美元（现值）增长到 3 230.56 亿美元，增加了约 14.1 倍，年均增长率为 5.75%。但增长率起伏较大，其中 18 个年度出现负增长，19 个年度增长率超过 5%，6 个年度增长率超过 10%。此外，印度农业增加值占 GDP 的比重呈稳步下降趋势，从 1961 年的 41.77% 降至 1995 年的 26.26%，再到 2015 年的 17.05%。1961—2015 年印度农业增加值增长率变化情况见图 2-1。

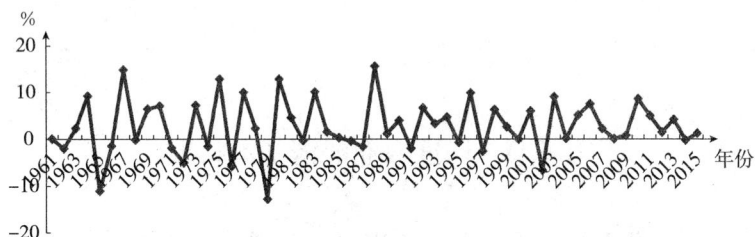

图 2-1　印度 1961—2015 年农业增加值增长率变化
资料来源：世界银行集团（WBG）。

从 2014—2015 年度农业与相关行业的年均国内生产总值情况看（图 2-2），在印度 33 个一级行政区中，北方邦占到 13.49%，是印度最主要的农业区，其次是中央邦和西孟加拉邦，这三个行政区的农业生产总值占印度全国的 31.43%，加上马哈拉施特拉邦、拉贾斯坦邦和安得拉邦，六个行政区占印度农业生产总值的 53.79%，其余的 27 个行政区农业生产总值不到全国的一半。

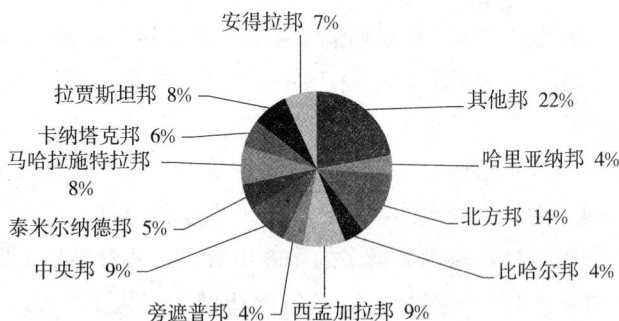

图 2-2　印度 2014—2015 年度主要邦农业及相关部门国内生产总值与比重
资料来源：新德里中央统计局。

印度农业经济发展迅速，但发展过程中也存在一些问题（杨东群等，2007），如：现代农业基础设施落后，农产品加工滞后，农民收入较低，农村贫富差距较大，地域发展不均衡等。由于缺乏储藏和加工设施，谷物、水果、蔬菜收获后的损失非常大，损失率达到 25%～30%，农产品加工率仅为 2%，农民难以通过提高农产品附加值的方式增加收入。70% 的人居于农村，无地人口占农业人口的 40%，南北、城乡之间收入、消费差距大，印度南方发展明显快于北部，城市发展明显快于农村。印度农村贫富差距明显，10% 的最贫困农民每月人均消费仅 6 美元，5% 最富裕农民人均月消费在 26 美元以上。

第二节　农业对国民经济的贡献

作为世界上最大的农业经济体之一，印度农业部门（包括相关行业）在 GDP 中约占 16%，在出口收入中约占 10%。此外，它为 52% 的劳动力提供了就业机会，为印度国民的食物和生计的安全提供支柱，为印度国家经济的增长和社会变革提供了大力支持。

研究显示（宋志辉，2009），在 1991 年以前，印度农业若是增长缓慢，同期的国民经济增长速度也会相应降低。1955—1956 年，印度农业减产 0.8%，尽管同期的工业总产值增长了 11.2%，但国民净产值仅增长 2.6%；1965—1966 年度、1972—1973 年度、1979—1980 年度，印度发生了较为严重的自然灾害，农业减产十分严重，经济增长较缓慢且物价上涨幅度加大。

印度中央统计局数据显示，2008 年 7—9 月，受金融危机影响，GDP 增速从 2007 年同期的 9.3% 下降到了 7.6%，其中农业从 4.7% 下降到了 2.7%。世界银行组织数据显示，2008 年印度 GDP 年增长率从 2007 年的 9.8% 下降至 3.9%，而农业增加

值年增长率亦从 2007 年的 5.8% 下降至 0.1%。2008 年后，印
度经济发展迎来了一次小高潮，2010 年 GDP 增长率达到
10.3%，成为印度近五十年最高的一次；农业增加值增长率也达
到了 8.6%，继 2003 年以后首次突破 8%。2011 年后，印度经
济稳步增长，随着全球经济一体化的发展，印度难以避免产业转
型升级的挑战，否则后续经济增长乏力，传统农业也不例外，要
逐步实现农业现代化。近几年印度农业的表现并不能令人满意，
农业增加值增长率持续处于低位，2014 年出现了十三年以来的
首次负增长，2015 年也仅为 1.2%，与同期 GDP 增长率 7.6%
相去甚远。

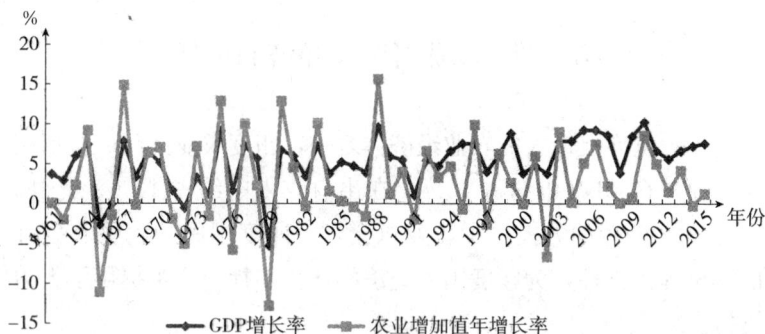

图 2-3　印度 1961—2015 年 GDP 年增长率与农业增加值增长率变化
资料来源：世界银行集团（WBG）。

　　农业是经济发展的基础，尤其是对于耕地大国的印度而言，
作为发展中国家，农业辅助工业发展，为国民经济发展做出了巨
大的贡献，在工业发展的同时，不应忽视农业的发展。农业在经
济发展中的作用主要体现在四个方面：一是提供了人类赖以生存
的物质资料，二是解决了剩余劳动力的就业问题，三是拉动需求
刺激经济增长，四是为工业发展提供原材料。

　　农业发展解决粮食危机：经过独立初期的土地改革、"绿色
革命"、"白色革命"和"蓝色革命"以及 21 世纪以来实施的

"第二次绿色革命"等一系列措施,印度农业获得巨大发展,为经济发展作出巨大贡献。在粮食安全问题上,实现了粮食自给,解决了十几亿人口的吃饭问题。农业不仅是印度人民生活的基础,而且是国民收入的重要来源。

农业部门吸收众多劳动力:独立以来,印度农业部门在吸收劳动力方面贡献巨大,1951 年农业吸收劳动力的比重为 72.1%,1961 年为 72.3%,1971 年为 72.1%,1981 年为 66.7%,随着城镇化进程的推进,这一比重逐渐减小,2009 年为 52.85%,但与发达国家相比,这一比例是非常高的。印度农业吸收了国内一半的劳动力,在一定时期内,农业仍将是印度最大的就业部门。

农产品贸易促进经济发展:在 20 世纪 80 年代以前,农产品长期占出口总额的 40%左右,若加上以农产品为原料的相关制成品,这一比例更是高达 70%左右,极大地促进了印度对外贸易的发展。近年来印度农产品贸易规模不断扩大,2015 年食品出口总额为 309.9 亿美元,占商品出口额的 11.6%,且印度农产品贸易结构不断优化,不断打破贸易政策的限制,保持了出口大国的稳固地位。

农业是工业发展的基础:印度 80%左右的轻工业原料主要来自经济作物,棉纺织、麻纺织、制糖、烟草、制茶、榨油、橡胶、制革和食品加工等工业直接依靠农业提供原材料。独立初期,直接依靠农业提供原材料的工业产业约占全部工业产业的50%。近年来,印度建立了钢铁、机械、汽车等大型工业,又发展了电子等新兴工业,使得农业对工业的重要性相对减弱。但农业依然是工业发展的基础,由于制造业发展迅速,特别是以农业为原料的产业发展迅速,印度农业的原料贡献在国民经济中的比例越来越大,农业的丰歉直接影响这些工业的发展。

第三节　农业行政管理结构

印度政府农业主管部门是农业部和消费者事务食品与公共分配部，由 4 个下属机构组成，即农业与合作局、农业研究与教育局、畜牧业与乳制品业局、食品加工业局。

一、农业部

印度农业部的演变最早可以追溯到建国初期，较早的是 1951 年农业部与食品部的合并，成立食品农业部。1956 年又分成两个部；1957 年再次合并，成立农业部，下设食品局和农业局。1958 年 12 月，合作方面的职能部门从农业局分出成立合作局，隶属社会发展合作部（目前农村土地的主管部门——农村发展部的前身）；与中央和邦仓储公司有关的工作并入食品局。1966 年社会发展和合作部合并到农业部，成立食品、农业、社会发展与合作部，增加了社会发展局和合作局。1971 年更名为农业部，设四个局：农业局、食品局、社会发展局、合作局。1973 年在农业部组建了农业研究和教育局，其职能主要包括：基础研究，教育及全国的土壤和土地利用调查。

1974 年农业部进行重组，更名为农业和水利部（合作局转出）。设五个局：农业局、食品局、农村发展局（原社会发展局）、农村研究和教育局、水利局。其中农业局的职能包括：农业生产，农业研究、教育和发展，畜牧业、渔业和林业，农业经济和统计，土地垦荒，土壤保护。水利局的职能包括：水利管理、灌溉、洪水控制等，各邦间水争端法管理，中央水利委员会等。此时的农业和水利部其职权是历史上最大的，管辖着土地、森林、水、鱼、牲畜等及相关产业，此后的管理向分散化发展。

1979 年农业和水利部再次调整，农村发展局独立出来成立了单独的农村再建设部，负责农村土地管理。1980—1981 年，与小水利、中央地下水委员会、控制地区发展有关的工作从农业和水利部转到新成立的水利部（目前水资源部的前身）。余下部分更名为农业部，下设三个局：农业合作局、食品局、农业研究和教育局。1983 年食品局从农业部转出，成立食品和国民供应部。1985 年 1 月，农村再建设部与农业部合并，成立农业和农村再建设部。下设三个局：农业合作局、农业研究和教育局、农村发展局。同时，农业与合作局的林业方面的职能转到新成立的环境和森林部，包括国家森林政策、农村地区的林业发展、与森林管理的有关事务、印度森林服务、野生动物保护。国家土地利用和保护委员会进入农业与合作局。

农村发展局增加了下列职能：农村就业、工资或收入、培训等。1985 年 9 月，该部更名为农业和农村发展部。同时增设了一个新局——肥料局（原农业合作局的肥料处与化学和石油化工局的一部分合并而成）。该局的职能是肥料生产等。农业和农村发展部下设四个局：农业合作局、农业研究和教育局、农村发展局、肥料局。1986 年成立食品加工工业部。原农业与合作局的食品加工部分（肉、鱼加工）的职能转到该部。1990 年，被伤害动物保护项目转到环境与森林部。1991 年农业和农村发展部再次重组，成立新的畜牧业和乳制品局。农业和农村发展部下设五个局：农业合作局、农业研究和教育局、农村发展局、肥料局、畜牧业和乳制品局。1991 年 6 月，肥料局转出，成为新成立的化工和肥料部的一部分。同时农村发展局从农业和农村发展部分离，组成新的农村发展部（1995 年 3 月，农村发展部更名为农村地区与就业部，1999 年 4 月又改称农村发展部）。农业和农村发展部改称农业部。下设三个局：农业合作局、农业研究与教育局、畜牧业和乳制品局。

二、消费者事务食品与公共分配部

国家消费、食品与公共分配部是印度中央政府负责全国粮食工作的主管部门。其主要职责是：负责制定和执行全国粮食收购、仓储、调拨、分配、进出口等方面的政策和规定；负责管理中央储备粮；负责建设公共分销系统并特别关注贫困人口的粮食供应；负责管理粮食补贴；负责食糖、食用油等居民生活必需品的管理等。为履行上述职能，其建立和管理三大公司，即印度粮食公司（FCI）、中央仓储公司（CWC）和印度食用油有限公司（HVOC）。印度粮食公司具体负责粮食收购、储存、分配和进出口等有关政策的实施。

印度粮食公司：成立于 1964 年，是印度主要的粮食机构，也是世界上最大的食品连锁组织之一，总部在新德里。公司是由国家消费食品与公共分配部直属管理的国有独资公司，完全由中央政府控制。主要职责是控制全国的粮食贸易、管理国家粮食储备、保证国家粮食安全，具体包括：以保护价收购农民粮食、稳定粮食市场和价格，掌握和控制部分中央粮源（中央池），并以较低的价格供应低收入居民口粮以及为政府实施的社会福利项目提供来源，组织粮食的进出口等。公司的管理方式是垂直管理，实行五级管理体制：国家粮食公司——大区分公司（5 家，员工751 人）——邦分公司（19 家，员工 7 346 人）——地区分公司（173 家，员工 33 258 人）——直属粮库（2 303 个，员工 19 940人）。注册资本 250 亿卢比，实收资本 226 亿卢比，全部由国家投资构成。

印度茶叶局：属于政府机构，不是行业协会，全印度的茶业都归印度茶叶局来管理。印度政府把茶叶产业作为国家农业经济发展的重要支柱产业，并采取各种有效的措施发展茶叶经济。印度的茶叶生产实行许可证制度，所有印度企业生产的茶叶质量得到政府的认可，才能得到印度茶叶局颁发的"印度茶"这一标识。印度茶叶局统一规范茶产业，运用 LCD 红外遥感技术区分茶叶品质、等级，为茶叶品质鉴定、价值价格认定、占领市场创造了良好条件。茶叶企业的产品必须通过相关茶叶品质认证机构的认证才能形成品牌。

印度香料局：建立于 1987 年，是原豆落局和香料出口促进理事会合并而来，主要任务是推动印度香料生产和加工业，以及国内外市场的发展，并研究豆落、香草兰的栽培技术、采后加工技术以及产品质量的提高等。

印度国家乳制品发展委员会：是由印度政府建立的机构，建立该机构的目的是在全国范围内制定并实施乳品发展计划，以促进乳品业、农业品和相关产业的发展，并使其沿着合作模式的路线发展。印度国家乳制品发展委员会是一个法人实体，而且根据印度国民议会颁布的法案（1987 年颁布的国家乳制品发展委员会法案）规定，它具有政府机构的职能。

烟草委员会：是在商业部及印度政府领导下的一个农产品委员会，成立目标是全面发展印度烟草业。烟草委员会除了安排银行以几乎可忽略不计的利率提供作物贷款之外，还帮助农民获得加工等所需的关键投入物资。它制定印度烤烟型弗吉尼亚烟叶的生产政策，对烤烟型弗吉尼亚烟叶的生产进行规范。还在竞争、透明的环境下对烟农们销售的烤烟型弗吉尼亚烟叶进行拍卖，与印度中央烟草研究院紧密合作，为烟农提供 GAP 方面的建议，以生产出优质烟草。在出口领域，烟草委员会采取各种出口推动措施，以维护印度烟叶与烟草产品的现有市场，并开拓新市场。烟草委员会主席由印度中央政府（印度政府）任命。

印度食品监管：长久以来，食品监管工作一直由农业部、农产品加工业部和消费者事务部等多部门共同实施。通过体制改革，印度制定了《印度食品安全及标准法》（草案），法案规定将设立印度食品安全及标准的权力机构，由相应的权力机构统一负责全国的食品监管。

印度农业研究委员会：印度农业科研系统的中央一级机构。成立于 1929 年，总部设在海德拉巴。由农业部农业研究和教育司领导，主席和总干事分别由部长和司长兼任。其任务是在农业、牧业和渔业科研、教育和推广事业等方面起领导和协调作用，为政府提供咨询，并进行国际学术交流。下设农业、兽医、乳品、水稻、棉花、黄麻、甘蔗、园艺、渔业、农业工程等 38 个研究所，均以应用基础研究为主；此外还有 11 个国家研究中心以及水稻、小麦、豆类作物、油料作物和旱地农业等 5 个科研项目指导委员会。农研会支持和指导 23 所农业大学，负责全印度的农业协作研究项目。此外，它还有全国性的推广系统，通过"国家示范计划""实用研究项目""从实验室到田间计划""农业科学中心"等将科研成果直接送往农村。目前已接近世界先进水平的科研项目有水稻和小麦育种、杂交棉花、旱地农业、水管理、原子能在农业上的应用、搜集和分配动植物遗传资源等。

第三章 印度农业概况

第一节 印度农业的发展历程

一、独立前的印度农业

印度是传统的农业国家，长期秉行以农立国的政策。早在公元前3000年左右，生活在西北部印度河流域的达罗毗荼人就已知使用锄头、镰刀、犁和耕畜来从事农业生产，他们在印度河谷种植小麦、大麦、甜瓜、胡麻等，是世界上最早栽培棉花的人。公元4世纪笈多王朝，印度农业有了进一步的发展，铁制农具被广泛使用，并采取在不同的土地种植不同的作物、实行轮作制、兴修水利、扩大耕地面积、增加施肥等措施来提高农作物的产量。畜牧业和家禽饲养业也有较大的发展，农作物的种类不断增加。据印度有关历史文献记载，当时的农作物多达几十种，其中粮食作物有水稻、小麦、大麦、绿豆；经济作物有棉花、大麻、亚麻、芥子、甘蔗等；除此之外，还有各种蔬菜和水果，如黄瓜、萝卜、葱、胡椒、芒果、香蕉、甜瓜、桃、杏等。但长达两千多年的封建社会严重阻碍了印度经济的发展，印度农业的优势也渐渐丧失，由一个先进发达国家变为落后国家。

1757年英国占领印度后，在近200余年的统治期间，印度农业发展十分迟缓，其中的原因很多，但英殖民统治者力图将印度建立成为其工业原料基地而大力推行经济作物种植的经济政策是主要原因，因农业失败而引发的频繁的饥荒更是加剧了印度农民贫困化的进程。据统计，1765—1858年东印度公司统治时期印度发生了 12 次饥荒和 4 次大萧条，1860—1908 年的 49 年间，印度爆发了 20 次饥荒，1943 年爆发的孟加拉大饥荒死亡人数达 350 万人。1900—1947 年饿死 2 600 余万人。20 世纪三四十年代，印度由粮仓演变成为举世闻名的"饥饿之国"。印巴分治加重了印度农业的落后局面，由于印巴分治，使印度灌溉面积从 21.6% 降到独立后的 17.6%，农业落后局面非常突出（金永丽，2006）。独立时，印度农业平均增长率仅为 0.37%，农业产值在国内生产总值中占 52.2%，全国 78% 的劳力用于农业，全国粮食产量也只有 50 万吨。其中，1891—1947 年的粮食平均增长率仅为 0.11%，而独立前的 30 年，增长率仅为 0.03%（孙培均、刘创源，1990）。1872 年的统计调查显示，印度 99.3% 的人口居于乡村，55% 的人口依赖农业为生，到 1901 年升至 68%，1931 年更是升至 72%（Dandekar，1994）。乡村的经济以农业为主，与外界隔离并且自给自足，农作物为纺织业、食物加工业和工艺品业提供原料。

二、印度农业的"绿色革命"

1947 年独立后，为改变印度农业面貌，发展农业现代化成为尼赫鲁政府面临的重要历史使命。为此，尼赫鲁及同僚制定了印度农业现代化的四大目标。一是增加农作物的产量，以保证粮食供给和满足工业化的需要；二是增加农业的就业机会，特别是为农村中最贫困阶层创造提高收入的机会；三是减轻人口对土地的压力，剩余劳动力应从农业部门逐渐转移到第二、三产业部门；四是减轻农村地区的收入不均。为了实现四个目标，印度政府制定了农业发展战略，主要以制度改革为主，核心内容为土地改革，包括三个方面：废除中间人制度、规范租佃制、实行土地的最高限额（吴永年，2006）。

从印度政府采取的政策倾向看，当时农业政策的重点是土地改革和建设农村基础设施，特别是灌溉设施。"一五"期间，国家的灌溉投资占31%，部分地区发展了250万公顷的潜在灌溉渠，加上这一时期风调雨顺，粮食问题有所缓解。但"二五"期间，印度政府重点发展工业的措施导致农村投入下降了20%～25%，粮食产量减少，造成工农业发展比例严重失调，但农业现代化仍取得了重要成就。从20世纪50年代到60年代中期，印度粮食生产年增长率为2.5%，人均粮食产量从1951年的394.9克/天增加到408克/天。然而这一时期农业的增长并非源自农业生产率的提高，而是主要依靠扩大灌溉面积和增加耕种面积实现。同时，粮食增加速度依旧赶不上每年超过2%的人口增长。两个"五年计划"期间，人口增长26.3%，而农业生产只增长14%。此时印度的农业水平仍是相当落后，粮食产量一直较低。1965—1966年度和1966—1967年度，印度东部地区发生了严重旱灾，造成农业大幅度减产。1966年，粮食总产与单产分别下降了19%和17%，当时有学者预测，若按此趋势发展，至1967年将会有1 000万～2 000万人死于饥荒（Paddock，1967）。粮食危机空前严重，粮食供应状况非常困难，20世纪60年代时印度年均进口粮食570万吨，国家政治危机严重（樊胜根等，2009）。1966年和1967年两年的干旱，使印度农业歉收16%～17%。印度陷入了独立以来最严重的粮食危机。在这种情况下，印度政府转变了以往农业发展战略，转而采用以高产品种为主，结合水、肥、农药等农业技术，发展现代农业的战略，即通常所说的"绿色革命"。

印度"绿色革命"大致分为1966—1972年、1973—1980年、1981—1990年三个阶段（樊胜根等，2009）。政府对尼赫鲁时期的混合经济政策和不结盟政策进行调整，在寻求外部援助的同时，确定了"绿色革命"是印度农业的根本出路，也是解决粮食危机最有效的办法。1965年，印度政府成立农业价格委员会，由印度食品公司执行，负责农产品购销。同时开始引进国外优良品种。据统计，印度 20 世纪 60 年代初育成的"墨西哥小麦"，单产每公顷 14 025 千克；60 年代中育成的菲律宾"奇迹稻"，单产每公顷达 22 500 千克。这些品种的引种成功和大面积推广，加上灌溉面积显著扩大，化肥、农药施用量和农业机械化水平的提高，使印度的粮食单产和总产量成倍增加，基本实现粮食自给。

1973 年，由于私人批发商的投机行为被视为导致粮食价格和供应波动的始作俑者，政府开始接管小麦的批发贸易，但主管此事的印度食品公司，对 1972—1973 年的旱灾引发的粮食供给紧张处置不力，农业再次陷入危机。粮食产量下降了 7.7%，收购量由 500 多万吨跌落到 450 多万吨，政府被迫再次从国外进口粮食，1973—1976 年每年从美国进口粮食 400 万吨。政府为解决危机，加大了财政对肥料、灌溉的补贴，"绿色革命"蔓延到新领域，1972—1973 年度至 1979—1980 年度的粮食总产和单产都有了显著增长，增长率分别为 3.1% 和 2.5%。

20 世纪 80 年代，印度粮食自给得到巩固，面对 1987 年"本世纪最严重的旱灾"时，没有发生以往的悲剧。同时，高产品种（HYV）技术应用已经从东北扩展到西部，但由于主产区新品种的广泛应用，到 1985 年，在其他地区，"绿色革命"失去了影响。与 1967—1985 年相比，水稻和小麦在 1985—1990 年的增长率分别下降到 2.3% 和 2.4%（IFPRI，2004）。

三、印度农业"第二次绿色革命"

20 世纪 60 年代，"绿色革命"成就显著，使印度摆脱了"饥饿之国"的称谓。近年来，由于人口激增和经济改革失误，粮食供给重新成为难题。在拉奥和瓦杰帕伊担任总理期间，工业化发展的速度令人兴奋，可农业资金严重不足，水利工程老化破旧，新农业灌溉系统无资金开工，农村中贫困现象和贫富差距日益加重。2002年印度农业出现全面的负增长，广大贫苦农民的不满情绪，直接导致印度人民党在2004年大选中败北。所有一切说明，印度农业问题已相当严重。曼莫汗·辛格政府自执掌印度政权以来，对印度农业上的种种矛盾与问题极为重视，呼吁进行"第二次绿色革命"，"将粮食短缺的幽灵再次从地平线上赶走"。

印度"第二次绿色革命"涉及农业发展的各个方面，是一个全面综合的农业可持续发展计划，是印度实施发达国家战略的基础和实现经济高速增长的根本保障，其目标是争取实现4％的农业增速，在2010年前使农民收入翻番，解决粮食安全和农民贫困问题。

主要措施有（付小强，2004；吴永年，2006）：全力引进促进农业现代化的生物技术和其他前沿技术，投入大量资金重振印度的农业研究体系；在全印度进行大规模的水利灌溉系统的改造和修建，并对水资源进行全面管理；健全农业商品市场销售机制，坚决取消僵化的限制；妥善安排农村的剩余劳动力，保证农民的合理合法劳动所得；加强政府对计划生育的宣传工作，达到使"人口十年增长率降至11％～12％"的目的。辛格政府希望通过"第二次绿色革命"使印度农业进入一个新的发展阶段，不断减轻乃至消除农村的贫困，增加农民的收入，保证他们的生活在原有的基础上有较大提高。

四、印度农业的"白色革命"与"蓝色革命"

除了"绿色革命"外，印度还先后开展过"白色革命"和"蓝色革命"。印度是世界上养牛最多的国家，印度教敬牛如神，除土地之外，牛是农业重要的生产资料，印度教徒反对杀牛，不少教徒买牛放生，被放生的牛被奉为"神牛"，目前印度有难以计数的"神牛"。为增加牛奶产量，从1977年起，印度开展"白色革命"，通过引进、培育、推广优良水牛品种，建立牛奶生产合作社，停止进口一切商品性奶制品，使牛奶产量有很大提高，80 年代后期，印度已成为世界上第三大产奶国。

20 世纪 80 年代后期，印度又推行"蓝色革命"的构想。所谓"蓝色革命"就是开发江河湖海资源，大力发展水产养殖业。其目的是增加鱼类捕捞量，从而提高人民生活水平，扩大就业机会，增加外汇收入。为了加快对江、河、湖、海资源的开发，筹集资金和培养技术人员，印度成立了渔业开发署和专门发展养鱼的国家合作开发公司，与此同时，还在科钦建立了海洋研究院，中央水产、航海工程学院，在马德拉斯建立了国家养殖中心。另外，还计划在喀拉拉邦、安德拉邦和孟买等地区兴建 4 个大型渔港和 23 个小型渔码头，在沿海地区兴建水产加工厂，建造冷藏库。

五、印度农业改革成就

印度通过对农业的持续改革，在扩大高产品种播种面积、兴修水利和增加各种现代化农业投入等方面做出的巨大努力，农业取得了快速的发展，年增长率大为提高。1951—1991 年高达 2.8%，其中 1951—1961 年为 3.3%，1961—1971 年为 2.2%，1971—1981 年为 1.7%，1981—1991 年为 3.9%。粮食产量从 1951—1952 年度的 0.52 亿吨上升至 2014—2015 年度的 2.53 亿吨。

表 3-1　印度"绿色革命"成就

	"绿色革命"前或初期	"绿色革命"后
粮食单产	1967—1968 年度：783 千克/公顷	1985—1986 年度：1 568 千克/公顷
小麦单产	1967—1968 年度：1 103 千克/公顷	1985—1986 年度：2 032 千克/公顷
水稻单产	1967—1968 年度：1 032 千克/公顷	1985—1986 年度：1 556 千克/公顷

（续）

	"绿色革命"前或初期	"绿色革命"后
农业生产平均增长率	1949—1950 年度至 1964—1965 年度：1.3%	1967—1968 年度至 1985—1986 年度：2.03%
粮食产量	1965—1966 年度：7 235 万吨	1985—1986 年度：1.505 亿吨
小麦产量	1965—1966 年度：827 万吨	1985—1986 年度：2 032 万吨
水稻产量	1965—1966 年度：306 万吨	1985 年：642 万吨
政府收购粮食	1965 年：403 万吨	1985 年：2 009 万吨
农田灌溉面积	1965—1966 年度：3 090 万公顷	1985—1986 年度：6 230 万公顷

资料来源：印度中央统计局（CSO），2004；印度储备银行（RBI），2003。

当然，"绿色革命"也存在着一些问题。如化肥、农药和农业机械的使用，必然要增加大量投资，不仅生产成本高，还会加重国家财政负担。由于大量灌溉，长期使用化肥、农药，造成土地板结和盐碱化，环境污染等问题也日益突出。另外，一些农村旧的生产关系及落后势力，对现代化农业技术的推广也起着阻碍作用。

第二节　农业产业结构及变化

一、产业构成

印度农业产业结构主要由种植业、畜牧业、渔业和林业组成。在不同时期各部门所占的比重有所区别。但从独立开始，种植业始终是印度政府最重视的一个领域。

独立初期，印度就成立了一个粮食政策委员会，开展粮食增产运动。1950—1965 年，印度农业生产指数从 58.5% 上升到 80.8%，增加 38.12%，其中粮食作物生产指数从 57.1% 上升到 75.8%，增加 32.75%；非粮食作物指数从 62.0% 上升到

91.3%，增加 47.26%。20 世纪 60 年代后，又大力开展"绿色革命"，增加农业投资，引进、培育和推广高产品种，增加灌溉投资，使印度粮食生产有了较大的提高，从长期缺粮转变为低水平自给，丰收年份还有少量出口。

20 世纪 80 年代开始，在基本解决了粮食问题后，印度政府也开始重视农村经济的综合发展。畜牧业、渔业以及林业均取得了快速发展。特别是通过"白色革命"，印度的奶牛养殖业发展迅猛。

目前，农业产业结构的主要特点是，农业以种植业为主，种植业又以粮食作物为主。主要农作物有大米、小麦、玉米、高粱、小米、大麦、油籽等。农业生产部门结构的格局没有发生大的变化，总的趋势是不利于畜牧业、林业的发展。印度种植业内部的结构模式，四十年来也没有发生重大变化。

印度农业产业结构现存的主要问题是作物内部结构不平衡与主要农产区结构雷同（雷启淮，1997）。一方面，由于印度政府的土地政策和农业政策存在着明显缺陷，特别是在农产品的生产、分配和价格等各个领域存在过多的管制和干预，直接影响了农业生产结构的合理性，影响了农业生产的最佳布局和农业的商品化和市场化。

另一方面，印度的三个农业发达地区，位于北部和西北部，其灌溉业较为发达，一年可种双季或三季。尽管三个区域的农产品产量全国领先，但主要为水稻、小麦等粮食作物，对于经济作物的种植较少。高原地区土地贫瘠而且风化严重，农民只得采用坡地耕作技术，进行小麦的小面积密集种植。其余大部分地区，中部、南部、东北部的广阔高原地带，主体农业也是靠天吃饭的稻田。对此，印度政府曾多次通过立法和行政手段来限定和改变作物结构，但维持生存的需要迫切，小农传统耕作结构被支配，所以印度农业结构的调整显得非常困难。

由于农村土地关系的不合理，加之文化传统等社会原因，使得印度在农村产业结构的调整和改变过程中面临着许多巨大的困难。对于粮食过剩等十分明显的产业结构缺陷，印度政府正在考虑通过价格杠杆来影响和改变作物结构，着手改变目前不利于农业生产者的价格政策。同时政府更加重视农业科技的推广，希望通过农作物品种的更新来调整和改良现存的农业结构。

二、产业分布

根据印度的气候条件，可以将印度农业产业划分为十余个区域（胡士铎，1982）：

西喜马拉雅山地——小麦、林牧区。粮食作物以小麦、玉米、水稻为主，良种小麦、水稻推广迅速，为了供应市场需要，积极发展蔬菜与水果，特别是栽培马铃薯和温带水果。畜牧以饲养绵羊为主，正以良种代替传统种绵羊。本区已逐渐形成一个良种小麦、良种水稻、蔬菜、水果、良种绵羊和林业的综合农业区域。

西部半干燥平原——小麦、格拉姆豆灌溉农业区。本区农作物现除以小麦为主外，水稻、甘蔗、棉花发展也很快，格拉姆豆仅居次要地位。小麦、稻谷对其他邦的外运很为繁忙紧张。畜牧业中水牛远比羊为多，母水牛比一般印度乳牛产奶量为高，且奶中含有大量的奶油。

西部干燥平原——巴吉拉小米、高粱、畜牧区。主要种植巴吉拉小米与高粱、格拉姆豆、油籽。干草原上放养绵羊与山羊。拉贾斯坦运河修通后，则将能灌溉万公顷干旱土地，但只有实现远景规划，借调朱木拿河河水后，才能真正解决本区严重缺水干旱问题。

东部湿润平原——水稻、甘蔗、黄麻区。本区传统上就是印度最大水稻产区，平原北部种植吐尔豆，大平原上的甘蔗和西孟加拉的黄麻也是重要作物。近来，良种冬小麦播种面积迅速增长。本区为牛与山羊的主要分布区，鸡鸭头数多，已发展家禽饲养场，尤以养鸡场为多。

东北部潮湿河谷平原——水稻、茶叶、林业和山地粗放轮流抛荒农业区。平原上多沼泽，森林稠密，林中栖息野生动物，形成热带雨林景观。婆罗双木材有输出。牛与山羊是主要的豢养动物，狩猎是农村副业之一。有野生动物保护区。平原地区种植水稻和油籽。大吉岭与阿萨姆丘陵是印度两大茶叶生产地。近年来发展冬小麦、马铃薯、黄麻、甘蔗和棉花种植。东南边缘山地各邦，大部分地区实行粗放的轮流抛荒制。农作物有水稻、玉米、小米和甘蔗、棉花。

东北部德干湿润高原山地——水稻、林业区。全区矿藏丰富，是印度最主要的工矿业地区。森林是另一资源，有抽木、婆罗双林，林中特产有虫胶。河川上游水流湍急，除马哈纳迪上游盆地有灌溉外，一般依赖季风降水，农业极为落后，良种播种面积很小，甚至山区还有粗放轮流抛荒制。年平均降水量1 000～2 000毫米，集中在夏季。河谷盆地中以种植水稻和油籽、豆类为主，丘陵山地则种植小米、玉米、豆类和烟草，产量不高，近年开始推广种植冬小麦。盆地中饲养牛。工矿城市有养鸡场。

北部马尔瓦半干燥高原——巴吉拉小米、小麦、棉花、畜牧区。肥沃的黑棉土分布广泛，河谷盆地的灌溉比较重要，农业反比中央邦东部发达。农作物以小麦、棉花为主，还有巴吉拉小米、贾尔瓦小米、高粱、格拉姆豆和烟草。豢养动物有水牛和绵羊、山羊，乳牛和绵羊的改良种在推广中，世界银行协助办有大型乳牛场。

德干半干燥高原——贾瓦尔小米、棉花、甘蔗、花生区。粮食作物以贾瓦尔小米为主，还有水稻、小麦、格拉姆豆和烟草，油料作物有花生、芝麻和棉籽，甘蔗种于西部灌溉较方便、降水较多地方。耕地不断扩大，灌丛草地大面积地被除掉，水土流失严重。牛与水牛分布广而头数不多，在马哈拉施特邦与卡纳塔克邦有大型乳牛场。安得拉邦的养牛业比较发达。南部已有不少热带种植园。

西部沿海半干燥平原——小麦、棉花、花生区。平原的棉花、小麦和半岛上的花生是印度这些作物的重要产区。粮食作物还有水稻、巴吉拉小米、贾瓦尔小米和格拉姆豆，经济作物还有甘蔗。平原上灌溉发达。水牛与山羊头数较多，也有少量绵羊。沿海有捕鱼业。

西南沿海潮湿平原山地——水稻、渔业、种植园区。山区森林茂密，木材是重要输出品之一，贵重木材有檀木、桃花心木等。山地往往与海岸直交，渔港甚多。平原上主要种水稻、椰子和甘蔗，丘陵山地有旱作。印度种植园大多分布于此，数量众多，尤以喀拉拉邦为最多，大小不一设于不同高度上，有橡胶、椰子、香蕉、咖啡、茶树、小豆落和其他香料作物。沿海捕鱼业发达，是印度海洋渔业的重要基地。养鸡场也多，供应沿海城市的需要。

东南沿海湿润平原、高地——水稻、拉古小米、甘蔗、花生、畜牧区。粮食作物以水稻为主，而且是最早推广良种的地区，高原山地则以拉吉小米为主，也有巴吉拉小米与贾瓦尔小米。经济作物有烟草、甘蔗、花生和棉花。种植园不如前区多，以橡胶、茶和咖啡园为主。牛和绵羊、山羊豢养业较发达，以绵羊分布最广。养鸡业也发达。沿海有捕鱼业。

此外，印度半岛西南阿拉伯海上的拉克沙群岛，以椰子与捕鱼业为主。介于孟加拉湾与安达曼海之间的安达曼群岛与尼科巴群岛，森林茂密，以木材、狩猎和水产业为主。种植水稻、槟榔和椰子等热带作物。

第四章 农产品生产与加工

第一节 种 植 业

印度是世界上主要产粮国之一,粮食种植面积约为 1 亿公顷。其高粱、豆类种植面积居世界首位,黍类和水稻面积居世界第二位,小麦、玉米也占世界第四位,以上作物播种面积合占印度粮食总播种面积的 90%。水稻是印度最主要的粮食作物,播种面积最大,占 30% 以上;其次是小麦,约占 20%。印度的茶叶和花生产量都居世界榜首。棉花、油料、黄麻和甘蔗等经济作物的生产都名列世界前茅,但单位面积产量都较低,如棉田约占世界棉田总面积的 1/4,居世界第二,但产量只及世界总产量的 1/10,仅占世界第四位。印度的茶叶产量全球第一,甘蔗和甜菜产量全球第二,奶品产量全球第三,而花生和棉花产量则全球第五。印度种植业内部结构是:粮食产值占种植业总产值的 48.3%,油料占 12.7%,蔬菜和水果占 10.4%,棉花占 3.8%,烟草占 0.5%。

表 4-1 印度"九五"规划期间至"十二五"规划期间
主要农作物目标产量和实际产量

单位:百万吨

农作物	"九五"规划期间 (1997—2002 年)		"十五"规划期间 (2002—2007 年)		"十一五"规划期间 (2007—2012 年)		"十二五"规划期间 (2012—2015 三年)	
	目标产量	实际产量	目标产量	实际产量	目标产量	实际产量	目标产量	实际产量
大米	437.00	436.62	460.10	428.62	494.5	486.24	315	316.69

（续）

农作物	"九五"规划期间 (1997—2002年)		"十五"规划期间 (2002—2007年)		"十一五"规划期间 (2007—2012年)		"十二五"规划期间 (2012—2015三年)	
	目标产量	实际产量	目标产量	实际产量	目标产量	实际产量	目标产量	实际产量
小麦	370.00	356.46	386.56	351.71	399	421.8	274.5	278.3
杂粮	169.00	156.52	176.84	165.11	208.6	200.03	128	125.08
豆类（食用）	76.00	65.73	76.60	66.76	81	79.32	56.74	54.79
油料作物	135.50	105.88	133.88	116.65	160.15	144.85	97.5	90.37
蔗糖	1 535.00	1 460.74	1 417.50	1 395.02	1 655	1 628.94	1 037	1 052.67
棉花	73.60	54.19	80.00	79.91	134	140.38	105	105.6
麻类	52.00	53.62	58.36	54.83	57	55.42	35.2	34.07

资料来源：印度农业部官网。

表 4-2　印度 2012—2013 年度至 2014—2015 年度
主要农作物的面积、总产量和单产量

农作物	面积（百万公顷）			总产量（百万吨）			单产（千克/公顷）		
	2012—2013	2013—2014	2014—2015*	2012—2013	2013—2014	2014—2015*	2012—2013	2013—2014	2014—2015*
大米	42.75	44.14	43.86	105.23	106.65	104.8	2 461	2 416	2 390
小麦	30	30.47	30.97	93.51	95.85	88.94	3 117	3 146	2 872
杂粮	24.76	25.22	24.15	40.04	43.29	41.75	1 617	1 717	1 729
豆类（食用）	23.26	25.21	23.1	18.34	19.25	17.19	789	764	744
油料作物	26.48	28.05	25.73	30.94	32.75	26.67	1 168	1 168	1 037
蔗糖	5	4.99	5.14	341.2	352.14	359.33	68 254	70 522	69 860
棉花	11.98	11.96	13.08	34.2	35.9	35.48	486	510	461
麻类	0.86	0.84	0.81	10.93	11.68	11.45	2 281	2 512	2 551

注：带*表示第四次预估值。

资料来源：印度农业部官网。

　　农作物的种植区域方面，2014—2015 年度，印度全国粮食作物总面积为 1.22 亿公顷，总产量为 2.53 亿吨。其中，地处恒河流域的北方邦、旁遮普邦、哈里亚纳邦、西孟加拉邦和比哈尔五个邦的粮食作物面积为 0.44 亿公顷，约占全国总面积的 36.01%，但产量却达到了 1.16 亿吨，约占全国总产量的 46.01%。不同种植区域的优势作物不同，2014—2015 年度，粮食作物主要分布于北方邦、旁遮普邦和中央邦，产量为 0.95 亿吨，占全国粮食的 37.76%；其中大米生产的主要区域为西孟加拉邦、北方邦和安得拉邦，产量为 0.39 亿吨，占全国大米的 36.74%；小麦主要分布于北方邦、旁遮普邦和中央邦，产量为 0.55 亿吨，占全国小麦的 62.04%；杂粮主要分布于卡纳塔克邦、拉贾斯坦邦和马哈拉施特拉邦，产量为 0.19 亿吨，占全国杂粮的 45.44%。

粮食作物的季节性方面，印度秋收作物收获面积除部分年份有小幅波动外整体呈下降趋势，收获面积从 1966—1967 年度的 0.78 亿公顷下降至 2014—2015 年度的 0.68 亿公顷，所占总收获面积的比重同期从 67.83% 降至 55.52%；早春作物的面积除部分年份有小幅波动外整体呈增长趋势，收获面积从 1966—1967 年度的 0.37 亿公顷增长至 2014—2015 年度的 0.54 亿公顷，所占总收获面积的比重同期从 32.17% 增至 44.49%；而总收获面积则保持在 1.2 亿公顷上下，1983—1984 年度最高为 1.31 亿公顷，2002—2003 年度最低为 1.14 亿公顷。

49 年间，印度粮食作物产量除部分年份外整体呈增长趋势，产量从 1966—1967 年度的 0.74 亿吨增长至 2014—2015 年度的 2.53 亿吨，增长约 3.4 倍，年均增长率为 2.59%。其中，又以早春作物产量增速较快。1966—1967 年度到 2014—2015 年度，印度秋收作物产量从 0.49 亿吨增长至 1.26 亿吨，增长约 2.57 倍，年均增长率为 1.99%；早春作物产量由 0.25 亿吨增长至 1.26 亿吨，增长约 4.99 倍，年均增长率为 3.40%。

一、谷物

印度是世界五大谷物生产国。印度生产的谷物主要有水稻、小麦、玉米、大麦、小米和高粱等。其中，水稻、水稻种子、小麦、小麦种子、小米、小米种子和高粱种子产量均居世界前五。在印度种植的谷物中，以水稻和小麦为主，二者占谷物总收获面积的七成，占总产量和种子总产量的八成以上。

印度谷物收获面积基本保持在 1 亿公顷上下，2005—2014年年均收获面积为 9 938.66 万公顷，约占全国农业用地年均水平的 55.29% 和全国耕地面积年均水平的 63.09%。1961—2014年，印度谷物收获面积变化情况大致可分为三个阶段（图 4-1）。第一阶段，1961—1983 年，该阶段印度谷物收获面积整体呈增长趋势，收获面积从 9 223.9 万公顷增长至 10 661.3 万公顷，23年间年均增长约 0.66%。第二阶段，1984—1992 年，该阶段印度谷物收获面积整体呈下降趋势，9 年年均下降约 0.69%，到1992 年收获面积降至 9 950.0 万公顷。第三阶段，1993—2014年，该阶段除 2002 年外（94 447.1 万公顷），印度谷物收获面积保持在 9 700.0 万公顷与 10 300.0 万公顷之间波动，最高时2000 年为 10 240.2 万公顷，最低时 2002 年为 9 447.1 万公顷。

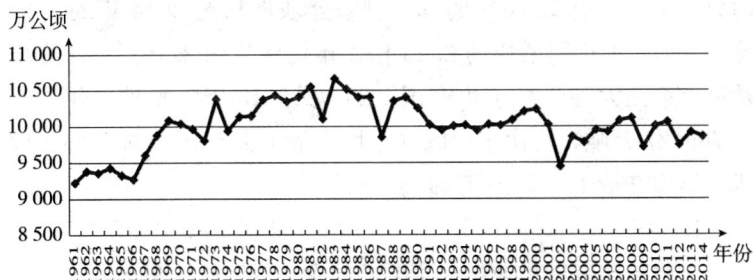

图 4-1　印度 1961—2014 年谷物收获面积变化情况
资料来源：联合国粮食及农业组织（FAO）。

目前，印度是第三大谷物生产国，2005—2014 年印度年均谷物产量 2.70 亿吨，仅次于中国（年均 4.98 亿吨）和美国（年均 3.97 亿吨）。印度谷物 2005—2014 年累计产量 26.98 亿吨，约为前十年 1995—2004 年累计产量（22.66 亿吨）的 1.2 倍。1961—2014 年，除部分年份出现下降外，印度谷物产量总体呈增长趋势（图 4-2），产量从 1961 年的 8 737.65 万吨增长至 2014 年的 29 399.3 万吨，54 年间增幅约 2.36 倍，年均增长约 2.32%。

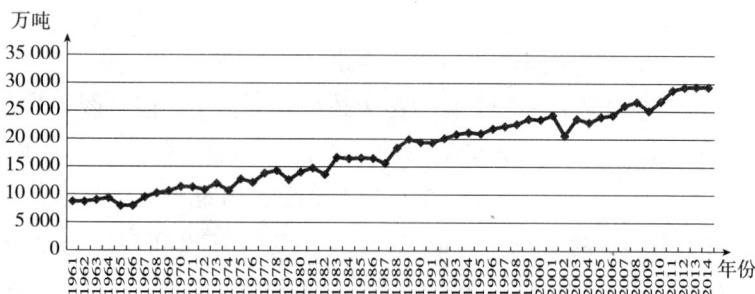

图 4-2　印度 1961—2014 年谷物产量变化情况
资料来源：联合国粮食及农业组织（FAO）。

印度谷物 2005—2014 年年均单产量 2.72 吨/公顷。1961—2014 年，除少数年份出现下降外，印度谷物单产量总体呈增长趋势。单产量由 1961 年的 0.95 吨/公顷增长至 2014 年的 2.98 吨/公顷，54 年间增幅约 2.15 倍，年均增长约 2.19%。印度也是世界第三大谷物种子生产国，2004—2013 年谷物种子年均产量 766.27 万吨，仅次于中国（年均产量 1 317.45 万吨）和俄罗斯（年均产量 1 066.09 万吨）。

1. 水稻

水稻是印度种植业中最主要的粮食作物，是水稻的原产地之一，栽培历史悠久。考古学表明，早在公元前 1000 年，北方邦一带已广泛栽培水稻。之后随着恒河中下游平原及沿海地区的开发，水稻逐渐成为这些地区的重要栽培作物。印度的水稻品种很多，按生态型分，有秋稻、冬稻、春稻、夏稻、旱稻和深水稻等，其中有些名贵品种如巴斯马蒂稻，具有特殊香味和可口的特点，在世界上享有盛誉。印度水稻 2005—2014 年年均收获面积为 4 358.08 万公顷，1961—2014 年，水稻收获面积在谷物总收获面积中的比重从 37.61% 增长至 44.01%。

目前，印度是第二大水稻生产国，2005—2014 年印度年均水稻产量为 1.48 亿吨，仅次于中国（年均 2.01 亿吨），其产量在印度谷物总产量中所占比重超过五成，20 世纪 60 年代基本保持在 60% 上下，70 年代降至 55% 上下，此后至今基本保持在这一水平上。2005—2014 年累计产量 14.81 亿吨，约为前十年累计产量（12.58 亿吨）的 1.18 倍。1961—2014 年，印度水稻产量总体呈增长趋势（图 4-3），产量从 1961 年的 5 349.45 万吨增长至 2014 年的 15 720.00 万吨，54 年间增幅约 1.9 倍，年均增长约 2.05%。

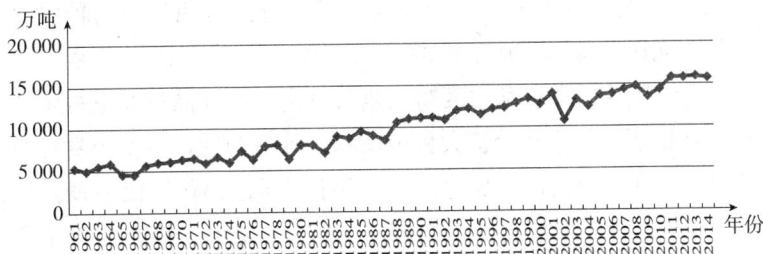

图 4-3　印度 1961—2014 年水稻产量变化情况
资料来源：联合国粮食及农业组织（FAO）。

印度水稻 2005—2014 年年均单产量 3.40 吨/公顷，约为谷物平均单产量的 1.25 倍。单产量由 1961 年的 1.54 吨/公顷增长至 2014 年的 3.62 吨/公顷，54 年间增幅约 1.35 倍，年均增长约 1.62%。印度也是世界第二大水稻种子生产国，2004—2013年水稻种子年均产量 326.56 万吨，仅次于中国（年均产量

688.82万吨），其产量在印度谷物种子总产量中所占比重从20世纪60年代初的60%左右，降至2013年的41.80%。1961—2013年，印度水稻种子产量变化情况大致可以1990年为界分为前后两个阶段。1961—1989年，产量从326.30万吨增长至673.20万吨，29年间增长约1.06倍，年均增长约2.62%，产量增降相间，波动较大。第二阶段，1990年种子产量大幅下降52.47%，至320.0万吨，此后，产量保持在310万～340万吨。

2. 小麦

小麦的种植面积和产量仅次于水稻，是印度最重要的冬季粮食作物，也是印度北部和西北部居民的传统主粮。目前，印度是全球第二大小麦生产国，全国88%的小麦种植土地具有灌溉条件。在古代的印度，小麦一直被认为是战俘和贫民的口粮，因而长期未能得到发展。19世纪末，当英国殖民者开发旁遮普平原并将其作为印度"粮仓"时，生产的大部分小麦也只是供出口，输往英国本土。根据苏联学者卡瓦列夫斯基1929年的研究，直至21世纪初，小麦的地区分布与公元7世纪时相仿。这种状况一直持续到20世纪50年代末。60年代，特别是1965年后，为改变粮食短缺，印度从墨西哥引进矮秆高产小麦品种并取得生产上的突破之后，才开始扩大种植面积。独立初期，印度小麦种植面积仅有950万公顷；20世纪50年代中期至60年代中期，增至1 200万～1 290万公顷；1965—1975年是大力推行小麦革命的鼎盛时期，增长最快，平均每年种植面积达2 000万公顷，奠定了印度当前小麦种植的布局。目前，印度小麦种植的南界已扩展至加尔各答—瓦拉纳西—果阿一线。

印度的小麦主要是软麦和中硬麦，主要用来做主食（一种用粗面粉做的薄煎饼或小面包干）。印度小麦的加工欠发达，只有15%的小麦加工是采用钢辊磨制粉，85%的小麦在本地的小磨坊加工，以原麦形式出售给消费者。1990年制粉厂数量总计560

个，1994 年约有 600 个辊式磨制粉厂，使用欧洲式粉路，小麦
产能约 1 500 万吨/年，2005 年印度辊式磨制粉厂增加到 820 个，
年产能约 1 950 万吨，年产出约 1 250 万吨。目前，印度全国有
约 1 000 家大中型面粉厂，年加工能力为 2 400 万吨小麦，年加
工小麦 1 000 万～1 200 万吨，约占全国小麦总量的 15%。剩余
85% 的小麦由小型磨房碾成全麦面粉。此外，1979 年在瑞士布
勒公司帮助下，在米苏理建立了不发达国家唯一的国际制粉技术
学校。

印度小麦 2005—2014 年年均收获面积为 2 848.76 万公顷，
收获面积在印度谷物总收获面积中的比重从 1961 年的 14.01%
增长至 2014 年的 31.63%。1961—2014 年，除少数年份出现下
降外，印度小麦收获面积整体呈增长趋势，从 1961 年的
1 292.70 万公顷增长至 2014 年的 3 118.80 万公顷，54 年间增长
约 1.41 倍，年均增长约 1.68%。

目前，印度是第二大小麦生产国，2005—2014 年印度年均
小麦产量为 8 235.98 万吨，仅次于中国（年均产量 11 445.65 万
吨）。1961—2014 年，印度小麦产量变化情况大致可分为四个阶
段（图 4-4）。第一阶段 1961—1967 年，基本保持在 1 000 万～
1 300 万吨。第二阶段，1968—2000 年，小麦产量整体呈增长趋
势，年均增长 4.90%，到 2000 年达到 7 636.89 万吨。第三阶
段，2001—2005 年，该阶段印度小麦产量增降相间，整体呈下
降趋势，五年年均下降 0.38%，到 2005 年产量降至 6 863.69 万
吨。第四阶段，2006—2014 年，该阶段，印度小麦产量连续九
年增长，增长幅度为 36.23%，到 2014 年增至 9 448.30 万吨。

1961—2014 年，印度小麦单产量总体呈增长趋势。单产量
由 1961 年的 0.85 吨/公顷增长至 2014 年的 3.03 吨/公顷，增长
约 2.56 倍，年均增长约 2.43%。小麦种子 2004—2013 年年均
产量 284.29 万吨，仅次于俄罗斯（584.39 万吨）和中国

印度农业
全球化中的大国农业

万吨

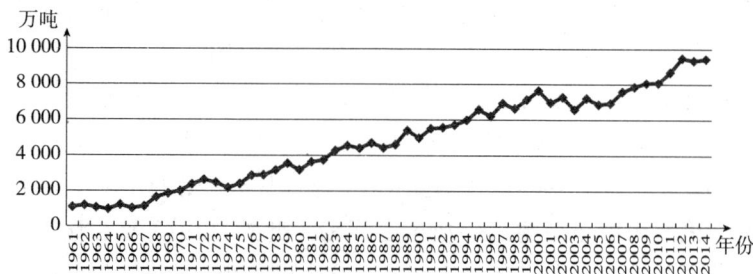

图 4-4　印度 1961—2014 年小麦产量变化情况
资料来源：联合国粮食及农业组织（FAO）。

（452.81 万吨），居世界第三位。

3. 玉米

在谷物中，玉米的经济价值仅次于水稻和小麦。印度独立以来，玉米的收获面积增长很快，并开始逐步取代传统的黍类作物，2005—2014 年年均收获面积为 841.08 万公顷，其收获面积在谷物总收获面积中的比重从 20 世纪 60 年代初的不到 5% 增长至近年来的 8.5%。1961—2014 年，印度玉米产量整体呈增长趋势（图 4-5），产量从 1961 年的 431.20 万吨增长至 2014 年的 2 367 万吨，增幅 4.49 倍，年均增长 3.27%。2005—2014 年累计产量 1.98 亿吨，约为前十年 1995—2004 年累计产量（1.19 亿吨）的 1.66 倍，2005—2014 年年均产量 1 979.19 万吨。

万吨

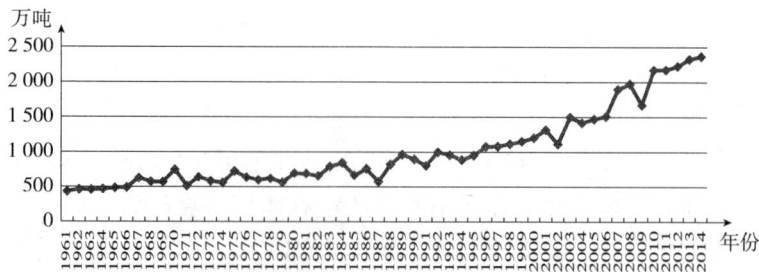

图 4-5　印度 1961—2014 年玉米产量变化情况
资料来源：联合国粮食及农业组织（FAO）。

印度玉米 2005—2014 年年均单产量 2.34 吨/公顷，约为谷物平均单产量的 86.26％。1961—1979 年，玉米单产量基本保持在 1 吨/公顷上下，最高时 1970 年为 1.28 吨/公顷，最低时1971 年为 0.90 吨/公顷。1980—2014 年，在"绿色革命"的促进下，玉米的单产量得到明显提高，增幅 1.38 倍，年均增长2.58％，到 2014 年达到 2.75 吨/公顷。印度是世界第二大玉米种子生产国，2004—2013 年年均产量 92.60 万吨，仅次于中国（年均产量 147.37 万吨），在印度谷物种子总产量中所占比重，由 20 世纪 60 年代初的 5.45％逐渐增至 2014 年的 12.15％。

4. 大麦

大麦是印度北部地区居民的辅粮，地区分布范围大致与小麦相似，只是由于大麦耐旱、耐瘠性比小麦更强，所以大部分种植在土壤肥力较差或海拔较高的地区。20 世纪 60 年代以来，随着小麦品种的改良和单产水平的提高，凡条件许可的地区，绝大部分已改种小麦。相应地，印度大麦的收获面积和产量均有所减少。

印度大麦收获面积从 20 世纪 60 年代以来逐渐下降，2005—2014 年年均收获面积为 68.90 万公顷，年均产量 148.64 万吨，年均单产量 2.15 吨/公顷。大麦种子 2004—2013 年年均产量8.27 万吨，1961—2013 年其产量经历了四个阶段。1961—1975年，大麦种子产量经历了两次先降后升的过程；1976—1985 年，大麦种子产量整体呈下降趋势，年均下降 8.55％；1986—2000年，产量基本在 10 万吨上下波动；2001—2013 年，产量先降后增。

5. 小米

印度的小米和高粱等黍类作物分布广，适应性强，能充分利用各种自然条件，而且一般生长期较短，可与其他作物轮作、套种，对于提高土地利用率，增加粮食产量均起很大作用。黍类作物不仅是一部分居民的主粮和副食来源，而且也是牲畜的重要饲料来源和工业原料。印度是世界最大的小米生产国，2005—2014年年均收获面积为 1 072.41 万公顷，年均产量1 127.11万吨，年均单产量 1.06 吨/公顷。印度也是世界最大的小米种子生产国，2004—2013 年年均产量 32.17 万吨，2004—2013 年累计产量 321.72 万吨，1961—2013 年，小麦种子产量呈先增后降趋势。

6. 高粱

印度是世界第三大高粱生产国，2005—2014 年年均收获面积为 749.43 万公顷，年均产量 675.48 万吨，年均单产量 0.91吨/公顷。1961—2014 年，印度高粱产量波动较大，尤其是 1998年之前，大致经历了三个阶段。1961—1974 年，产量基本在 900万吨上下波动；1975—1996 年，产量基本在 1 100 万吨上下波动；1997—2014 年，产量基本在 700 万吨上下波动。此外，印度是世界最大的高粱种子生产国，2004—2013 年年均产量 22.39万吨。

二、薯类作物

目前，印度是世界第三大薯类作物生产国。印度的薯类作物有马铃薯、木薯和甘薯。其中，马铃薯产量居世界第二。同时，马铃薯也是印度最主要的薯类作物，收获面积和产量均占薯类作物总量的八成上下（图4-6）。

印度薯类作物 2005—2014 年年均收获面积 216.78 万公顷。1961—1980 年的 20 年中，薯类作物收获面积逐步增长，其中1968—1973 年在 100 万公顷左右徘徊。20 世纪 80 年代以来，薯类作物收获面积在印度耕地中所占比重呈增长趋势，从最初的0.8%左右增至近年来的 1.4%左右。1981—2014 年，收获面积总体呈增长趋势，从 126.13 万公顷增长至 235.82 万公顷，涨幅

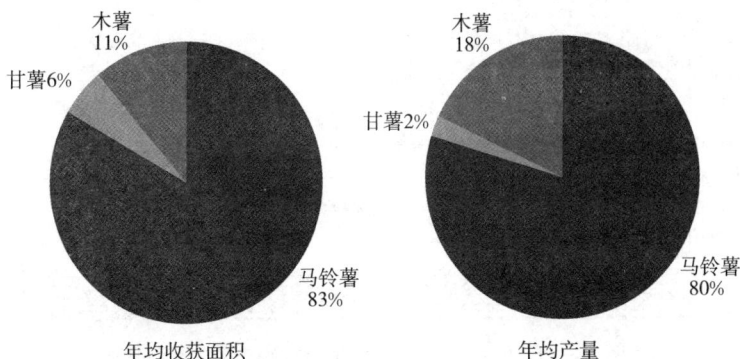

图 4-6 印度 2005—2014 年马铃薯、木薯和甘薯等薯类作物年均
收获面积和产量比重情况
资料来源：联合国粮食及农业组织（FAO）。

为 86.96%，年均增长约 1.91%（图 4-7）。

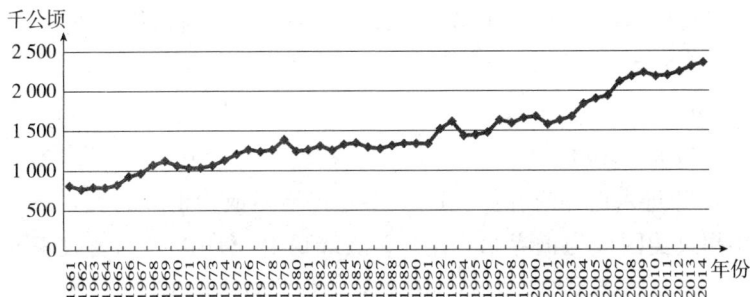

图 4-7 印度 1961—2014 年薯类作物收获面积变化情况
资料来源：联合国粮食及农业组织（FAO）。

印度是世界薯类主产国之一，薯类作物产量于 1996 年进入
世界前五位，1997 年超过巴西成为世界第四，2007 年成为世界
第三。2005—2014 年，薯类作物年均产量 4 611.98 万吨，仅次
于中国（年均产量 16 287.01 万吨）和尼日利亚（年均产量
8 862.95万吨）。1961—2014 年，产量整体呈小幅波动式增长趋
势（图 4-8），从 594.90 万吨上升至 5 562.23 万吨，增幅 8.35

倍，年均增长 4.31%。

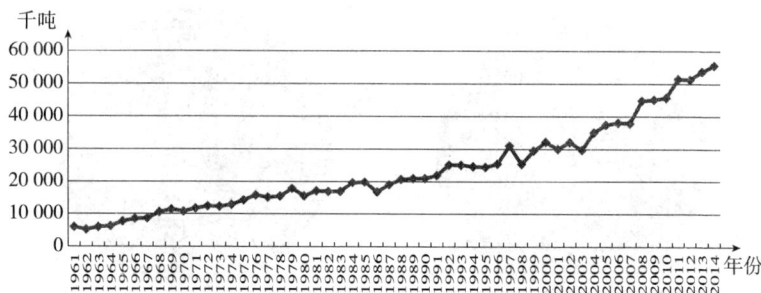

图 4-8 印度 1961—2014 年薯类作物产量变化情况
资料来源：联合国粮食及农业组织（FAO）。

薯类作物属于高产作物，印度薯类作物的单产量约为谷类产物单产量的 8 倍，2005—2014 年平均单产量 21 192.89 千克/公顷。1961—2014 年，整体呈小幅波动式增长趋势，单产量从 7 326.40 千克/公顷增长至 23 587.30 千克/公顷，增幅约 2.22 倍，年均增长 2.23%。

1. 马铃薯

目前，印度是世界第二大马铃薯生产国。印度马铃薯产量于 1996 年进入世界前五位，1997 年超过巴西成为世界第四，2007 年超过美国成为世界第三。1961—2014 年，印度马铃薯收获面积和产量整体呈增长趋势（图 4-9），收获面积从 37.50 万公顷增长至 202.40 万公顷，增幅 4.40 倍，年均增长 3.23%，产量从 271.90 万吨增长至 4 639.50 万吨，增幅约 16.06 倍，年均增长 5.50%。2005—2014 年年均收获面积 180.82 万公顷，年均产量 3 677.49 万吨，仅次于中国（年均产量 7 882.61 万吨）。

2. 木薯

印度木薯 2005—2014 年年均收获面积 24.10 万公顷。1961—2014 年，印度木薯收获面积变化情况大致可分为四个阶段。1961—1976 年，收获面积逐步增加，年均增长 2.42%；

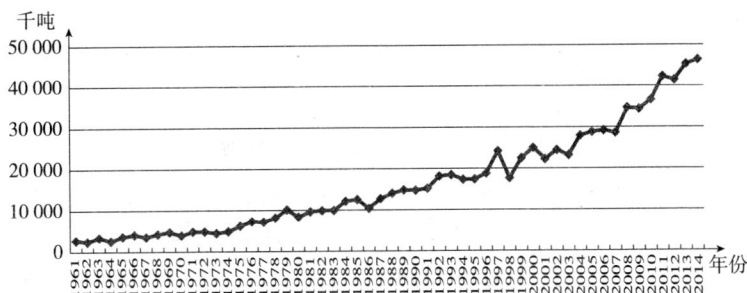

图 4-9 印度 1961—2014 年马铃薯产量变化情况
资料来源：联合国粮食及农业组织（FAO）。

1977—1991 年，下降趋势明显，年均下降约 3.12%；1992—
2007 年，收获面积在 22 万公顷左右波动；2008—2014 年，整体
呈波动性下降趋势，2013 年达到历史最低值，为 20.70 万公顷，
2014 年又增长到 22.83 万公顷。

印度木薯 2005—2014 年年均产量 824.87 万吨。1961—2014
年，印度木薯产量变化大致分为四个阶段（图 4-10）。1961—
1977 年，总体呈上升趋势，涨幅为 2.24 倍；1978—2003 年，产
量有升有降，大体上在 570 万吨上下浮动；2004—2009 年，产
量连续六年增长；2010—2014 年，产量先上升后下降再上升，
保持在 805 万吨左右。

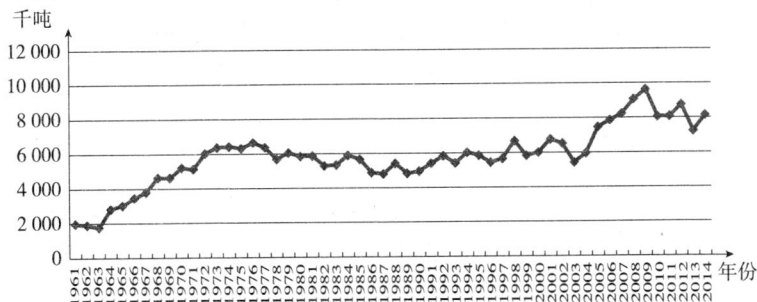

图 4-10 印度 1961—2014 年木薯产量变化情况
资料来源：联合国粮食及农业组织（FAO）。

3. 甘薯

甘薯也是印度薯类中重要的作物，2005—2014 年年均收获面积 11.86 万公顷。1961—2014 年，收获面积先上升下降，1976 年为历史最高值（图 4-11）。1961—1976 年，从 16.30 万公顷增长到 25.13 万公顷；1977—2014 年总体呈下降趋势，年均减少 2.12％。2005—2014 年年均产量 109.61 万吨。1961—2014 年，甘薯产量变化大致分为四个阶段。1961—1969 年，产量整体呈上升趋势，年均增长 6.21％；1970—1984 年，产量在 160 万吨上下浮动；1985—1998 年，产量整体呈下降趋势，从 162.77 万吨下降至 104.81 万吨，降幅 35.61％，年均下降 3.33％；1999—2014 年，甘薯产量变化幅度较小，基本在 110 万吨上下浮动。

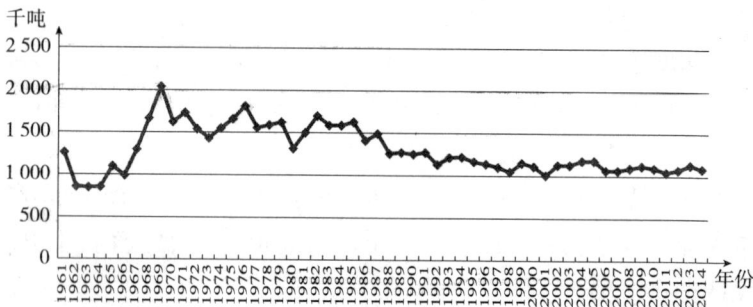

图 4-11　印度 1961—2014 年甘薯产量变化情况
资料来源：联合国粮食及农业组织（FAO）。

三、豆类作物

印度是世界最大豆类作物生产国，种植的主要豆类作物有大豆[①]、鹰嘴豆、木豆和小扁豆等。目前，鹰嘴豆和木豆产量居世

[①] 注：由于大豆既属于豆类作物，又是油料作物，因此大豆生产情况详见第七部分油料作物。

界第一，小扁豆产量居世界第二。国内方面，鹰嘴豆、木豆和小扁豆占印度全国豆类作物总收获面积的比重超过一半，产量则超过六成（图 4-12）。

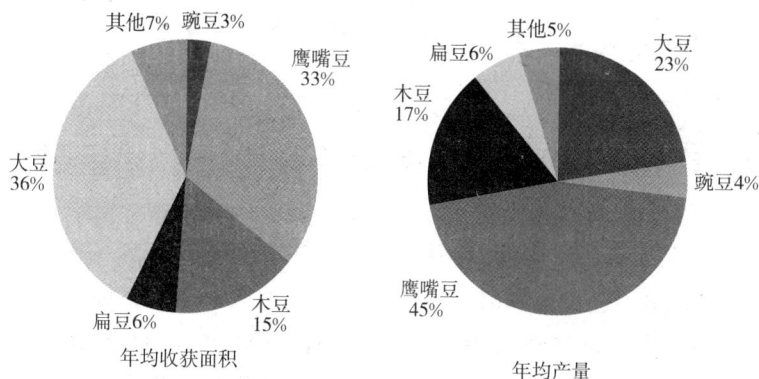

图 4-12　印度 2005—2014 年主要豆类作物年均收获面积和产量比重情况
资料来源：联合国粮食及农业组织（FAO）。

　　印度豆类作物产量位居世界第一。2005—2014 年，年均收获面积 2 535.98 万公顷，年均豆类作物产量 1 599.27 万吨，年平均单产量 629.70 千克/公顷。1961—2000 年，收获面积在 2 300 万公顷上下浮动，四十年间变化不大，产量增幅也较小，维持在 1 200 万吨左右；2001—2014 年，收获面积不断上升，年均增长 3.88%，产量也随之增加，从 1 217.65 万吨增加到 1 998.00 万吨，增幅为 64.09%。1961—2014 年，豆类作物单产量分为三个阶段，第一阶段波动较大，后两个阶段较稳定（图 4-13）。1961—1981 年，单产波动较频繁，1967 年最低为 386.50 千克/公顷，1970 年最高为 540.60 千克/公顷；1982—1993 年，单产量稳定在 540 千克/公顷左右；1994—2014 年，单产量保持在 620 千克/公顷左右。

　　1. 鹰嘴豆

　　印度是世界最大鹰嘴豆生产国，2005—2010 年年均收获面

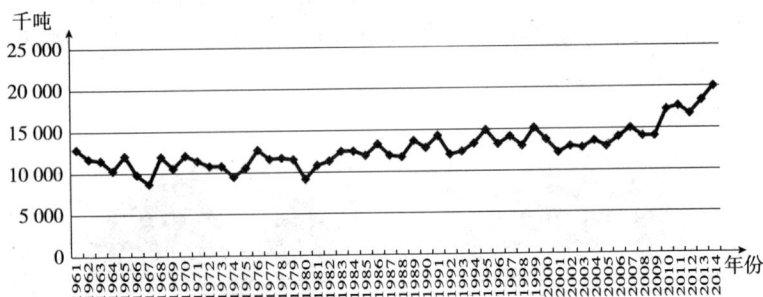

图 4-13　印度 1961—2014 年豆类作物产量变化情况
资料来源：联合国粮食及农业组织（FAO）。

积 825.58 万公顷。1961—2014 年，鹰嘴豆收获面积整体呈现先
下降后增长的趋势（图 4-14）。1961—1981 年，收获面积由
927.60 万公顷下降到 658.41 万公顷，年均下降 1.70%；1982—
2001 年升降交替，波动较大，年均收获面积为 689.75 万公顷；
2002—2014 年，收获面积增幅较大，年均增长 4.39%。

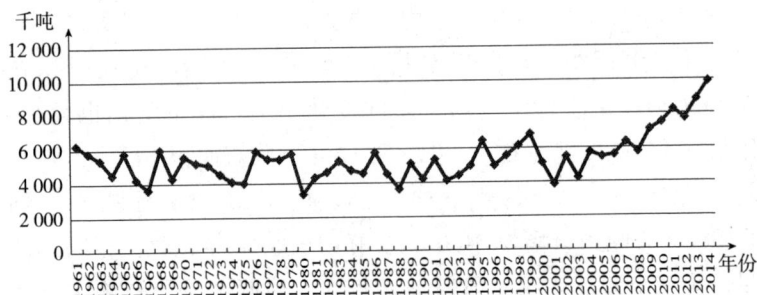

图 4-14　印度 1961—2014 年鹰嘴豆产量变化情况
资料来源：联合国粮食及农业组织（FAO）。

　　2005—2014 年，印度鹰嘴豆年均产量 723.00 万吨。
1961—2000 年，产量波动较为频繁，但基本在 400 万～600 万
吨之间浮动，年均产量为 502.14 万吨；2001—2014 年，产量
整体呈增长趋势，年均增长约 7.51%，到 2014 年产量增至

988.00 万吨。

2. 木豆

印度木豆 2005—2014 年年均收获面积 394.11 万公顷。1961—1988 年，收获面积总体呈上升趋势，分为三个阶段，前两个阶段增幅较小，后一个阶段增幅较大（图 4-15）。1961—1981 年与 1982—2008 年，以 300 万公顷为界，收获面积缓慢上升，前者年均收获面积为 257.32 万公顷，后者为 341.14 万公顷；2009—2014 年，产量急剧上升，2014 年增长至 506.20 万公顷，年均增长 8.41%。

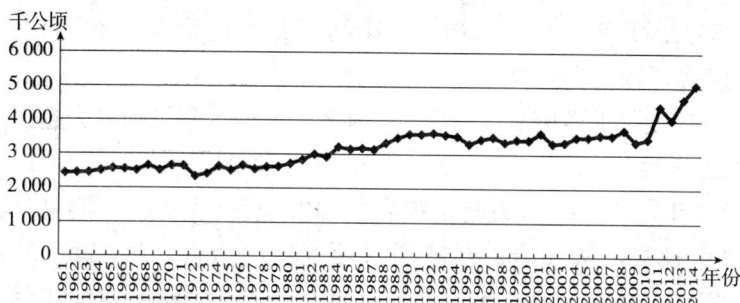

图 4-15 印度 1961—2014 年木豆收获面积变化情况
资料来源：联合国粮食及农业组织（FAO）。

印度木豆产量位居世界第一，2005—2014 年年均产量 270.28 万吨。1961—2014 年，印度木豆产量呈波动式上升（图 4-16），增幅较小，年均增长 0.88%。其间有 22 年产量下降，31 年产量增加，其中 6 年降幅超过 20%，5 年增幅超过 30%，8 年降幅在 10%～20% 之间，12 年增幅在 10%～20% 之间，降幅低于 10% 的有 8 年，增幅低于 10% 的有 13 年。

3. 小扁豆

印度小扁豆 2005—2014 年年均收获面积 156.68 万公顷。1961—2014 年，收获面积整体呈波动式增长趋势，从 79.11 万公顷增长至 180.00 万公顷，增幅约 1.28 倍，年均增长约

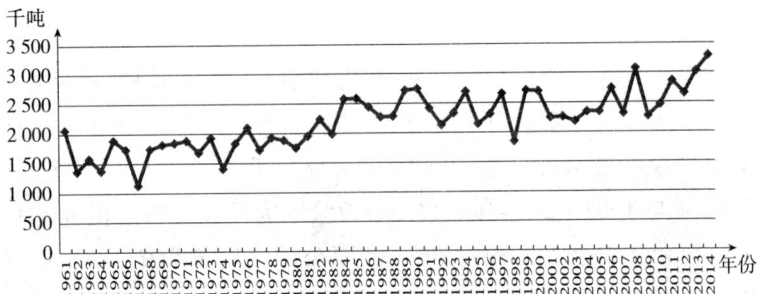

图 4-16　印度 1961—2014 年木豆产量变化情况
资料来源：联合国粮食及农业组织（FAO）。

1.56%。其间，2009—2013 年连续五年大幅增长，年均增长
约 7.61%。

　　印度是世界小扁豆主要生产国之一，2008 年被加拿大超过，
位居世界第二，2005—2014 年年均产量 98.82 万吨。1961—
1980 年，产量在 38 万吨左右浮动；1981—1990 年，产量整体呈
增长趋势，从 46.52 万吨增长至 70.62 万吨，年均增长约
4.75%；1991—1996 年，产量整体呈下降趋势，年均下降约
3.47%，到 1996 年产量降至 71.37 万吨；1997—2014 年，产量
基本围绕 97 万吨上下波动，且波动较大（图 4-17）。

图 4-17　印度 1961—2014 年小扁豆产量变化情况
资料来源：联合国粮食及农业组织（FAO）。

四、蔬菜

印度是世界第二大蔬菜生产国，种植的主要蔬菜①有洋葱、番茄、茄子、卷心菜等芸薹属蔬菜、花椰菜、西兰花、秋葵、莴苣、菊苣、蒜、姜、茴香、胡椒、青椒等。目前，姜和茴香产量居世界第一，洋葱、茄子、卷心菜等芸薹属作物、西兰花和花椰菜、秋葵、蒜等的产量居世界第二，番茄、莴苣和菊苣、胡椒等的产量居世界第三。国内方面，以上蔬菜占印度全国蔬菜总收获面积和总产量的近六成。

印度是世界第二大蔬菜生产国，2005—2014年年均收获面积723.77万公顷，1961—2014年，蔬菜收获面积整体呈增长趋势，从227.94万公顷上升至851.37万公顷，增幅近2.06倍，年均增长2.13％。其中，1961—1987年与2005—2014年稳步增长，1987—2004年收获面积波动较大，但总体呈增长趋势。

2005—2014年，印度年均蔬菜产量9 971.83万吨。1961—2014年，产量整体呈逐年增长趋势。1961—2001年，蔬菜产量稳步增长，从1 846.85万吨增加到7 879.42万吨，40年间增幅3.27倍，年均增长3.69％；2002—2005年产量有一定幅度的波动；2006—2014年，产量上升幅度较大，从8 269.51万吨增加到1.27亿吨，年均增长5.47％。

2005—2014年印度主要蔬菜年均收获面积和产量比重情况见图4-18。

印度蔬菜2005—2014年平均单产量13 704.81千克/公顷。1961—2014年，除少数年份出现下降外，平均单产量整体呈增长趋势（图4-19），从1961年的6 644.90千克/公顷，上升至2014年的14 867.70千克/公顷，增幅1.24倍，年均增长约

---

① 蔬菜，包括瓜类作物，下同。

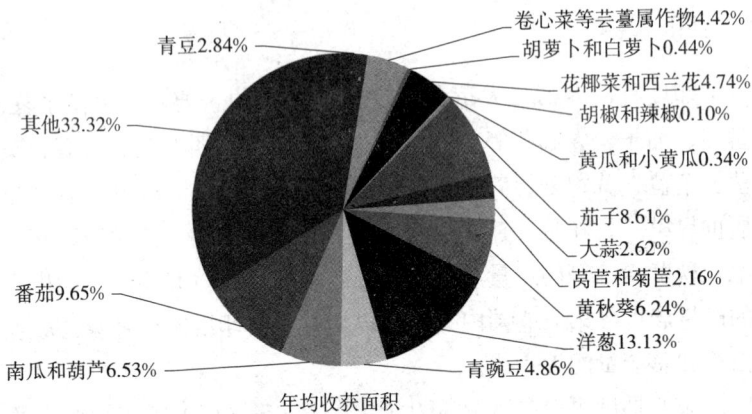

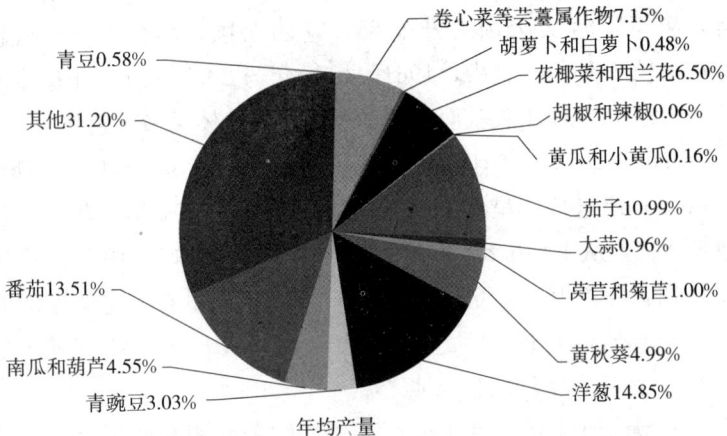

图 4-18 印度 2005—2014 年主要蔬菜年均收获面积和产量比重情况
资料来源：联合国粮食及农业组织（FAO）。

1.53%。其间，单产量 1992—2003 年波动较大，而 1981—1991
年和 2004—2014 年增长相对稳定。

1. 洋葱

印度是世界洋葱的主产国之一，而洋葱是印度人日常餐饮最
重要的蔬菜之一。印度洋葱 2005—2014 年年均收获面积 95.07

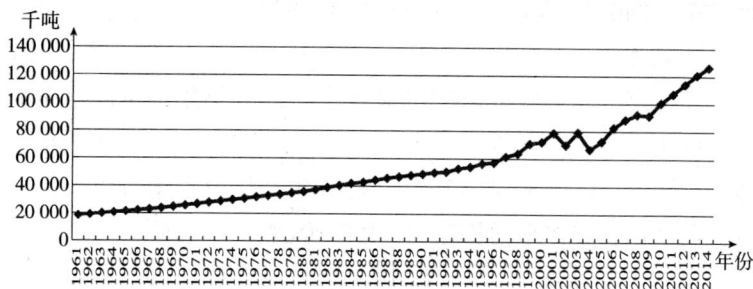

图 4-19 印度 1961—2014 年蔬菜产量变化情况
资料来源：联合国粮食及农业组织（FAO）。

万公顷。1961—2014 年，除少数年份出现下降外，收获面积整
体呈增长趋势，从 12.00 万公顷增长至 120.36 万公顷，增幅
9.03 倍，年均增长 4.45%。其间，1961—2002 年增速较缓，
2003—2014 年增幅较大，尤其是 2009—2010 年，由 75.62 万公
顷增长到 106.40 万公顷，增幅 40.70%。

印度洋葱产量居世界第二。2005—2014 年年均产量
1 480.46 万吨。1961—2014 年，除部分年份出现下降外，产量
整体呈增长趋势（图 4-20），1961—2002 年增速较缓，41 年仅
增长了 2.51 倍，年均增长 3.11%；2003—2014 年，因洋葱收获
面积的高速增长，洋葱产量也进入快速增长期，从 626.76 万吨

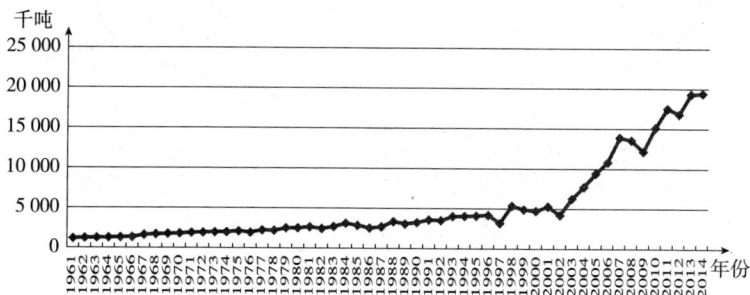

图 4-20 印度 1961—2014 年洋葱产量变化情况
资料来源：联合国粮食及农业组织（FAO）。

增长至 1 940.17 万吨，年均增速为 10.82%。

2. 番茄

印度是世界主要番茄生产国之一，2006 年年产量超过土耳其，成为世界第二大番茄生产国。印度番茄 2005—2014 年年均收获面积 69.81 万公顷。1961—2014 年，除少数年份出现下降外，收获面积整体呈增长趋势。1961 年为 5.00 万公顷，2014 年增长至 88.20 万公顷，增幅约 16.64 倍，年均增长 5.56%。

2005—2014 年，印度年均番茄产量为 1 347.28 万吨，仅次于中国（年均产量 4 333.24 万吨）、美国（年均产量 1 310.89 万吨）和土耳其（年均产量 1 076.56 万吨）。国内，番茄产量在印度蔬菜总产量中所占的比重逐年大幅提高，从 1961 年代初的不到 2.51%，上升至 2014 年来的近 14.80%。1961—2014 年，除少数年份出现下降外，印度番茄产量整体呈增长趋势（图 4-21）。1961—1987 年增幅较小，1988—2008 年增速加快，2009—2012 年直线增长，2013—2014 年变化较小。1961 年印度番茄产量为 46.40 万吨，2014 年增长至 1 873.59 万吨，增幅约 39.38 倍，年均增长约 7.23%。

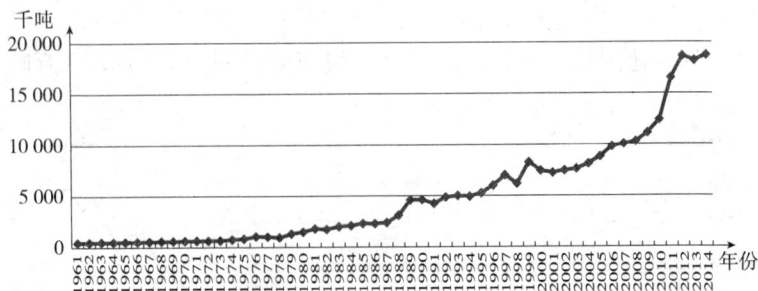

图 4-21　印度 1961—2014 年番茄产量变化情况
资料来源：联合国粮食及农业组织（FAO）。

3. 茄子

茄子是印度的主要蔬菜之一。印度茄子 2005—2014 年年均收获面积 62.33 万公顷，1961—1994 年，印度茄子年收获面积占蔬菜总收获面积比重维持在 5%～6% 之间，自 20 世纪 90 年代中期至今基本维持在 9% 左右。1961—2014 年，收获面积整体呈增长趋势。1961 年收获面积为 15.00 万公顷，2014 年增长至 71.13 万公顷，增幅近 3.74 倍，年均增长 2.98%。

印度是世界第二大茄子生产国，2005—2014 年年均生产茄子 1 095.69 万吨，仅次于中国（年均产量 2 452.37 万吨）。1961—1992 年，印度茄子占蔬菜总产量比重在 6% 左右，1993—2014 年，这一比重上升为 10% 左右。1961—2014 年，产量整体呈增长趋势（图 4-22）。1961 年印度茄子产量为 99.00 万吨，2014 年增至 1 355.78 万吨，增幅近 12.69 倍，年均增长约 5.06%。

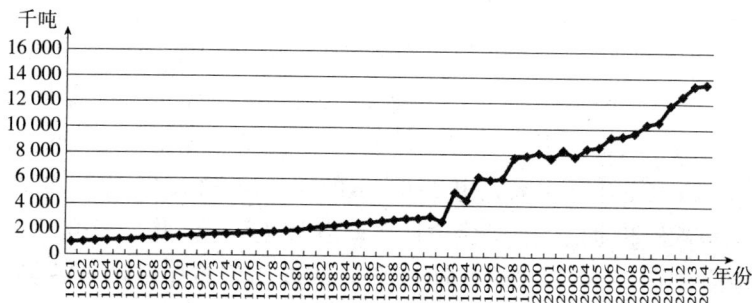

图 4-22　印度 1961—2014 年茄子产量变化情况
资料来源：联合国粮食及农业组织（FAO）。

4. 卷心菜等芸薹属蔬菜

印度是世界卷心菜等芸薹属蔬菜的主产国之一。2005—2014 年，印度卷心菜等芸薹属蔬菜年均收获面积 31.98 万公顷，1961—2014 年，收获面积整体呈增长趋势，从 2.10 万公顷增长至 40.01 万公顷，增幅近 18.05 倍，年均增长近 5.72%。2005—2014 年年均生产卷心菜等芸薹属蔬菜 713.30 万吨，仅次于中国。1961—2014 年，除个别年份出现下降外，产量整体呈

增长趋势，且增长幅度较大，从 1961 年的 28.80 万吨增长到
2014 年的 903.92 万吨，增幅为 30.39 倍，年均增长 6.72%（图
4-23）。

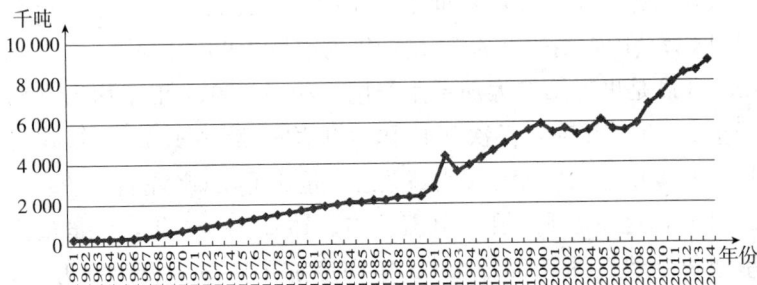

图 4-23　印度 1961—2014 年卷心菜等芸薹属蔬菜产量变化情况
资料来源：联合国粮食及农业组织（FAO）。

5. 花椰菜和西兰花

2005—2014 年，印度花椰菜和西兰花年均收获面积 34.34
万公顷。1961—2014 年，花椰菜和西兰花收获面积占蔬菜总
面积比重不断上升。1961—1982 年，其在印度蔬菜总收获面
积所占比重小于 4%，由 1961 年的 1.48% 增长到 1982 年的
3.98%；20 世纪 90 年代中期曾一度接近 6%，此后至今基本
维持在 5% 上下。1961—2014 年，收获面积整体呈增长趋势，
从 4.10 万公顷增长至 43.39 万公顷，增幅 9.58 倍，年均增长
约 4.55%。

印度是世界第二大花椰菜和西兰花生产国，2005—2014 年
年均产量 648.08 万吨，仅次于中国（年均产量 852.73 万吨）。
1961—1978 年，花椰菜和西兰花在印度蔬菜总产量中所占比重
低于 5%，由 2.24% 增长至 4.71%，20 世纪 80 年代，这一比重
为 5%~6%，90 年代中期曾一度达到 9%，之后基本维持在 7%
左右，2014 年达到 6.77%。1961—2014 年，产量整体呈增长趋
势，增幅近 19.76 倍，年均增长约 5.89%（图 4-24）。

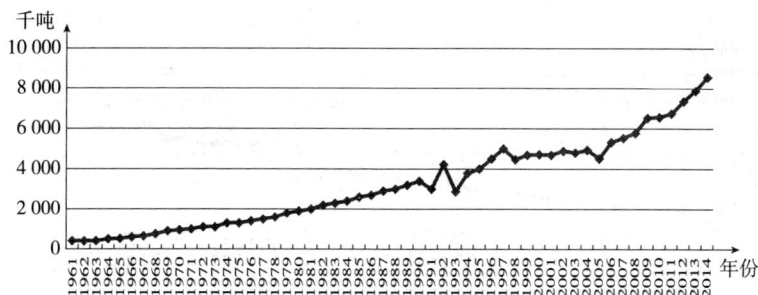

千吨

图 4-24 印度 1961—2014 年花椰菜和西兰花产量变化情况
资料来源：联合国粮食及农业组织（FAO）。

6. 秋葵

印度是世界最大的秋葵生产国，2005—2014 年，印度秋葵年均收获面积 45.16 万公顷。1961—2014 年，除少数年份出现下降外，印度秋葵收获面积整体呈增长趋势，期间又大致可分为三个阶段。1961—1993 年，收获面积逐年递增，由 15.00 万公顷增长至 37.60 万公顷，年均增长 2.91％；1994—1998 年，收获面积先增长后下降；1999—2014 年，秋葵收获面积稳步增长，从 33.00 万公顷增长至 53.27 万公顷，增幅 61.41％，年均增长 3.24％。

2005—2014 年年均产量 498.06 万吨，秋葵在印度蔬菜总产量中的比重基本保持在 5％上下，20 世纪 90 年代中期曾一度接近 7％。1961—2014 年，印度秋葵产量总体呈增长趋势（图 4-25），其中，1993—1998 年有较大的波动，产量先急剧上升后缓慢下降，从 77.50 万吨增长至 634.64 万吨，53 年间增幅约 7.19 倍，年均增长近 4.05％。

7. 莴苣和菊苣

印度是世界莴苣和菊苣主要生产国之一，2008 年产量超过意大利居世界第四，2009 年超过西班牙居世界第三。2005—2014 年年均收获面积 15.67 万公顷，1961—2014 年，收获面积

千吨

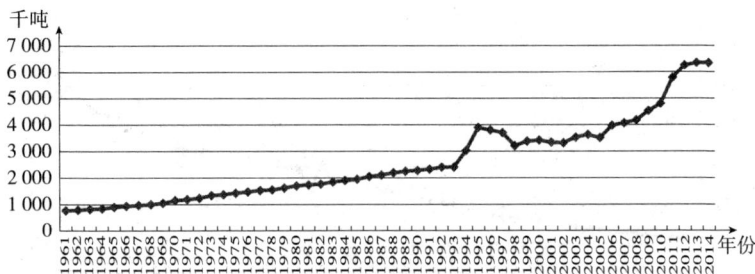

图 4-25　印度 1961—2014 年秋葵产量变化情况
资料来源：联合国粮食及农业组织（FAO）。

稳步增长，无较大波动，由 1961 年的 5.50 万公顷增长至 2014 年的 17.24 万公顷，增幅仅为 2.14 倍，年均增长 2.18%。

2005—2014 年，印度莴苣和菊苣年均产量世界第三，为 100.10 万吨，仅次于中国（年均产量 1 276.00 万吨）和美国（年均产量 412.71 万吨）。1961—2014 年，印度莴苣和菊苣产量整体呈逐年递增趋势（图 4-26），产量从 1961 年的 25.00 万吨上升至 2014 年的 109.71 万吨，增幅近 3.39 倍，年均增长 2.83%。1961—2014 年，莴苣和菊苣在印度蔬菜总产量中所占比重呈现先增长后下降的趋势，1961—1975 年，所占比重变化较小，基本维持在 1.35% 左右；1976—2001 年先增长后下降，最高为 1979 年的 1.55%，最低为 2001 年的 1.00%；2002—

千吨

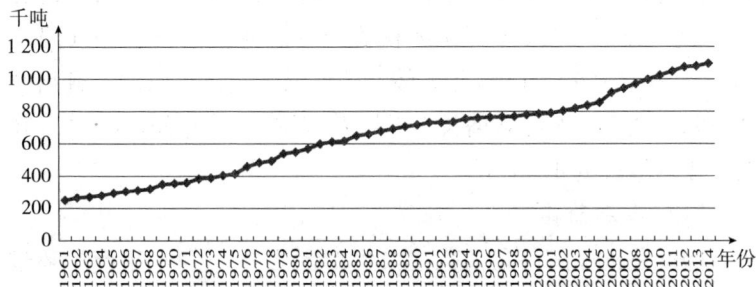

图 4-26　印度 1961—2014 年莴苣和菊苣产量变化情况
资料来源：联合国粮食及农业组织（FAO）。

2014年呈波动式下降趋势，2014年减少到0.87%。

8. 大蒜、生姜、茴香、胡椒和青椒

大蒜、生姜、茴香、胡椒和青椒是印度主要的调味蔬菜。1961—2014年，五种作物的收获面积整体呈波动式增长趋势（图4-27），从25.19万公顷增长至122.23万公顷，增幅3.85倍，年均增长3.03%。其中，大蒜的收获面积增幅5.60倍，年均增长3.62%；生姜的收获面积增幅5.33倍，年均增长约3.54%；茴香的收获面积增幅7.07倍，年均增长约4.02%；胡椒的收获面积增幅较小，为20.39%，年均增长0.35%；青椒的收获面积增幅1.83倍，年均增长1.98%。

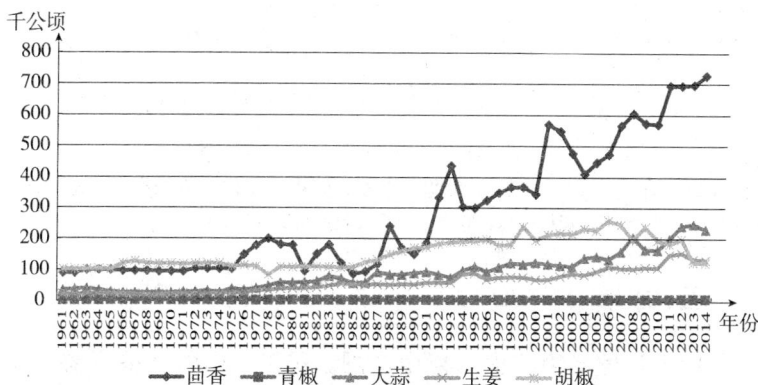

图4-27　印度1961—2014年大蒜、生姜、茴香、胡椒、青椒收获面积
资料来源：联合国粮食及农业组织（FAO）。

印度是世界第二大蒜生产国，2005—2014年年均产量95.51万吨，仅次于中国（年均产量1 691.85万吨）；是世界第一生姜出产国，2005—2014年年均产量50.95万吨（中国为世界第二，年均产量为35.33万吨）；是世界第一大茴香生产国，2005—2014年年均产量43.41万吨（第二名墨西哥年均产量仅为5.07万吨）；是世界五大胡椒生产国之一，不同年份的排名有所变动，2014年为第三大胡椒生产国，2005—2014年年均产量5.77万

吨，位居越南（年均产量 12.05 万吨）、印度尼西亚（年均产量
8.37 万吨）和巴西（年均产量 5.97 万吨）之后。五种作物在印
度蔬菜总产量中所占比重呈缓慢上升趋势，1961—2014 年五种
作物的产量亦呈增长趋势，增幅 9.92 倍，年均增长 4.61%（图
4-28）。

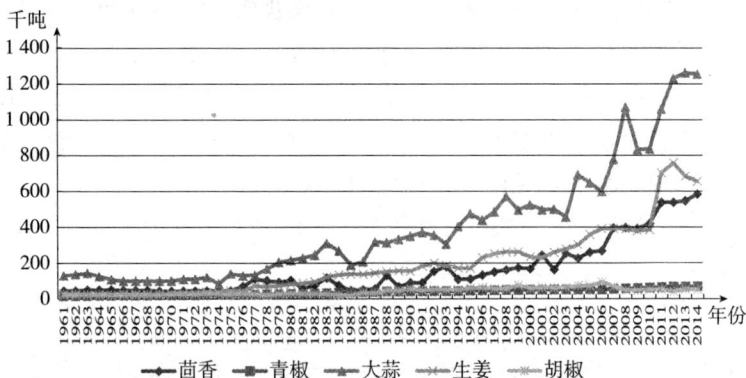

图 4-28 印度 1961—2014 年大蒜、生姜、茴香、胡椒、青椒产量变化情况
资料来源：联合国粮食及农业组织（FAO）。

五、水果

印度是世界第二大水果生产国。芒果、山竹、番石榴、香
蕉、橙子、苹果、柠檬、酸橙、木瓜、菠萝、葡萄等是印度生产
的主要水果①。其中，香蕉、木瓜、芒果、山竹和番石榴产量居
世界第一，柠檬和酸橙的产量居世界第二，橙子产量居世界第
四。以上 11 种水果占印度全国水果总收获面积的七成多，占印
度全国水果总产量的八成多（图 4-29）。

印度水果 2005—2014 年年均收获面积 612.86 万公顷。
1961—2014 年，水果收获面积在印度耕地中所占比重呈增长趋

① 水果，不包括瓜类作物，下同。

年均收获面积

苹果4.51%

香蕉11.93%

葡萄1.48%

柠檬和酸橙4.16%

芒果、山竹和番石榴37.07%

其他29.05%

菠萝1.49%

木瓜1.70%

橙子8.60%

年均产量

苹果2.90%

香蕉36.66%

葡萄2.54%

柠檬和酸橙3.25%

其他18.91%

菠萝2.00%

木瓜5.71%

橙子7.05%

芒果、山竹和番石榴20.97%

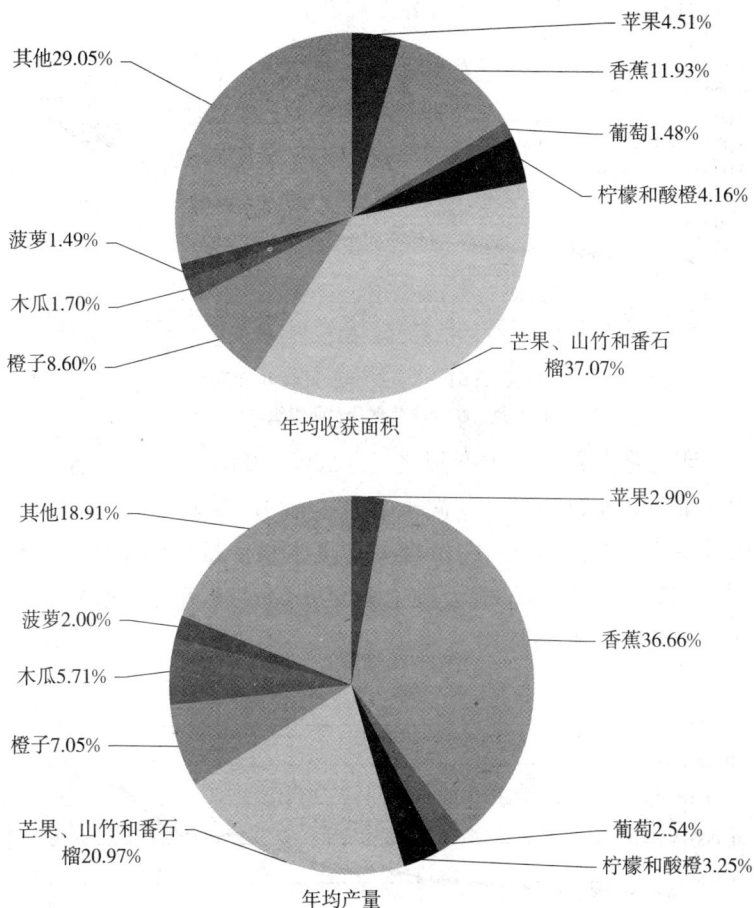

图 4-29 印度 2005—2014 年主要水果年均收获面积和产量比重情况

资料来源：联合国粮食及农业组织（FAO）。

势，从 1961 年的 0.99％增至 2014 年的 4.57％，增幅 3.60 倍。
1961—2014 年，印度水果收获面积总体呈增长趋势（图 4-30），
从 154.93 万公顷增长至 714.86 万公顷，涨幅 3.61 倍，年均增
长 2.93％。其间，1961—1984 年，实现了连续 23 年的增长，增
速较缓；1990—1996 年和 2004—2010 年均实现了连续七年增

长，且后者增速较快，年均增长 8.22%。

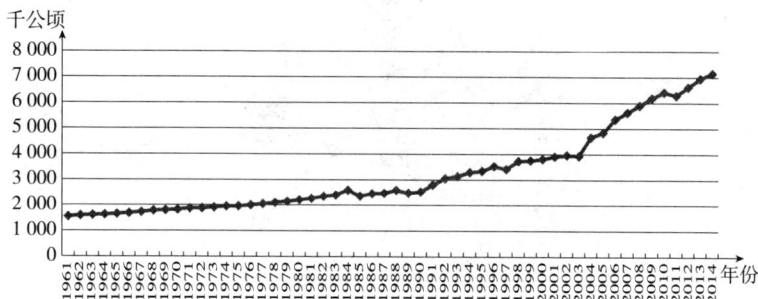

图 4-30 印度 1961—2014 年水果收获面积变化情况
资料来源：联合国粮食及农业组织（FAO）。

印度是世界水果主产国之一。2005—2014 年，印度水果年均产量 7 050.24 万吨，仅次于中国（年均产量 12 683.05 万吨），居世界第二位。1961—2014 年，印度水果产量整体呈增长趋势（图 4-31），从 1 337.25 万吨上升至 8 847.51 万吨，增幅 5.62 倍，年均增长 3.63%。

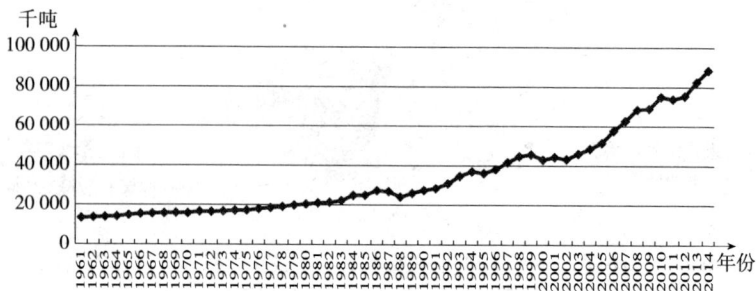

图 4-31 印度 1961—2014 年水果产量变化情况
资料来源：联合国粮食及农业组织（FAO）。

1. 芒果、山竹和番石榴

印度芒果、山竹和番石榴 2005—2014 年年均收获面积 227.18 万公顷。1961—2014 年，收获面积整体呈增长趋势，53 年间增幅约 1.96 倍，年均增长 2.07%。其间，收获面积变化的阶段性特征较明显，1961—1984 产量稳步提升，但增幅较小，1984—1990 年处于低收获面积期，1985—2002 年和 2003—2014 年为两个快速增长期，后者增长幅度较大，年均增长 4.06%。

　　印度是世界最大的芒果、山竹和番石榴生产国，2005—2014 年，年均产量 1 243 万吨。1961—2014 年，印度芒果、山竹和番石榴产量变化情况大致可分为三个阶段（图 4-32）。第一阶段属于缓慢增长期，1961—1987 年，年均增长 1.43%。第二阶段，1988—2002 年，产量先增长后下降，整体处于增长趋势，年均增长 1.69%。第三阶段，2003—2014 年，产量呈波动式增长趋势，且增幅较大，产量从 1 273.32 万吨增长到 1 843.13 万吨，年均增长 3.42%。

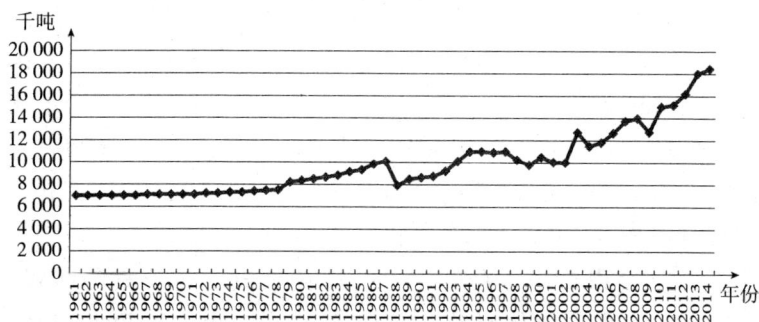

图 4-32　印度 1961—2014 年芒果、山竹和番石榴产量变化情况
资料来源：联合国粮食及农业组织（FAO）。

2. 香蕉

印度是世界最大香蕉生产国。2005—2014 年，印度香蕉年均收获面积 73.12 万公顷，年均产量 2 584.39 万吨。1961—2014 年，除少数年份出现下降外，印度香蕉收获面积整体呈上升趋势。收获面积从 16.50 万公顷上升到 80.26 万公顷，53 年间增幅约 3.86 倍，年均增长 3.03%。相应的，印度香蕉产量整体呈增长趋势（图 4-33），产量从 225.70 万吨增长至 2 972.46

万吨，增幅 12.17 倍，年均增长 4.98%。

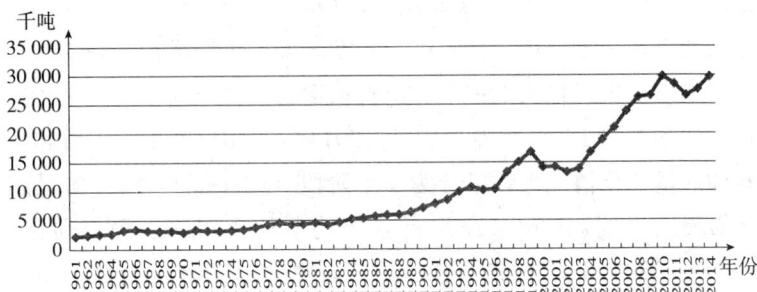

图 4-33　印度 1961—2014 年香蕉产量变化情况
资料来源：联合国粮食及农业组织（FAO）。

3. 橙子

印度橙子 2005—2014 年年均收获面积 52.70 万公顷。1961—2014 年，橙子收获面积在印度水果总收获面积中所占比重从最初的 3.49%，上升至 9.30% 上下。1961—1965 年稳定在 3.50% 左右；1966—1994 年，其比重在 4%～6% 之间波动；1995—2005 年，在 6%～8% 间浮动；2005 年后，除 2011 和 2012 年低于 8% 外，大部分年份在 8%～10% 之间。1961—1993 年，收获面积在 10 万～14 万公顷间波动，增长较为缓慢；1994—1999 年，整体呈稳定增长趋势，年均增长约 3.58%；2000—2010 年，收获面积出现快速增长，年均增长约 8.70%；2011 年，印度橙子收获面积出现 23.81% 的大幅下降，收获面积回落至 48.10 万公顷，2012 年又急速上涨，2014 年收获面积增加到 66.49 万公顷。

印度是世界第四大橙子生产国，2005—2014 年年均产量 497.22 万吨，位居巴西（年均产量 1 815.32 万吨）、美国（年均产量 783.63 万吨）和中国（年均产量 521.26 万吨）之后。1961—1966 年，产量在 100 万吨以下；1967—1995 年，基本保持在 100 万～200 万吨之间；1996—2002 年，产量基本在 250 万吨上下波动；2003—2010 年，产量年均增长 17.57％。2011 年，印度橙子产量下降 23.39％，回落至 457.10 万吨，2012 年产量继续下降，2013 年产量骤升至 642.62 万吨，增幅 47.38％，2014 年继续上升为 731.76 万吨（图 4-34）。

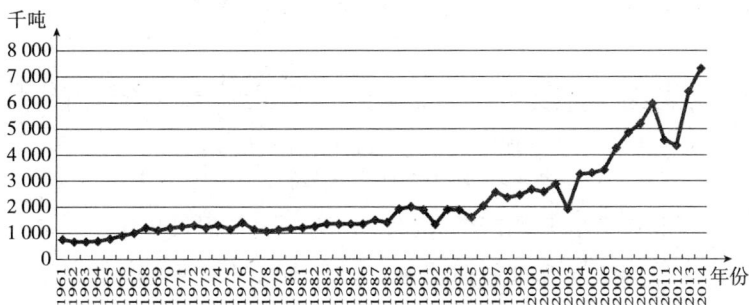

图 4-34 印度 1961—2014 年橙子产量变化情况
资料来源：联合国粮食及农业组织（FAO）。

4. 苹果

印度苹果 2005—2014 年年均收获面积 27.66 万公顷。1961 年以来，苹果收获面积在印度水果总收获面积中所占比重从最初的 2.87％上下，升至 1989 年的 7.54％，又降至 2014 年的 4.38％。1961—2014 年，印度苹果产量整体呈增长趋势（图 4-35），从 18.50 万吨增长至 249.77 万吨，53 年间增幅 12.50 倍，年均增长 5.03％，最高为 2011 年的 289.10 万吨。2005—2014 年，年均产量 204.47 万吨，2014 年为 249.77 万吨。

5. 柠檬和酸橙

印度是世界最大的柠檬和酸橙生产国。2005—2014 年，印度年均柠檬和酸橙收获面积为 25.52 万公顷，1961 年以来，青柠和酸橙收获面积在水果总收获面积中的比重呈现波动式上升，从最初的 2.32％，上升到 2000 年的 4.45％，2005 年又下降到 1.63％，2014 年回升至 4.01％，2007 年达到最高为 5.25％。

千吨

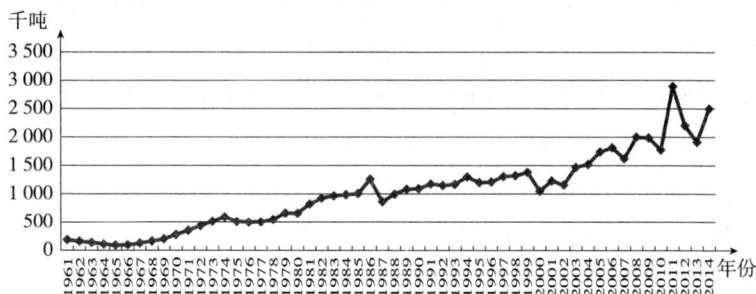

图 4-35　印度 1961—2014 年苹果产量变化情况
资料来源：联合国粮食及农业组织（FAO）。

2005—2014 年，年均产量为 229.43 万吨，位居世界第一（第二中国，年均产量为 227.13 万吨，第三墨西哥，年均产量 202.93 万吨）。

千吨

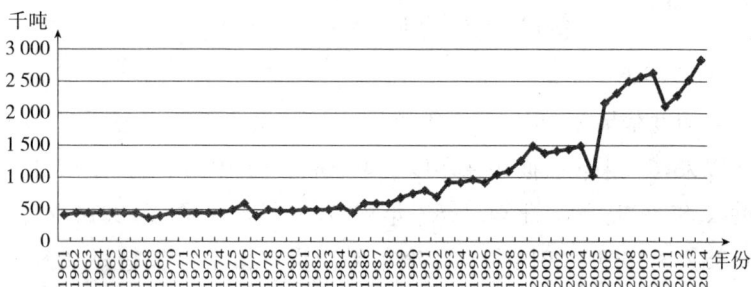

图 4-36　印度 1961—2014 年柠檬和酸橙产量变化情况
资料来源：联合国粮食及农业组织（FAO）。

1961 年以来，柠檬和酸橙产量在印度水果总产量中所占比重波动较大，由 1961 年的 3.10% 降至 1985 年的 1.80%，又升至 2006 年的 3.74%，2014 年又降至 3.20%。1961—2014 年，印度柠檬和酸橙产量整体呈增长趋势（图 4-36），产量从 41.50 万吨增长至 283.50 万吨，增幅 5.83 倍，年均增长近 3.69%。2011 年印度柠檬和酸橙大幅下降约 19.82%，产量降至 210.80 万吨，之后产量又逐渐上升。

6. 木瓜

2005—2014 年，印度木瓜年均收获面积 10.41 万公顷。
1961—1997 年，印度木瓜收获面积整体呈增长趋势，增幅约
10.57 倍，年均增长 7.04%；1998—2005 年，收获面积波动较
大，8 年间，收获面积增长 3 年、下降 5 年，其中又有 4 年的增
（降）幅超过 10%。2006—2014 年，收获面积整体呈增长趋势，
至 2014 年达到 13.34 万公顷，年均增长 7.92%。

印度是世界最大木瓜生产国，2005—2014 年年均产量
402.91 万吨。1961 年以来，木瓜占印度水果总产量比重呈波动
式上升趋势，从最初的 1.71%，上升至 2014 年的 6.37%。
1961—2014 年，印度木瓜产量总体呈增长趋势（图 4-37）。
1961—1992 年，增幅较小，年产量在 100 万吨以下；1993—
2000 年，年产量在 100 万～200 万吨之间；2001—2014 年，除
2003 年外，年产量均大于 200 万吨，且增幅较大，年均增长
6.17%，2014 年达到 563.93 万吨。

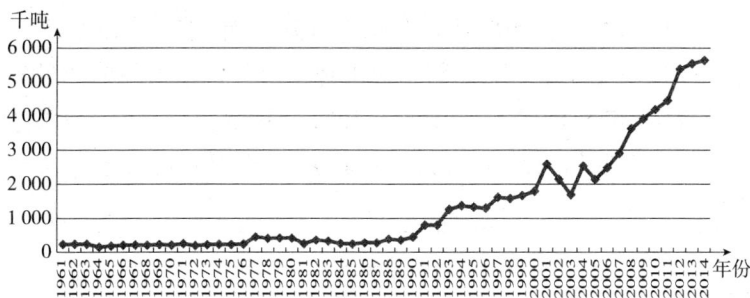

图 4-37　印度 1961—2014 年木瓜产量变化情况
资料来源：联合国粮食及农业组织（FAO）。

7. 菠萝

印度菠萝 2005—2014 年年均收获面积 9.14 万公顷，年均产
量 140.99 万吨，其在印度水果总产量中的比重呈现先增长后下
降的趋势，1961 年仅为 0.57%，1988 年上升为 3.39%，近年来

维持在 2% 左右，2014 年为 1.96%。1961—2014 年，产量从 7.60 万吨增长至 173.67 万吨，53 年间增幅 21.85 倍，年均增长 6.08%（图 4-38）。

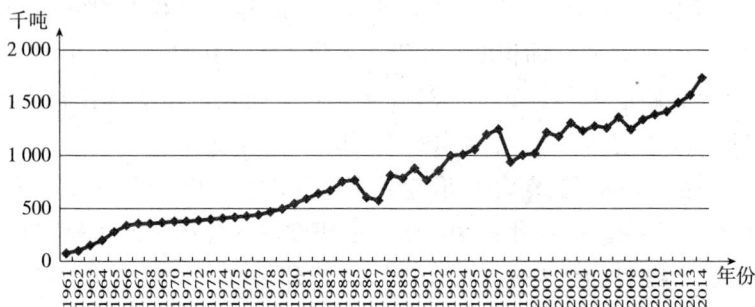

图 4-38　印度 1961—2014 年菠萝产量变化情况
资料来源：联合国粮食及农业组织（FAO）。

8. 葡萄

印度葡萄 2005—2014 年年均收获面积 9.10 万公顷。1961—2014 年，印度葡萄收获面积整体呈增长趋势，增幅 25.99 倍，年均增长 6.42%。印度葡萄 2005—2014 年年均产量 179.18 万吨。1961—2014 年，除少数年份出现下降外，印度葡萄产量整体呈增长趋势（图 4-39），1961—1991 年增幅较小，1992—2009年和 2010—2014 年增幅较大，产量从 7.00 万吨增长至 258.53

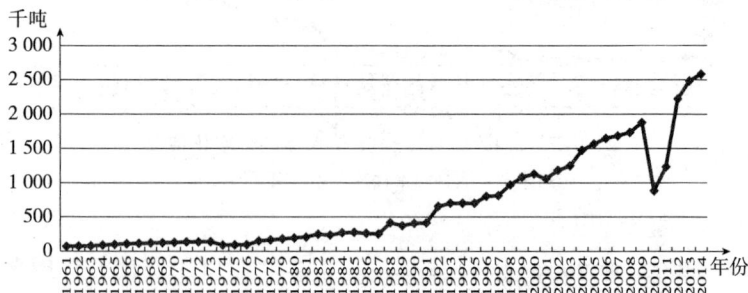

图 4-39　印度 1961—2014 年葡萄产量变化情况
资料来源：联合国粮食及农业组织（FAO）。

万吨，增幅 35.93 倍，年均增长 7.05%。

六、树坚果类作物

腰果和核桃是印度主要的树坚果类作物。其中，腰果收获面积和产量占印度树坚果类作物的九成以上。印度腰果产量居世界前三，2014 年位居世界第二，产量为 75.30 万吨，仅次于尼日利亚（2014 年产量为 89.44 万吨）。2005—2014 年，印度腰果年均产量为 66.16 万吨，位居世界第三，仅次于越南（年均产量为99.52 万吨）和尼日利亚（年均产量为 76.60 万吨）。印度核桃产量位居世界前十，2014 年产量为 4.30 万吨，与第一位的中国相差甚远（2014 年产量为 160.24 万吨）。

印度树坚果类作物 2005—2014 年年均收获面积 94.39 万公顷。1961—2014 年，除 1977 年和 2000 年下降外，收获面积呈逐年递增趋势，从 21.40 万公顷增长至 104.20 万公顷，增幅3.87 倍，年均增长 3.03%（图 4-40）。

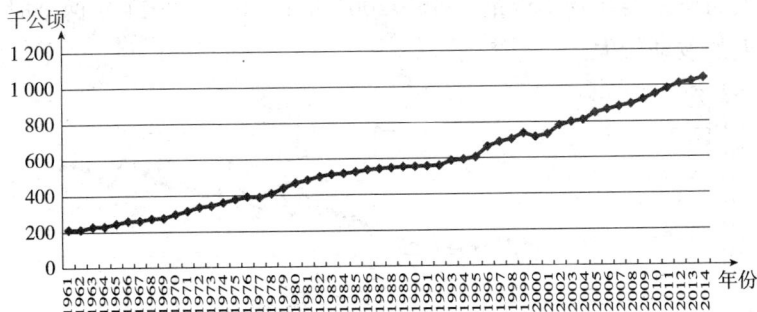

图 4-40　印度 1961—2014 年树坚果类作物收获面积变化情况
资料来源：联合国粮食及农业组织（FAO）。

印度树坚果类作物 2005—2014 年年均产量 69.83 万吨。1961—2014 年，除个别年份出现下降外，产量整体呈增长趋势（图 4-41），从 9.70 万吨增长至 79.60 万吨，增幅 7.21 倍，年均增长 4.05%。其间，印度树坚果类作物产量 1995—2001 年和

2009—2011 年的波动较大。

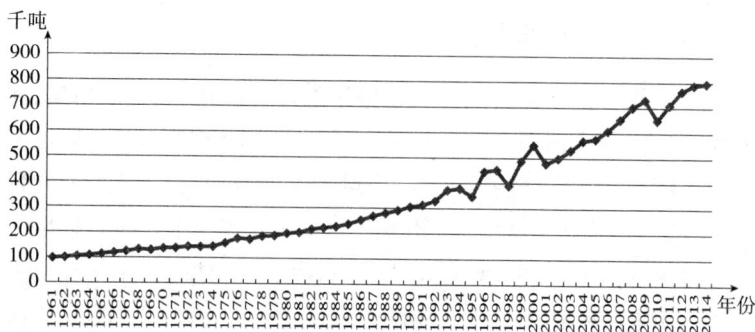

图 4-41　印度 1961—2014 年树坚果类作物产量变化情况
资料来源：联合国粮食及农业组织（FAO）。

　　印度树坚果类作物 2005—2014 年平均单产量 738.61
千克/公顷。1961—2014 年，整体呈增长趋势（图 4-42）。单
产量从 453.30 千克/公顷增长至 763.90 千克/公顷，增幅
68.52%，年均增长 0.99%。其间，与产量变化情况相似，印
度树坚果类作物单产量 1995—2001 年和 2009—2011 年两个时
期的波动较大。

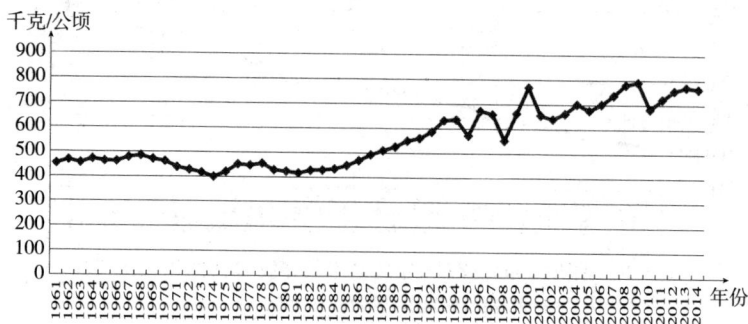

图 4-42　印度 1961—2014 年树坚果类作物单产量变化情况
资料来源：联合国粮食及农业组织（FAO）。

1. 腰果

　　腰果作为印度重要的树坚果作物之一，其商业价值较高，一

般是通过大量出口创汇。腰果一般需要经过加工，才可以成为货架商品，印度的腰果加工中心生产产品有两种：乳白色的腰果仁和腰果壳液。世界腰果仁的需求量不断稳步增长，使得腰果加工业变成一个高利润行业。印度作为全球最大的腰果仁生产国、加工国、出口国和带壳腰果进口国，其腰果仁出口到 60 多个国家和地区，主要包括美国、欧洲国家、加拿大、日本、澳大利亚和中东国家等。2005—2014 年，年均收获面积 91.30 万公顷。1961—2014 年，收获面积整体呈增长趋势（图 4-43），从 20.00 万公顷增长至 101.10 万公顷，年均增幅约 4.06 倍，年均增长 3.10%。

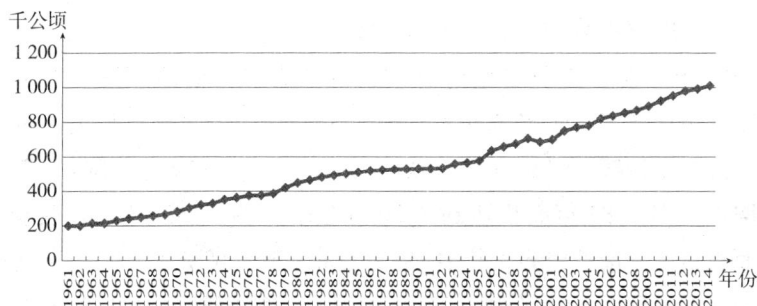

图 4-43　印度 1961—2014 年腰果收获面积变化情况
资料来源：联合国粮食及农业组织（FAO）。

　　印度是世界三大腰果生产国之一。多数时间里，印度腰果产量位居世界第一。1961—2014 年，产量整体呈增长趋势，增幅 7.86 倍，年均增长约 4.20%（图 4-44）。1961—1993 年，除 1973 年产量出现下降外，整体增长趋势平稳，从 8.50 万吨增长到 35.00 万吨，增幅 3.12 倍，年均增长 4.52%；1994—2001 年处于波动式增长时期，有三个年份出现下降；2002—2014 年，除 2010 年出现下降外，其他年份处于增长状态，增幅 60.21%，年均增长 4.01%，2014 年产量达到 75.30 万吨。

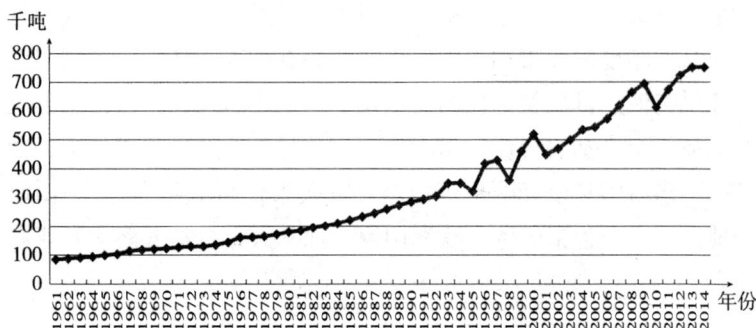

图 4-44　印度 1961—2014 年腰果（带壳）产量变化情况
资料来源：联合国粮食及农业组织（FAO）。

2. 核桃

印度核桃 2005—2014 年年均收获面积 3.09 万公顷。1961—2014 年，收获面积变化情况大致可分为三个阶段（图 4-45）。1961—1966 年，收获面积不断增加，从 1.40 万公顷增长至 1.80 万公顷；1967—1984 年，收获面积波动较大，有 8 年下降，7 年增长，到 1984 年面积达到 1.70 万公顷。1985—2014 年，收获面积整体呈增长趋势，其中 1985—1995 年增幅较大，从 1.70 万公顷增加到 2.88 万公顷，1996—2014 年增幅较小，基本保持在 3 万公顷上下，2014 年达到 3.10 万公顷。

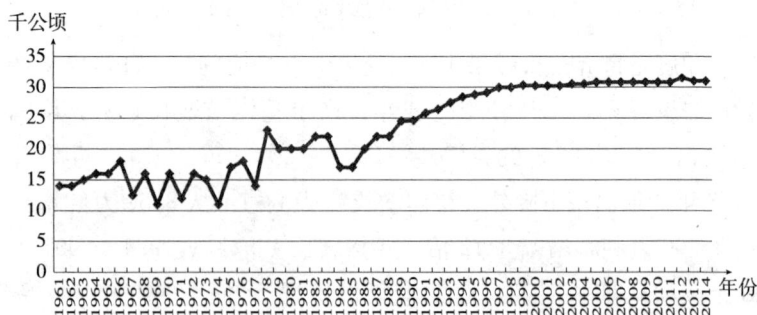

图 4-45　印度 1961—2014 年核桃收获面积变化情况
资料来源：联合国粮食及农业组织（FAO）。

印度核桃（带壳）2005—2014 年年均产量 3.4 万吨。1961—2014 年，印度核桃产量（带壳）从 1.20 万吨增长至 4.30 万吨，增幅 2.58 倍，年均增长 2.44%（图 4-46）。整体上呈现波动式上升趋势，53 年间产量有 22 年下降、27 年增长，4 年出现零增长。

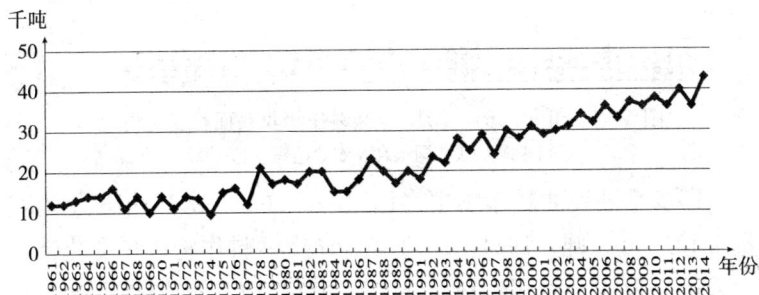

图 4-46　印度 1961—2014 年核桃（带壳）产量变化情况
资料来源：联合国粮食及农业组织（FAO）。

七、油料作物

印度是世界主要油料生产国之一。印度的油料作物种类很多，主要有大豆、花生、油菜籽、芝麻、亚麻籽、蓖麻籽、红花籽、葵花籽、棉籽和椰子等。此外，1994 年开始，印度也开始生产棕榈仁。其中棉籽、大豆、花生（带壳）和油菜籽等四种作物约占全国油料作物总收获面积和全国油料作物总产量的七成。

印度油料作物 2005—2014 年年均收获面积 3 963.77 万公顷。1961—2014 年，印度油料作物收获面积变化情况大致可分为三个阶段（图 4-47）。1961—1987 年，整体呈缓慢上升趋势，维持在 2 500 万公顷左右；1988—2002 年，收获面积先增长后下降，1998 年处于此时段的最高点；2003—2014 年，收获面积先增长后稳定在 4 000 万公顷左右，2014 年收获面积为 4 155.67 万公顷。

千公顷

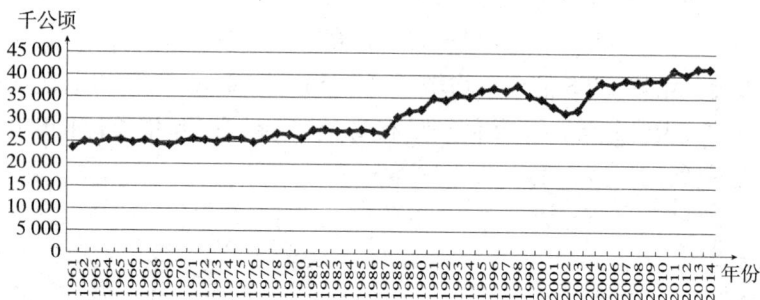

图 4-47　印度 1961—2014 年油料作物收获面积变化情况
资料来源：联合国粮食及农业组织（FAO）。

印度是世界油料作物主产国之一。2005—2014 年，年均产量 1 121.93 万吨。1961—2014 年，印度油料作物产量变化情况大致可分为四个阶段（图 4-48）。1961—1987 年，产量基本在 300 万~500 万吨之间，最高为 519.94 万吨，最低为 303.08 万吨。1988—1996 年，产量不断增长，年均增长约 4.10%，到 1996 年产量达 932.25 万吨。1997—2002 年，产量整体呈下降趋势，年均下降 6.02%。2003—2014 年，产量整体呈波动式增长趋势，年均增长 2.97%。

千吨

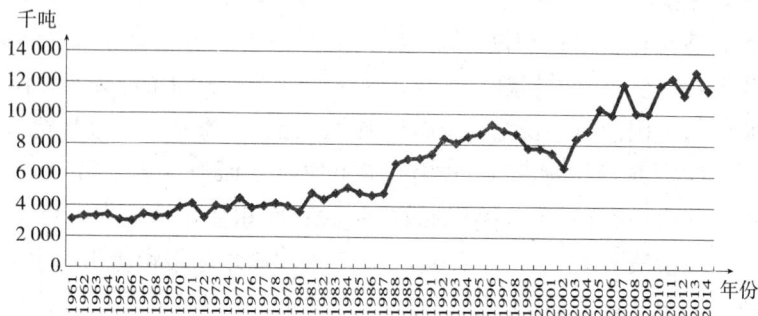

图 4-48　印度 1961—2014 年油料作物产量变化情况
资料来源：联合国粮食及农业组织（FAO）。

印度油料作物 2005—2014 年平均单产量 282.73 千克/公顷。

1961—2014 年，印度油料作物单产量总体呈增长趋势，从 1961
年的 132.10 千克/公顷增长至 2014 年的 278.80 千克/公顷，增
幅 1.11 倍，年均增长 1.42%。53 年中，单产波动较大，有 27
年下降，26 年上升，最低单产为 1965 年的 121.70 千克/公顷，
最高单产为 2007 年的 306.20 千克/公顷。

印度也是世界主要植物油生产国之一。除了上述油料作物
外，玉米也被印度用作植物油的油料。2005—2014 年，印度各
类植物油中，红花籽油产量居世界第一，年均产量为 5.23 万吨；
棉籽油居世界第二，年均产量为 92.21 万吨，仅次于中国（年均
产量为 163.30 万吨）；花生油产量居世界第二，年均产量
155.64 万吨，仅次于中国（年均产量为 195.29 万吨）；芝麻油
产量居世界第三，年均产量 11.96 万吨，仅次于缅甸（年均产量
为 29.85 万吨）和中国（年均产量为 21.30 万吨）；椰油产量居
世界第三，年均产量 38.92 万吨，仅次于菲律宾（年均产量为
138.56 万吨）和印度尼西亚（年均产量为 84.27 万吨）；亚麻籽
油产量居世界第五，年均产量 4.62 万吨，位居中国（年均产量
为 13.60 万吨）、美国（年均产量为 10.51 万吨）、比利时（年均
产量为 10.28 万吨）和德国（年均产量为 4.71 万吨）之后；菜
籽油产量居世界第三，年均产量 226.28 万吨，仅次于中国（年
均产量为 511.32 万吨）和德国（年均产量为 286.40 万吨）；大
豆油产量居世界第五，年均产量 165.65 万吨，位于美国（年均
产量为 906.10 万吨）、中国（年均产量为 830.85 万吨）、巴西
（年均产量为 651.71 万吨）和阿根廷（年均产量为 643.12 万吨）
之后。

目前，在印度压榨油总产量中，菜籽油、花生油、大豆油和
棉籽油所占比重超过八成（2005—2014 年年均产量所占比重分
别为 30.77%、21.16%、22.93% 和 12.54%）。印度 2005—
2014 年年均植物油产量 735.45 万吨。1961—2014 年，印度植物

油产量变化情况大致可分为四个阶段（图 4-49）。① 1961—1986
年，产量整体呈波动式增长趋势，年均增长 1.91％，增长趋势
较平缓；1987—1996 年，产量继续增长，年均增长 7.46％，增
长趋势较明显；1997—2002 年印度植物油产量连续六年下降，
年均下降 5.66％；2003—2014 年，产量呈现波动式增长，历史
最高值为 2007 年的 813.12 万吨，近几年波动较大，出现一定程
度下降，2014 年产量下降为 696.29 万吨。

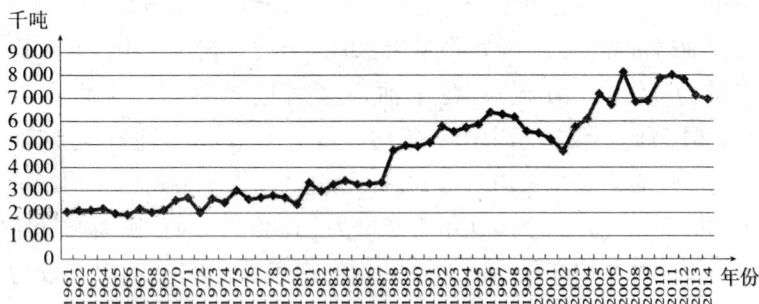

图 4-49　印度 1961—2014 年植物油产量变化情况
资料来源：联合国粮食及农业组织（FAO）。

1. 油菜籽

印度油菜籽 2005—2014 年年均收获面积 644.73 万公顷。
1961—2014 年，印度油菜籽收获面积变化波动较大，大致可分
为五个阶段（图 4-50）。1961—1987 年，收获面积基本在
300 万～400 万公顷上下波动。1988—1992 年，收获面积出现连
续五年增长，年均增长 9.14％，到 1992 年增至 655.34 万公顷。
1993—1997 年，收获面积基本在 650 万公顷左右波动，收获面
积最高时 1996 年为 654.60 万公顷，最低时 1995 年为 606.00 万
公顷。1998—2006 年，收获面积先降后增，从 1998 年的 704.10
万公顷，降至 2001 年的 447.67 万公顷和 2003 年的 454.40 万公

---

① 不包括蓖麻籽油。

顷，到 2006 年又回升至 727.65 万公顷。2007—2014 年，收获面积出现先降后增，从 2007 年的 679.00 万公顷，降至 2008 年的 583.00 万公顷和 2010 年的 558.00 万公顷，到 2011 年又回升至 650.64 万公顷，2012 年又降至 589.00 万公顷，之后增长，2014 年达到 664.57 万公顷。

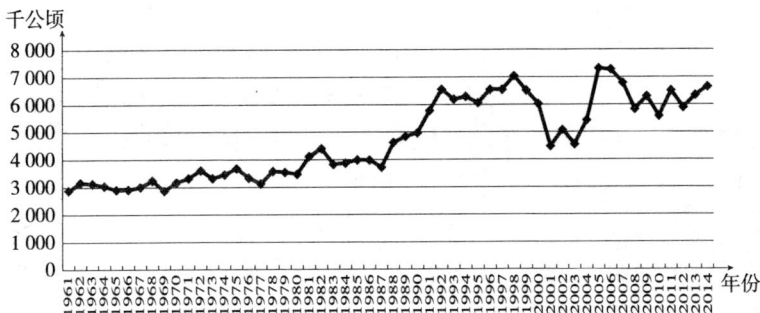

图 4-50　印度 1961—2014 年油菜籽收获面积变化情况
资料来源：联合国粮食及农业组织（FAO）。

印度是世界第三大油菜籽生产国，2005—2014 年印度油菜籽年均产量 732.81 万吨，仅次于中国（年均产量 1 300.95 万吨）和加拿大（年均产量 1 294.74 万吨）。1961—2014 年，印度油菜籽产量变化情况大致可分为三个阶段（图 4-51）。1961—

图 4-51　印度 1961—2014 年油菜籽产量变化情况
资料来源：联合国粮食及农业组织（FAO）。

印度农业
全球化中的大国农业

1983 年，产量增幅较小，维持在 100 万～200 万吨左右；1984—1997 年，产量呈增长趋势，从 1984 年的 260.80 万吨增长至 1997 年的 665.79 万吨，年均增长 7.48%；1998—2005 年，产量先降后增，期间又有波动。2006—2014 年，产量升降不定，2008 年产量降至 583.40 万吨，2014 年则回升至 787.70 万吨。

2. 花生

印度花生 2005—2014 年年均收获面积 564.16 万公顷。1961—2014 年，印度花生收获面积从 688.90 万公顷降至 468.50 万公顷，降幅 31.99%，年均下降 0.73%（图 4-52）。其间，又可以 1987 年为界分为前后两个阶段。1961—1987 年，收获面积维持在 700 万公顷左右，波动幅度较小；1988—2014 年，1988 年收获面积大幅增长 24.62%，1989 年又增长 2.12%，此后收获面积整体呈下降趋势，1988—2014 年年均下降 2.28%，2014 年到达历史最低。

图 4-52　印度 1961—2014 年花生（带壳）收获面积变化情况
资料来源：联合国粮食及农业组织（FAO）。

印度是世界第二大花生生产国。2005—2014 年，印度花生（带壳）年均产量 705.89 万吨，仅次于中国（年均产量 1 510.45 万吨）。1961—2014 年，印度花生产量波动较大（图 4-53），花生（带壳）产量最高时为 1988 年，达到 965.80 万吨，1972 年最低为 409.16 万吨。53 年间，花生（带壳）产量有 27 年出现增长、26 年出现下降，其波动幅度较大，增（降）幅低于 5% 的仅有 7 年，有 14 年的增（降）幅在 10%～20% 之间，增（降）幅在 20%～30% 之间的有 10 年，有 9 年的增（降）幅分别在 40% 以上。

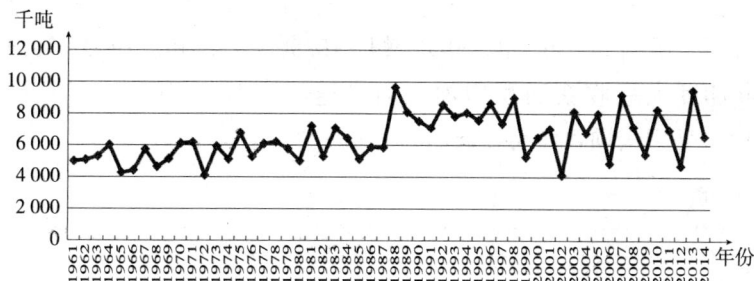

图 4-53　印度 1961—2014 年花生（带壳）产量变化情况
资料来源：联合国粮食及农业组织（FAO）。

印度是世界第二大花生油生产国。2005—2014 年印度花生油年均产量 155.64 万吨，仅次于中国（年均产量 195.29 万吨）。1961—2014 年，印度花生油产量波动较大（图 4-54），产量最高时 1988 年达到 222.30 万吨，最低时 1972 年只有 91.80 万吨。53 年间，花生油产量有 28 年出现增长、25 年出现下降，增（降）幅低于 5% 有 8 年，有 13 年增（降）幅在 10%～20% 之

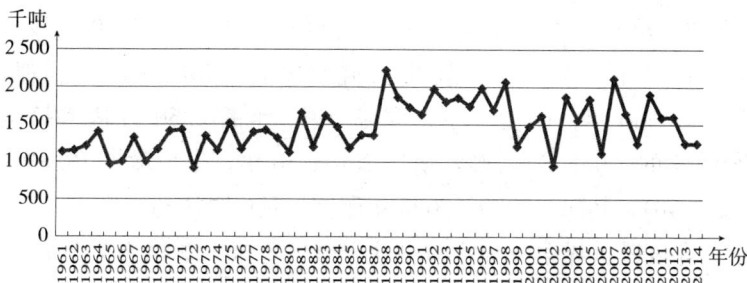

图 4-54　印度 1961—2014 年花生油产量变化情况
资料来源：联合国粮食及农业组织（FAO）。

间，增（降）幅在 20％～30％之间的有 10 年，有 13 年的增
（降）幅大于 30％。

3. 大豆

印度大豆 2005—2014 年年均收获面积 973.66 万公顷。
1961—2014 年，印度大豆收获面积整体呈增长趋势（图 4-55）。
收获面积从 1961 年的 1.10 万公顷增长至 2014 年的 1 090.80 万
公顷，增幅 990.64 倍，年均增长 13.90％。其间，1962—1984
年印度大豆收获面积增加最为迅速，从 1.10 万公顷增加到
124.27 万公顷，年均增长 23.97％。

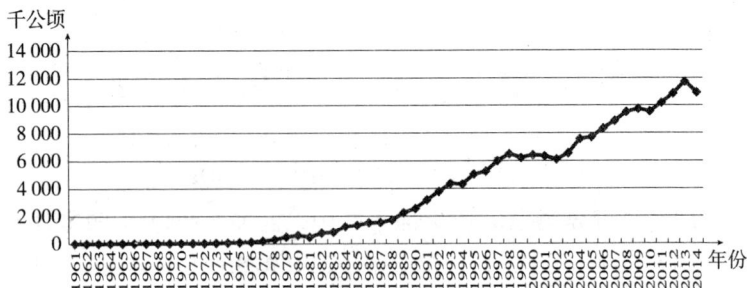

图 4-55　印度 1961—2014 年大豆收获面积变化情况
资料来源：联合国粮食及农业组织（FAO）。

印度大豆产量居世界第五。2005—2014 年，印度大豆年均
产量 1 100.60 万吨，位居美国（年均产量 8 713.83 万吨）、巴西
（年均产量 6 565.88 万吨）、阿根廷（年均产量 4 479.09 万吨）
和中国（年均产量 1 417.81 万吨）之后。与收获面积相似，
1961—2014 年，印度大豆产量从 1961 年的 0.50 万吨增长至
2014 年的 1 052.80 万吨，增幅 2 104.60 倍，年均增长 15.53％
（图 4-56）。其间，2000—2005 年印度大豆产量波动较大。

印度是世界第五大大豆油生产国。2005—2014 年，印度大
豆油年均产量 165.65 万吨，位居美国（年均产量为 906.10 万
吨）、中国（年均产量为 830.85 万吨）、巴西（年均产量为

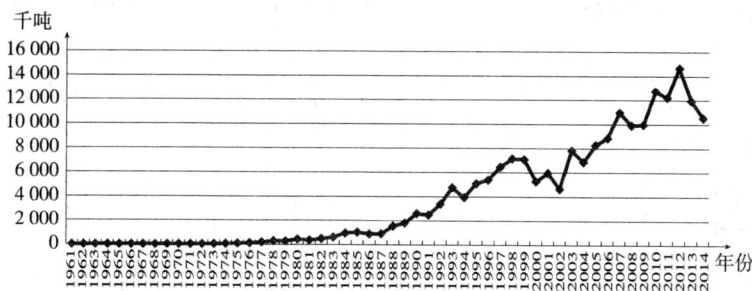

图 4-56　印度 1961—2014 年大豆产量变化情况

资料来源：联合国粮食及农业组织（FAO）。

651.71 万吨）和阿根廷（年均产量为 643.12 万吨）之后。与大豆产量变化相似，1961—2014 年，印度大豆油产量从 1961 年的 0.05 万吨增长至 2014 年的 124.70 万吨，53 年间增幅 2 493 倍，年均增长 15.90%。其间，2000—2005 年印度大豆油产量波动较大，增减交替且幅度较大，2000 年产量下降 25.42%，2001 年增长 12.90%，2002 年下降 21.91%，2003 年增长 67.92%，2004 年下降 12.07%，2005 年增加 20.36%。

4. 椰子

印度是世界第三大椰子生产国，2005—2014 年年均收获面积 200.23 万公顷。1961—2014 年，印度椰子收获面积整体呈增长趋势。收获面积从 1961 年的 72.30 万公顷增长至 2014 年的 214.00 万公顷，增幅 1.96 倍，年均增长 2.07%。其中，1971—1981 年和 2002—2007 年两个时段增长较为平缓，面积变化非常小。

2005—2014 年年均产量 1 055.74 万吨，仅次于印度尼西亚（年均产量 1 834.37 万吨）和菲律宾（1 522.90 万吨）。1961—2014 年，印度椰子产量变化情况大致可分为三个阶段（图 4-57）。1961—1986 年为产量缓慢增长期，由 332.80 万吨增长到 473.80 万吨，增幅 42.37%，年均增长 1.42%。1987—1994 年

为产量快速增长期，由 540.20 万吨增加到 988.19 万吨，增幅
82.93％，年均增长 9.01％。1995—2014 年为产量波动期，20
年中有 10 年增长、10 年下降，增幅为 15.13％，年均增
长 0.74％。

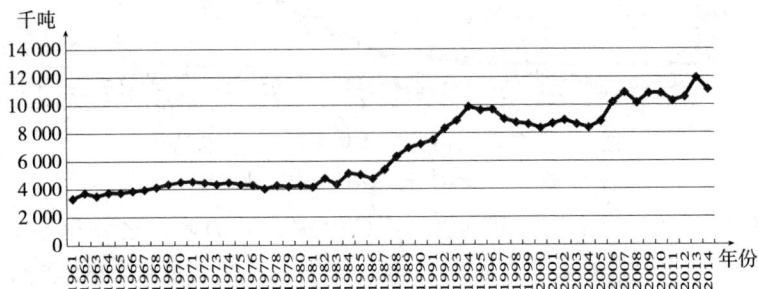

图 4-57　印度 1961—2014 年椰子产量变化情况
资料来源：联合国粮食及农业组织（FAO）。

　　印度是世界第三大椰油生产国。2005—2014 年年均产量
38.92 万吨，仅次于菲律宾（年均产量为 138.56 万吨）和印度
尼西亚（年均产量为 84.27 万吨）。1961—2014 年，印度椰油产
量变化情况大致可分为三个阶段（图 4-58）。1961—1986 年为椰
油产量缓慢增长期，从 17.00 万吨增长至 18.80 万吨，期间有
12 年产量下降。1987—1994 年为椰油产量快速增长期，连续 8

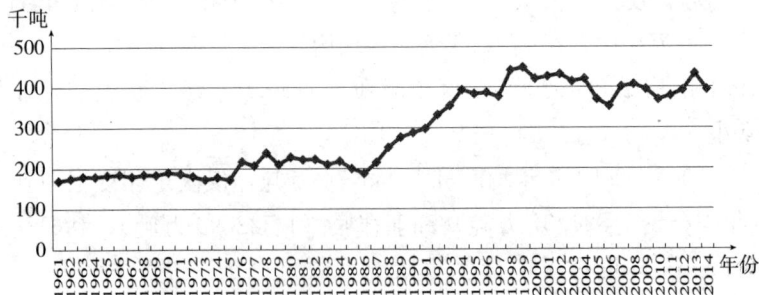

图 4-58　印度 1961—2014 年椰油产量变化情况
资料来源：联合国粮食及农业组织（FAO）。

年增长，年均增长约 9.00％。1995—2014 年，椰油产量基本在
40 万吨上下波动，1999 年最高为 44.80 万吨，2006 年最低时为
35.30 万吨。

5. 棉籽

印度是世界棉籽主要生产国之一，2003 年超过巴基斯坦居
世界第三，2006 年超过美国居世界第二。2005—2014 年年均产
量 995.47 万吨，仅次于中国（年均产量 1 316.16 万吨）。
1961—2014 年，印度棉籽产量变化情况大致可分为四个阶段
（图 4-59）。1961—1988 年，棉籽产量基本在 200 万～300 万吨之
间波动；1989—2001 年，产量基本在 350 万～500 万吨之间波
动；2002—2010 年，产量整体呈快速增长趋势，从 297.80 万吨
增加到 1 154.38 万吨，增幅 2.88 倍，年均增长 18.45％；
2011—2014 年，产量基本维持在 1 200 万吨左右，2014 年产量
为 1 230.00 万吨。

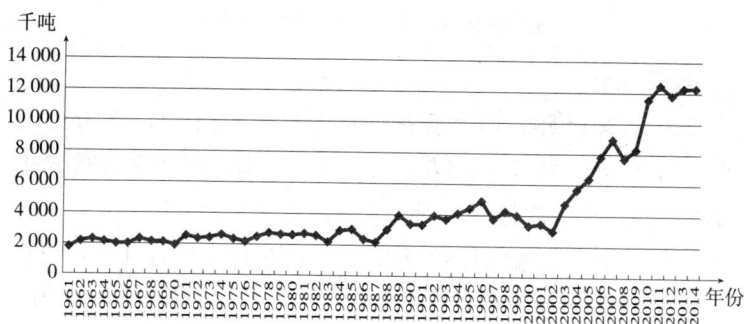

图 4-59　印度 1961—2014 年棉籽产量变化情况
资料来源：联合国粮食及农业组织（FAO）。

印度是世界第二大棉籽油生产国。2005—2014 年年均产量
为 92.21 万吨，仅次于中国（年均产量为 163.30 万吨）。1961—
2014 年，印度棉籽油产量变化情况大致可分为三个阶段（图 4-
60）。1961—1980 年为产量缓慢增长期，由 9.00 万吨增长到

24.90 万吨，增幅 1.77 倍，年均增长 5.50％；1981—1987 年，该阶段印度棉籽油产量基本在 20 万～30 万吨之间波动；1988—2004 年，产量在 35 万～50 万吨之间波动，2002—2004 三年产量未发生变化；2005—2014 年，棉籽油产量呈波动式增长，由 57.00 万吨增加到 124.00 万吨，增幅 1.18 倍，年均增长 9.02％，增长幅度较大。

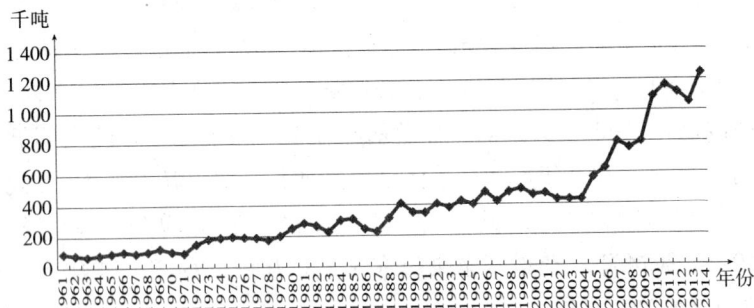

图 4-60 印度 1961—2014 年棉籽油产量变化情况
资料来源：联合国粮食及农业组织（FAO）。

6. 葵花籽

2005—2014 年，印度葵花籽年均收获面积 134.03 万公顷，1970—2014 年，葵花籽收获面积经历了四次较大的增减变化。1970—1993 年，整体呈增长趋势，由 11.70 万公顷增长到 266.80 万公顷，增幅 21.80 倍，年均增长 14.56％；1994—2000 年，收获面积逐渐下降，从 199.80 万公顷下降为 107.38 万公顷，降幅 46.26％，年均下降 9.83％；2001—2005 年，面积又逐渐上升，由 117.68 万公顷增加到 233.96 万公顷，增幅 98.81％，年均增长 18.74％；2006—2014 年，面积持续下降，由 216.00 万公顷下降为 55.20 万公顷，降幅 74.44％，年均下降 15.68％。

2005—2014 年，葵花籽年均产量 87.70 万吨。与收获面

积类似，1970—2014 年，印度葵花籽产量变化情况大致可分
为四个阶段（图 4-61）。1970—1993 年，产量整体呈增长趋
势，从 7.60 万吨增长至 135.00 万吨，年均增长约 13.33%；
1994—2000 年，产量逐渐下降，从 122.00 万吨下降为 64.64
万吨，降幅 47.02%，年均下降 10.05%；2001—2005 年，产
量逐渐上升，年均增长 20.63%；2006—2014 年，产量不断下
降，由 122.80 万吨下降为 41.50 万吨，降幅 66.21%，年均
下降 12.68%。

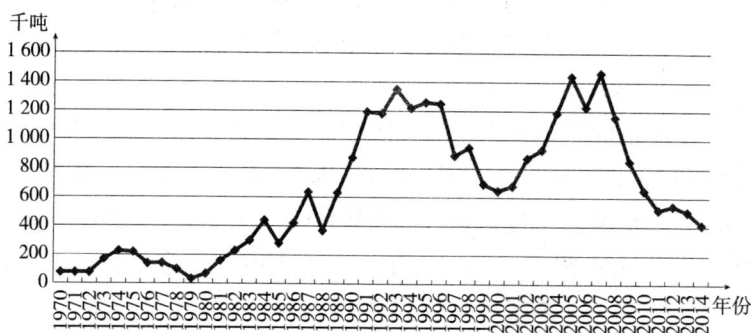

图 4-61　印度 1970—2014 年葵花籽产量变化情况
资料来源：联合国粮食及农业组织（FAO）。

印度葵花籽油 2005—2014 年年均产量 30.96 万吨。与产量
相对应，1970—1993 年，产量整体呈增长趋势，从 2.70 万吨增
长至 48.50 万吨，增幅 16.96 倍，年均增长约 13.38%；1994—
2000 年，产量逐渐下降，由 43.80 万吨降至 21.50 万吨，降幅
50.91%，年均下降 11.18%；2001—2005 年，产量连续五年上
升，由 22.40 万吨上升为 47.50 万吨，年均增长 20.67%；
2006—2014 年，产量逐渐下降，由 40.50 万吨下降为 18.00 万
吨，降幅 55.56%，年均下降 9.64%，期间，2012—2014 年产
量稳定在 18 万吨左右（图 4-62）。

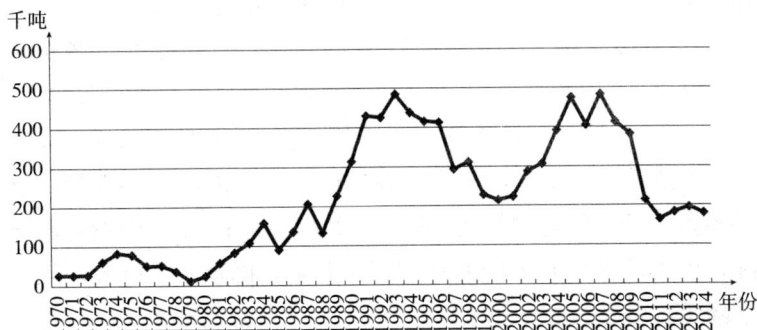

图 4-62　印度 1970—2014 年葵花籽油产量变化情况
资料来源：联合国粮食及农业组织（FAO）。

7. 芝麻

印度是世界三大芝麻生产国之一，2005—2014 年，年均收获面积 180.64 万公顷，年均产量 70.80 万吨，居世界第一位。1961—2014 年，印度芝麻产量波动较大（图 4-63）。1961—1980 年，产量维持在 40 万～50 万吨之间，10 年增长、9 年下降；1981—1990 年，产量先下降后增长，1990 年最高为 83.53 万吨，1986 年最低为 44.77 万吨；1991—1999 年整体呈下降趋势，从 70.59 万吨下降为 47.99 万吨，年均下降 4.71%；2000—2014

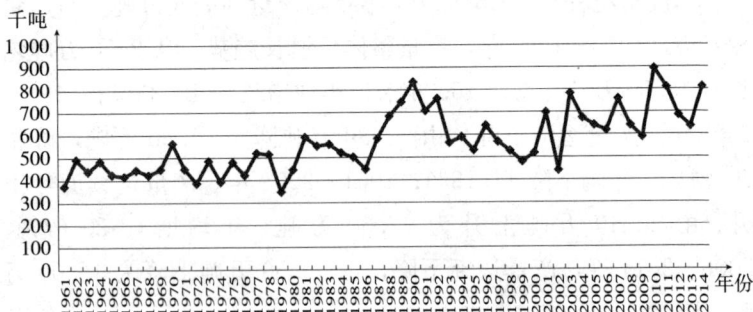

图 4-63　印度 1961—2014 年芝麻产量变化情况
资料来源：联合国粮食及农业组织（FAO）。

年产量波动较大且幅度较大，有 6 年增减幅度超过 20%，2003
年增长幅度达到 77.23%。

印度是世界第三大芝麻油生产国，2005—2014 年年均产量
11.96 万吨，仅次于缅甸（年均产量 29.85 万吨）和中国（年均
产量 21.30 万吨）。1961—2014 年，印度芝麻油产量整体呈现先
增长后下降的趋势，波动较为频繁（图 4-64）。1961—1980 年，
产量维持在 10 万～15 万吨之间；1981—1986 年产量连续五年下
降，年均下降 5.59%。1987—1990 年，产量连续四年增长，年
均增长 14.33%。1991—2014 年，产量呈波动式下降趋势，年均
下降 3.05%，到 2014 年产量降至 10.80 万吨。

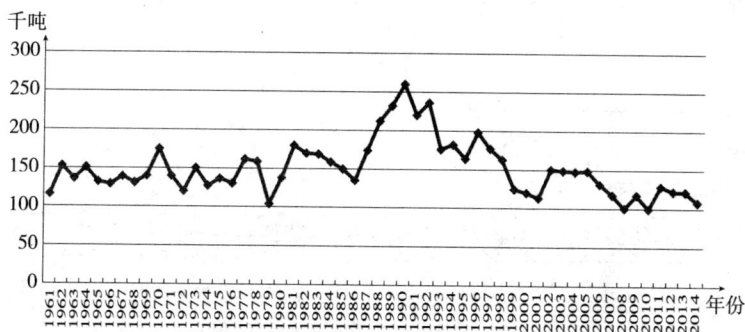

图 4-64　印度 1961—2014 年芝麻油产量变化情况
资料来源：联合国粮食及农业组织（FAO）。

8. 红花籽

印度是世界最大红花籽生产国，2005—2014 年，年均收获
面积 27.85 万公顷。1961—2014 年，印度红花籽收获面积呈现
先增长后下降的趋势，整体上波动较大。以 1988 年为界，
1961—1988 年，面积呈上升趋势，从 44.00 万公顷上升至
105.19 万公顷，增幅 1.39 倍，年均增长 3.28%；1989—2014
年，面积不断下降，从 81.55 万公顷下降到 21.10 万公顷，降幅
74.13%，年均下降 5.26%。

2005—2014 年，印度红花籽年均产量 17.52 万吨。1961—2014 年，产量波动较大，尤其是 1985—1998 年。以 1984 年为界，1961—1984 年，产量整体呈增长趋势，从 6.60 万吨增长至 50.09 万吨，增幅 6.59 倍，年均增长 9.21%；1985—2014 年，产量整体下降趋势，由 51.52 万吨下降至 11.30 万吨，降幅 78.07%，年均下降 5.10%（图 4-65）。印度是世界最大红花籽油生产国，2005—2014 年年均产量 5.23 万吨。1961—2014 年，印度红花籽油产量波动较大，53 年间有 26 年增长、22 年下降、5 年持平，产量最高时 1997 年为 13.50 万吨、最低时 1964 年为 1.10 万吨。

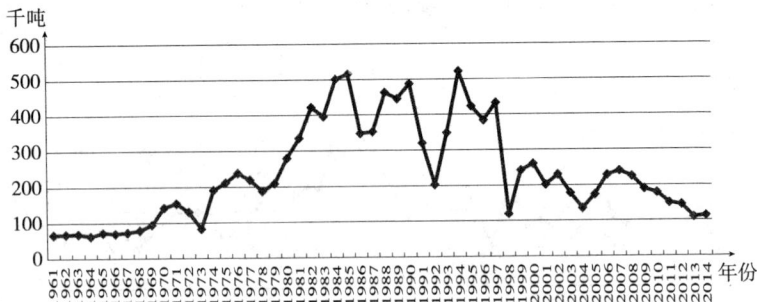

图 4-65　印度 1961—2014 年红花籽产量变化情况
资料来源：联合国粮食及农业组织（FAO）。

9. 亚麻籽

2005—2014 年，印度亚麻籽年均收获面积 39.21 万公顷，年均产量 15.83 万吨，位居加拿大（年均产量 72.88 万吨）、中国（年均产量 37.79 万吨）、俄罗斯（年均产量 20.93 万吨）和美国（年均产量 20.30 万吨）之后。1961—2014 年，印度亚麻籽产量呈先上升后下降趋势，总体波动较大（图 4-66）。1961—1975 年，产量呈波动式上升趋势，从 39.80 万吨上升为 56.38 万吨，增幅 41.66%，年均增长 2.52%；1976—2014 年，产量呈波动式下降趋势，从 59.78 万吨下降为 14.10 万吨，降幅 76.41%，年均下降 3.73%。

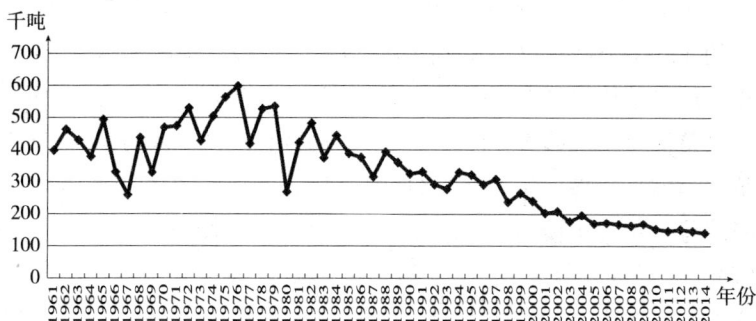

图 4-66　印度 1961—2014 年亚麻籽产量变化情况
资料来源：联合国粮食及农业组织（FAO）。

　　印度是世界五大亚麻籽油生产国之一，2005—2014 年年均产量 4.62 万吨。1961—2014 年，印度亚麻籽油产量呈先增长后下降趋势，与亚麻籽产量对应，亚麻籽油产量波动较大。1961—1975 年，产量从 11.50 万吨增长到 15.97 万吨，增幅 38.87%，年均增长 2.37%；1976—2014 年，产量呈波动式下降趋势，从 17.85 万吨下降到 3.47 万吨，降幅 80.56%，年均下降 4.22%。

　　10. 蓖麻籽

　　印度是世界最大蓖麻籽生产国，2005—2014 年，年均收获面积 95.31 万公顷。1961—2014 年，印度蓖麻籽收获面积波动较大，但总体上呈现增长趋势。1961—1972 年，收获面积在 40 万~50 万公顷之间波动；1973—1977 年，面积波动式下降，从 54.66 万公顷下降到 37.97 万公顷；1978—1987 年，面积先上升后下降，1979 年最低为 44.05 万公顷，1984 年最高为 67.06 万公顷；1988—2011 年，面积呈波动式上升趋势，从 63.13 万公顷增长到 147.10 万公顷，增幅 1.33 倍，年均增长 3.75%，其中 8 年出现下降；2012—2014 年连续 3 年下降，年均下降 4.82%，2014 年收获面积为 104.00 万公顷。

　　2005—2014 年，印度蓖麻籽年均产量 139.72 万吨。1961—

1987 年，产量先增后降，从 1961 年的 10.90 万吨上升到 1984
年的 46.97 万吨，又下降到 1987 年的 19.52 万吨；1988—1996
年，产量整体呈增长趋势，年均增长 10.17%；1997—2002 年，
产量整体呈下降趋势，年均下降 12.39%；2003—2011 年，产量
整体呈增长趋势，年均增长约 14.14%；2012—2014 年整体呈下
降趋势，年均下降 6.06%，2014 年产量为 173.30 万吨（图 4-
67）。

图 4-67　印度 1961—2014 年蓖麻籽产量变化情况
资料来源：联合国粮食及农业组织（FAO）。

八、甘蔗

印度从 4 世纪起就掌握了制糖的技术。有文献记载印度的
"石糖"在汉代传入中国，汉代文献中的"石蜜""西极石蜜"
"西国石蜜"，指由西域入口的"石糖"；其中"西国""西极"正
是梵文 sakara 的对音，而"石蜜"是梵文 sakara 的意译。[①] 20
世纪 30 年代中期，在印度北方邦和比哈尔邦的亚热带地区建立
起真空平底的制糖装置，印度现代制糖业才算开始。到 20 世纪
50 年代中，北方邦和比哈尔邦制糖业几乎被限制，到 50 年代末

[①]　据研究，中国真正派人前往印度学习制糖技术的事发生在唐代。

60 年代初糖业才传到印度南部、西部和印度北部其他地区。充足的雨量、快速增长的人口以及逐年增长的糖量，使得印度成为糖的最大消费国，产糖的第二大国。

　　印度的榨季从 10 月开始，在次年的 2 月达到高峰期，3、4月份榨季就结束。但是也因地而异，有些地区的榨季要推迟一个月或者一个半月。大体上来说每年的 11 月到次年的 3 月（150天）是印度北方邦和比哈尔邦产糖最佳时期，4 月之后产糖量开始减少，6 月达到最低量。但长期以来，单一的产业链和滞后的机械设备严重阻碍了糖业的发展。印度政府已经明确表示，产业多元化以及机械自动化是糖业发展的动力与方向。目前，印度的制糖业对农业和工业的发展起着重要的作用，6 000 多万的农村人口从事甘蔗种植。许多糖厂建立学校、大学和医院等有益于农村人口的福利，从而防止人口从农村外流到城市地区。印度的糖厂类型分为国有糖厂、私营糖厂和联合企业。

　　甘蔗是印度主要的糖料作物。1961—2014 年，甘蔗种植面积在印度耕地中所占比重从 1.55％上升至 3.21％。2005—2014年，印度甘蔗年均收获面积 467.64 万公顷。1961—2014 年，印度甘蔗收获面积整体呈增长趋势（图 4-68）。1961—1981 年，收获面积在 200 万～300 万公顷之间波动；1982—1995 年，收获面积在 300 万～400 万公顷之间波动；1996—2011 年，收获面积在400 万～500 万公顷之间波动；2012—2014 年，面积基本维持在500 万公顷左右。1961—2014 年，收获面积从 241.30 万公顷增长至 501.20 万公顷，增幅 1.08 倍，年均增长 1.39％。

　　印度是世界甘蔗第二大生产国，2005—2014 年年均产量3.20 亿吨，仅次于巴西（年均产量 6.46 亿吨）。1961—2014 年，与收获面积对应，印度甘蔗产量整体呈上升趋势。1961—1976年，产量在 1 亿～1.5 亿吨之间波动；1977—1989 年，产量在1.5 亿～2 亿吨之间波动；1990—1994 年，产量在 2 亿～2.5 亿

千公顷

图 4-68　印度 1961—2014 年甘蔗收获面积变化情况
资料来源：联合国粮食及农业组织（FAO）。

吨之间波动；1995—2006 年，产量在 2.5 亿～3 亿吨之间波动；2007—2014 年，产量在 3 亿～3.5 亿吨之间波动，其中 2011—2014 年产量基本维持在 3.5 亿吨左右。整体而言，1961—2014 年，印度甘蔗产量从 1.10 亿吨增长到 3.52 亿吨，增幅 2.20 倍，年均增长 2.22%（图 4-69）。

千吨

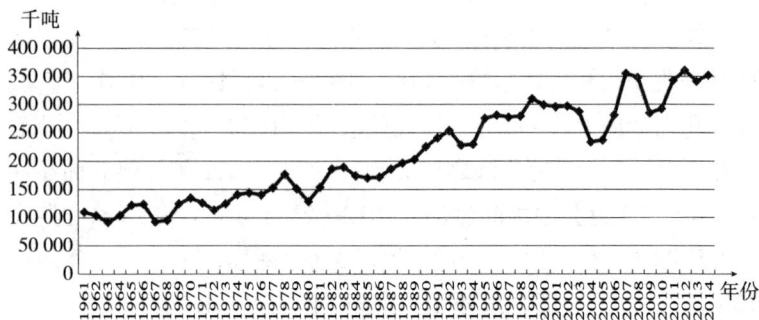

图 4-69　印度 1961—2014 年甘蔗产量变化情况
资料来源：联合国粮食及农业组织（FAO）。

2005—2014 年，印度甘蔗年均单产量 68.20 吨/公顷。1961—2014 年，单产量呈波动式上升趋势。1961—1972 年，单产量在 40～50 吨/公顷之间波动；1973—1988 年，单产量在

50～60 吨/公顷之间波动；1989—2014 年，单产量在 60～70 吨/公顷之间波动，其中 1999 年达到历史最高单产 76.53 吨/公顷。

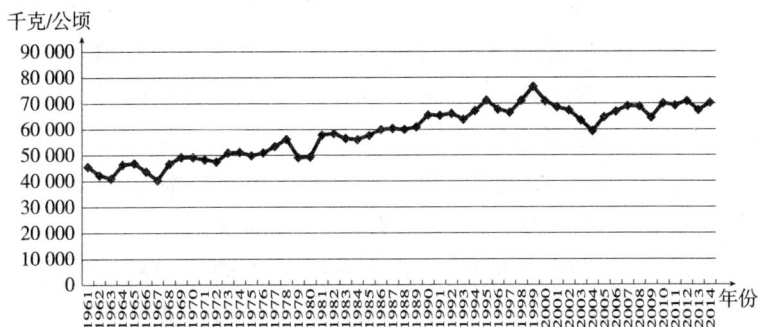

图 4-70　印度 1961—2014 年甘蔗单产量变化情况
资料来源：联合国粮食及农业组织（FAO）。

原糖是主要的食糖产品，是食糖精加工的原料。印度原糖主要来源于甘蔗。目前，印度是世界第二大原糖（离心）生产国，2005—2014 年印度原糖（离心）年均产量 2 410.53 万吨，仅次于巴西（年均产量 3 541.35 万吨）。1961—2014 年，印度原糖（离心）产量从 329.20 万吨增长至 2 660.50 万吨，增幅 7.08 倍，年均增长 4.02％（图 4-71）。其间，2004—2011 年印度原糖（离心）变动较大，产量最高时为 3 078.00 万吨、最低时仅为 1 417.00万吨，2006 和 2007 年产量增幅为 49.19％和 45.60％，

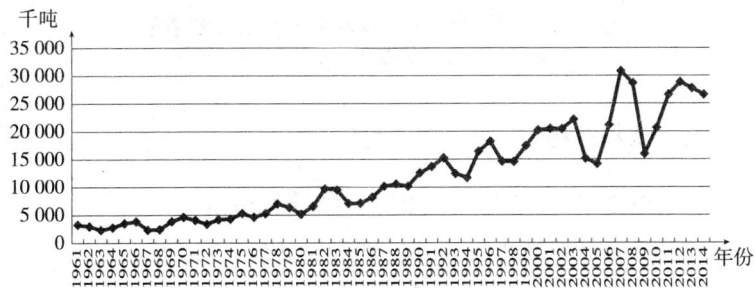

图 4-71　印度 1961—2014 年原糖（离心）产量变化情况
资料来源：联合国粮食及农业组织（FAO）。

2010 年和 2011 年增幅为 29.39％和 28.77％，2009 年降幅为 44.29％。

糖蜜是制糖工业的副产品，其中主要含有大量可发酵糖（主要是蔗糖），是很好的发酵原料，可用作酵母、味精、有机酸等发酵制品的底物或基料，以及一些食品的原料和动物饲料。目前，印度是世界第二大糖蜜生产国，2005—2014 年糖蜜年均产量 988.02 万吨，仅次于巴西（年均产量 1 453.20 万吨）。1961—2014 年，印度糖蜜产量呈现波动式上升趋势（图4-72），从 124.00 万吨增长至 1 088.20 万吨，增幅 7.78 倍，年均增长 4.18％，其中 2005—2009 年波动幅度最大，2006 和2007 年增长幅度分别为 55.06％和 53.09％，2009 年下降幅度为 42.19％。

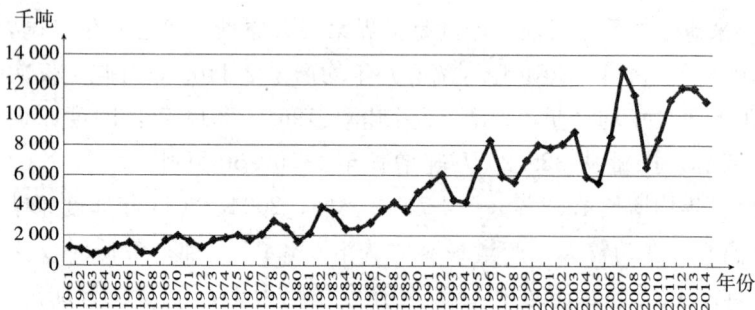

图 4-72　印度 1961—2014 年糖蜜产量变化情况
资料来源：联合国粮食及农业组织（FAO）。

九、饮料作物

印度的饮料作物主要有茶叶、咖啡和可可豆。其中，2014年，印度茶叶产量居世界第二，产量为 120.73 万吨，仅次于中国（产量为 209.56 万吨）；2014 年，印度咖啡产量居世界第六位，产量为 30.45 万吨，位于巴西（产量为 280.41 万吨）、越南

（产量为 140.65 万吨）、哥伦比亚（产量为 72.84 万吨）、印度尼西亚（产量为 64.39 万吨）和埃塞俄比亚（产量为 42.00 万吨）之后；2014 年，印度可可豆产量未在世界前十，产量为 1.50 万吨，比世界第十位的哥伦比亚（产量为 4.77 万吨）少 3.27 万吨。

1. 茶叶

印度盛产茶叶和甘蔗，在市郊有多家制茶厂，主要生产印度人喜爱的袋茶、盒茶、块茶，以红茶为主。印度政府于 20 世纪 50 年代通过了《茶叶法》，该法是茶叶生产、流通环节的法律依据。印度商业部依据《茶叶法》，代表政府对茶叶的生产、流通领域进行监督。商业部下设的国家茶叶局是实行具体行业管理的机构，茶叶局官员由政府任命，经费由政府提供，其行政职能包括管理生产、出口和制定发展计划等，国家茶叶局设有专业研究机构，主要负责技术的研发和推广。在国内的主要茶区，茶叶局都设有相关分支机构，在国外地区，如莫斯科、汉堡、伦敦、纽约等设立代表处或常任代表。随着茶叶生产的不断发展，茶叶局的职能正不断弱化，一些民间组织（如茶叶协会等）的职能正不断加强。

目前，印度是世界第二大茶叶生产国，也是世界第四大茶叶出口国。印度茶叶产品质量易于控制，市场容易开拓，茶叶总产量的 60% 出自 60 个茶树种植场。印度政府规定茶园生产的茶叶，七成以上进入拍卖市场。国外公司的经纪人和国内零售商一般都从拍卖市场中进货。近年来，气候因素、价格下降、成本上涨、市场竞争激烈等因素导致印度茶叶加工业不断衰退。为了使印度茶叶继续繁荣，企业不断开拓新兴红茶市场，而且也在改变其产品结构，适应全球不同地域的茶叶消费习惯；印度茶商纷纷采取措施降低生产成本，一些茶叶研究机构也正在加紧开发降低生产成本的新技术。

印度农业
全球化中的大国农业

  印度茶叶 2005—2014 年年均收获面积 57.53 万公顷。1961—2014 年，收获面积整体呈缓慢增长趋势（图 4-73），从 33.12 万公顷增长至 60.40 万公顷，增幅 82.35%，年均增长 1.14%。1961—2014 年，印度茶叶单产量不断增加，从 1961 年的 1.07 吨/公顷增加到 2014 年的 2.00 吨/公顷，增幅 86.83%，年均增长 1.19%。

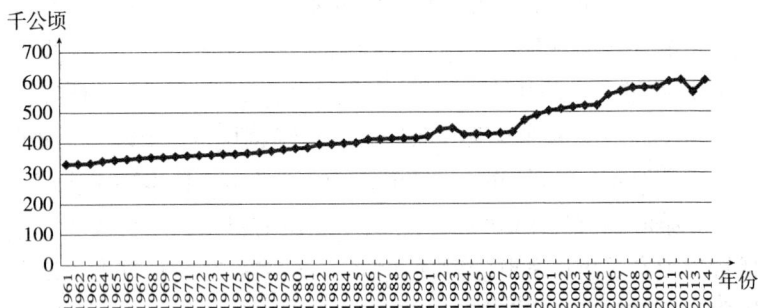

图 4-73 印度 1961—2014 年茶叶收获面积变化情况
资料来源：联合国粮食及农业组织（FAO）。

  在很长的一段时间内，印度都是世界最大茶叶生产国，但 2005 年被中国超过，目前居世界第二位。2005—2014 年，印度茶叶年均产量 104.27 万吨，仅次于中国（年均产量 146.28 万吨）。1961—2014 年，茶叶产量整体呈增长趋势（图 4-74），产

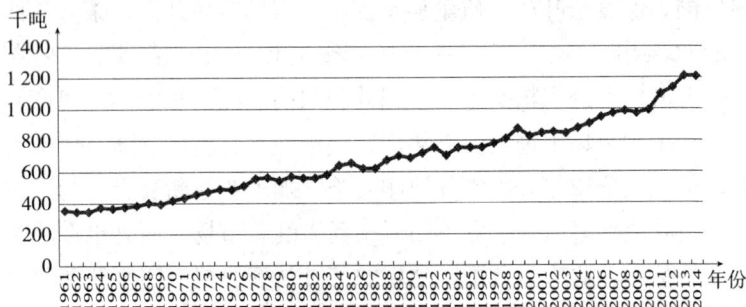

图 4-74 印度 1961—2014 年茶叶产量变化情况
资料来源：联合国粮食及农业组织（FAO）。

量从 1961 年的 35.44 万吨增长至 2014 年的 120.73 万吨，增幅
2.41 倍，年均增长 2.34%。

2. 咖啡

2005—2014 年，印度咖啡年均收获面积 35.55 万公顷。
1961—2014 年，收获面积整体呈增长趋势（图 4-75），从 9.60
万公顷增长至 38.13 万公顷，增幅 2.97 倍，年均增长 2.64%。
其间，1996—1999 年增速较快，年均增长 7.69%。1961—2014
年，印度咖啡单产量总体呈波动式增长趋势，从 450.00 千克/公
顷增长到 798.60 千克/公顷，增幅 77.47%，年均增长 1.09%，
其中 1984—1991 年波动巨大，增减幅均在 20% 以上，有三年增
减幅在 50% 以上。

千公顷

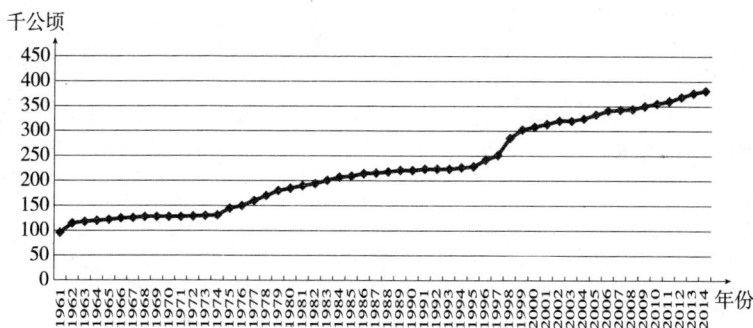

图 4-75　印度 1961—2014 年咖啡收获面积变化情况
资料来源：联合国粮食及农业组织（FAO）。

印度咖啡 2005—2014 年年均产量 28.90 万吨。1961—2014
年，印度咖啡产量呈波动式增长趋势（图 4-76），从 1961 年的
4.32 万吨增加到 2014 年的 30.45 万吨，增幅 6.05 倍，年均增
加 3.75%。其中 1984—1991 年波动最大，增减幅超过 40% 的有
5 年。

千吨

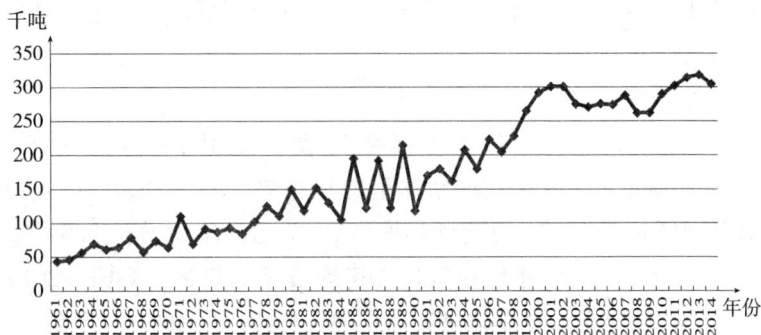

图 4-76　印度 1961—2014 年咖啡产量变化情况
资料来源：联合国粮食及农业组织（FAO）。

3. 可可豆[①]

2005—2014 年，印度可可豆年均收获面积 4.56 万公顷。
1994—2014 年，收获面积从 1.19 万公顷增加到 7.10 万公顷，
增幅 4.97 倍，年均增长 9.35%（图 4-77）。其中 2009—2014 增
长较快，从 3.40 万公顷增长到 7.10 万公顷，增幅 1.09 倍，年
均增长 15.83%。

千公顷

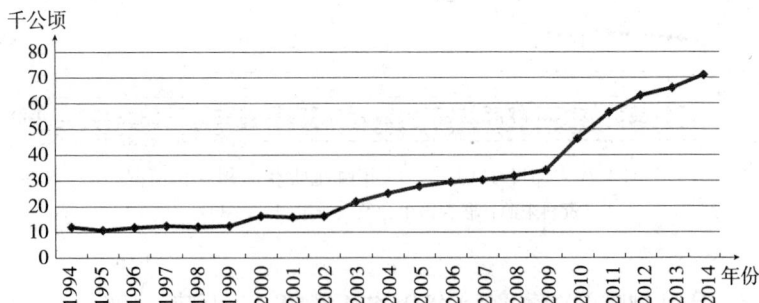

图 4-77　印度 1994—2014 年可可豆收获面积变化情况
资料来源：联合国粮食及农业组织（FAO）。

---

① FAO 仅有 1977—2014 年数据，且收获面积、单产量和产量 1980—1993 年
数据均未变化，不具可信性，因此选取 1994—2014 年数据进行分析。

2005—2014 年，印度可可豆年均产量 1.20 万吨。1994—2014 年，产量整体呈增长趋势（图 4-78），从 0.67 万吨增长到 1.50 万吨，增幅 1.22 倍，年均增长 4.08%，其中 2008—2011 年增长最快，增幅 36.36%，年均增长 10.89%。

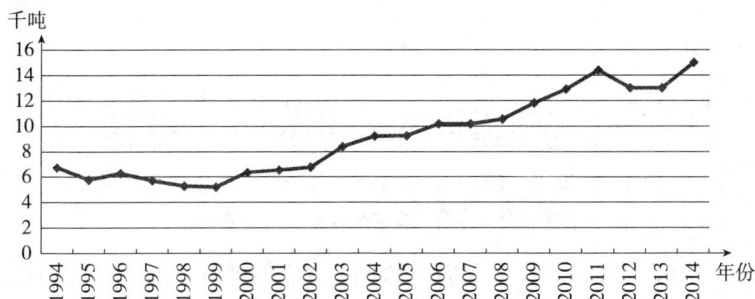

图 4-78　印度 1994—2014 年可可豆产量变化情况
资料来源：联合国粮食及农业组织（FAO）。

十、纤维作物

印度是世界最大纤维作物生产国之一，生产的纤维作物主要包括棉花和黄麻。2014 年，印度棉花产量 618.80 万吨，居世界第一；黄麻 2014 年产量为 196.80 万吨，也为世界第一。2014 年，棉花和黄麻在印度纤维作物总收获面积和总产量中所占比重均在 98% 以上。2005—2014 年，主要纤维作物年均收获面积比重中，棉花占 92.24%，黄麻占 6.78%；主要纤维作物年均产量比重中，棉花占 70.83%，黄麻占 27.23%。

印度纤维作物 2005—2014 年年均收获面积 1 160.26 万公顷。1961—2014 年，收获面积变化分为两个阶段（图 4-79），第一阶段为 1961—2005 年，面积在 800 万～1 000 万公顷之间波动，44 年间有 25 年面积减少，19 年面积增加；第二阶段为 2006—2014 年，面积波动式增长，从 1 007.09 万公顷增长到 1 391.15 万公顷，增幅 38.14%，年均增长 4.12%。

千公顷

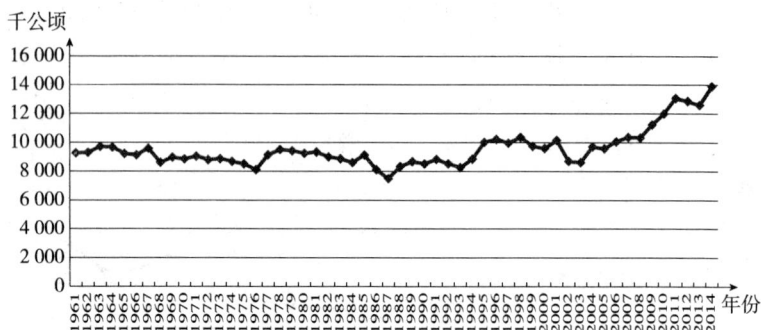

图 4-79 印度 1961—2014 年纤维作物收获面积变化情况
资料来源：联合国粮食及农业组织（FAO）。

2005—2014 年，印度纤维作物年均产量 691.60 万吨。
1961—2014 年，印度纤维作物产量变化分为三个阶段（图 4-
80）。第一阶段为 1961—1987 年，除 1985 年产量为 381.68 万吨
外，其他年份产量在 200 万～300 万吨之间波动；第二阶段为
1988—2002 年，除 1996 年产量为 449.49 万吨外，其他年份产
量在 300 万～400 万吨之间波动；第三阶段为 2003—2014 年，
产量整体呈波动式上升趋势，从 435.93 万吨增加到 825.94 万
吨，增幅 89.47%，年均增长 5.98%。

千吨

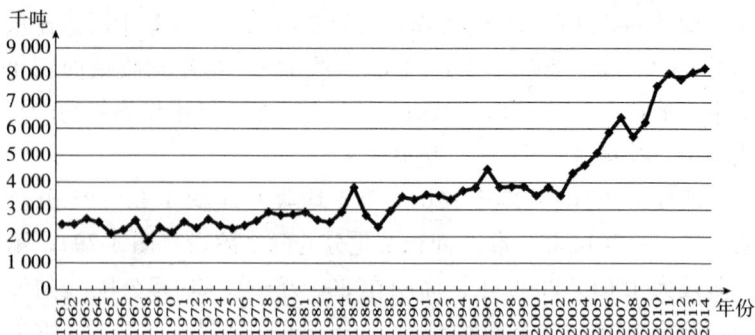

图 4-80 印度 1961—2014 年纤维作物产量变化情况
资料来源：联合国粮食及农业组织（FAO）。

1. 棉花

印度棉花 2005—2014 年年均收获面积 1 070.22 万公顷。
1961—2014 年，棉花收获面积在印度纤维作物总收获面积中
所占比重从 83.31％上升至 94.04％。1961—1985 年，除 3 个
年份外，收获面积基本在 750 万～850 万公顷之间波动；
1986—1994 年，除 1987 年外，收获面积基本在 650 万～800
万公顷之间波动；1995—2008 年，除 2002 年、2003 年外，收
获面积基本在 850 万～950 万公顷之间波动；2009—2014 年，
收获面积均在 1 000 万公顷以上，2014 年达到最高值为
1 308.30万公顷（图 4-81）。

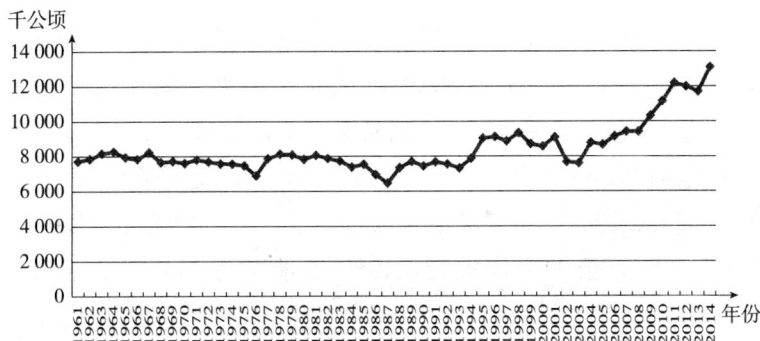

图 4-81　印度 1961—2014 年棉花收获面积变化情况
资料来源：联合国粮食及农业组织（FAO）。

印度是世界棉花主要生产国之一，2005—2014 年，印度
棉花年均产量 489.87 万吨，仅次于中国（年均产量 658.25 万
吨）。1961—2002 年，大部分年份产量在 100 万～200 万吨
之间波动；2003—2014 年，产量增长趋势较为明显，从
233.40 万吨增长到 618.80 万吨，增幅 1.65 倍，年均增长
9.27％（图 4-82）。

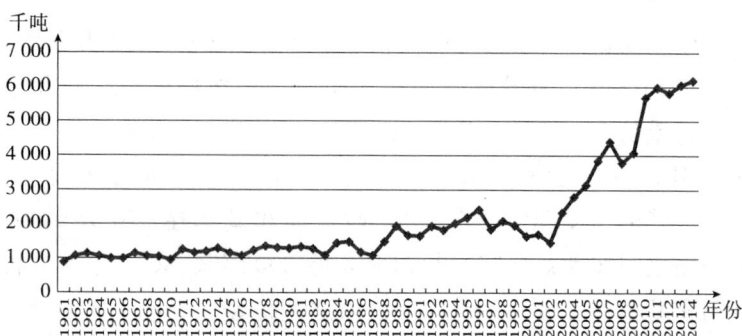

图 4-82　印度 1961—2014 年棉花产量变化情况
资料来源：联合国粮食及农业组织（FAO）。

2. 黄麻

2005—2014 年，印度黄麻年均收获面积 78.72 万公顷。1961—2014 年，黄麻收获面积在印度纤维作物总收获面积中所占比重波动较大，总体呈现先增长后下降的趋势（图 4-83），由 1961 年的 9.90％增加到 1985 年的 12.55％，又下降为 2014 年的 5.33％。1961—2014 年中大部分年份，印度黄麻收获面积在70 万～90 万公顷之间波动，1985 年最高为 114.57 万公顷，

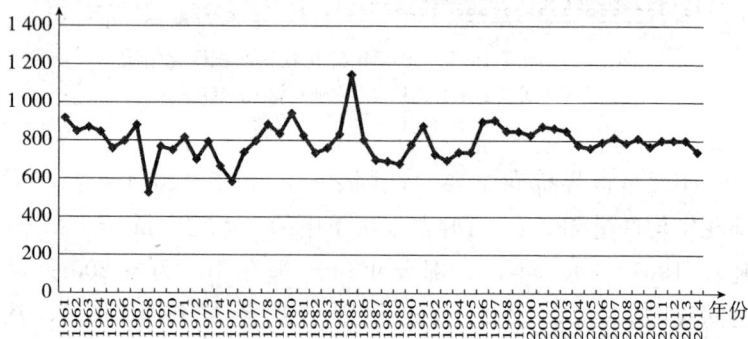

图 4-83　印度 1961—2014 年黄麻收获面积变化情况
资料来源：联合国粮食及农业组织（FAO）。

1968 年最低为 52.67 万公顷。

印度是世界最大黄麻生产国，2005—2014 年年均生产黄麻 188.31 万吨。1961—2014 年，印度黄麻产量总体呈增长趋势（图 4-84），从 1961 年的 114.44 万吨增加到 2014 年的 196.80 万吨，增幅 71.97%，年均增长 1.03%，2009 年最高为 202.15 万吨，1968 年最低为 52.76 万吨，整体上产量波动较大，53 年中，有 24 年产量下降，1 年产量未变，28 年产量增长。

图 4-84　印度 1961—2014 年黄麻产量变化情况
资料来源：联合国粮食及农业组织（FAO）。

十一、烟叶

印度烟叶 2005—2014 年年均收获面积 41.23 万公顷。1961—2014 年，烟叶收获面积在印度耕地面积中的比重基本保持在 0.2%～0.3%左右，1999 年最高为 0.32%，2001 年最低为 0.16%。烟叶收获面积保持在 30 万～50 万公顷之间，但整体上波动较大，尤其是 1974—1979 年和 1999—2002 年两个阶段，1961—2014 年期间，1999 年收获面积最高为 50.81 万公顷，2001 年收获面积最低为 26.00 万公顷（图 4-85）。

印度是世界第三大烟叶生产国，2005—2014 年年均产量

千公顷

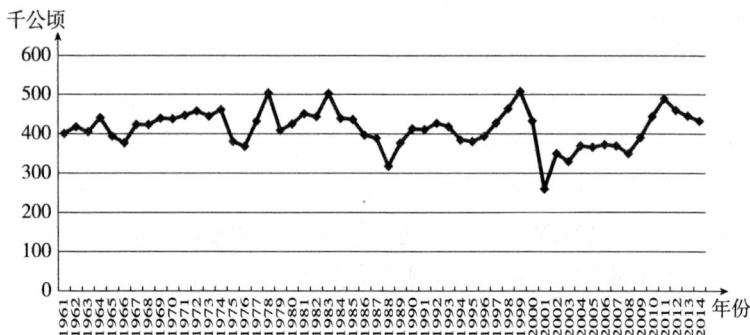

图 4-85　印度 1961—2014 年烟叶收获面积变化情况
资料来源：联合国粮食及农业组织（FAO）。

65.69 万吨，仅次于中国（年均产量 296.63 万吨）和巴西（年均产量 86.76 万吨）。1961—2014 年，烟叶产量整体呈波动式上升趋势（图 4-86），从 30.70 万吨增长到 72.07 万吨，增幅 1.35 倍，年均增长 1.62％。其间，产量波动较大，53 年中出现 24 年下降、29 年增长，2008—2011 年增长最为迅速，年均增长 19.20％。

千吨

图 4-86　印度 1961—2014 年烟叶产量变化情况
资料来源：联合国粮食及农业组织（FAO）。

十二、天然橡胶

2005—2014 年，印度橡胶年均收获面积 45.55 万公顷。

1961—2014 年，橡胶收获面积在印度耕地面积中的比重从
0.03%上升至 0.29%。印度橡胶收获面积呈增长趋势（图 4-
87），除 1979 年和 2011 年出现下降外，其他年份均处于增长状
态，从 1961 年的 4.50 万公顷增长到 2014 年 45.50 万公顷，增
幅 9.11 倍，年均增长 4.46%。

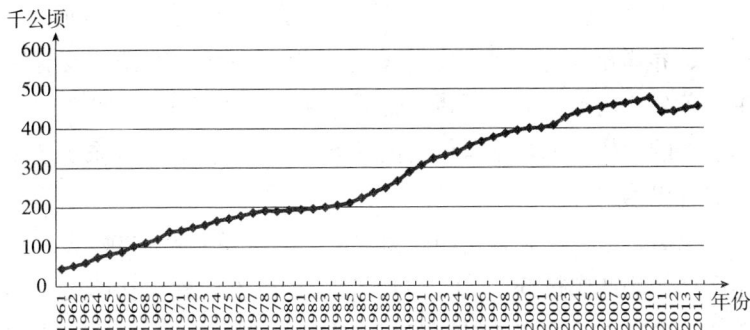

图 4-87　印度 1961—2014 年橡胶收获面积变化情况
资料来源：联合国粮食及农业组织（FAO）。

印度是世界第四大橡胶生产国，2005—2014 年年均产量
85.79 万吨，位居泰国（年均产量 347.23 万吨）、印度尼西亚
（年均产量 278.53 万吨）和马来西亚（98.92 万吨）之后。
1961—2014 年，橡胶产量整体呈增长趋势（图 4-88），除 6 个年

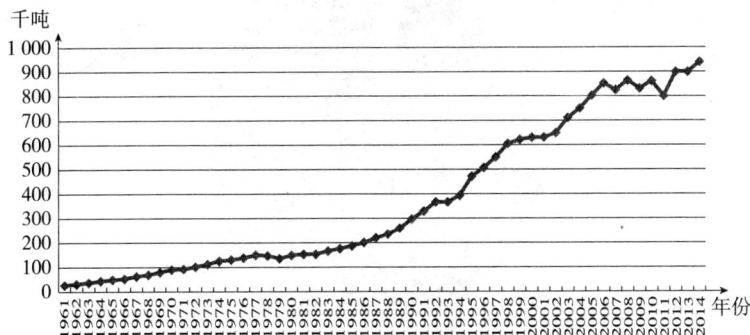

图 4-88　印度 1961—2014 年橡胶产量变化情况
资料来源：联合国粮食及农业组织（FAO）。

份下降外，其他年份产量均出现增长，从 1961 年的 2.70 万吨增长至 2014 年的 94.00 万吨，增幅 33.83 倍，年均增长 6.93%。

第二节　养 殖 业

　　印度是世界养殖业大国，包括家禽业、养牛业、养羊业、养猪业、养蜂业和养蚕业等。家禽主要有鸡和鸭，牲畜主要有水牛、黄牛、山羊、绵羊、猪、骆驼、驴、马和骡子等。2014 年，印度牛的存栏量和蜂箱量位居世界第一，羊的存栏量和蚕茧产量位居世界第二。

　　家禽、牛、羊和猪是印度肉类生产的主要来源。2005—2014年印度年均产肉量 599.11 万吨。目前，以上四种肉在印度肉类总产量中所占比重基本保持在 97% 左右（图 4-89）。其中，牛肉比重最大，占 41.47%，其次是家禽肉占 36.59%，羊肉和猪肉则分别约占 12.81 和 6.29%。1961—2014 年，产肉量呈逐年增长趋势，从 169.61 万吨增长至 660.10 万吨，增幅 2.89 倍，年均增长 2.60%。

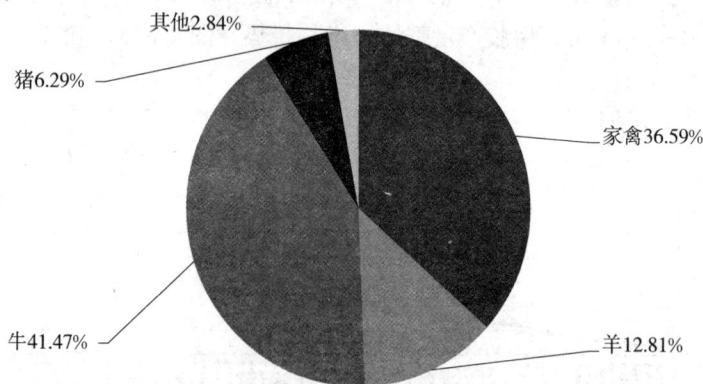

图 4-89　印度 2005—2014 年主要牲畜年均产肉量比重情况
资料来源：联合国粮食及农业组织（FAO）。

　　印度是世界最大的产奶国之一，2005—2014 年年均产奶量
11 986.07 万吨。印度鲜奶主要是牛奶和羊奶，2014 年，牛奶和
羊奶分别占印度总产奶量的 96.46% 和 3.54%，水牛奶占牛奶总
产量的 51.06%。1961—2014 年，印度牛奶产量总体上呈增长趋
势（图 4-90），53 年中除 5 个年份出现下降外，其他年份产量均
呈增长趋势，产量从 1961 年的 2 037.50 万吨增长至 2014 年的
14 631.35 万吨，增幅 6.18 倍，年均增长 3.79%。

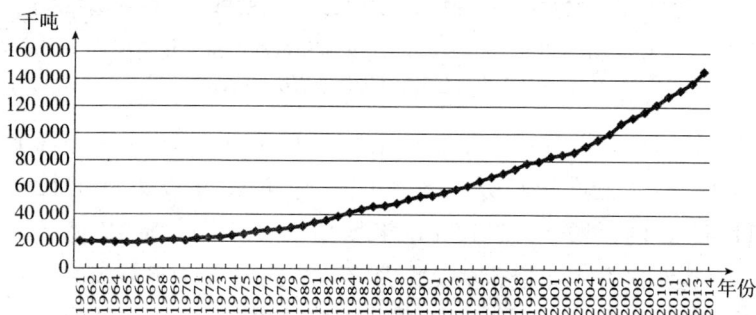

图 4-90　印度 1961—2014 年产奶量变化情况
资料来源：联合国粮食及农业组织（FAO）。

　　酥油是印度的传统食品。因为天气炎热黄油缺乏冷藏会很快
变质，经过高温加热、更易保存的酥油成为多数印度人的首选。
印度酥油和黄油主要以乳牛奶和水牛奶为原材料。2005—2014
年酥油和黄油年均产量 331.18 万吨。1961—2014 年，产量整体
呈增长趋势（图 4-91），从 43.30 万吨增长至 379.76 万吨，增幅
7.77 倍，年均增长 4.18%。其间，1993—2013 年增速较快，从
114.36 万吨增长到 379.76 万吨，年均增长 6.18%。

　　牛脂可用作肥皂、蜡烛和饲料等，而猪油则可食用或用作工
业原料。但因为有超过九成的印度人信奉印度教（印度教将牛视
为神物）或伊斯兰教，所以印度的牛脂和猪油产量并不大。印度
牛脂和猪油 2005—2014 年年均产量分别为 13.46 万吨和 2.15 万

千吨

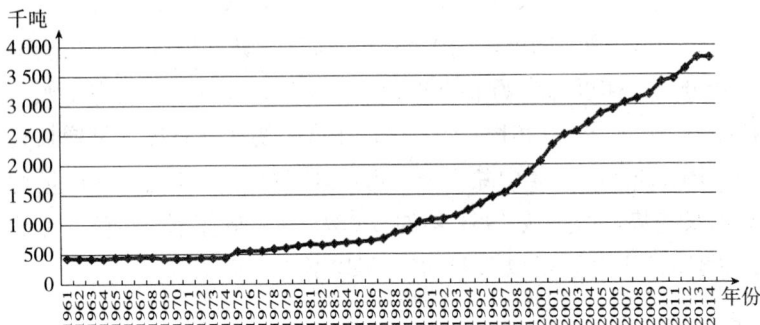

图 4-91　印度 1961—2014 年酥油和黄油产量变化情况
资料来源：联合国粮食及农业组织（FAO）。

吨。1961—2014 年印度牛脂产量，除 1990 年和 2014 年出现下降外，整体呈增长趋势（图 4-92），产量从 6.40 万吨增长至11.62 万吨，增幅 81.42%，年均增长 1.13%。而印度猪油1961—2014 年产量变化情况，大致可以 2003 年为界分为两个阶段。1961—2003 年，产量呈逐年增长趋势，从 0.88 万吨增长至2.69 万吨，增幅 2.05 倍，年均增长 2.69%。2004—2014 年，除 2008 年小幅增长外，其他年份产量均下降，从 2.54 万吨下降到 2.00 万吨，降幅 21.26%，年均下降 2.36%。

千吨

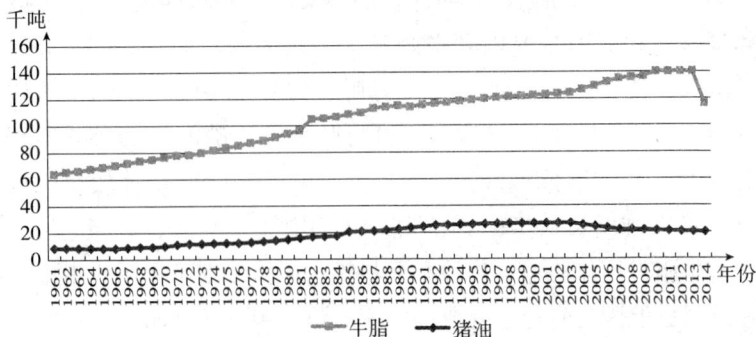

牛脂　　猪油

图 4-92　印度 1961—2014 年牛脂和猪油产量变化情况
资料来源：联合国粮食及农业组织（FAO）。

一、家禽业

鸡和鸭是印度养殖的主要家禽，它们为印度人提供了作为日常饮食的肉和蛋。

1. 鸡

2005—2014 年，印度鸡年均存栏量 6.47 亿只。1961—2014 年，印度鸡存栏量整体呈增长趋势，存栏量从 1.08 亿只增长至 7.25 亿只，增幅 5.74 倍，年均增长 3.67%。其间，2003—2012 年增速较快，从 4.57 亿只增长到 6.93 亿只，增幅 51.43%，年均增长 4.72%。

2005—2014 年，印度蛋鸡年均屠宰量 17.19 亿只，鸡肉年均产量 215.84 万吨，平均产肉量 1.24 千克/只。1961—2014 年，印度鸡屠宰量和鸡肉产量均呈逐年增长趋势（图 4-93）。屠宰量从 0.77 亿只增长至 19.80 亿只，增幅 24.83 倍，年均增长 6.33%；鸡肉产量则从 6.90 万吨增长至 273.00 万吨，增幅 38.57 倍，年均增长 7.19%。

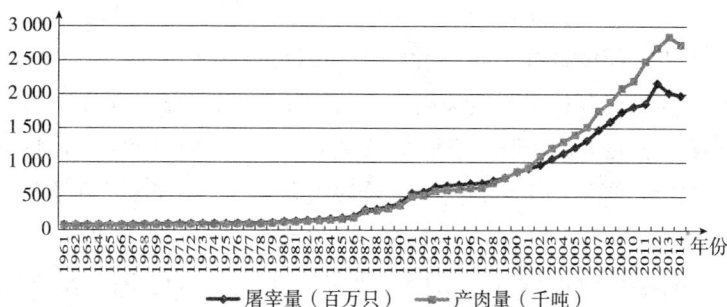

图 4-93　印度 1961—2014 年鸡屠宰量和产肉量变化情况
资料来源：联合国粮食及农业组织（FAO）。

鸡蛋是印度蛋类食物的主要来源，2005—2014 年，印度蛋鸡年均存栏量 2.82 亿只，鸡蛋产量 329.06 万吨，年均产蛋量 11.69 千克/只。1961—2014 年，除 7 年出现下降外，印度蛋鸡存栏量整体呈增长趋势（图 4-94），从 0.35 亿只增长至 3.34 亿只，增幅 8.55 倍，年均增长 4.35%，其中 1993—2014 年连续 22 年增长，年均增长 5.21%。与之对应，鸡蛋产量也呈逐年增长趋势，除 1979 年出现下降外，其他年份鸡蛋产量均不断增加，从 17.00 万吨增长至 396.55 万吨，增幅 22.33 倍，年均增长 6.12%。

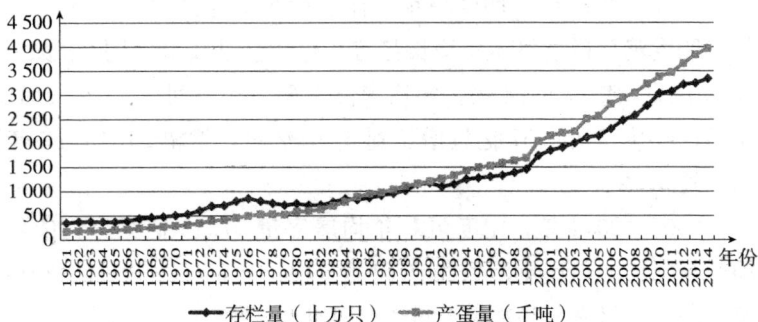

图 4-94　印度 1961—2014 年蛋鸡存栏量和产蛋量变化情况
资料来源：联合国粮食及农业组织（FAO）。

2. 鸭

2005—2014 年，印度鸭年均存栏量 2 553.82 万只。1961—2014 年，印度鸭存栏量变化情况大致可分为五个阶段。1961—1977 年，鸭存栏量呈增长趋势，从 669.70 万只增长至 1 010.00 万只，增幅 50.81%，年均增长 2.60%；1978—1986 年，鸭存栏量继续增长，但增幅较上一阶段大，从 1 160.00 万只增长至 2 250.00 万只，增幅 93.97%，年均增长 8.63%；1987—1992 年，鸭存栏量连续 5 年下降，降幅 5.99%，年均下降 1.23%；1993—1997 年，鸭存栏量连续 5 年增长，年均增长 6.65%，1997 年达到历史峰值，鸭存栏量为 3 091.50 万只；1998—2014 年，鸭存栏量连续 17 年下降，从 3 075.00 万只下降到 2 190.00 万只，降幅 28.78%，年均下降 2.10%。

2005—2014 年，印度蛋鸭年均屠宰量 2 582.00 万只，鸭肉

产量 3.36 万吨，平均产肉量 1.30 千克/只。1961—2014 年，印
度鸭屠宰量和鸭肉产量变化情况大致可分为六个阶段（图 4-
95）。1961—1966 年，鸭屠宰量和鸭肉产量连续 5 年增长，屠宰
量从 680.00 万只增长到 980.00 万只，产肉量从 0.88 万吨增长
到 1.27 万吨，两者增幅均为 44.12%，年均增长均为 7.58%。
1967—1972 年，屠宰量和产肉量连续 6 年下降，两者增幅为
6.19%，年均下降 1.27%。1973—1987 年，屠宰量和产肉量连
续 15 年增长，屠宰量从 930.00 万只增长到 2 380.00 万只，产
肉量从 1.21 万吨增加到 3.09 万吨，两者增幅为 1.56 倍，年均
增长 6.94%。1988—1992 年，屠宰量和产肉量连续 5 年下降，
降幅 4.68%，年均下降 1.19%。1993—1999 年，屠宰量和产肉
量整体呈增长趋势，其中 1997—1999 三年零增长。2000—2014
年，除 2004 出现零增长外，屠宰量和产肉量均呈下降趋势，屠
宰量从 3 080.00 万只下降为 2 220.00 万只，产肉量从 4.00 万吨
减少为 2.89 万吨，降幅 27.92%，年均下降 2.31%。

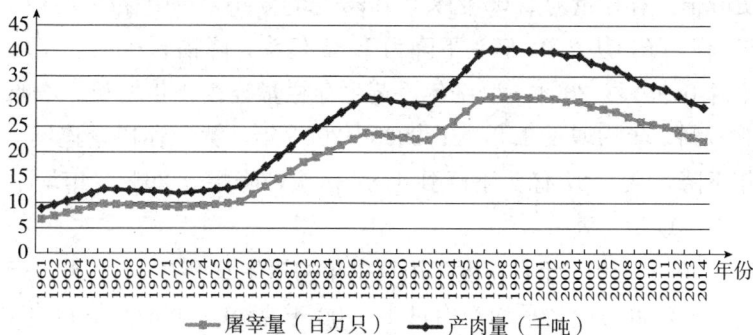

图 4-95　印度 1961—2014 年鸭屠宰量和产肉量变化情况
资料来源：联合国粮食及农业组织（FAO）。

二、养牛业

印度是世界主要产牛国之一。黄牛和水牛是印度养殖牛的主

要种类。2005—2014 年，印度年均牛存栏量 3.00 亿头，位居世界第一；年均牛肉产量 248.45 万吨，位居美国（年均产量 1 180.42万吨）、巴西（年均产量 917.24 万吨）、中国（年均产量 634.97 万吨）和阿根廷（年均产量 291.19 万吨）之后；年均牛奶产量 1.15 亿吨，位居世界第一。此外，牛皮和牛脂也是印度养牛业的主要生产、加工产品。目前，印度是世界五大牛皮生产国之一，2005—2014 年年均产量 101.31 万吨。

1. 黄牛

2005—2014 年，印度黄牛年均存栏量 1.93 亿头，居世界第二位，仅次于巴西（年均存栏量 2.08 亿头），占印度牛类总存栏量的 64.45%。1961—2014 年，印度黄牛存栏量变化分为五个阶段。1961—1977 年，黄牛存栏量整体上呈增长趋势，但增幅较小，从 1.76 亿头增长到 1.80 亿头，增幅 2.67%，年均增长 0.16%；1978—1992 年，黄牛存栏量不断增长，且增长幅度较上一阶段大，增幅 12.41%，年均增长 0.84%，1992 年达到历史峰值，存栏量为 2.05 亿头；1993—2003 年，黄牛存栏量连续 11 年下降，从 2.04 亿头下降为 1.85 亿头，降幅 9.06%，年均下降 0.95%；2004—2007 年，黄牛存栏量连续 4 年增长，增幅 5.57%，年均增长 1.82%；2008—2014 年，黄牛存栏量连续 7 年下降，从 1.97 亿头下降到 1.87 亿头，降幅 5.29%，年均下降 0.90%。

2005—2014 年，印度肉用黄牛年均屠宰量 960.04 万头、产肉量 98.88 万吨，平均产肉量 103.00 千克/头。1961—2014 年，黄牛肉在印度总产肉量中的比重经历了先增长后降低的过程，总体趋势是不断降低的，从 1961 年的 29.81% 下降为 2014 年的 14.50%，最高值为 1976 年的 32.56%。1961—2014 年，印度黄牛屠宰量和产肉量变化分为两个阶段（图 4-96）。1961—1987 年，屠宰量总体呈现增长趋势，从 632.10 万头增长到 1 098.00

万头，增幅 73.71%，年均增长 2.15%；1988—2014 年，屠宰量总体呈现下降趋势，从 1 091.70 万头下降到 929.17 万头，降幅 14.89%，年均下降 0.62%。1961—1992 年，产肉量总体呈增长趋势，从 50.57 万吨增长到 104.63 万吨，增幅 1.07 倍，年均增长 2.37%；1993—2014 年，产肉量总体呈下降趋势，从 104.05 万吨下降到 95.70 万吨，降幅 8.02%，年均下降 0.40%。

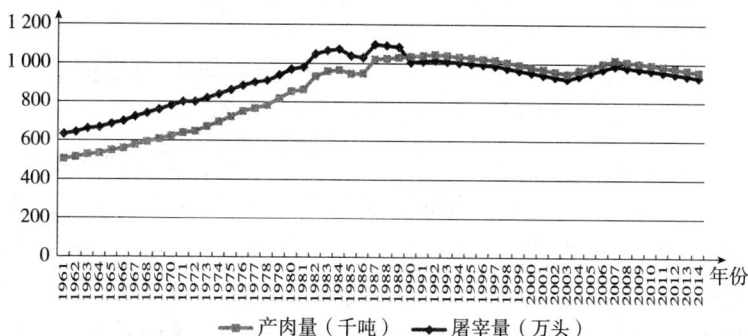

图 4-96　印度 1961—2014 年肉用黄牛屠宰量和产肉量变化情况
资料来源：联合国粮食及农业组织（FAO）。

印度是世界三大乳牛奶生产国之一，2014 年位居世界第二。2005—2014 年，印度乳牛年均存栏量 4 165.02 万头，年均产奶量 5 317.54 万吨，平均产奶量为 1 268.98 千克/头。1961—2014 年，乳牛奶在印度总产奶量中的比重基本保持在 35%～45%，2014 年最高为 45.40%，1966 年最低为 35.72%。1961—2014 年，印度乳牛存栏量整体呈增长趋势（图 4-97），存栏量从 2 066.70 万头增长至 4 594.92 万头，增幅 1.22 倍，年均增长 1.52%；乳牛产奶量也呈逐年增长趋势，从 875.30 万吨增长至 6 642.35 万吨，增幅 6.59 倍，年均增长 3.90%。

1985 年印度开始规模加工生产乳牛奶酥油和黄油。目前，印度是世界最大乳牛奶酥油和黄油生产国，2005—2014 年年均产量 11.33 万吨。近年来，乳牛奶酥油和黄油在印度酥油和黄油

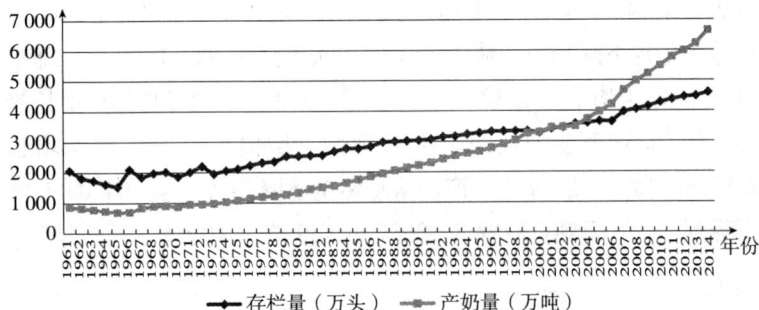

图 4-97　印度 1961—2014 年乳牛存栏量和产奶量变化情况
资料来源：联合国粮食及农业组织（FAO）。

总产量所占比重在 3%～4% 左右，1999 年曾一度达到 5.88%。
1985—2014 年，产量变化情况大致分为前后两个阶段（图 4-98）。1985—1999 年，1987 年产量超过千吨水平达到 5 050 吨，此后，产量以年均 29.28% 的速度增长，到 1999 年增至 11.01 万吨；2000—2014 年，产量波动较为频繁，15 年中出现 6 年降低、6 年增长和 3 年零增长，2014 年乳牛奶酥油和黄油产量达到 13.76 万吨。

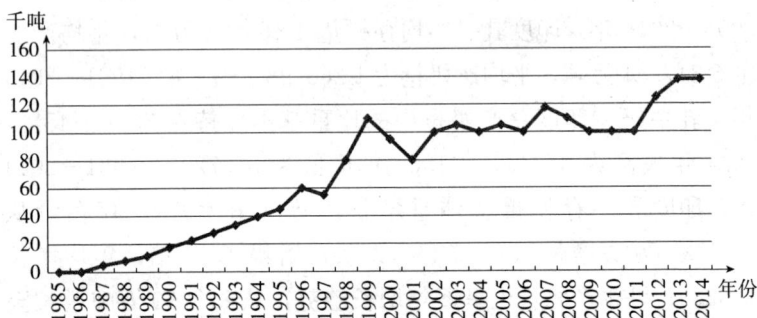

图 4-98　印度 1985—2014 年乳牛奶酥油和黄油产量变化情况
资料来源：联合国粮食及农业组织（FAO）。

印度是世界第四大黄牛皮生产国，2004—2013 年，印度皮用黄牛年均屠宰量 2 127.60 万头、产皮量 42.55 万吨，平均产皮量20千克/头。1961—2013年，印度皮用黄牛屠宰量和产皮量变化情况大致可分为三个阶段（图4-99）。1961—1992年，除1987年下降1.61%和1990年下降0.01%外，皮用黄牛屠宰量和产皮量整体呈增长趋势，增幅77.17%，年均增长1.86%。1993—2003年，连续11年下降，降幅8.48%，年均下降0.88%，到2003年屠宰量降至2 050.00万头，产皮量增至41.00万吨。2004—2013年，屠宰量和产皮量先增长后下降，连续4年增长，年均增长1.90%，到2007年屠宰量增至2 190.00万头，产皮量增至43.80万吨，之后连续6年降低，年均降低0.84%，到2013年屠宰量降至2 080.00万头，产皮量降至41.60万吨。

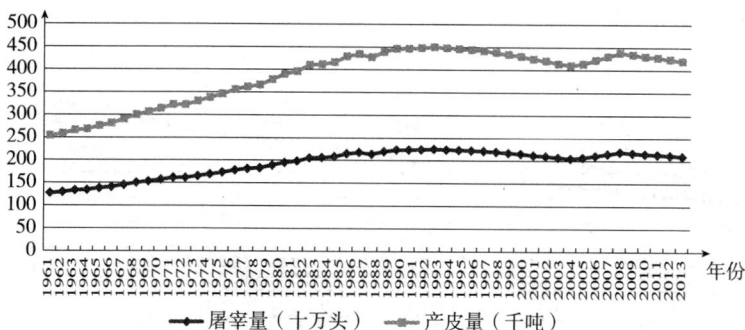

图4-99 印度1961—2013年皮用黄牛屠宰量和产皮量变化情况
资料来源：联合国粮食及农业组织（FAO）。

2. 水牛

印度水牛存栏量位居世界第一，2005—2014年水牛年均存栏量1.07亿头，约占印度牛类总存栏量的35.55%。1961—2014年，除1963年和1987年下降外，水牛存栏量整体呈增长趋势，存栏量从0.51亿头增长至1.10亿头，增幅1.15倍，年均增长1.45%。

印度是世界最大的水牛肉生产国，2005—2014年，印度肉

用水牛年均屠宰量 1 081.07 万头、产肉量 149.56 万吨，平均产
肉量 138.32 千克/头。1961—1986 年，水牛肉在印度总产肉量
中的比重一直维持在 30% 以上，1987—2014 年，水牛肉所占比
重逐渐下降，2014 年降至 24.47%。1961—2014 年，除 1963
年、1983 年和 1987 年外，印度肉用水牛屠宰量和产肉量整体呈
增长趋势（图 4-100），1964—1982 年，屠宰量和产肉量连续 19
年增长，1988—2014 年，屠宰量和产肉量连续 27 年增长。屠宰
量从 1961 年的 399.40 万头增长到 2014 年的 1 160.00 万头，增
幅 1.90 倍，年均增长 2.03%；产肉量从 1961 年的 55.12 万吨
增长至 2014 年的 161.51 万吨，增幅 1.93 倍，年均增
长 2.05%。

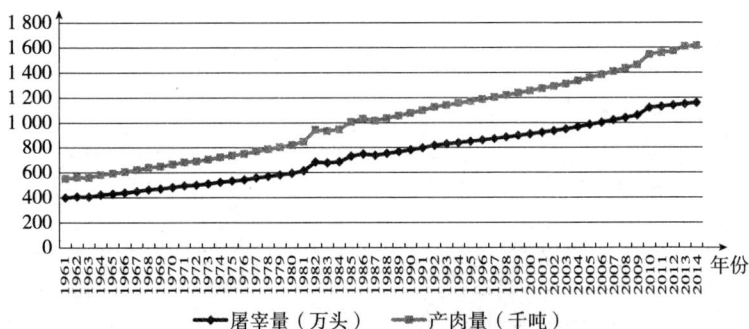

图 4-100　印度 1961—2014 年肉用水牛屠宰量和产肉量变化情况
资料来源：联合国粮食及农业组织（FAO）。

印度是世界最大水牛奶生产国，2005—2014 年，印度奶水
牛年均存栏量 3 667.08 万头、年均产奶量 6 212.65 万吨，平均
产奶量 1 689.09 千克/头。1961—2014 年，水牛奶在印度总产奶
量中的比重基本保持在 50%～60% 之间。1961—2014 年，除
1967 年、1978 年、1991 年和 1999 年出现下降外，奶水牛存栏
量整体呈增长趋势，从 1 246.30 万头增长至 3 972.52 万头，增
幅 2.19 倍，年均增长 2.21%；除 1967 年、1970 年、1987 年和

1991 年出现下降外，印度奶水牛产奶量整体呈增长趋势，从
1 108.70 万吨增加到 7 470.99 万吨，增幅 5.74 倍，年均增长
3.67%（图 4-101）。

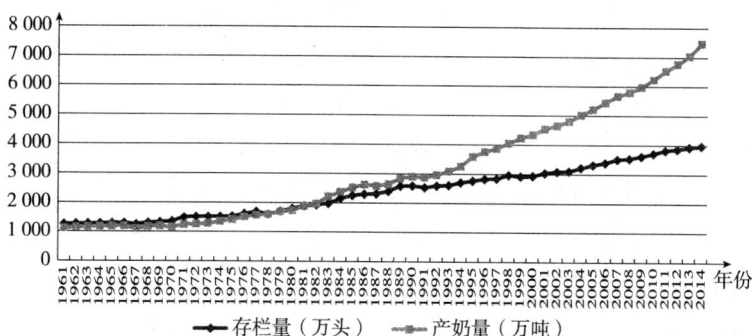

图 4-101　印度 1961—2014 年奶水牛存栏量和产奶量变化情况
资料来源：联合国粮食及农业组织（FAO）。

　　印度是世界最大水牛奶酥油和黄油生产国，2001—2010
年年均产量 319.85 万吨。水牛奶酥油和黄油在印度酥油和黄
油总产量中超过 95%。而在水牛奶酥油和黄油总量中，酥油又
占到八成左右，1993 年曾达到 90.09%，2014 年又降至
78.22%。1961—2014 年，水牛奶酥油和黄油整体呈增长趋势
（图 4-102），1983—2013 年连续 31 年增长，1961 年产量为

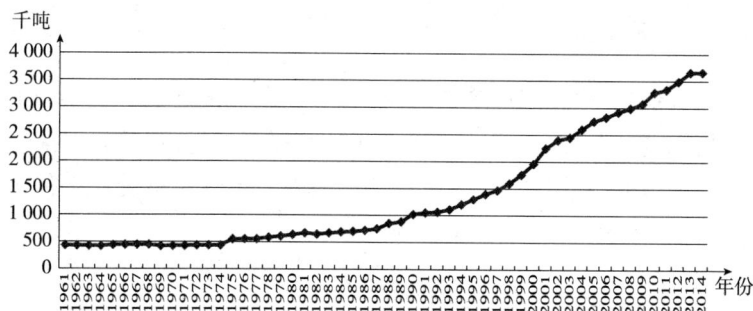

图 4-102　印度 1961—2014 年水牛奶酥油和黄油产量变化情况
资料来源：联合国粮食及农业组织（FAO）。

43.3. 万吨，到 2014 年增长至 366.00 万吨，增幅 7.45 倍，年均增长 4.11%。

印度是世界最大水牛皮生产国，2004—2013 年，印度皮用水牛年均屠宰量 1 938.00 万头、年均产皮量 58.14 万吨，平均产皮量 30.00 千克/头。1961—2013 年，除 1987 年下降约5.22%以及 1963 和 1997 年出现零增长外，印度皮用水牛屠宰量和产皮量整体呈增长趋势（图 4-103），增幅 1.64 倍，年均增长1.89%，屠宰量从 780.00 万头增长至 2 060.00 万头，产皮量从23.40 万吨增长至 61.80 万吨。

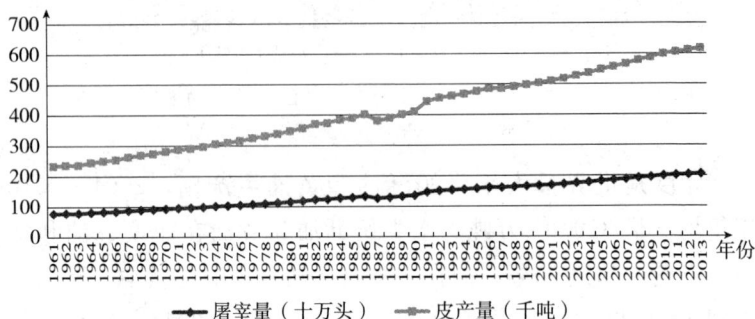

图 4-103　印度 1961—2013 年皮用水牛屠宰量和产皮量变化情况
资料来源：联合国粮食及农业组织（FAO）。

三、养羊业

印度是世界主要产羊国之一，山羊和绵羊是印度养殖羊的主要种类。2005—2014 年，印度羊年均存栏量 2.03 亿只，仅次于中国（年均存栏量 3.70 亿只）；年均羊肉产量 76.74 万吨，仅次于中国（年均产量 386.90 万吨）。

1. 山羊

印度山羊 2005—2014 年年均存栏量 1.36 亿只，仅次于中国（年均存栏量 1.92 亿只），山羊占印度羊类总存栏量的 66.97%。

1961—2014 年，山羊存栏量整体呈逐年增长趋势，从 0.61 亿只增长至 1.33 亿只，增幅 1.19 倍，年均增长 1.49%。其中，2003—2007 年增速较快，年均增长约 3.11%；2008—2014 年连续 7 年出现下降，降幅 4.64%，年均下降 0.79%。

印度是世界第二大的山羊肉生产国。2005—2014 年印度肉用山羊年均屠宰量 5 174.60 万只，年均产肉量 51.75 万吨，平均产肉量 10 千克/只。山羊肉在印度总产肉量中的比重总体上呈下降趋势，从 1961 年的 13.86% 降低到 2014 年的 7.65%。1961—2014 年，除 6 年出现零增长和 7 年下降外，印度肉用山羊屠宰量和产肉量总体上呈逐年增长趋势（图 4-104）。肉用山羊屠宰量从 2 350.00 万只增长到 5 050.00 万只，产肉量从 23.50 万吨增长到 50.51 万吨，增幅均为 1.15 倍，年均增长均为 1.45%。其中，2008—2014 年肉用山羊屠宰量和产肉量连续 7 年下降，年均下降 0.80%。

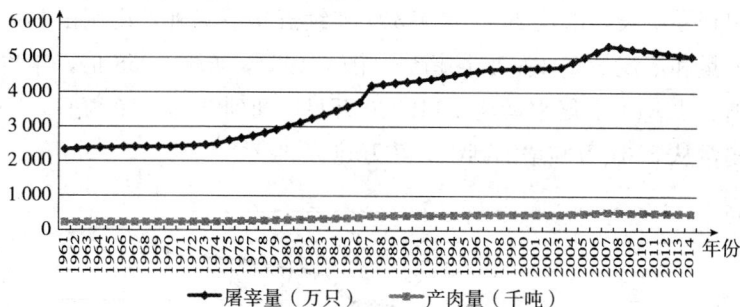

图 4-104　印度 1961—2014 年肉用山羊屠宰量和产肉量变化情况
资料来源：联合国粮食及农业组织（FAO）。

印度是世界最大山羊奶生产国，2005—2014 年，印度奶山羊年均存栏量 3 070.14 万只、年均产奶量 455.89 万吨，平均产奶量 148.31 千克/只。1961—2014 年，奶山羊存栏量和产奶量总体上呈增长趋势（图 4-105）。存栏量从 535.00 万只增长到 3 092.88万只，增幅 4.78 倍，年均增长 3.37%；产奶量从

53.50 万吨增长到 518.02 万吨，增幅 8.68 倍，年均增长 4.38%。

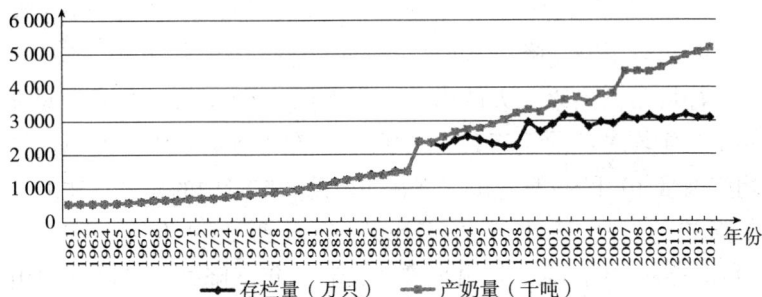

图 4-105　印度 1961—2014 年奶山羊存栏量和产奶量变化情况
资料来源：联合国粮食及农业组织（FAO）。

印度是世界第二大山羊皮生产国，2004—2013 年，印度皮用山羊年均屠宰量 8 024.00 万只，年均产皮量 14.44 万吨，平均产皮量 1.80 千克/只。1961—2013 年，除 1988 年和 1992 年出现零增长，以及 2009—2013 年连续五年下降外，皮用山羊屠宰量和产皮量整体呈增长趋势（图 4-106），增幅 1.58 倍，年均增长 1.84%。屠宰量从 3 119.00 万只增加到 8 040.00 万只，产皮量从 5.61 万吨增加到 14.47 万吨。

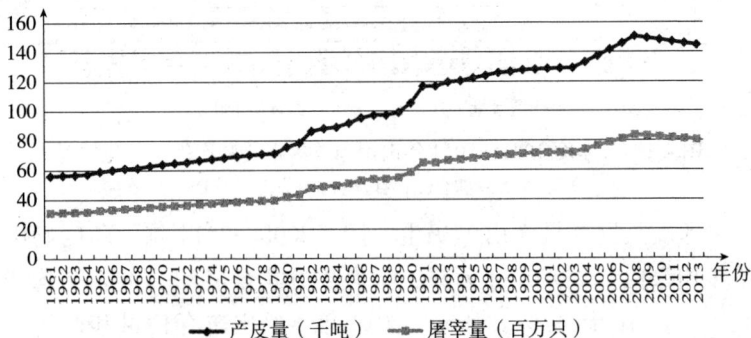

图 4-106　印度 1961—2013 年皮用山羊屠宰量和产皮量变化情况
资料来源：联合国粮食及农业组织（FAO）。

2. 绵羊

2005—2014 年印度绵羊年均存栏量 6 721.51 万只，居世界第三位，仅次于中国（17 811.06 万只）和澳大利亚（7 946.07 万只）。印度绵羊存栏量占羊类总存栏量比重总体上逐渐下降，从 1961 年的 39.79% 下降到 2014 年的 32.14%。1961—2014 年，印度绵羊存栏量总体上呈增长趋势，从 4 022.30 万只增加到 6 300.00 万只，增幅 56.63%，年均增加 0.85%。具体来说分为六个阶段，1961—1966 年连续 5 年增长，1967—1972 年连续 6 年下降，1973—1982 年连续 10 年增长，1983—1987 年连续 5 年下降，1988—2007 年连续 20 年增长，2008—2014 年连续 7 年下降。

2005—2014 年，印度肉用绵羊年均屠宰量 2 082.63 万只、年均产肉量 24.99 万吨，平均产肉量 12 千克/只。绵羊肉在印度总产肉量中的比重整体上呈逐渐下降趋势，从 1961 年的 7.22% 下降到 2014 年的 3.56%。1961—2014 年，印度绵羊屠宰量和产肉量总体上呈增长趋势（图 4-107），屠宰量从 1 020.00 万只增长到 1 960.00 万只，增幅 92.16%，年均增长 1.24%；产肉量从 12.24 万吨增长到 23.52 万吨，增幅 92.17%，年均增长 1.24%。与绵羊存栏量对应，具体来说分为六个阶段。1961—1967 年，屠宰量和产肉量连续 6 年增长；1968—1972 年，屠宰量和产肉量连续 5 年下降；1973—1982 年，屠宰量和产肉量连续 10 年增长；1983—1987 年，屠宰量和产肉量连续 5 年下降；1988—2007 年，屠宰量和产肉量连续 20 年增长；2008—2014 年，屠宰量和产肉量连续 7 年下降。

2004—2013 年，印度皮用绵羊年均屠宰量 3 358.00 万只，年均产皮量 6.04 万吨，平均产皮量 1.80 千克/只。1961—2013 年，印度皮用绵羊屠宰量和产皮量整体上呈增长趋势（图 4-108），屠宰量从 1 551.00 万只增长到 3 190.00 万只，产皮量从

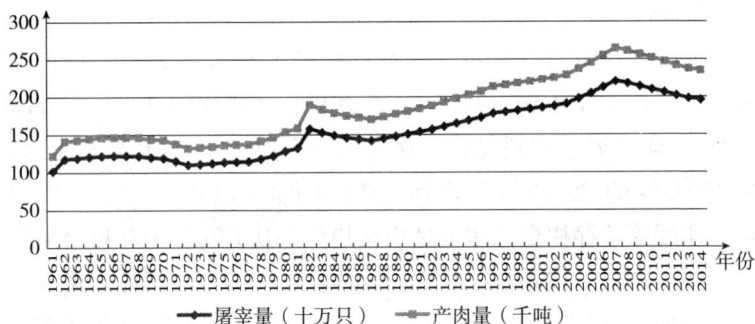

图 4-107　印度 1961—2014 年肉用绵羊屠宰量和产肉量变化情况
资料来源：联合国粮食及农业组织（FAO）。

2.79 万吨增长到 5.74 万吨，增幅为 1.06 倍，年均增长 1.40%。
具体来说分为四个阶段，1961—1982 年，除 1962 年、1970 年下
降和 1972 年零增长外，皮用绵羊屠宰量和产皮量整体逐渐增加；
1983—1986 年，皮用绵羊屠宰量和产皮量连续 4 年下降；
1987—2007 年，皮用绵羊屠宰量和产皮量连续 21 年增长；
2008—2013 年，皮用绵羊屠宰量和产皮量连续 6 年下降。

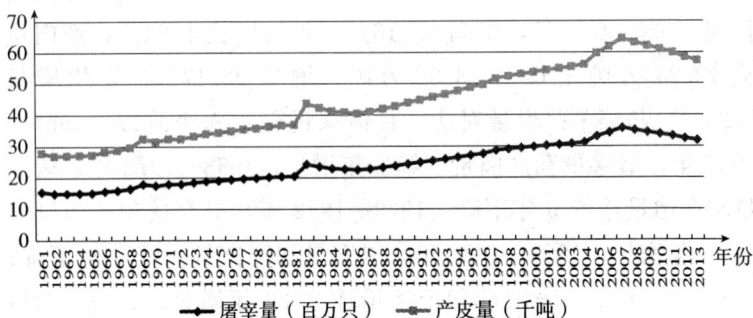

图 4-108　印度 1961—2013 年皮用绵羊屠宰量和产皮量变化情况
资料来源：联合国粮食及农业组织（FAO）。

四、养猪业

2005—2014 年，印度生猪年均存栏量 1 084.02 万只。

1961—2014 年，印度生猪存栏量整体上呈上升趋势，从 517.60 万头增长至 1 000.00 万头，增幅 93.20%，年均增长 1.25%。具体变化情况大致分为三个阶段。1961—1966 年，存栏量连续 5 年下降，从 517.60 万头下降到 497.50 万头，降幅 3.88%，年均下降 0.79%；1967—2003 年，存栏量连续 37 年增长，从 530.40 万头增长到 1 351.90 万头，增幅 1.55 倍，年均增长 2.63%；2004—2014 年，存栏量连续 11 年下降，从 1 287.80 万头下降到 1 000.00 万头，降幅 22.35%，年均下降 2.50%。

2005—2014 年，印度生猪年均屠宰量 1077.19 万只，年均产肉量 37.70 万吨，平均产肉量 35 千克/只。1961—2014 年，猪肉在印度总产肉量中的比重呈现先增长后下降的趋势，由 1961 年的 9.08% 增长到 1985 年的 11.42%，又下降到 2014 年的 5.30%。1961—2014 年，印度生猪屠宰量和产肉量总体上逐渐增长（图 4-109），屠宰量从 440.00 万头增长到 1 000.00 万头，产肉量从 15.40 万吨增加到 35.00 万吨，增幅 1.27 倍，年均增长 1.56%。与存栏量对应，具体来说分为三个阶段，1961—1966 年，屠宰量和产肉量连续 5 年下降，降幅 3.86%，年均下降 0.79%；1967—2003 年，除 1969 年下降外，屠宰量和

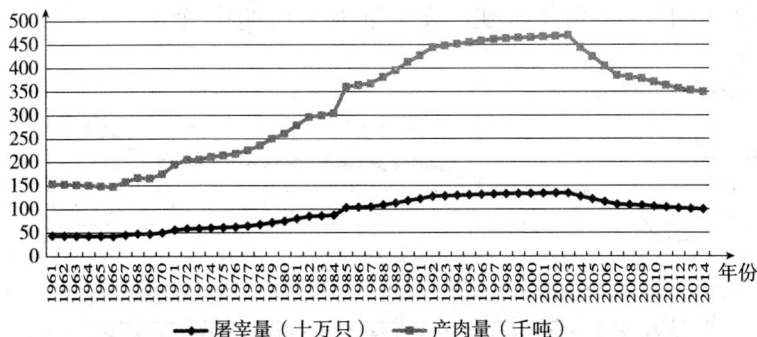

图 4-109　印度 1961—2014 年猪屠宰量和产肉量变化情况
资料来源：联合国粮食及农业组织（FAO）。

产肉量总体呈增长趋势，增幅 1.98 倍，年均增长 3.08%；
2004—2014 年，屠宰量和产肉量连续 11 年下降，降幅 21.26%，
年均下降 2.36%。

五、养蜂业

印度是世界最大蜜蜂养殖国，2005—2014 年印度年均蜜蜂
蜂箱量 1 085.50 万个，年均产蜡量 2.16 万吨，平均产蜡量 1.99
千克/个，年均产蜜量 5.68 万吨，平均产蜜量 5.23 千克/个。
1961—2014 年，印度蜜蜂蜂箱量总体呈增长趋势（图 4-110），
从 500.00 万个增长到 1 180.00 万个，增幅 1.36 倍，年均增长
1.63%。其中，有 5 年蜂箱量下降，28 年出现零增长，20 年蜂
箱量增长。

1961—1964 年，蜂箱量为 500.00 万个，4 年未发生变化；
1965—1966 年，连续两年增长；1967—1969 年，蜂箱量为
750.00 万个，连续 3 年未变；1970—1972 年，蜂箱量为 800.00
万个，连续 3 年未变；1973—1974 年两年未变，蜂箱量为
830.00 万个；1975 年增长为 840.00 万个；1976—1978 年 3 年
未变，蜂箱量为 830.00 万个；1979 年上升为 850.00 万个；
1980—1981 年两年未变，蜂箱量为 900.00 万个；1982—1984

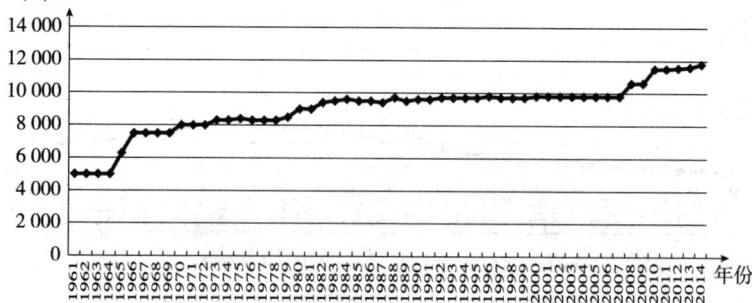

图 4-110　印度 1961—2014 年蜜蜂蜂箱量
资料来源：联合国粮食及农业组织（FAO）。

年，连续 3 年增长；1985—1986 年两年未变，蜂箱量为 950.00
万个；1987—1989 年先增长后下降；1990—1991 年两年未变，
蜂箱量为 960.00 万个；1992—1995 年连续 4 年未变，蜂箱量为
970.00 万个；1996 年增长为 980.00 万个；1997—1999 年连续 3
年未变，蜂箱量为 970.00 万个；2000—2007 年连续 8 年未变，
蜂箱量为 980.00 万个；2008—2009 年两年未变，蜂箱量为
1 060.00万个；2010—2011 年两年未变，蜂箱量为 1 150.00 万
个；2012—2014 年，连续 3 年增长。

1961—2014 年，印度蜜蜂蜂蜡和蜂蜜产量总体呈增长趋势
（图 4-111），蜂蜡产量从 1.00 万吨增长到 2.26 万吨，增幅 1.26
倍，年均增长 1.55%；蜂蜜产量从 2.00 万吨增加到 6.19 万吨，
增幅 2.10 倍，年均增长 2.16%。具体来说，1961—1969 年，蜂
蜡产量在 1.00 万～1.50 万吨之间波动；1970—1982 年，蜂蜡产
量维持在 1.60 万～1.90 万吨之间；1983—2007 年，蜂蜡产量在
1.90 万～2.00 万吨之间波动；2008—2014 年，蜂蜡产量均在
2.10 万吨以上。1961—1969 年，蜂蜜产量在 2.00 万～3.00 万
吨之间；1970—1979 年，蜂蜜产量维持在 3.50 万～4.00 万吨之
间；1980—1986 年，蜂蜜产量维持在 4.50 万～5.00 万吨之间；

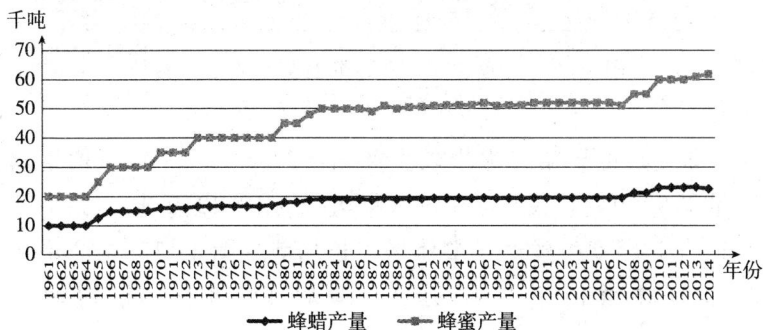

图 4-111　印度 1961—2014 年蜂蜡和蜂蜜产量变化情况
资料来源：联合国粮食及农业组织（FAO）。

1987—2009 年，蜂蜜产量在 5.00 万～5.50 万吨之间波动；
2010—2014 年，蜂蜜产量在 6.00 万～6.20 万吨之间波动。

六、养蚕业

印度地处热带地区，一年四季皆可养蚕，是世界上唯一可以
同时饲养桑蚕、柞蚕、蓖麻蚕和姆枷蚕的国家。目前，印度是世
界第二大蚕茧生产国，2005—2014 年印度年均蚕茧产量 14.44
万吨，仅次于中国（年均产量 36.64 万吨）。1961—2014 年，除
8 年出现下降以及 4 年零增长外，印度蚕茧产量整体呈增长趋势
（图 4-112），产量从 2.15 万吨增长至 15.12 万吨，增幅 6.02 倍，
年均增长 3.75％。其间，1996—2000 年增速最快，年均增长
近 10.17％。

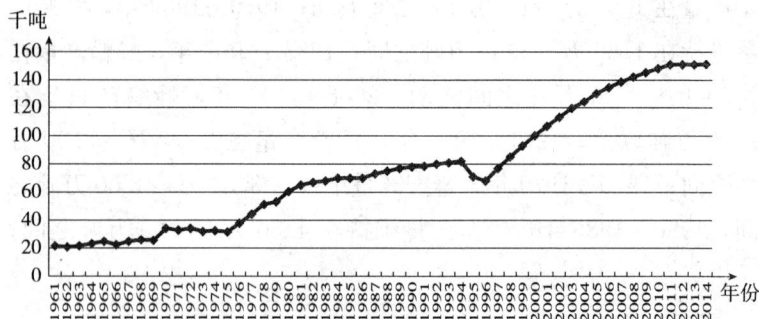

图 4-112　印度 1961—2014 年蚕茧产量变化情况
资料来源：联合国粮食及农业组织（FAO）。

印度是世界第二大生丝生产国，2005—2014 年年均生丝
产量 1.99 万吨，仅次于中国（年均产量 12.42 万吨）。1961—
2014 年，印度生丝产量整体呈增长趋势（图 4-113），产量从
0.13 万吨增长至 2.37 万吨，增幅 17.73 倍，年均增长
5.68％。其中，11 年出现下降，2014 年出现零增长，41 年处
于增长状态。

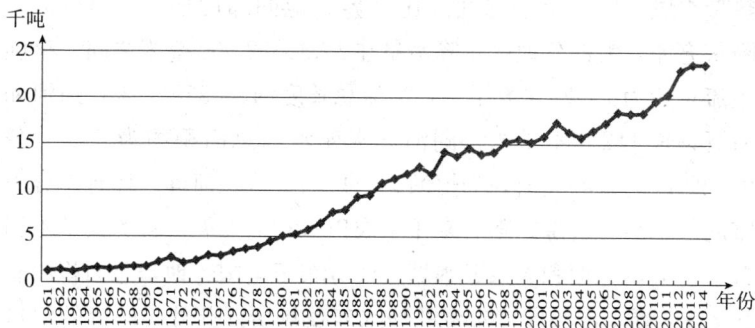

图 4-113　印度 1961—2014 年生丝产量变化情况
资料来源：联合国粮食及农业组织（FAO）。

第三节　渔　业

　　印度拥有发展渔业的良好条件。大陆岸线长达 6 049 千米，200 海里经济区面积达 200 余万平方千米，水深 200 米以内的大陆架面积约 41.5 万平方千米，沿海还分布着许多岛屿、海湾和岬角，可以用来作为海洋渔业的生产基地。印度周围海域主要是印度洋热带海域，尤其是沿岸较宽广的大陆架浅海区，海水温暖、光照充足，加之陆上河流注入和海底冷水上泛作用，为鱼类的生长提供了丰富的饵料，形成了一些优良的渔场。据估计，印度 200 海里经济区水域内的鱼类资源潜在量为 1 200 万～1 600 万吨，年可捕量为 450 万吨。从资源的地理分布看，西部海域资源较东部丰富。这是由于这里水温和盐度适宜，浮游生物和营养盐丰富，加上大陆架较宽，成为鱼类繁殖和栖息的良好场所，因此渔获量也较高，约占全国海洋总渔获量的 70% 以上。此外，东西沿岸都有一部分可供海水养殖利用的浅海和滩涂，也为沿海地区海水养殖业的发展提供了一定的资源条件。

　　印度内陆渔业的资源条件也比较优越。全国大部分地区属于热带季风气候，年平均气温比世界其他同纬度地区高 3～5℃。降水充沛，大部分地区年降水量在 1 000～2 000 毫米之间。全国径流总量为 1 680 立方千米，河流总长度约 27 359 千米，运河和灌溉渠长 112 654 千米，湖泊和水库水面总面积约为 290 万公顷。印度的一些大河，如恒河、布拉马普特拉河等，拥有十分丰富的淡水渔业资源。随着多年来农田水利的发展，各类人工水面日益扩大，池塘和农用贮水塘广泛分布于全国各地，总面积约有 160 万公顷，成为印度宝贵的淡水养殖场所。此外，印度的河口区有红树林沼泽 12.13 万公顷，潟湖和河口区 21.5 万公顷，咸淡水水面共达 200 多万公顷，这些都构成了重要的淡水和咸淡水养殖资源。

印度不仅具有发展渔业的有利的资源条件，而且具有较悠久的渔业历史，尤其是滨海沿岸地区的人民积累了丰富的捕捞与养殖的技术经验。印度众多的人口也为渔业的发展提供了丰富的劳动力后备资源。此外，由于渔业在就业、外贸和食品供应等方面日益显示出积极作用，引起了印度政府的重视。尤其自 20 世纪 60 年代以来，在资金、设备、销售和加工等环节上采取了一系列积极措施，这些都是促进水产业发展的有利的社会经济条件。

2006—2015 年，印度鱼类年均产量 821.26 万吨，其中海水鱼 317.31 万吨约占 38.64%，淡水鱼 503.95 万吨约占 61.36%。1951—2015 年，除个别年份出现下降外，印度鱼类产量整体呈增长趋势（图 4-114）。产量从 75.20 万吨增长至 1 043.10 万吨，增幅 12.87 倍，年均增长 4.19%。

1951—2015 年，海水鱼和淡水鱼产量整体上呈增长趋势，海水鱼产量在印度鱼类总产量中的比重从 71.01% 下降到 33.57%，淡水鱼产量在印度鱼类总产量中的比重从 28.99% 增长到 66.43%。海水鱼产量从 53.40 万吨增长到 350.20 万吨，增幅 5.56 倍，年均增长 2.98%；相比海水鱼产量增幅，淡水鱼

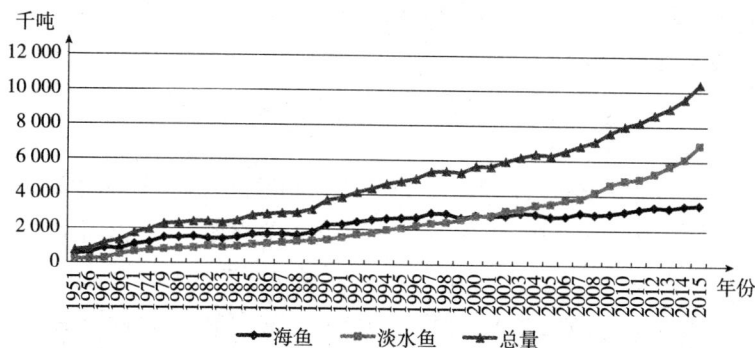

图 4-114　印度 1951—2015 年产鱼量变化情况

资料来源：印度畜牧、奶业与渔业局。

产量增幅较大，从 21.80 万吨增长到 692.90 万吨，增幅 30.78
倍，年均增长 5.55%。

第四节　林　　业

　　林业是印度大农业中的一个重要组成部分，2014 年林业的
收入在全国国民收入中所占的比重为 1.82%。目前，印度的林
产品主要有圆木、锯材、人造板、纸板和木浆等。其中，圆木产
量居世界第一。历史上，印度原是一个森林茂密的国家，但由于
殖民者的掠夺以及人口的增加、种植业的发展，致使森林资源日
趋枯竭，独立前夕森林覆盖率已降至 12.3%，逐渐由一个多林
国变为少林国。独立后，为扭转粮食短缺局面和振兴民族经济，
又不断毁林扩大耕地和工业用地，使林地面积进一步缩减。据统
计，到 1980 年的 30 多年里，全国受到破坏的森林面积达 4 万多
平方千米，约占森林总面积的 5%。鉴于毁林毁地日益加剧，印
度政府专门制定了新森林政策，实行分级管理、依法治林，使破
坏森林的现象得到控制。据 1981 年资料，印度林地面积为 75.3
万平方千米，占当年世界林地总面积的 1.8%，占亚洲林地总面

积的 13.3％。2015 年印度林地面积为 70.68 万平方千米，森林
覆盖率达到 23.77％。

一、圆木

印度是世界三大圆木生产国之一，2002 年印度超过中国成为
世界第二圆木生产国，2010 年超过美国成为世界最大圆木生产国。
2006—2015 年印度圆木年均产量 3.56 亿立方米，仅次于美国（年
均产量 3.96 亿立方米）。1961—2015 年，除少数年份出现下降外，
印度圆木产量整体呈增长趋势，产量从 1.61 亿立方米增长至 3.56
亿立方米，增幅 1.21 倍，年均增长 1.48％（图 4-115）。

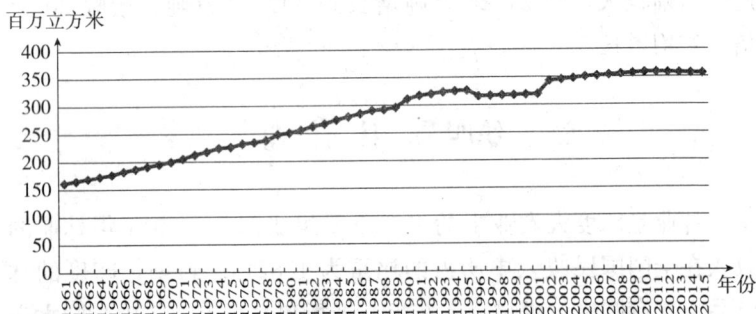

图 4-115　印度 1961—2015 年圆木产量变化情况
资料来源：联合国粮食及农业组织（FAO）。

二、锯材

2006—2015 年，印度锯材年均产量 767.90 万立方米。
1961—2015 年，印度锯材产量变化情况大致可分为四个阶段
（图 4-116）。1961—1984 年，锯材产量逐渐增长，从 180.40 万
立方米增长到 1 590.70 万立方米，增幅 7.82 倍，年均增长
9.93％。1985—1995 年，锯材产量连续 11 年未发生变化，为
1 746.00万立方米。1996—2006 年，锯材产量波动较大，其中 3

年出现下降，3 年零增长，5 年出现增长。2007—2015 年，锯材产量连续 9 年未发生变化，产量为 688.90 万立方米。

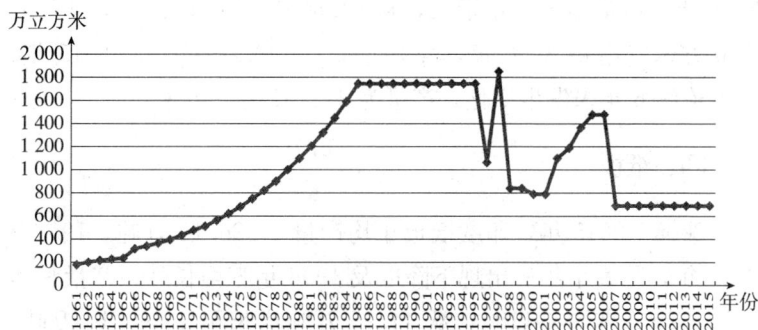

图 4-116　印度 1961—2015 年锯材产量变化情况

资料来源：联合国粮食及农业组织（FAO）。

三、人造板

2006—2015 年，印度人造板年均产量 295.05 万立方米。1961—2015 年，印度人造板产量变化情况大致可分为四个阶段（图 4-117）。1961—1976 年，人造板产量在 20 万立方米以下，整体呈增长趋势，从 8.32 万立方米增长到 18.67 万立方米，增幅 1.24 倍，年均增长 5.54％。1977—2000 年，除 1986 年产量

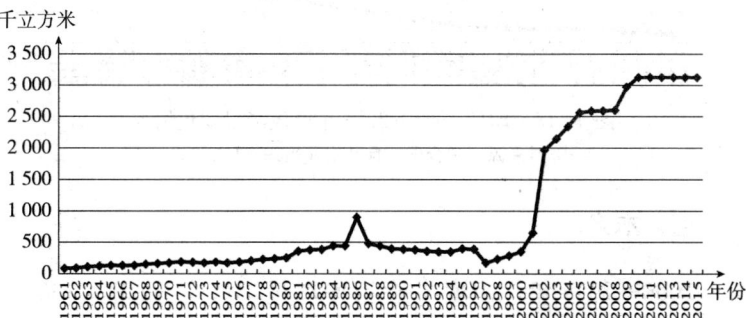

图 4-117　印度 1961—2015 年人造板产量变化情况

资料来源：联合国粮食及农业组织（FAO）。

为 89.87 万立方米外，其他年份均在 20 万～50 万立方米之间，
24 年中有 13 年增长，2 年出现零增长，9 年出现下降。2001—
2009 年，产量连续 9 年增长，从 64.50 万立方米增长至 296.92
万立方米，增幅 3.60 倍，年均增长 21.03%。2010—2015 年，
产量连续 6 年未发生变化，产量为 312.57 万立方米。

四、纸板

2006—2015 年，印度纸板年均产量 1 026.11 万吨。1961—
2015 年，除 8 个年份出现下降以及 1996 年零增长外，产量整体
呈增长趋势（图 4-118），从 44.95 万吨增长至 1 496.10 万吨，
增幅 32.28 倍，年均增长 6.71%。其间，2006 年增幅最大为
46.06%，1980 年降幅最大为 7.85%，2005—2015 年增速最快，
从 465.50 万吨增加到 1 496.10 万吨，年均增加 12.38%。

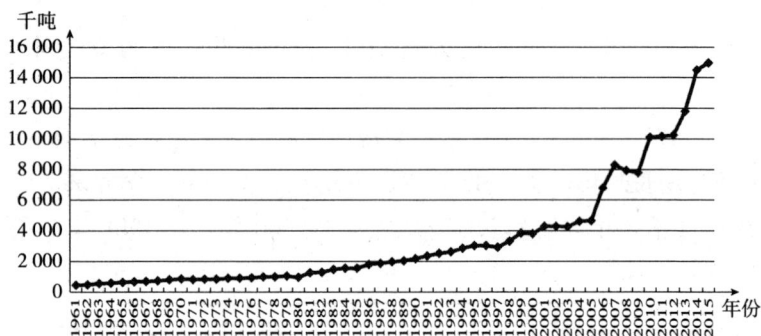

图 4-118　印度 1961—2015 年纸板产量变化情况
资料来源：联合国粮食及农业组织（FAO）。

五、木浆

2006—2015 年，印度木浆年均产量 230.76 万吨。1961—
2015 年，印度木浆产量大致可以 2005 年为界分为前后两个阶段
（图 4-119）。1961—2004 年，除 5 个年份出现下降、4 个年份出

现零增长外，产量整体呈增长趋势，从 1.80 万吨增长至 212.92
万吨，增幅 117.29 倍，年均增长 11.74%。2005—2015 年，木
浆产量连续 11 年未发生变化，产量保持在 230.76 万吨。

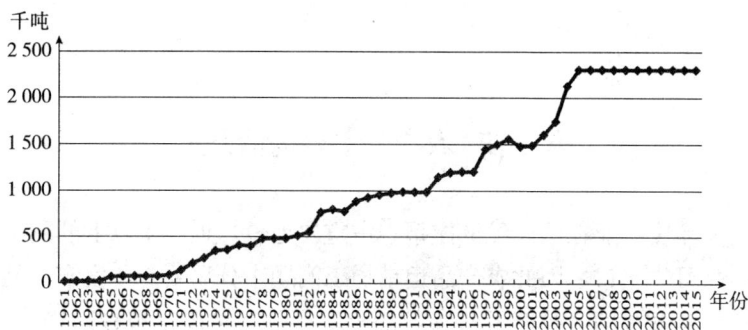

图 4-119　印度 1961—2015 年木浆产量变化情况
资料来源：联合国粮食及农业组织（FAO）。

第五章　农产品运销与进出口贸易

第一节　农产品主要运销方式

印度农业在国民经济体系中占重要地位，近一半以上的剩余产品可供出口，因此农产品运销加工问题十分重要。印度农产品市场是开放的，政府虽然参与部分农产品（主要是粮食）经营，但是都属于政策性行为，主要目的是保护生产者和消费者，通过市场调节，平抑价格波动。如果市场供应状况较好、农产品价格较低，政府为保护生产者的利益，会大量收购农民愿意出卖的农产品；反之，如果市场供应状况较差、农产品价格较高，政府为保护消费者的利益，会向市场抛售农产品以抑制价格的上涨。印度农产品运销主要通过市场与国家分配两种方式进行。

印度农户传统的农产品交易方式主要有三种，最通常的做法是把农产品卖给本村的放债人兼商人。第二种是把农产品送到附近的农村集市，这种农村集市称为"海特"或"香地"，是半径8～16千米以内的各个村子的农产品市场，在这里可以买到各种农业生产资料和日用必需品。第三种是把农产品运送到市镇的农产品市场上，这种市场称为"曼地"，在市场里有一些中间商（称为"达拉尔"），由中间商收购后卖给批发商（称为"阿哈蒂亚"），再由批发商转卖给零售商或农产品加工厂。但这些交易方式存在若干问题，比如：农民被迫低价出售产品、缺乏贮藏设施、运输困难、中间环节过多、农产品无等级之分、市场管理不严等。

印度虽是农业大国，但长期以来农产品短缺。因此，政府对粮食管理和价格实行严格控制，被称为"政府粮食配售制"。经历了"绿色革命"，印度的粮食产量增幅较大，粮食供求矛盾有了一定的缓和，印度政府对于粮食控制的方法也相应改变，但配售制内容基本相同。20世纪60年代，随着全球贸易自由化的不断发展，为了顺应市场化的潮流，印度粮食流通体制也做出了较大的改革。

政府粮食工作由两个机构代理，包括粮食与国内供应部粮食司的印度粮食公司和农业部的全国农业合作运销协会（邦粮食供应部是邦政府的粮食收购机构）。水稻和小麦是印度粮食公司主营粮食，除此之外的粗杂粮则由全国农业合作运销协会经营。印度粮食公司的粮食收购资金均来源于公司贷款，收购的粮食一般用于四个方面：中央储备粮；通过政府分配系统以政府补贴价出售给消费者；农村"以工代赈"和救济；多于储备、平价供应和救济的部分以市价出售，或由其经营的米面厂加工后按市价出售。如果市场价格较高，印度粮食公司一般不会在市场上收购，它独立于各邦政府以外，具有粮食储备和粮食经营（但不以营利为目的）的双重职能。印度粮食公司每年以市场价格向农民直接收购粮食（小麦、稻米各约占50%），其中约三分之二通过政府分配系统进行分配，剩余部分按市价出售或用来储备（平抑市场）。

近年来，随着印度粮食产量的增加，印度粮食公司的收购量也逐渐增加，由2010年的5 000万吨左右增加到2016年的6 000万吨左右。2016年，印度粮食公司制定的目标是收购3 050万吨小麦。近几年，印度政府采购的粮食量在5 000万吨左右。截至2015年12月31日，印度粮食公司的粮食可用存量为3 592.50万吨，加之各邦中央存储的存量，总存量达到8 120.90万吨。

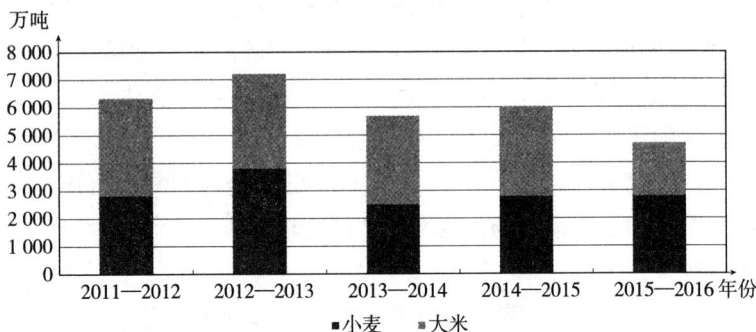

图 5-1 印度政府 2011—2016 年小麦和大米采购量
资料来源：印度消费者事务、食品和公共分配部官网。

在印度，国家对粮食生产和流通不实行垄断、控制，主要通过印度粮食公司和公共分销系统来调控粮食市场，保障居民粮食供应。粮食是印度农产品中最重要的，因此从总体上看，以粮食为代表的农产品流通主要有政府渠道、私人渠道、期货交易和拍卖四种方式。

一、政府渠道

印度粮食公司和各邦代理机构按照保护价格对农民生产的粮食进行收购，以达到政府控制粮源（中央池）的目的。政府收购的粮食主要用于三个方面：建立缓冲库存（国家储备）；粮食出口；各种粮食安全项目（供应市民和公司、公共分销系统、以粮代资项目、妇婴营养计划、小学生中餐项目等社会福利项目）。

印度的粮食销售有赖于政府设立的两大销售系统（栗华田，2002）：

第一，通过各邦政府的市民供应公司（Civil Supplies Corporation），从印度粮食公司在各邦的粮食分公司直接购买后供应给市民。此方式的粮食价格是由印度粮食公司制定的，若邦政府市民供应公司认为价格偏高，也可从农民手里直接收购，由于国家对粮价的补贴，印度粮食公司的销售价格较低，此现象几乎不会出现。

第二，印度政府在 1955 年设立了基本消费品法案，在全国范围内建立了公共分销系统（the Public Distribution System，简称 PDS；1997 年改革后简称 TPDS，更加注重保障低收入和贫困家庭的利益），该系统的设立目的是保障市民生活必需品（粮食等）的供应，在印度全国各地设有众多平价商店（the Fair Price Shop，简称 FPS），按照政府的规定条件，向市民供应生活必需品。消费者要在平价商店购买粮食，必须持有政府颁发的粮食配给证（the Ration Card）。根据市民的家庭收入，粮食配给证又分为两种：低于贫困线家庭（Below Povety Line，简称 BPL）和高于贫困线家庭（Above Poverty Line，简称 APL），前者可获得价格为经济成本 50% 的粮食，每户每月 20 千克（2000 年 4 月 1 日前为 10 千克），后者可获得价格为经济成本的不限量粮食。2013 年 7 月，印度国家食品安全法开始生效，该法案确保了 75% 以上的农村人口和 50% 以上的城市人口在购买粮食时，能获取相应的价格补贴。

二、私人渠道

私人渠道主要是指全国各地的市场协会，这是自营的粮食收购机构，从农民手中收购粮食后，市场协会转卖给大的私人粮食贸易商或批发商，私人粮食贸易商或批发商再转卖给私人粮食零售商，最后出售给居民消费者。市场协会作为一种合作组织，具有盈利性，其粮食收购资金主要来自地区商业银行与各类合作银行，尽管是自营收购，但是也要接受印度粮食公司和各邦代理机构的委托收购。

三、期货交易

期货交易是印度农产品运销的一个重要模式。期货交易在印度有着悠久的历史，1875 年印度在孟买建立棉花交易联合会，开始交易棉花期货。第二次世界大战前，印度已上市胡椒粉、姜、马铃薯、食糖和粗糖等多种农产品。但 20 世纪 60 年代由于干旱等原因导致农产品稀缺，政府禁止期货交易，这种局面一直持续到 2002 年。2003 年，印度议会通过立法允许期货交易。到年底，印度大宗商品交易所（MCX）、全国商品和衍生品交易所（NCDEX）及全国大宗商品交易所（NMCE）成为全国性交易所，印度商品期货走向快速发展。目前，印度有三家全国性的商品交易所和 21 家地区性交易所。三家全国性商品交易所都为公司制，股东主要为银行。全国商品期货成交量和成交额迅速增长。2003—2004 年度成交额比上年度增长 98％，2004—2005 年度增长 341％，2005—2006 年度增长 276.81％。2005—2006 年度期货交易量达到 6.7 亿吨，成交金额达到 4 787.7 亿美元。在全球前二十家交易所的总成交量中，印度所占份额在 2006 年达到全球的 10％。近年来，印度出于对本国通货膨胀率持续增长的担忧，2007 年 1 月 23 日和 2007 年 2 月 28 日分别颁布豆类和大米、小麦期货交易禁令。2008 年，为控制食品价格进一步上涨和抑制高通胀，印度政府再次颁布禁令，禁止大豆油、马铃薯、橡胶和鹰嘴豆四种农产品的期货交易。但 2010 年，为进一步实现经济的自由化，印度中央政府决定允许 54 种日用品实行期货交易，包括绝大多数主要的农产品如大米、小麦、棉以及香菜籽、茴香、食糖、芹菜、原麻、艺术丝绸、棉纱和布匹，其他新项目还包括番椒、槟榔、胡椒粉、生姜、丁香、桂皮、肉豆蔻、鹰嘴豆、高粱、玉米等。

2009 年年初，于 2008 年 12 月远期交易中止的八种商品中的豆油、橡胶和马铃薯等四种商品被撤回。不久，2009 年 5 月被中止交易的小麦也被撤回，2010 年 9 月 30 日蔗糖交易也被中止。农产品期货上演了在前两年平稳下降后一个明显的恢复，刷新了 2009 年交易额 10.88 万亿卢比的纪录。2009 年，一个名为印度商品交易所（ICEX）的新商品交易所开始运作。此外，艾哈迈达巴德商品交易所对商品交易所的更新计划也开始推进。

同时，印度政府亦允许国家商品交易所在国内设立三个即期交易场所，即国家即期交易有限公司（NSEL），NCDEX 即期交易有限公司（NSPOT）以及印度国家农业生产销售有限公司（NAPMC）。2009 年期间，印度即期交易设施进行了重大的扩展。这些即期交易为农民、加工商、出口商和用户创造了一个直接联系市场的渠道，减少了中介成本并加强了农民价格的实现。他们还将提供最有效的即期价格投入到远期交易中。即期交易将包括整个国家范围的商品，以后还将在农业和非农业领域为所有市场参与者提供可带回家的电子即期交易平台。在农业方面，即期交易还将通过实时价格信息的及时更新为农民提供信息，以简化传递过程，从而确保最佳交易价格。在收购方面，商品价值链中所有使用者将同时拥有交易和获得最佳价格的途径。因此，达到这种效率水平作为无缝即期交易的结果，将会主要使生产者和消费者受益，这些即期交易也将为仓单买卖提供交易平台。

四、拍卖

茶叶拍卖目前是印度的一个主要交易方式，由于印度的茶类比较单一，基本上都是红茶类。因此拍卖交易过程相对程序较简单些，一般来说，拍卖市场每周拍卖两次，在拍卖之前，拍卖市场发布拍卖信息，其中包括产品信息、价格信息及具体拍卖日期，所有参拍的茶叶，都由各经纪人公司提前把拍卖茶样经过编号发放到竞拍人手里，印度的茶叶公司或贸易公司一般都在拍卖市场拥有席位。虽然近年来，印度政府不再强行要求 75% 以上的茶叶必须在拍卖市场进行交易，但是，拍卖市场仍是印度茶叶交易的主要方式，而且在搞活印度茶叶流通方面起着十分重要的作用。

第二节 农产品运销相关法规与组织

印度从农田到消费者之间的整条食品价格链上，成本差价高达 60%～75%，浪费数量约 15%～25%，偏僻地区的浪费量高达 40%。在农产品供应链上，由于技术创新和财政支持的滞后，生产效率较差。根据市场竞争保护法，所有农产品只能在政府规范管理的市场上销售，全国约有 7 500 个这样的市场。专家建议政府对农业领域不应靠增加各种限制，而是需要注重建立农民法人合作关系。一个非常典型的例子是，在全国现货交易有限公司设有站点的 14 个邦中，农民销售收入增长超过 6%～8%，主要原因是现货交易中存在"交易对象担保机制"，它能在交货和付款过程中消除商人或农民的拖欠和延误。据印度农业研究委员会 2015 年的一项调查显示，对于易腐水果和蔬菜来说，巨大的产后损失仍然是一个关键问题，水果存在 6.70%～15.88% 的产后损失，蔬菜存在 4.58%～12.44% 的产后损失，明显高于谷物和豆类，谷物和豆类的产后损失分别为 4.65%～6.00% 和 6.36%～8.41%，总体上来说，农产品损失高达 92 651 亿卢比（以 2011—2012 年为基准）。

一、相关法规

为了促进农产品的营销，印度政府对以往的市场交易模式进行了改革。通过市场网络改善无序的农产品运销。大多数的州和领地政府已经制定法规（市场竞争保护法，APMC Act），为农产品的销售提供规范。2004 年，国家农民委员会曾建议，在半径为 5 000 米（相应的市场面积约为 80 平方千米）的范围内，向农民提供一个规范的市场，但这种低密度的市场扩散会在市场准入方面对贫困农民造成问题，而且由于资源的限制，各邦监管的市场很少能提供良好的基础设施和市场环境。

当前，印度政府正在推动规范市场外的水果和蔬菜的监管，同时继续监管规范市场内的水果和蔬菜。这将为农民提供更好的销售选择。近年来，印度已经有 13 个邦存在免征费用的水果和蔬菜市场。2009 年 3 月 31 日，印度全国已有 7 139 个有序的农产品市场。国家现有 20 868 个农村集贸市场，约 15% 在法规范围内起到了作用。规范市场的出现有助于缓解批发装配的生产者/卖家在市场中的阻碍。但是一般的或者部落的农村集贸市场仍然在 AMPC 法案的发展范围之外。印度政府已批准了设立全国农业市场的计划，2015 年 7 月 1 日，通过农业科技基础设施基金划拨 200 亿卢比的财政资金，计划在 2015—2016 年度和 2017—2018 年度实施。

为促进农产品流通，规范农产品市场，2003 年印度农业和农民福利部门制定了"农业运销示范法案"，该法已被各邦政府采纳。该法案提供了直接销售和订单农业等销售方式，建立了公私合作的市场，对市场费用实行单向征收，促进了农产品的电子交易，为交易商颁发统一许可证。关于直接销售、订单农业和公私合作市场三个方面的改革，目前已有 18 个邦政府修正了各自的"农业运销示范法案"，仅有 10 个邦实施了修订后的法案。

二、相关组织

1. 信息化管理组织

为促进农产品市场的发展，印度政府建立信息化管理方式。通过获取正确和及时的市场信息以及到货、产品价格、市场变化趋势方面分析与建议，让农民获得有利的产品价格。2000—2001 年，项目的第一年覆盖了 210 个节点；2002—2004 年，市场节点再扩大 100 个，与 1 900 个市场联网。开发了国家级的门户网站，继续培训软件操作和硬件人员；以大众传播用的地图和光盘，促进研究成果在农民中的传播，将农产品信息网络作为市场扩展的载体。其方式有：农业行情信息系统、价格预测应用程序、全国市场地图的创制、电子拍卖系统（EAS）、联通农村地区的电子显示屏、农产品电子目录的创制、电子商务和农产品运销等，其运行由国家统一管理。

农产品信息网络计划（AGMARKNET）由印度农业部实施，负责管理三个组织：市场和监察领导小组（DMI），国家农产品行销协会（NIAM）和小型农场主农产品贸易协会（SFAC）。市场和监察领导小组的职责有：市场研究、调查和规划、农业市场信息网络建设、农业市场基础设施建设等。

印度政府还建立了"乡村电子会所"，将生存线上下的农民和大企业、当前的农业研究和全球市场紧密联结起来，由一名被称为"协调人"的当地农民经营。公司通过该"协调人"引导信息传播，从而管理其网络的地理和文化范围。"协调人"还担负着维持乡村信任的重要职责，作为物流支持的提供商，委托代理商也在此过程中，被称为"合作人"。在印度农村，交易过程中完全排除中间商并不现实。农产品运销模式的不断创新，使农民获益良多，促进了农业发展，改善了农民生活环境。

2. 农产品营销合作社

印度的农业合作社主要有生产合作社、销售合作社、加工合作社、供应合作社（冯开文，2009）。

在印度的农业合作化进程中，通过借鉴中国和日本的合作化经验，建立了生产合作社，这也是主要的组织类型。客观来说，印度生产合作社发展较为缓慢，到20世纪80年代初仅有约9 000个，社员25万人，耕地37.5万公顷，仅占全部农业土地的0.34%。1956年开始，通过不断地发展，印度生产合作社逐渐形成了四种类型：租佃合作社、联合合作社、集体合作社与改良合作社。租佃合作社（Cooperative Tenant Farming）是指社员把自己的土地，按照合同租给无地农民和退伍军人，合作社为租户提供贷款、种子、肥料和工具等，还为租户出售农产品，社员在按规定缴纳税金后，剩余部分归社员自己所有。联合合作社（Cooperative Joint Farming）是指把农民的土地进行集中，在统一的区域内进行集体耕作，按照土地和劳动进行利益分配，土地所有权仍然归社员所有。集体合作社（Cooperative Collective Farming）是指农民将土地永久上交合作社，牲畜等其他生产资料也作为股份入股，这种形式的合作组织一般机械化水平很高，合作社不仅为社员发放工资，还分发产品。改良合作社（Cooperative Better Farming）是指社员及其土地自由进出合作社，土地的所有权和支配权归社员所有，改良合作社的主要目的是学习和运用先进的耕作技术和方法。

除了生产合作社，销售合作社（Cooperative Marketing Societies）也是印度合作社的重要组成部分，农民为解决农产品的销售问题，通过自愿合作的形式组成了销售合作社。20世纪80年代初，印度有初级销售合作社约4 000个，县级合作销售中心约380个，邦合作销售协会31个，全国农业合作销售联合会（全国有32个分支机构）1个。为解决农户的奶销售渠道不畅、受中间环节盘剥，而城市奶量供应不足、奶价奇高等问题，在政府鼓励下成立了牛奶合作社，取得了较好的成绩。目前，牛奶合作社渗透到了几乎每一个村，形成了全国的销售网络。奶业生产者由1995年的54万增加到2000年的900多万，合作社通过相关协议与农民间建立了产业化的链接，合作社以较低的价格向农民提供水牛等生产资料，农民获得牛奶后，约50％用于自己消费，约15％卖给合作社的收购站，约6％卖给私营企业，约29％卖给包括合作社在内的牛奶加工厂。关于利润分配，仅有1％的利润分配给合作社和县级的牛奶合作中心，绝大部分利润在收购与加工过程中返还给农民，这样不仅保证了牛奶市场价格稳定，也保证了生产资料供应者和消费者的稳定。在牛奶合作社的带动下，印度的牛奶生产也有了较快的发展。

加工合作社。合作社越来越多地从事农产品加工，在 20 世纪七八十年代已经成为一种引人注目的趋势。1984 年印度就已经拥有 2 458 个农产品加工单位。其中最值得注意的就是合作糖厂。1950 年合作糖厂只有 1 家，1970 年发展到 73 家，1981 年就达到 149 家，1984 年更增加到 165 家，占全国糖厂的一半，这些合作糖厂由 1.6 万个甘蔗合作社建成，产量 318.8 万吨，占全国糖厂的 53.9%。由甘蔗合作社组成的合作糖厂还建起了邦的联合会和全国合作糖厂联合会，负责协调、提供技术和生产设备、取得许可证、组建新厂并与政府对话。

供应合作社。这类合作社主要向农民提供种子、化肥、农药等生产资料，也向农民提供贷款。其中，印度合作农民肥料公司和印度合作农民有限公司是两个巨型合作企业，在印度化肥生产和供应、销售中举足轻重。前者由 26 000 个合作社 1975 年联合兴办，1984 年产量达到了 183 万吨，占印度氮肥总产量的 13.3%，磷肥总产量的 26.4%。后者也是 1980 年由 683 个合作社联合创办，每年生产和供应尿素 150 万吨。

第三节　农产品进出口贸易

印度农产品产量很大，但因人口众多，加之政府出台限制出口的政策，其出口贸易量较少且波动较大。2005—2006 年度至2014—2015 年度，印度农产品年均进出口贸易额 19 348.48 亿卢比，约占全国进出口贸易额的 6.72%，其中，农产品进口贸易额 5 737.89 亿卢比，占农产品进出口贸易额的 29.66%，占全国进出口贸易额的 3.30%；农产品出口贸易额 13 610.59 亿卢比，占农产品进出口贸易额的 70.34%，占全国进出口贸易额的 11.93%。1990—1991 年度至 2014—2015 年度，印度农产品进口贸易额整体呈增长趋势，从 120.59 亿卢比增长至 11 543.45 亿卢比，增幅 94.73 倍，年均增长 20.93%。农产品出口贸易额整体呈增长趋势，从 601.28 亿卢比增长至 23 945.32 亿卢比，增幅 38.82 倍，年均增长 16.59%（表 5-1）。

表 5-1　印度 1990—1991 年度至 2014—2015 年度
农产品进出口变化情况

单位：亿卢比，%

年份	农产品进口额	进口总额	农产品进口额占比	农产品出口额	出口总额	农产品出口额占比
1990—1991	120.59	4 317.08	2.79	601.28	3 252.73	18.49
1991—1992	147.83	4 785.08	3.09	783.80	4 404.18	17.80
1992—1993	287.63	6 337.45	4.54	904.03	5 368.83	16.84
1993—1994	232.73	7 310.10	3.18	1 258.66	6 974.89	18.05
1994—1995	593.72	8 997.07	6.60	1 322.28	8 267.34	15.99
1995—1996	589.01	12 267.81	4.80	2 039.77	10 635.34	19.18
1996—1997	661.26	13 891.99	4.76	2 416.13	11 881.73	20.33
1997—1998	878.42	15 417.63	5.70	2 483.25	13 010.06	19.09
1998—1999	1 456.65	17 833.17	8.17	2 551.06	13 975.18	18.25
1999—2000	1 606.67	21 552.85	7.45	2 531.37	15 909.52	15.91
2000—2001	1 208.62	22 830.66	5.29	2 865.74	20 135.65	14.23
2001—2002	1 625.66	24 519.97	6.63	2 972.86	20 901.80	14.22
2002—2003	1 760.88	29 720.59	5.92	3 465.39	25 513.73	13.58
2003—2004	2 197.27	35 910.77	6.12	3 641.55	29 336.68	12.41
2004—2005	2 281.18	50 106.45	4.55	4 160.27	37 533.95	11.08
2005—2006	1 597.78	66 040.89	2.42	4 571.10	45 641.79	10.02
2006—2007	2 300.03	84 050.63	2.74	5 776.79	57 177.93	10.10

（续）

年份	农产品进口额	进口总额	农产品进口额占比	农产品出口额	出口总额	农产品出口额占比
2007—2008	2 254.98	101 231.17	2.23	7 467.35	65 586.35	11.39
2008—2009	2 871.92	137 443.56	2.09	8 106.45	84 075.51	9.64
2009—2010	5 436.53	136 373.56	3.99	8 444.40	84 553.36	9.99
2010—2011	5 265.29	168 346.70	3.13	11 101.90	114 292.19	9.71
2011—2012	7 428.46	234 546.32	3.17	18 052.86	146 595.94	12.31
2012—2013	9 933.87	266 916.20	3.72	22 361.82	163 431.88	13.68
2013—2014	8 746.57	271 543.39	3.22	26 277.90	190 501.11	13.79
2014—2015	11 543.45	273 393.54	4.22	23 945.32	189 164.47	12.66

资料来源：印度商工部商业数据统计局。

2005—2006 年度至 2014—2015 年度，印度进口的农产品主要是食用植物油、豆类、腰果、糖和香料，占印度农产品进口总额的 82.32%。而出口农产品种类则较多，有海产品、印度香米、肉类、棉花、饼粕饲料、香料、普通大米、水果蔬菜及其制成品、瓜尔豆胶粉、糖、烟叶和香烟等，约占印度农产品出口贸易额的 75.11%（图 5-2）。

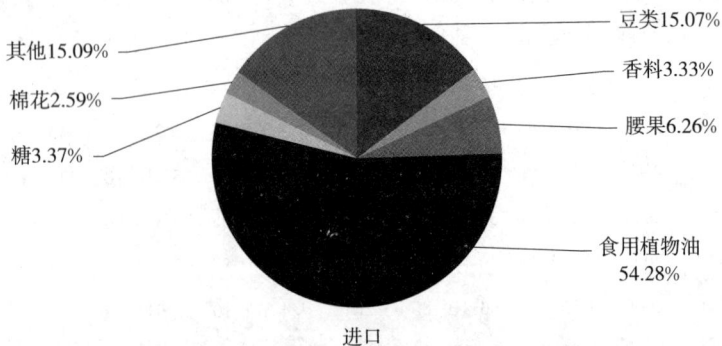

进口

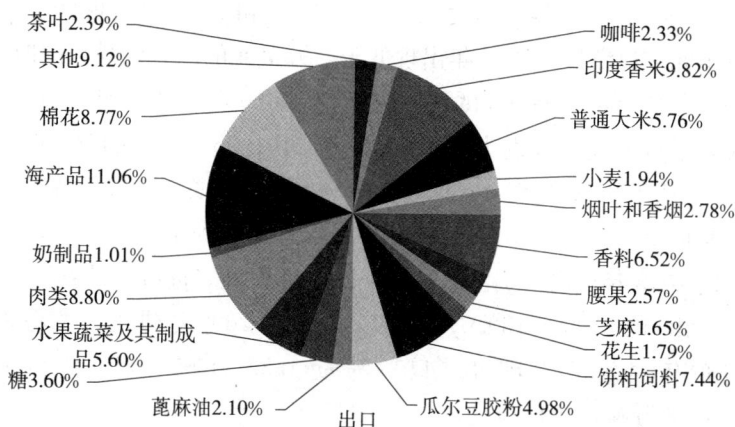

图 5-2 印度 2005—2006 年度至 2014—2015 年度
主要农产品年均进出口比重
资料来源：印度农业部官网。

一、谷物类产品

印度进出口的谷物类产品主要有大米、大米粉、水稻麸、米糠饼、小麦、小麦粉、小麦麸、玉米、玉米粉、玉米麸、玉米饼、玉米芽、大麦、珍珠大麦、高粱、小米、小米粉、小米麸等。印度谷物进出口贸易在很长时间里不是很活跃，直到 20 世纪末，尤其是 21 世纪，才开始大幅增加。

1. 水稻类产品

印度进出口的水稻类产品主要有大米、大米粉、水稻麸和米糠饼。在进出口贸易中，印度以大米出口为主。1961—2013 年，印度大米累计进出口 10 317.69 万吨、合 483.50 亿美元（累计进口 1 238.73 万吨、合 23.22 亿美元，累计出口 9 078.96 万吨、合 460.28 亿美元）。2004—2013 年印度大米年均进出口 536.81 万吨、合 32.91 亿美元（年均进口 376.40 吨、合 36.39 万美元，年均出口 536.77 万吨、合 32.91 亿美元）。

　　1961—2013 年，印度大米在 1996 年和 2004 年出现低于一万美元进口贸易，1961 年出现低于一万美元的出口贸易，同时，1961—1994 年，进出口贸易总量只有 1965 年、1981 年和 1988 年超过百万吨（分别为 107.36 万吨、101.53 万吨和 105.30 万吨），从 1995 年起至今，印度大米进出口贸易总量始终保持在百万吨以上，2012—2013 年进出口贸易总量达到千万吨以上，最高时 2013 年进出口贸易总量为 1 130.14 万吨（进口贸易量 1 323 吨，出口贸易量 1 130.01 万吨），最低时 2000 年进出口贸易总量亦有 154.58 万吨（进口贸易量 1.32 万吨，出口贸易量 153.26 万吨）（图 5-3）。

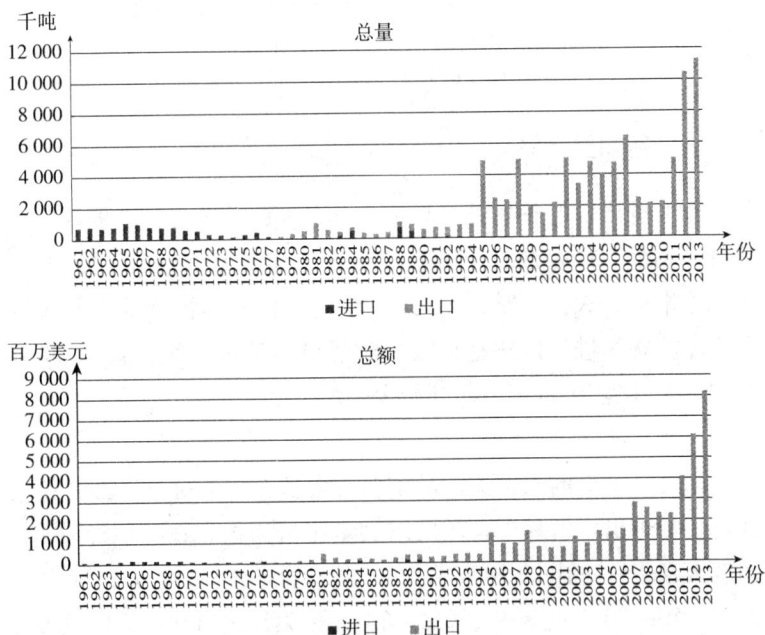

图 5-3　印度 1961—2013 年大米进出口贸易总量和总额变化情况
资料来源：联合国粮食及农业组织（FAO）。

　　1961—2013 年，印度大米进出口贸易总额整体呈增长趋势，1979 年以来始终保持在 1 亿美元以上，最低时 1979 年进出口贸易总额亦有 1.13 亿美元。其间，1979—2003 年间有 1995 年、1998 年和 2002 年三年进出口贸易总额超过 10 亿美元（分别为 14.16 亿美元、15.09 亿美元和 12.13 亿美元）；2004—2013 年年间进出口贸易均超过 10 亿美元，最高时 2013 年进出口贸易总额为 82.07 亿美元（进口贸易额 130.20 万美元，出口贸易额 82.05 亿美元），最低时 2005 年进出口贸易总额为 14.11 亿美元（进口贸易额 7.80 万美元，出口贸易额 14.11 亿美元）（图 5-3）。

此外，印度 1987—2010 年存在一定量的大米粉进出口贸易，且出口多于进口。大米粉 24 年累计进出口 6.6 万吨、合 2 156.0 万美元（累计进口 382 吨、合 21.20 万美元，累计出口 6.59 万吨、合 2 134.80 万美元）。2001—2010 年印度大米粉年均进出口 5 556.40 吨、合 180.08 万美元（年均进口 38.20 吨、合 2.12 万美元，年均出口 5 518.20 吨、合 177.96 万美元）（图 5-4）。

印度 1981—2007 年还存在一定量的水稻麸进出口贸易，27 年累计进出口水稻麸 124.9 万吨、合 1.2 亿美元（累计进口 36.0 万吨、合 2 548.3 万美元，累计出口 89.0 万吨、合 9 035.5 万美元）。其间，印度水稻麸 1989 年进口贸易额低于一万美元，1981—1986 年连续 6 年、1988—1989 年连续两年和 1996—1998 年连续 3 年出口贸易额低于一万美元；进口贸易量只有 1989 年低于千吨，且有 11 年超过万吨，最高时 2007 年为 6.8 万吨；进口贸易额有 5 年超过百万美元，最高时 2007 年为 766.3 万美元；出口贸易量有 5 年超过万吨，其中又有 3 年超过十万吨，最高时 2007 年为 31.9 万吨；出口贸易额有 5 年超过百万美元，其中又有 3 年超过千万美元；进出口贸易总量有 15 年超过万吨，其中又有 4 年超过十万吨，最高时 2007 年为 38.7 万吨；进出口贸易

总额有 7 年超过百万美元，其中又有 3 年超过千万美元，最高时
2007 年为 4 746.1 万美元。

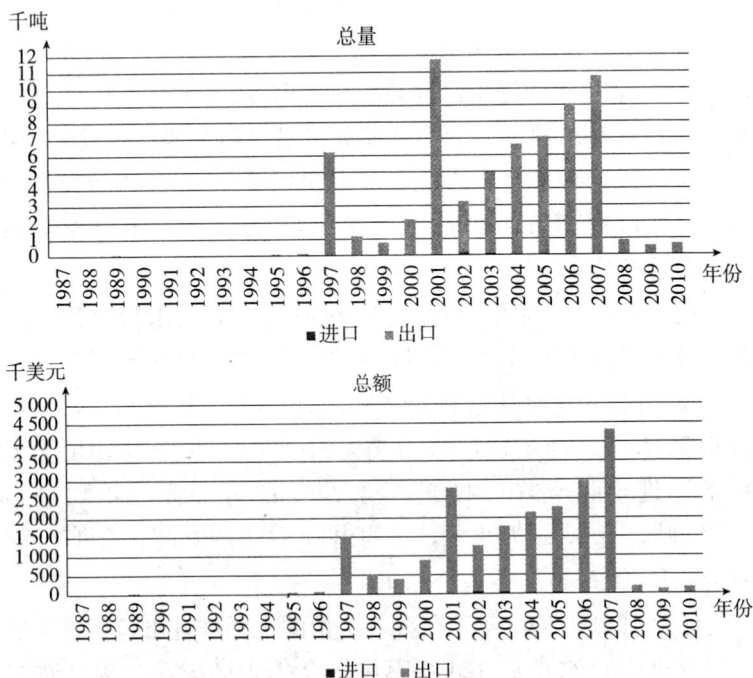

图 5-4　印度 1987—2010 年大米粉进出口贸易总量和总额变化情况
资料来源：联合国粮食及农业组织（FAO）。

印度 1961—1998 年亦存在一定量的米糠饼进出口贸易且出口较多，累计进出口米糠饼 1 069.90 万吨、合 6.60 亿美元（累计进口 3.62 万吨、合 244.20 万美元，累计出口 1 066.28 万吨、合 6.58 亿美元）（图 5-5）。

2. 小麦类产品

印度小麦 1961—2013 年累计进出口 1.29 亿吨、合 193.25 亿美元（累计进口 9 833.02 万吨、合 133.87 亿美元，累计出口 3 104.17 万吨、合 59.38 亿美元）。2004—2013 年，印度小麦年

千吨

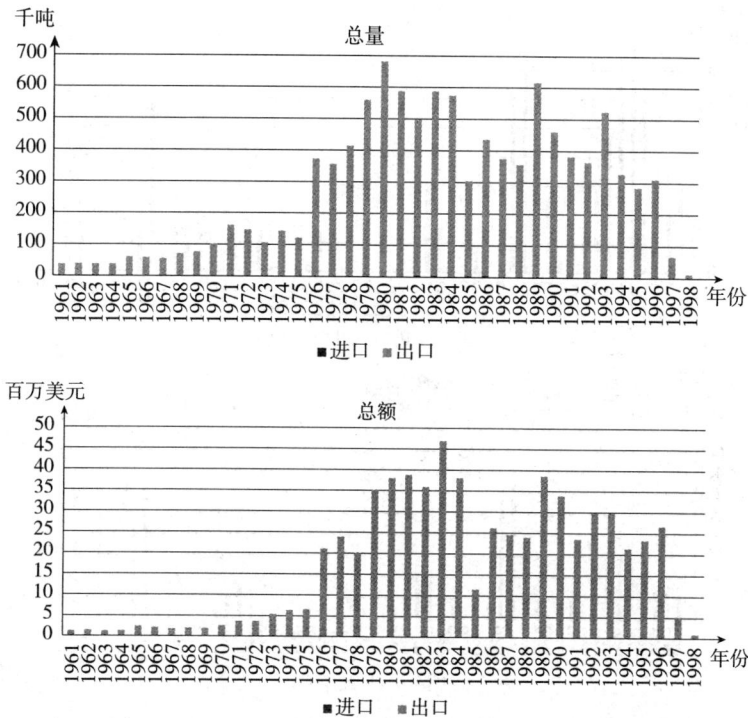

图 5-5　印度 1961—1998 年米糠饼进出口贸易总量和总额变化情况

资料来源：联合国粮食及农业组织（FAO）。

均进出口 236.50 万吨、合 6.25 亿美元（年均进口 92.59 万吨、合 2.38 亿美元，年均出口 143.91 万吨、合 3.86 亿美元）。

1961—2013 年，印度小麦 1991 年、2008 年和 2011 年进口贸易额低于一万美元，1961—1965 年、1997 年及 1999 年出口贸易额低于一万美元；进口贸易量有 38 年超过十万吨，其中又有 25 年超过百万吨；进口贸易额有 39 年超过千万美元，其中有 3 年超过十亿美元；出口贸易量有 21 年超过十万吨，其中又有 7 年超过百万吨；出口贸易额有 23 年超过千万美元，其中又有 10 年超过一亿美元（图 5-6）。

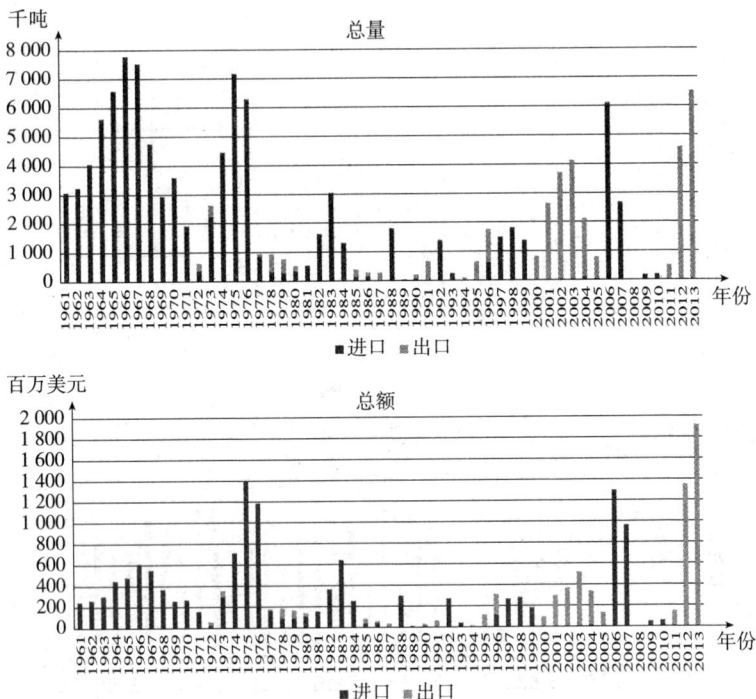

图 5-6　印度 1961—2013 年小麦进出口贸易总量和总额变化情况
资料来源：联合国粮食及农业组织（FAO）。

印度还存在一定量的小麦粉和小麦麸进出口贸易。1961—2013 年，小麦粉累计进出口 484.99 万吨、合 10.20 亿美元（进口 66.69 万吨、合 1.43 亿美元，出口 418.31 万吨、合 8.77 亿美元）。2004—2013 年印度小麦粉年均进出口 9.95 万吨、合 3 738.96 万美元（年均进口 2 466 吨、合 122.20 万美元，年均出口 9.70 万吨、合 3 616.76 万美元）（图 5-7）。

而印度小麦麸 1961—2013 年累计进出口 41.10 万吨、合 3 966.00 万美元（进口 11.42 万吨、合 1 119.10 万美元，出口 29.69 万吨、合 2 846.90 万美元）。2004—2013 年印度小麦麸年均进出口 5 029.90 吨、合 72.66 万美元（年均进口 4 515.80 吨、合

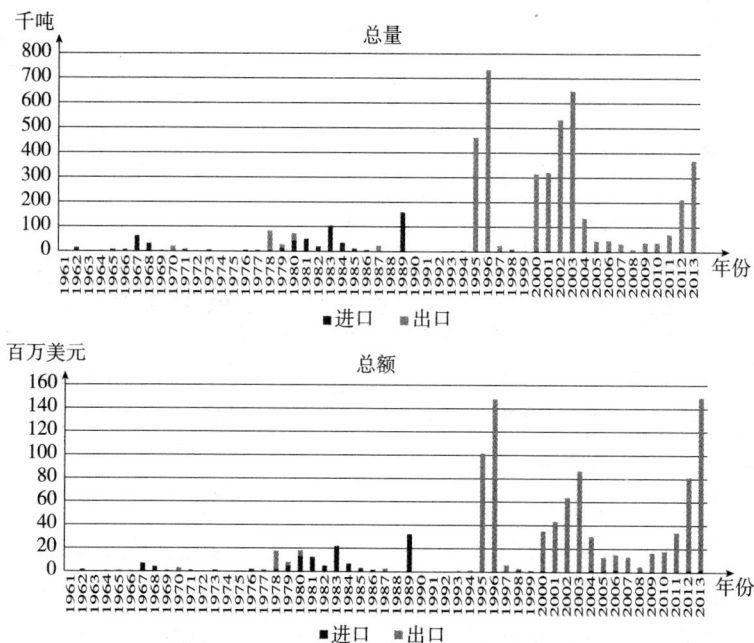

图 5-7 印度 1961—2013 年小麦粉进出口贸易总量和总额变化情况
资料来源：联合国粮食及农业组织（FAO）。

57.63 万美元，年均出口 514.10 吨、合 15.03 万美元）。其中，1961—1972 年和 1989 年的进口量和进口额为零，1983—1985 年、1987—1989 年和 1992 年的出口量和出口额为零（图 5-8）。

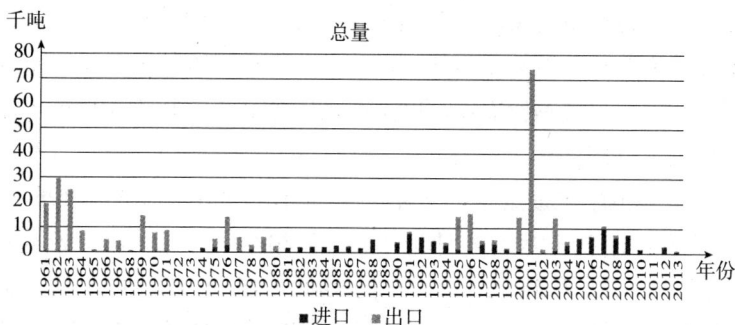

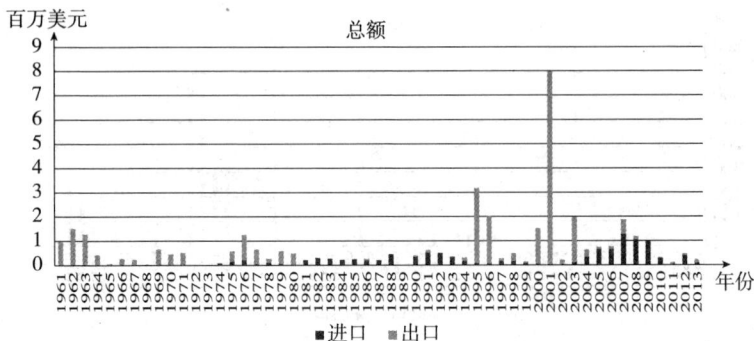

图 5-8　印度 1961—2013 年小麦麸进出口贸易总量和总额变化情况
资料来源：联合国粮食及农业组织（FAO）。

3. 玉米类产品

印度玉米 1961—2013 年累计进出口 2 870.43 万吨、合 65.99 亿美元（累计进口 151.31 万吨、合 2.00 亿美元，累计出口 2 719.12 万吨、合 63.99 亿美元）。2004—2013 年，印度玉米年均进出口 263.28 万吨、合 6.30 亿美元（年均进口 6 888.1 吨、合 449.34 万美元，年均出口 262.59 万吨、合 6.25 亿美元）。

1961—2013 年，印度玉米 1985 年、1987 年和 1990—1997 年进口贸易额低于一万美元，1961—1969 年、1971 年、1975 年、1977—1981 年、1986 年和 1988—1991 年出口贸易额低于一万美元；进口贸易量有 5 年超过十万吨；进口贸易额有 6 年超过千万美元；出口贸易量有 12 年超过百万吨，其中又有 8 年超过百万吨；出口贸易额有 14 年超过千万美元，其中又有 9 年超过一亿美元（图 5-9）。

印度还存在一定量的玉米粉和玉米麸进出口贸易。1961—2013 年，印度玉米粉累计进出口 77.28 万吨、合 2.13 亿美元（进口 49.89 万吨、合 1.23 亿美元，出口 27.39 万吨、合 8 984.60 万美元）。2004—2013 年，印度玉米粉年均进出口 2.45

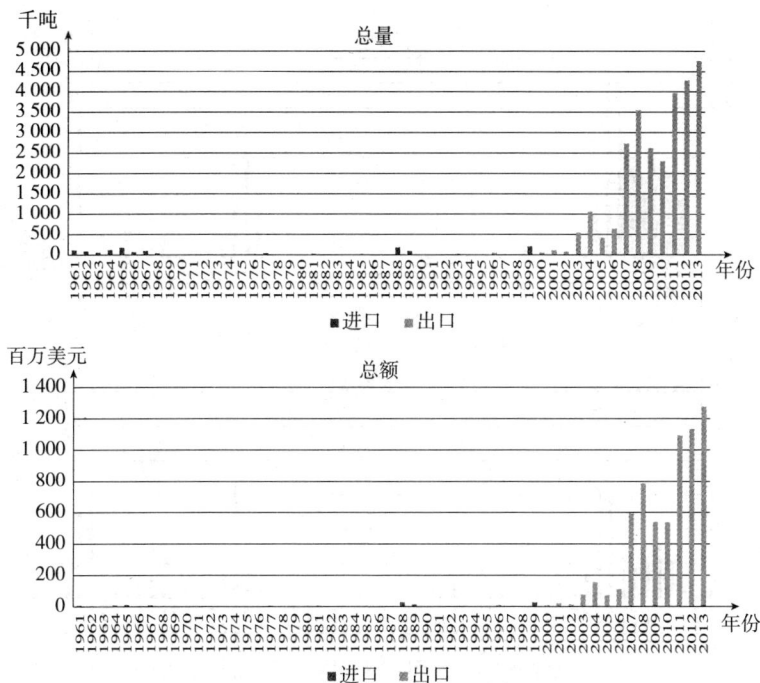

图 5-9 印度 1961—2013 年玉米进出口贸易总量和总额变化情况
资料来源：联合国粮食及农业组织（FAO）。

万吨、合 912.44 万美元（年均进口 1 128.50 吨、合 90.91 万美元，年均出口 2.34 万吨、合 821.53 万美元）。其中，进口量和进口额在 1973 年、1985 年、1987—1994 年和 1996 年为零，出口量和出口额在 1961—1975 年、1979—1985 年和 1991 年为零；进口量有 12 年超过一万吨，出口量有 8 年超过一万吨；进口额有 17 年超过百万美元，其中 4 年超过千万美元；出口额有 13 年超过百万美元，其中 3 年超过千万美元（图 5-10）。

印度玉米麸 1977—2013 年累计进出口 13.42 万吨、合 2 347.70万美元（进口 3.11 万吨、合 541.80 万美元，出口 10.30 万吨、合 1 805.90 万美元）。2004—2013 年，印度玉米麸

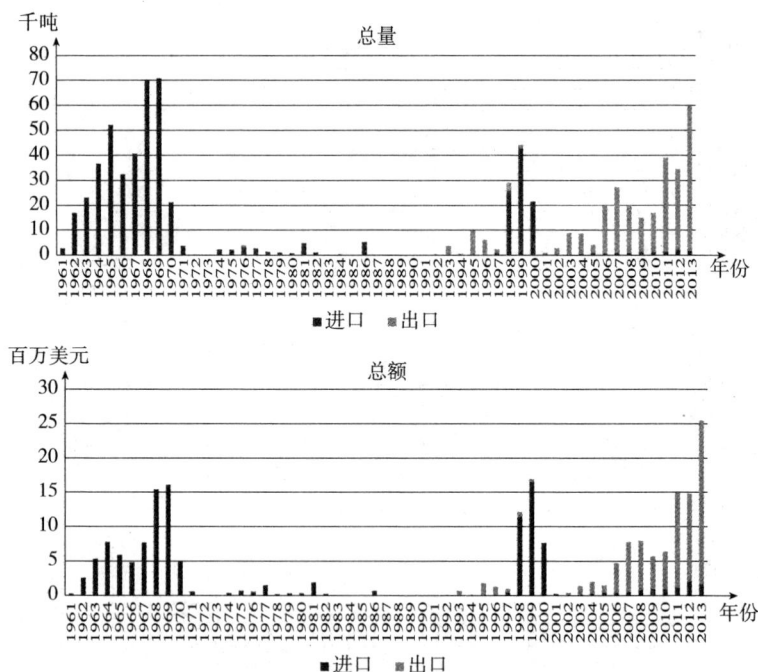

图 5-10　印度 1961—2013 年玉米粉进出口贸易总量和总额变化情况
资料来源：联合国粮食及农业组织（FAO）。

年均进出口 10 017.40 吨、合 181.56 万美元（年均进口 656 吨、合 17.89 万美元，年均出口 9 361.40 吨、合 163.67 万美元）。

1995—2013 年，印度还存在少量的玉米胚芽进出口贸易，累计进出口 5 848 吨、合 387.20 万美元（进口 440 吨、合 53.10 万美元，出口 5 408 吨、合 334.10 万美元）。其中，进口量和进口额在 1995—2002 年为零，出口量和出口额在 1996 年为零；进口量仅有 2009 年和 2010 年超过一百吨；出口量有十年超过一百吨，其中 2013 年超过千吨；进口额有 7 年超过万美元，其中 2 年超过十万美元；出口额有 15 年超过万美元，其中有 8 年超过十万美元，1 年超过百万美元。2004—2013 年，印度玉米胚芽年均进出口

539.20 吨，贸易总额为 36.78 万美元（出口量为 42.70 吨、合
5.23 万美元，进口量 496.50 吨、合 31.55 万美元）。

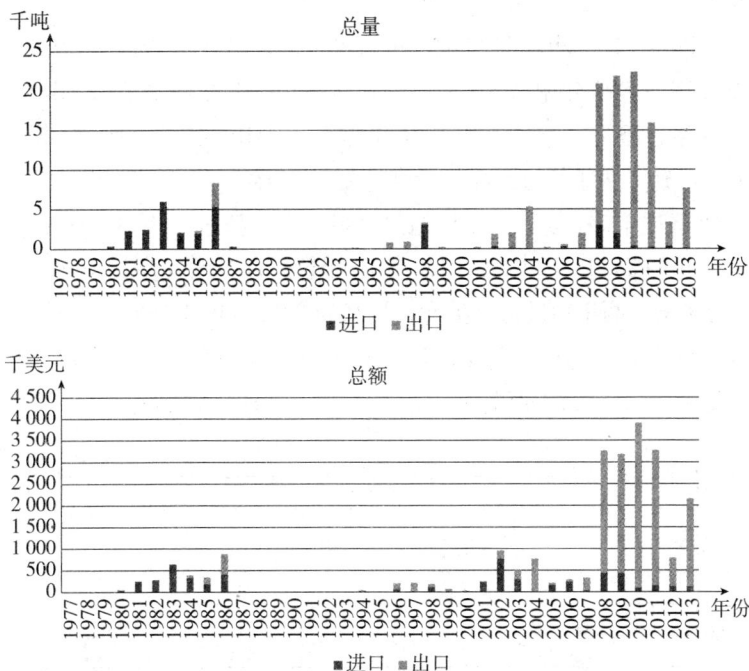

图 5-11　印度 1977—2013 年玉米麸进出口贸易总量和总额变化情况
资料来源：联合国粮食及农业组织（FAO）。

此外，印度 1996—2007 年还存在少量的玉米饼出口贸易，12
年累计出口 6.26 万吨、合 1 284.20 万美元。其间，1997—2002 年
连续 6 年出口贸易额低于一万美元；出口贸易量有 4 年超过千吨，
其中又有 3 年超过万吨，最高时 2007 年为 2.62 万吨；出口贸易额
有 4 年超过百万美元，最高时 2007 年为 656.50 万美元。

4. 大麦类产品

1964—2013 年，印度大麦累计进出口 152.39 万吨、合 4.18
亿美元（累计进口 6.44 万吨、合 2 074.50 万美元，累计出口

145.95 万吨、合 3.97 亿美元）。2004—2013 年，印度大麦年均进出口 13.73 万吨、合 3 921.71 万美元（年均进口 6 015.60 吨、合 202.47 万美元，年均出口 13.13 万吨、合 3 719.24 万美元）。

　　1964—2013 年，印度大麦进口量和进口额在 1982 年、1984—2002 年、2004 年和 2006 年为零，出口量和出口额在 1964 年、1986 年、1988—1993 年和 1997 年为零。其中，进口量有 5 年超过千吨，其中两年超过万吨，最高为 2012 年的 3.52 万吨；出口量有 17 年超过千吨，其中 12 年超过万吨，4 年超过十万吨，最高为 2013 年的 54.63 万吨；进口额有 19 年超过万美元，其中 10 年超过十万美元，两年超过百万美元，最高为 2012 年的 1 353.50 万美元；出口额有 30 年超过万美元，其中 18 年超过十万美元，14 年超过百万美元，6 年超过千万美元，最高为 2013 年的 1.52 亿美元。

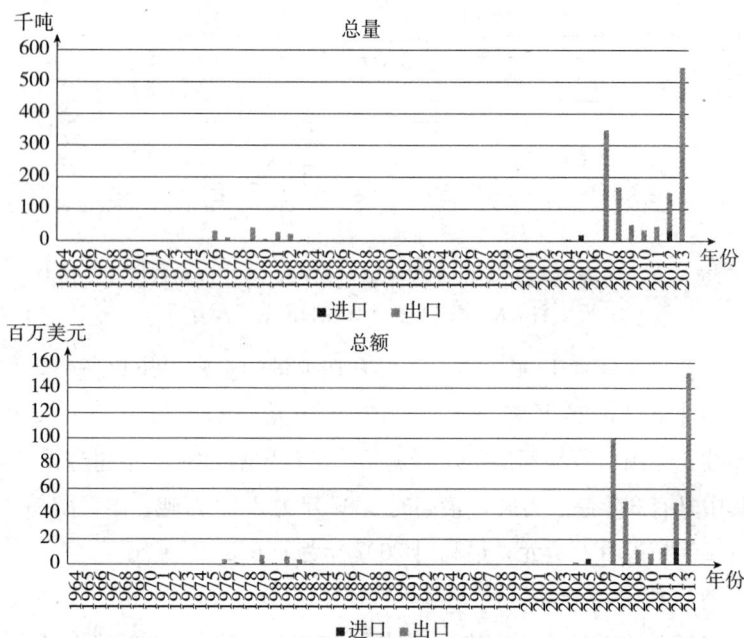

图 5-12　印度 1964—2013 年大麦进出口贸易总量和总额变化情况
资料来源：联合国粮食及农业组织（FAO）。

此外，1987—2003 年，印度还有一定量的珍珠大麦贸易。印度珍珠大麦 17 年累计进出口 1 484 吨、合 61.40 万美元（进口 11 吨、合 1.10 万美元，出口 1473 吨、合 60.30 万美元）。其间，进口量只有 1998 年和 1999 年，其余年份均为零，分别为 8 吨和 3 吨，相应的进口额为 0.60 万美元和 0.50 万美元；出口量和出口额仅有 1989 年为零，其中出口量有 8 年超过百吨，最高为 1991 年的 201 吨，出口额有 14 年超过万美元，最高为 1991 年的 6.90 万美元（图 5-13）。

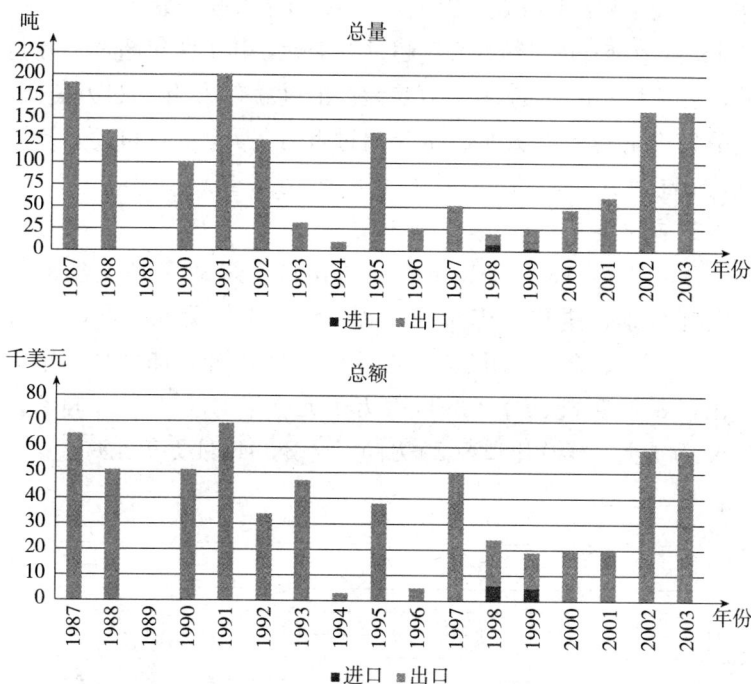

图 5-13　印度 1987—2003 年珍珠大麦进出口贸易总量和总额变化情况
资料来源：联合国粮食及农业组织（FAO）。

5. 小米类产品

印度小米 1979—2013 年累计进出口 154.97 万吨、合 3.55

亿美元（累计进口 2 479 吨、合 61.70 万美元，累计出口 154.73
万吨、合 3.54 亿美元）。2004—2013 年，印度小米年均进出口
11.70 万吨、合 3 016.83 万美元（年均进口 239.10 吨、合 5.86
万美元，年均出口 11.68 万吨、合 3 010.97 万美元）。

　　1979—2013 年，印度小米进口量和进口额在 1981—1982 年、
1984—2002 年、2006—2007 年、2009 年和 2011—2013 年为零，
出口量和出口额在 1979—1980 年为零。其中，进口量有 3 年超过
百吨，最高为 2005 年的 1 198 吨；出口量有 32 年超过百吨，其中
28 年超过千吨，22 年超过万吨，7 年超过十万吨，最高为 2008 年
的 18.64 万吨；进口额有 5 年超过万美元，其中两年超过十万美
元，最高为 2010 年的 30.8 万美元；出口额有 32 年超过万美元，
其中 29 年超过十万美元，27 年超过百万美元，9 年超过千万美
元，最高为 2010 年的 4 724.50 万美元（图 5-14）。

　　6. 高粱类产品

　　印度高粱 1961—2013 年累计进出口 806.87 万吨、合 8.66
亿美元（累计进口 701.53 万吨、合 6.06 亿美元，累计出口
105.34 万吨、合 2.60 亿美元）。2004—2013 年，印度高粱年均
进出口 8.20 万吨、合 2 394.35 万美元（年均进口 0.30 吨、合
0.01 万美元，年均出口 8.20 万吨、合 2 394.34 万美元）。

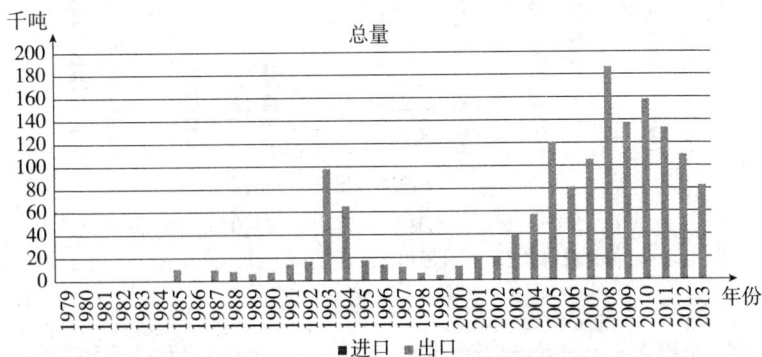

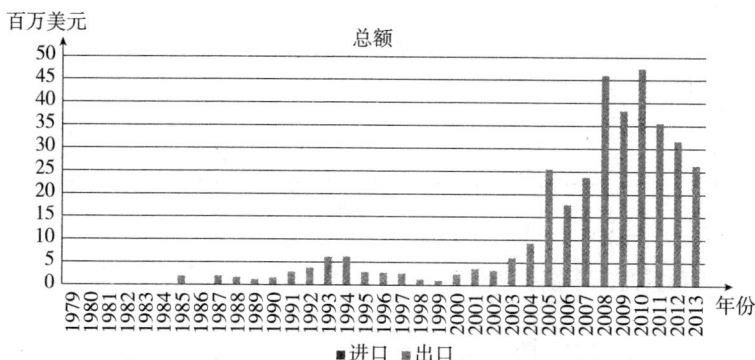

图 5-14　印度 1979—2013 年小米进出口贸易总量和总额变化情况
资料来源：联合国粮食及农业组织（FAO）。

　　1961—2013 年，印度高粱进口量和进口额在 1962—1963 年、1985 年和 1987—2013 年期间为零，出口量和出口额 1966—1967 年、1973 年、1988—1990 年、1992 年和 1995 年期间为零，进口主要集中于 1961—1986 年，出口主集中于 1993—2013 年。其中，进口量有 19 年超过千吨，12 年超过万吨，8 年超过十万吨，3 年超过百万吨，最高为 1967 年的 210.67 万吨；出口量有 18 年超过千吨，11 年超过万吨，4 年超过十万吨，最高为 2013 年的 21.94 万吨；进口额有 22 年超过万美元，有 19 年超过十万美元，14 年超过百万美元，8 年超过千万美元，两年超过亿美元，最高为 1967 年的 1.44 亿美元；出口额有 26 年超过万美元，

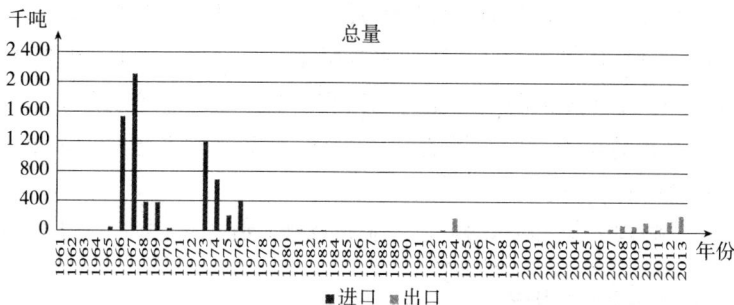

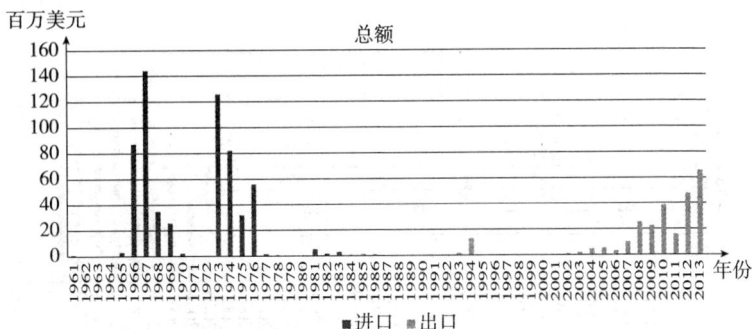

图 5-15　印度 1961—2013 年高粱进出口贸易总量和总额变化情况

资料来源：联合国粮食及农业组织（FAO）。

18 年超过十万美元，14 年超过百万美元，8 年超过千万美元，最高为 2013 年的 6 570.90 万美元（图 5-15）。

二、果蔬类产品①

1961—2013 年，印度果蔬类产品进出口总额为 774.78 亿美元，其中进口额为 397.84 亿美元，出口额为 376.93 亿美元。印度果蔬类产品 2004—2013 年均进出口贸易总额 50.28 亿美元（进口贸易额 28.16 亿美元、出口贸易额 22.12 亿美元）②。

1961—2013 年，除少数年份出现下降外（1962 年降幅 10.92%，1966 年降幅 4.89%，1970 年降幅 5.06%，1978 年降幅 15.72%，1980 年降幅 4.24%，1982 年降幅 16.21%，1989 年降幅 11.90%，1991 年降幅 12.49%，1996 年降幅 1.75%，1998 年降幅 11.67%，2000 年降幅 2.77%，2010 年降幅 15.59%），印度果蔬类产品进出口贸易总额整体呈增长趋势。进出口贸易总额从 1961 年的 9 389.50 万美元增长至 2013 年的

①　果蔬类产品，包括除椰子类、橄榄类和糖类等外的薯类、豆类、蔬菜类、水果类、果蔬汁类和树坚果类等产品。

②　此处不包括干辣椒。

81.44亿美元，增幅85.74倍，年均增长8.96%；其中进口额从
3 770.10万美元增长到45.45亿美元，增幅119.57倍，年均增
长9.65%，出口额从5 619.40万美元增长到35.99亿吨，增幅
63.04倍，年均增长8.33%（图5-16）。

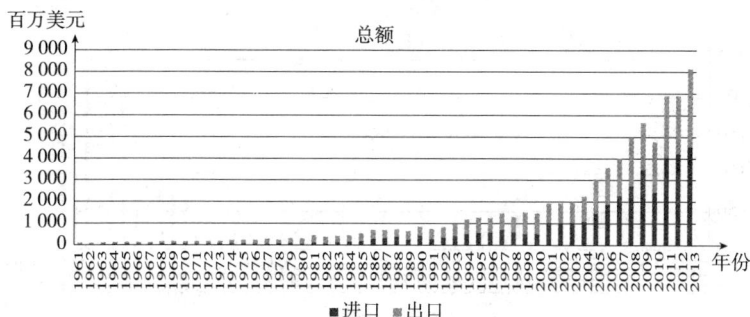

图5-16　印度1961—2013年果蔬类产品进出口贸易总额变化情况
资料来源：联合国粮食及农业组织（FAO）。

1. 薯类产品

印度有进出口贸易的薯类产品主要有马铃薯、马铃薯粉、冻
马铃薯，木薯、木薯粉，以及甘薯。

（1）马铃薯类产品

在进出口贸易中，印度马铃薯以出口贸易为主。1961—2013
年，印度马铃薯累计进出口185.29万吨、合2.80亿美元（累计
进口3.94万吨、合521.10万美元，累计出口181.35万吨、合
2.74亿美元）。2004—2013年印度马铃薯年均进出口12.93万
吨、合2 075.88万美元（年均进口738.80吨、合10.98万美
元，年均出口12.86万吨、合2 064.90万美元）。

1961—2013年30年中，印度马铃薯进口量和进口额在1985
年、1988—1990年、2002年和2008—2013年期间为零，进口量
有34年超过百吨，有15年超过千吨，最大值为2004年的4 813
吨；进口额有36年超过万美元，20年超过十万美元，最大值为

2004 年的 60.90 万美元；出口量有 50 年超过千吨，有 26 年超过万吨，5 年超过十万吨，最大值为 2011 年的 21.79 万吨；出口额有 50 年超过十万美元，有 29 年超过百万美元，8 年超过千万美元，最大值为 2011 年的 3 708.40 万美元（图 5-17）。

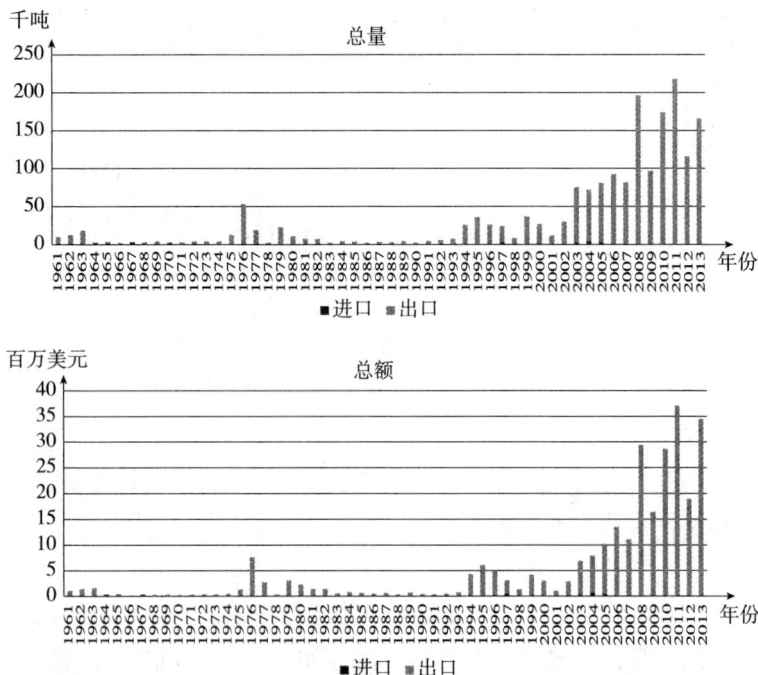

图 5-17　印度 1961—2013 年马铃薯进出口贸易总量和总额变化情况
资料来源：联合国粮食及农业组织（FAO）。

1966—2013 年，印度存在一定量的马铃薯粉进出口贸易，累计进出口马铃薯粉 5.84 万吨、合 3 546.10 万美元（累计进口 6 038 吨、合 688.70 万美元，累计出口 5.24 万吨、合 2 857.40 万美元）。2004—2013 年印度马铃薯粉年均进出口 4 254.30 吨、合 284.18 万美元（年均进口 451.40 吨、合 52.25 万美元，年均出口 3 802.90 吨、合 231.93 万美元）。1966—2013 年，印度马

铃薯粉进出口贸易分为两个阶段，以 1994 年为界，1966—1993
年，马铃薯粉进出口贸易较少，进口贸易仅在 1966—1967 年、
1972 年、1977—1978 年和 1986—1987 年期间，出口贸易仅在
1978 年、1981—1983 年、1986—1988 年、1990 年和 1992—
1993 年期间；1994—2013 年，进口贸易在 1996 年和 1998 年期
间为零，出口贸易在 20 年间没有间断（图 5-18）。

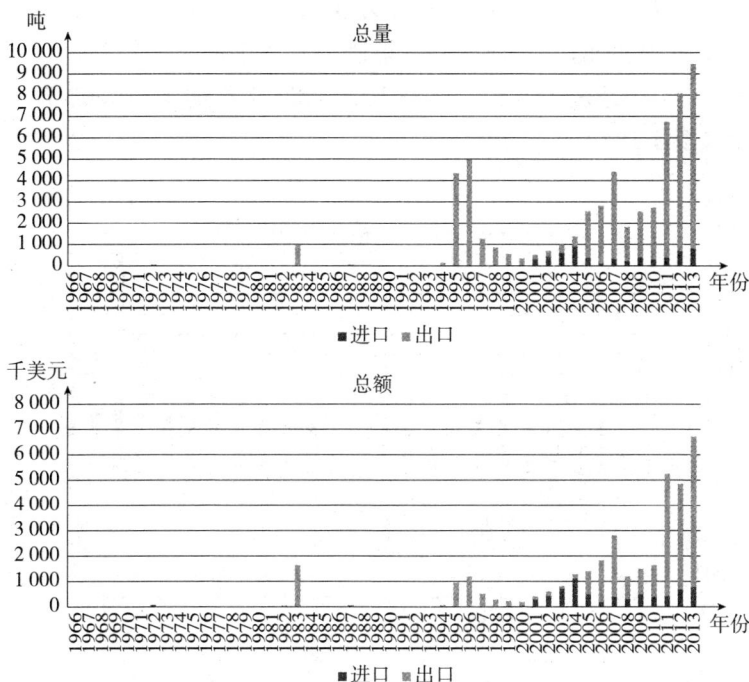

图 5-18　印度 1966—2013 年马铃薯粉进出口贸易总量和总额变化情况
资料来源：联合国粮食及农业组织（FAO）。

1987—2013 年，印度还存在一定量的冻马铃薯进出口贸易，
27 年累计进出口冻马铃薯 27.58 万吨、合 1.26 亿美元（累计进
口 6.22 万吨、合 6 378.70 万美元，累计出口 21.36 万吨、合
6 239.00万美元）。2004—2013 年印度冻马铃薯年均进出口 2.04

万吨、合 1 044.75 万美元（年均进口 5 272.90 吨、合 564.37 万
美元，年均出口 1.51 万吨、合 480.38 万美元）。1987—2013
年，印度冻马铃薯进口量和进口额在 1987—1997 年期间为零，
出口量和出口额在 1989 年为零。其中，进口量有 13 年超过千
吨，最大值为 2011 年 6 816 吨；出口量有 25 年超过千吨，6
年超过万吨，最大值为 2011 年的 3.77 万吨；进口额有 16 年
超过十万美元，13 年超过百万美元，最大值为 2012 年的
739.10 万美元；出口额有 25 年超过十万美元，16 年超过百万
美元，1 年超过千万美元，最大值为 2011 年的 1 090.00 万美
元（图 5-19）。

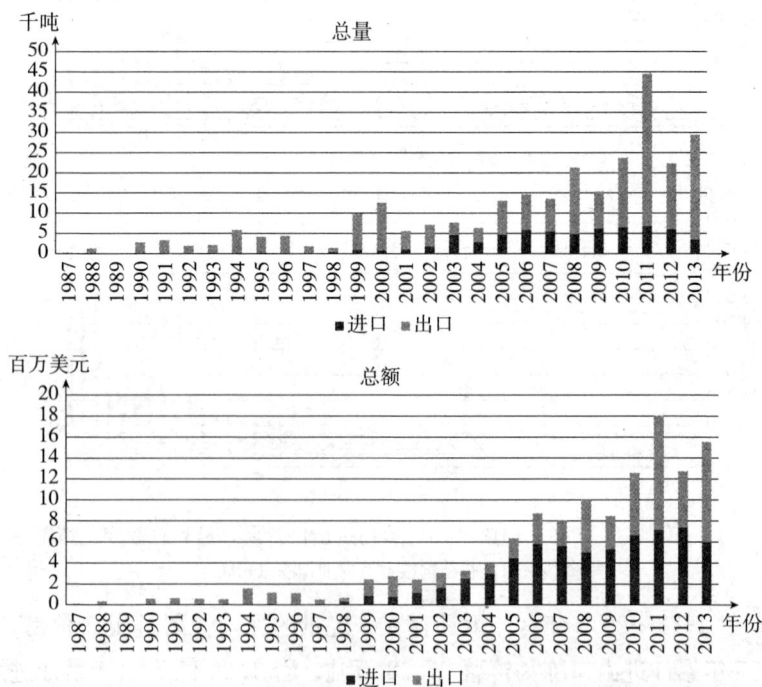

图 5-19　印度 1987—2013 年冻马铃薯进出口贸易总量和总额变化情况
资料来源：联合国粮食及农业组织（FAO）。

（2）木薯类产品

印度木薯 1961—2013 年累计进出口 149.30 万吨、合 7 229.60 万美元（累计进口 21.86 吨、合 1 533.10 万美元，累计出口 127.43 万吨、合 5 696.50 万美元）。2004—2013 年，印度木薯年均进出口 3.38 万吨、合 381 万美元（年均进口 1.90 万吨、合 141.84 万美元，年均出口 1.48 万吨、合 239.16 万美元）。1961—2013 年，印度木薯进口量和进口额在 1961—1967 年、1969—1982 年、1984—1999 年和 2002 年期间为零，出口在整个时期内未间断。其中，进口量有 12 年超过千吨，有 6 年超过万吨，最大值为 2013 年的 7.85 万吨；出口量有 35 年超过千吨，

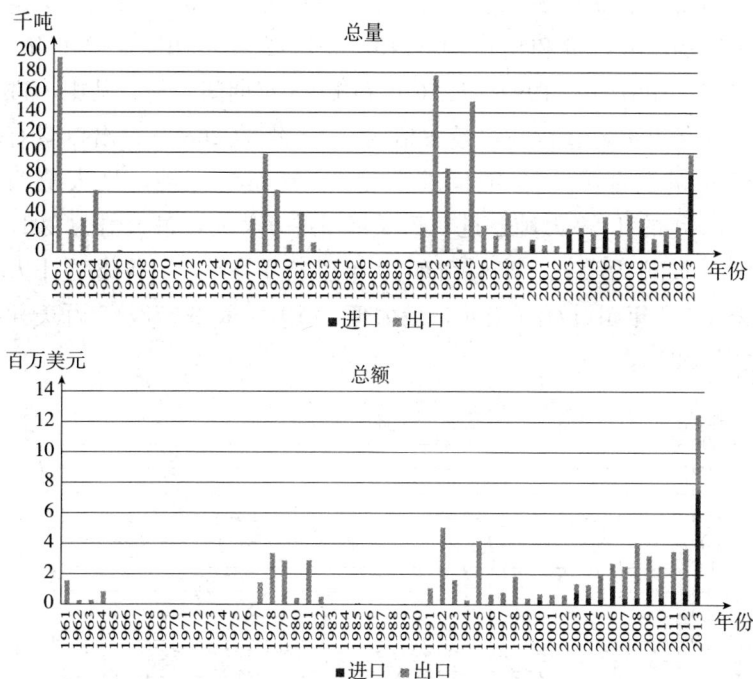

图 5-20　印度 1961—2013 年木薯进出口贸易总量和总额变化情况
资料来源：联合国粮食及农业组织（FAO）。

25 年超过万吨，3 年超过十万吨，最大值为 1961 年的 19.45 万吨；进口额 12 年超过十万美元，3 年超过百万美元，最大值为 2013 年的 731 万美元；出口额有 33 年超过十万美元，19 年超过百万美元，最大值为 2013 年的 519.80 万美元（图 5-20）。

印度干木薯 1964—2013 年累计进出口 12.59 万吨、合 1 942.10 万美元（累计进口 548 吨、合 6.60 万美元，累计出口 12.54 万吨、合 1 935.50 万美元）。2004—2013 年，印度干木薯年均进出口 1 177 吨、合 74.34 万美元（年均进口 27.70 吨、合 0.43 万美元，年均出口 1 149.30 吨、合 73.91 万美元）。

1964—2013 年，印度干木薯进口量和进口额在 1964—1995 年、1997—2002 年、2004—2008 年和 2010—2012 年期间为零，出口量和出口额在 1967—1972 年、1975—1976 年、1986—1987 年、1992—1996 年和 1998 年期间为零。其中，进口量有两年超过百吨，最大值为 2003 年的 268 吨；出口量有 15 年超过百吨，13 年超过千吨，5 年超过万吨，最大值为 1978 年的 3.89 万吨；进口额 3 年超过万美元，最大值为 2013 年的 2.30 万美元；出口额有 20 年超过万美元，14 年超过十万美元，8 年超过百万美元，最大值为 1978 年的 333.40 万美元（图 5-21）。

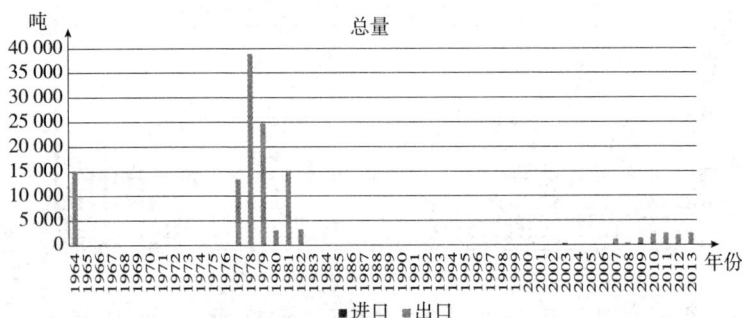

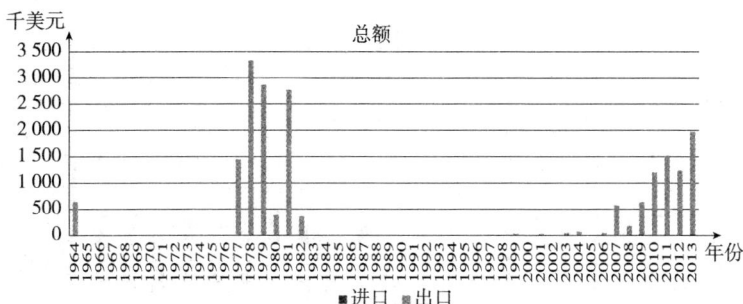

图 5-21　印度 1964—2013 年干木薯进出口贸易总量和总额变化情况
资料来源：联合国粮食及农业组织（FAO）。

印度 1992—2013 年还存在一定量的木薯粉进出口贸易，22 年累计进出口 4.81 万吨、合 1 676.70 万美元（进口 2.79 万吨、合 1 100.80万美元，出口 2.03 万吨、合 575.90 万美元）。2004—2013 年，印度木薯粉年均进出口 2 885.80 吨、合 122.84 万美元（年均进口 2 471.40 吨、合 103.58 万美元，年均出口 414.40 吨、合 19.26 万美元）。其中，进口量和进口额在 1992—1999 年和 2001—2002 年期间为零，出口量和出口额仅在 1993 年为零（图 5-22）。

（3）甘薯类产品

印度甘薯 1961—2013 年累计进出口 7 763 吨、合 183 万美元（累计进口 68 吨、合 4 000 美元，累计出口 7 695 吨、合 182.60 万美元）。2004—2013 年，印度甘薯年均进口量和进口额为零，年均出口量为 572.40 吨，出口额为 14.45 万美元。1961—2013 年，印度甘薯只有 2003 年有少量的进口贸易（68 吨、合 4 000 美元），出口量和出口额除 1966—1976 年、1978 年、1980 年、1987—1988 年、1992—1995 年和 1997 年为零以外，其余年份均有出口业务发生，其中出口量有 17 年超过百吨，最高为 2008 年的 879 吨；出口额有 21 年超过万美元，8 年超过十万美元，最高为 2013 年的 21.10 万美元。

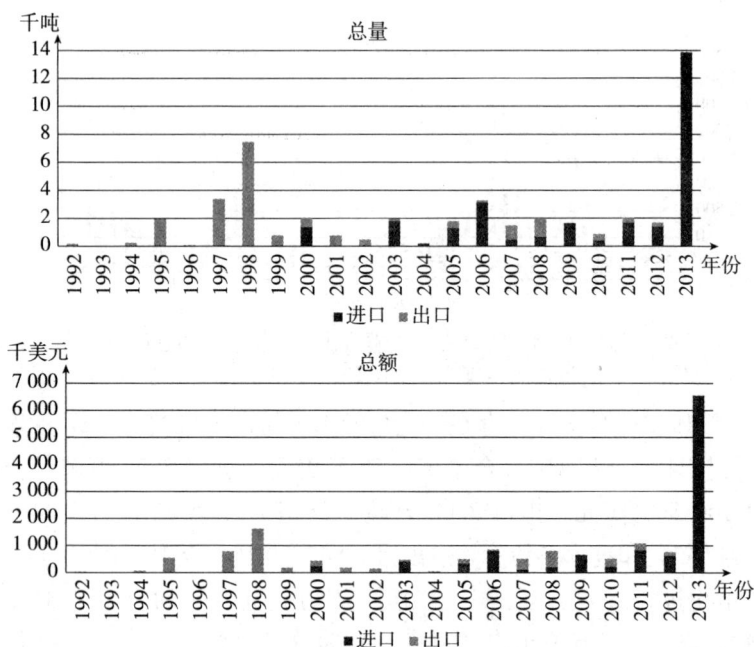

图 5-22 印度 1992—2013 年木薯粉进出口贸易总量和总额变化情况
资料来源：联合国粮食及农业组织（FAO）。

2. 豆类产品

印度进出口的主要豆类产品包括豆类作物和豆粉，其中豆类作物主要有鹰嘴豆、小扁豆和木豆。目前，印度是世界最大豆类作物进口国和鹰嘴豆进口国、世界第二大豆粉出口国和鹰嘴豆出口国。在进出口贸易中，印度豆类作物以进口贸易为主，1961—2013 年累计进口量约占进出口总量的 91.64%，累计进口额约占进出口总额的 88.11%。1961—2013 年累计进出口 4 929.41 万吨、合 229.94 亿美元（累计进口 4 517.12 万吨、合 202.59 亿美元，累计出口 412.29 万吨、合 27.34 亿美元）。2004—2013 年，印度豆类作物年均进出口 306.04 万吨、合 16.79 亿美元。

1961—2013 年，印度豆类作物进出口贸易总量（总额）整体呈增长趋势，从 1961 年的 0.70 万吨、合 108.60 万美元（进口 236 吨、合 4.50 万美元，出口 6 809 吨、合 104.10 万美元）增长至 2013 年的 421.08 万吨、合 26.47 亿美元（进口 380.09 万吨、合 22.89 亿美元，出口 40.99 万吨、合 3.59 亿美元）；进口贸易量有 15 年低于万吨，有 38 年超过万吨，32 年超过十万吨，14 年超过百万吨，最低为 1963 年的 96 吨，最高为 2012 年的 381.57 万；进口贸易额均超过万美元，有 50 年超过十万美元，38 年超过百万美元，36 年超过千万美元，28 年超过亿美元，有 7 年超过十亿美元，最低为 1963 年的 2.30 万美元，最高为 2013 年的 22.88 亿美元；出口贸易量有 36 年超过万吨，其中又有 17 年超过十万吨，最低为 1979 年的 279 吨，最高为 2005 年的 45.16 万吨；出口贸易额有 47 年超过百万美元，24 年超过千万美元，其中又有 10 年超过一亿美元，最低为 1979 年的 14.40 万美元，最高为 2013 年的 3.59 亿美元（图 5-23）。

此外，印度有少量的豆粉进出口贸易，主要是以出口为主，印度豆粉 1961—2013 年累计进出口 6.75 万吨、合 5 183.60 万美元（进口 282 吨、合 6.30 万美元，出口 6.72 万吨、合 5 177.30 万美元）。2004—2013 年，印度豆粉年均进出口 6 352.30 吨、合 502.53 万美元（年均进口 1.20 吨、合 900 美元，年均出口 6 351.10 吨、合 502.44 万美元）。1961—2013 年，印度豆粉进口贸易额除 1965 年为 4.20 万美元外，均低于一万美元；只有 8 年存在进口贸易，进口贸易量只有 1965 年、1966 年和 2009 年超过十吨，最高为 1965 年的 223 吨；出口贸易量和进出口贸易总量均有 23 年超过百吨，其中又有 9 年超过千吨，最高为 2012 年的 1.78 万吨；出口贸易额和进出口贸易总额均有 14 年超过十万美元，其中又有 7 年超过百万美元，最高为 2012 年的 1 629.00 万美元。

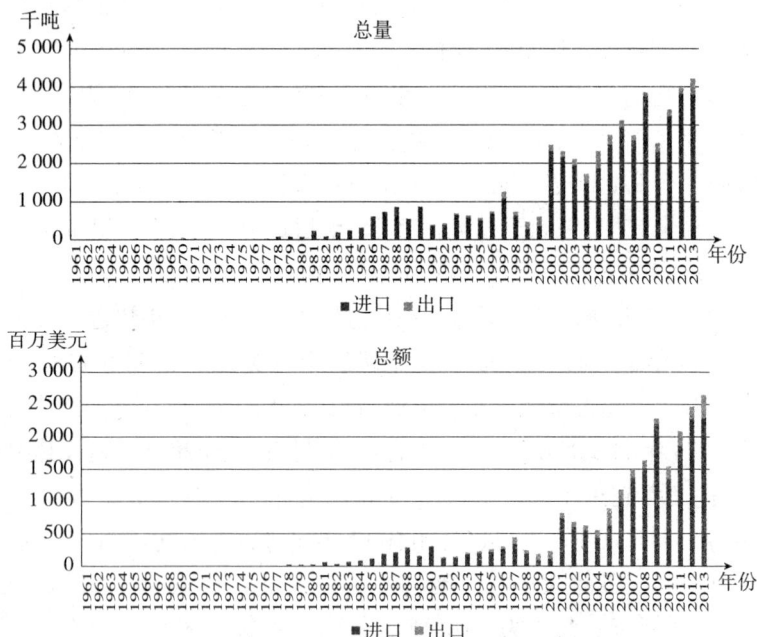

图 5-23　印度 1961—2013 年豆类作物进出口贸易总量和总额变化情况

资料来源：联合国粮食及农业组织（FAO）。

（1）鹰嘴豆

在进出口贸易中，印度鹰嘴豆以进口贸易为主。1961—2013
年印度鹰嘴豆累计进出口 678.65 万吨、合 38.05 亿美元（累计
进口 526.28 万吨、合 24.15 亿美元，累计出口 152.38 万吨、合
13.90 亿美元）。2004—2013 年印度鹰嘴豆年均进出口 38.73 万
吨、合 2.80 亿美元（年均进口 24.33 万吨、合 1.44 亿美元，年
均出口 14.40 万吨、合 1.36 亿美元）。1961—2013 年，印度鹰
嘴豆进口贸易量有 38 年超过千吨，其中 29 年超过万吨，19 年
超过十万吨，最高为 2013 年的 53.83 万吨；进口贸易额有 38 年
高于十万美元，有 32 年高于百万美元，有 27 年高于千万美元，
其中 8 年高于亿美元，最高为 2012 年的 3.56 亿美元；出口贸易

量有 37 年超过千吨,其中 10 年超过万吨,6 年超过十万吨,最高为 2013 年的 40.06 万吨;出口贸易额有 47 年超过十万美元,其中有 19 年超过百万美元,9 年超过千万美元,6 年超过亿美元,最高为 2013 年的 3.48 亿美元(图 5-24)。

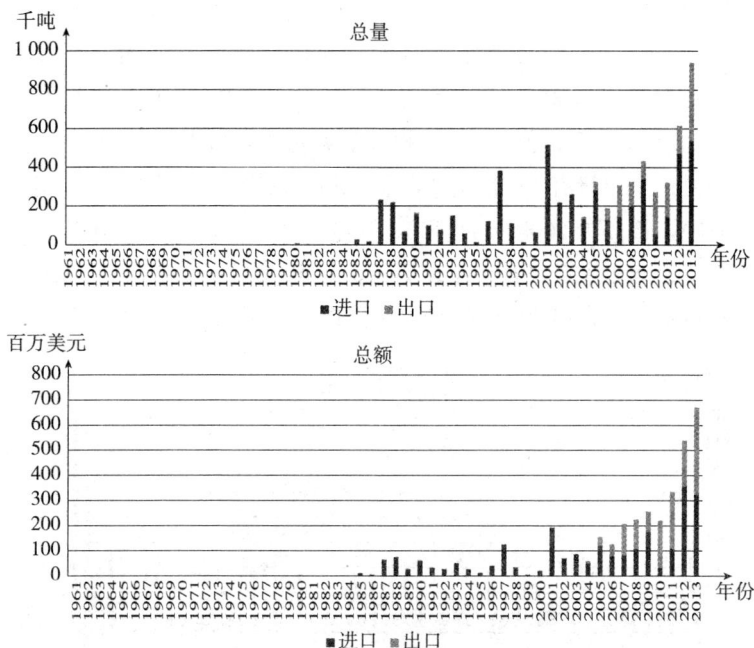

图 5-24 印度 1961—2013 年鹰嘴豆进出口贸易总量和总额变化情况
资料来源:联合国粮食及农业组织(FAO)。

(2)小扁豆

在印度小扁豆进出口贸易中,进口与出口贸易此消彼长,进口贸易量(额)比重较大。1961—1972 年主要以出口贸易为主;1972—1994 年主要以进口贸易为主;1994—2007 年,出口贸易量(额)开始大幅增加,在进出口贸易总量(总额)中的比重一度达到 90% 以上;2007—2013 年,印度再次变成以进口贸易为主,所占比重超过 99%。1961—2013 年,印度小扁豆累计进出口 458.42 万吨、合 24.55 亿美元（累计进口 301.98 万吨、合 16.73 亿美元，累计出口 156.44 万吨、合 7.82 亿美元）。2004—2013 年印度小扁豆年均进出口 25.89 万吨、合 1.61 亿美元（年均进口 20.47 万吨、合 1.32 亿美元，年均出口 5.42 万吨、合 2 876.57 万美元）。1961—2013 年，印度小扁豆进口量有 28 年超过万吨，其中 7 年超过十万吨，最高为 2013 年的 67.97 万吨；进口贸易额有 42 年超过十万美元，其中 35 年超过百万美元，23 年超过千万美元，5 年超过亿美元，最高为 2013 年的 4.35 亿美元；出口量有 34 年超过千吨，其中 18 年超过万吨，7 年超过十万吨，最高为 2005 年的 28.13 万吨；出口贸易额有 47 年超过十万美元，其中 25 年超过百万美元，12 年超过千万美元，仅 2005 年超过亿美元，最高为 2005 年的 1.48 亿美元（图 5-25）。

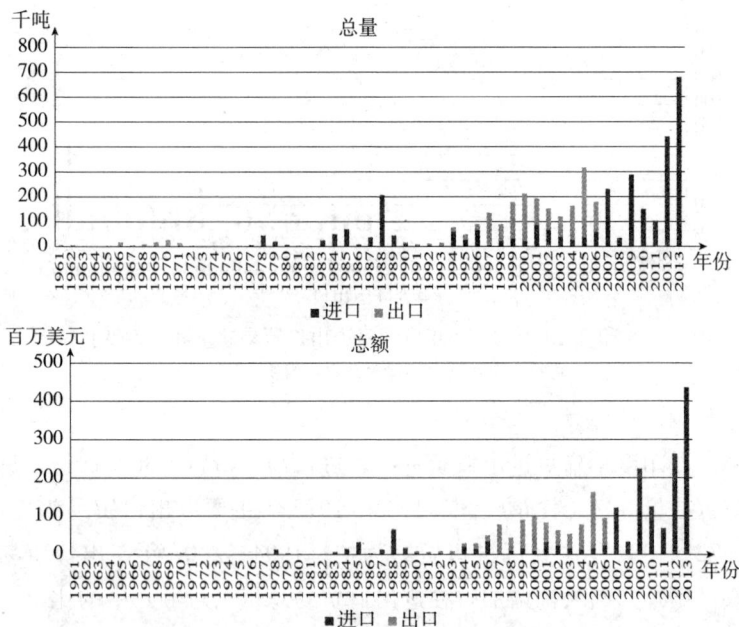

图 5-25　印度 1961—2013 年小扁豆进出口贸易总量和总额变化情况
资料来源：联合国粮食及农业组织（FAO）。

3. 蔬菜类产品①

印度进出口的蔬菜类产品主要有洋葱，番茄和番茄酱，卷心菜等芸薹属蔬菜，黄瓜与小黄瓜，蘑菇与块菌、罐装蘑菇和干蘑菇、蒜、姜、青椒和干辣椒、胡椒以及蔬菜醋等。2013 年，洋葱、茴香、干辣椒和蔬菜醋的出口贸易量居世界第一，姜的出口贸易量居世界第五。

(1) 洋葱

在进出口贸易中，印度洋葱贸易以出口为主，所占比重超过 99%。1961—2013 年，印度洋葱累计进出口 2 245.29 万吨、合 49.34 亿美元（累计进口 4.36 万吨、合 1 643.60 万美元，累计出口 2 240.93 万吨、合 49.18 亿美元）。2004—2013 年，印度洋葱年均进出口 130.50 万吨、合 3.46 亿美元（年均进口 3 775 吨、合 145.86 万美元，年均出口 130.13 万吨、合 3.44 亿美元）。1961—2013 年，印度洋葱进出口贸易总量（总额）整体呈增长趋势，从 1961 年的 10.69 万吨、合 589.50 万美元（仅有出口贸易）增长至 2013 年的 1 494.42 万吨、合 6.09 亿美元（进口 1.78 万吨、合 570.70 万美元，出口 147.66 万吨、合 6.04 亿美元）。1961—2013 年的 53 年中，仅有 20 年存在进口贸易，其中进口量有 9 年超过百吨，6 年超过千吨，1 年超过万吨，最高为 2013 年的 1.78 万吨；进口额有 10 年超过万美元，7 年超过十万美元，5 年超过百万美元，最高为 2013 年的 570.70 万美元；出口量均超过万吨，其中 43 年超过十万吨，8 年超过百万吨，最高为 2009 年的 167.72 万吨；出口额均超过百万美元，其中 39 年超过千万美元，11 年超过亿美元，最高为 2013 年的 6.04 亿美元。

———————

① 此处不包括蔬菜汁。蔬菜汁变化情况见后"饮料类产品"。

（2）番茄

在进出口贸易中，印度番茄贸易也是以出口为主，所占比重
超过九成。1961—1977 年，印度没有番茄贸易，1978—2013 年
累计进出口 114.90 万吨、合 3.40 亿美元（累计进口 336 吨、合
23.70 万美元，累计出口 114.87 万吨、合 3.40 亿美元）。
2004—2013 年，印度番茄年均进出口 11.16 万吨、合 3 340.47
万美元（年均进口 30.40 万吨、合 2.17 万美元，年均出口
11.15 万吨、合 3 338.30 万美元）。1978—2013 年，印度番茄仅
11 年有进口贸易，进口量非常小，仅有 7 年超过十吨，最高为
2008 年和 2010 年的 62 吨；进口额也仅有 7 年超过万美元，最
高为 2008 年的 5.50 万美元；印度番茄出口贸易规模不断扩大，
出口量自 1978 年的 12 吨增长到 2013 年的 22.84 万吨，有 25 年
超过百吨，其中 16 年超过千吨，11 年超过万吨，6 年超过十万
吨，最高为 2011 年的 22.98 万吨；出口额有 27 年超过万美元，
其中 21 年超过十万美元，12 年超过百万美元，7 年超过千万美
元，最高为 2011 年的 8 624.70 万美元。

此外，1988—2013 年印度还存在一定量的番茄酱进出口
贸易。印度番茄酱 1988—2013 年累计进出口 6.40 万吨、合
5 191.20 万美元（累计进口 6.17 万吨、合 4 839.30 万美元，
累计出口 2 351 吨、合 351.90 万美元）。2004—2013 年，印度
番茄酱年均进出口 5 737 吨、合 469.99 万美元（年均进口
5 563 吨、合 441.16 万美元，年均出口 174 吨、合 28.83 万美
元）。1988—2013 年中，印度番茄酱仅在 1997—2013 年存在
进口贸易，进口量有 12 年超过千吨，最高为 2012 年的 9 198
吨；进口额有 14 年超过万美元，其中 13 年超过十万美元，12
年超过百万美元，最高为 2013 年的 803.80 万美元；出口量仅
有 10 年超过百吨，最高为 2011 年的 453 吨；出口额有 21 年
超过万美元，其中有 10 年超过十万美元，最高为 2011 年的

83.70万美元（图5-26）。

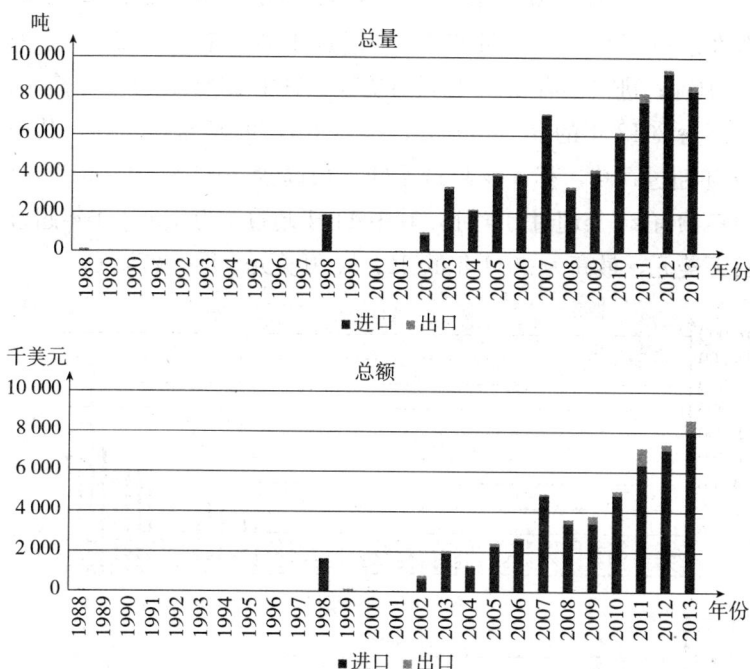

图5-26　印度1988—2013年番茄酱进出口贸易总量和总额变化情况
资料来源：联合国粮食及农业组织（FAO）。

（3）卷心菜等芸薹属蔬菜

印度卷心菜等芸薹属蔬菜1961—2013年累计进出口7.81万吨、合1 214.90万美元（累计进口4.53万吨、合360万美元，累计出口3.28万吨、合854.90万美元）。2004—2013年，印度卷心菜等芸薹属蔬菜年均进出口6 306.80吨、合106.74万美元（年均进口3 282.90吨、合27.02万美元，年均出口3 023.90吨、合79.72万美元）。1961—2013年，印度卷心菜等芸薹属蔬菜进出口贸易总量（总额）整体呈增长趋势，从1961年的77吨、合1.20万美元增长至2013年的6 401吨、合171.10万美

元（进口 1 464 吨、合 11.40 万美元，出口 4 937 吨、合 159.70
万美元）。1961—2013 年，印度卷心菜等芸薹属蔬菜仅有 19 年
存在进口贸易，进口量有 15 年超过千吨，最高为 2008 年的
5 091 吨；进口额有 18 年超过万美元，其中 14 年超过十万美元，
最高为 2012 年的 52.40 万元；出口量有 36 年超过十吨，其中
17 年超过百吨，有 6 年超过千吨，最高为 2011 年的 9 827 吨；
出口额有 28 年超过万美元，其中 11 年超过十万美元，4 年超过
百万美元，最高为 2011 年的 219.80 万美元（图 5-27）。

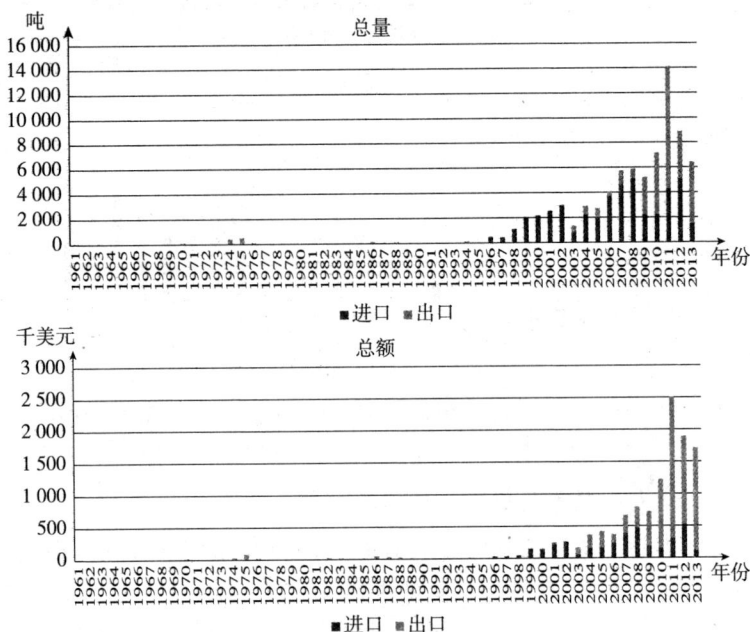

图 5-27　印度 1961—2013 年卷心菜等芸薹属蔬菜
进出口贸易总量和总额变化情况
资料来源：联合国粮食及农业组织（FAO）。

（4）黄瓜和小黄瓜

1987—2013 年印度还存在一定量的黄瓜和小黄瓜进出口贸易。
在进出口贸易中，印度黄瓜和小黄瓜以出口贸易为主，所占比重

超过 99％。印度黄瓜和小黄瓜 1987—2013 年累计进出口 13.92 万
吨、合 5 039.80 美元（累计进口 16 吨、合 8 000 美元，累计出口
13.91 万吨、合 5 039 万美元）。2004—2013 年，印度黄瓜和小黄
瓜年均出口 1 819.70 吨、合 58.17 万美元，无进口贸易发生。
1987—2013 年，印度黄瓜和小黄瓜进出口贸易总量（总额）整体
呈先增长后下降的趋势，进口贸易仅在 1997—1998 年发生，1998
年进口量为 15 吨，进口额为 6 000 美元；出口量有 21 年超过百
吨，其中有 15 年超过千吨，4 年超过万吨，最高为 2002 年的 2.79
万吨；出口额有 23 年超过万美元，其中有 20 年超过十万美元，
11 年超过百万美元，最高为 2002 年的 974.80 万美元（图 5-28）。

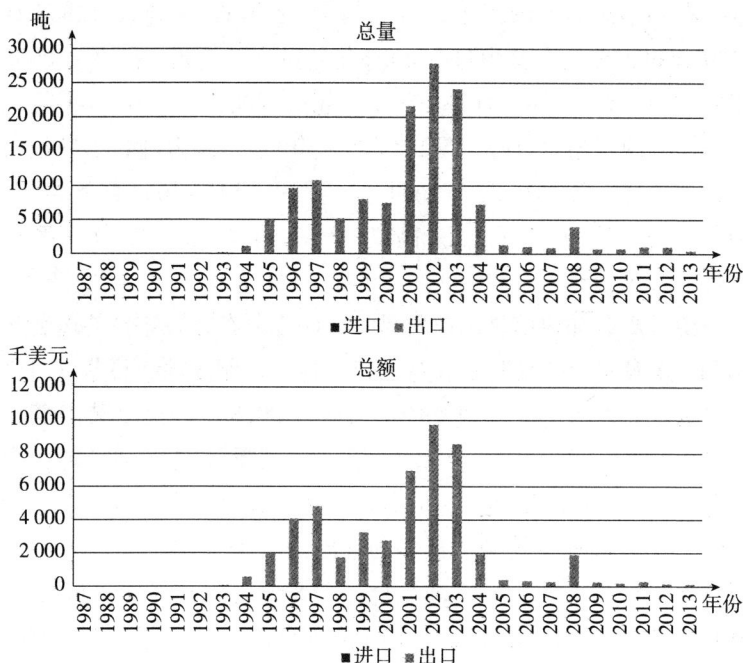

图 5-28　印度 1987—2013 年黄瓜和小黄瓜进出口贸易总量和
总额变化情况
资料来源：联合国粮食及农业组织（FAO）。

（5）蘑菇和块菌

在进出口贸易中，印度蘑菇和块菌以出口贸易为主，所占比重超过 95％。1987—2013 年印度蘑菇和块菌累计进出口 7.11 万吨、合 7 000.80 万美元（累计进口 206 吨、合 51.70 万美元，累计出口 7.09 万吨、合 6 949.10 万美元）。2004—2013 年印度蘑菇和块菌年均进出口 1 304.30 吨、合 145.31 万美元（年均进口 16.80 吨、合 4.27 万美元，年均出口 1 287.50 吨、合 141.04 万美元），该十年印度蘑菇和块菌进出口贸易累计总量和总额分别约为 1987—2013 年累计总量和总额的 18.35％和 20.76％。1987—2013 年，印度蘑菇和块菌仅有 14 年存在进口贸易，进口量仅有 6 年达到十吨以上，最高为 2012 年的 59 吨；进口额有 11 年超过万美元，其中只有 2005 年超过十万美元，最高为 2005 年的 13.00 万美元；出口量有 21 年超过百吨，其中有 13 年超过千吨，有两年超过万吨，最高为 2002 年的 1.43 万吨；出口额均超过万美元，其中有 23 年超过十万美元，14 年超过百万美元，两年超过千万美元，最高为 2001 年的 1 136.90 万美元（图 5-29）。

除了蘑菇和块菌进出口贸易外，印度还存在一定量的罐装蘑菇和干蘑菇进出口贸易。在进出口贸易中，印度罐装蘑菇以出口贸易为主，所占比重超过 99％。1987—2013 年印度罐装蘑菇累计进出口 20.96 万吨、合 2.27 亿美元（累计进口 765 吨、合 218.90 万美元，累计出口 20.89 万吨、合 2.25 亿美元）。2004—2013 年印度罐装蘑菇年均进出口 1.38 万吨、合 1 553.56 万美元（年均进口 73.80 吨、合 20.58 万美元，年均出口 1.38 万吨、合 1 532.98 万美元），该十年印度蘑菇和块菌进出口贸易累计总量和总额分别约为 1987—2003 年累计总量（7.11 万吨）和总额（7 140.50 万美元）的 1.95 倍和 2.18 倍。1987—2013 年，印度罐装蘑菇进口贸易较少，只有 16 年存在进口贸易，其

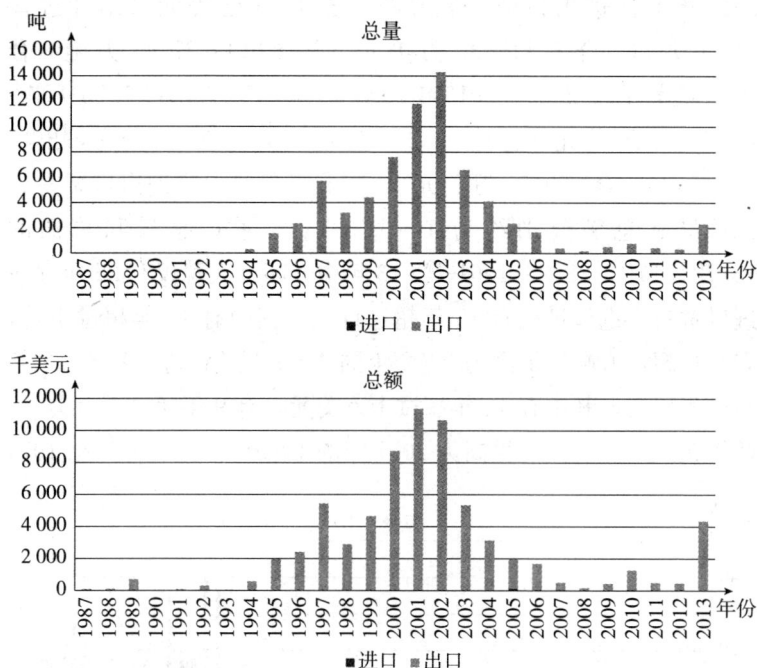

图 5-29　印度 1987—2013 年蘑菇和块菌进出口贸易总量和总额变化情况
资料来源：联合国粮食及农业组织（FAO）。

中有 9 年超过十吨，两年超过百吨，最高为 2010 年的 186 吨；
进口额有 14 年超过万美元，其中有 8 年超过十万美元，最高为
2011 年的 43.40 万美元；出口量有 24 年超过百吨，其中有 22
年超过千吨，7 年超过万吨，最高为 2006 年的 2.48 万吨；出口
额除 1987 年为零外，均超过十万美元，有 22 年超过百万美元，
有 8 年超过千万美元，最高为 2011 年的 2 629.50 万美元。

（6）大蒜

印度大蒜进出口贸易变化较大，1997 年之前以出口贸易为
主，进口贸易极少，1998—2007 年出现进口贸易大幅提升、最
高时占进出口贸易总量（总额）的九成多。印度大蒜 1961—

2013 年累计进出口 41.87 万吨、合 1.59 亿美元（累计进口
14.46 万吨、合 5 115.30 万美元，累计出口 27.41 万吨、合
1.08 亿美元）。2004—2013 年，印度大蒜年均进出口 1.76 万吨、
合 760.22 万美元（进口 2 826.70 吨、合 90.71 万美元，出口
1.48 万吨、合 669.51 万美元），该十年印度大蒜进出口贸易累
计总量和总额分别约为 1961—2013 年累计总量和总额的
42.12% 和 47.88%。1961—2013 年中，印度大蒜仅有 25 年存在
进口贸易，进口量仅有 15 年超过百吨，其中有 10 年超过千吨，
有 5 年超过万吨，最高为 2002 年的 4.06 万吨；进口额有 18 年
超过万美元，其中有 13 年超过十万美元，有 9 年超过百万美元，
两年超过千万美元，最高为 2001 年的 1 640.60 万美元；除 1974

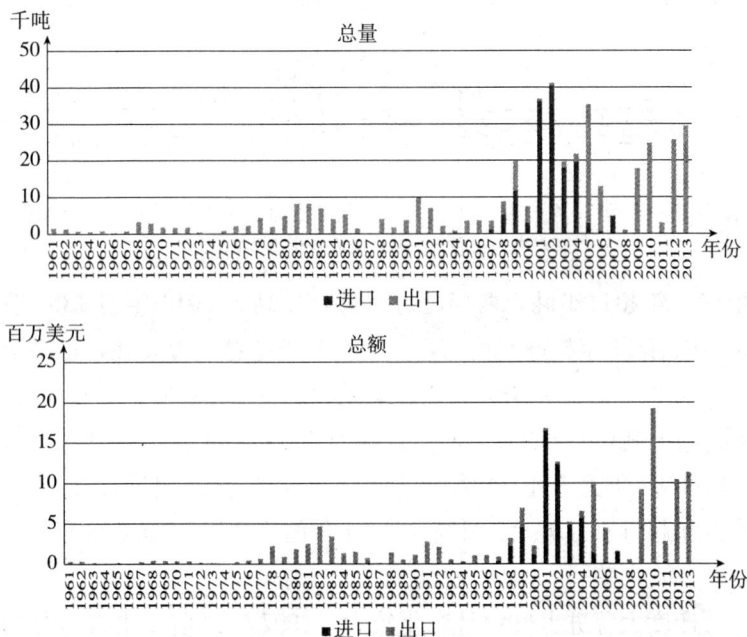

图 5-30 印度 1961—2013 年大蒜进出口贸易总量和总额变化情况
资料来源：联合国粮食及农业组织（FAO）。

年为 47 吨外，出口量均超过百吨，其中有 39 年超过千吨，有 6
年超过万吨，最高为 2005 年的 3.25 万吨；出口额均超过万美
元，其中有 50 年超过十万美元，有 22 年超过百万美元，有 3 年
超过千万美元，最高为 2010 年的 1 921.40 万美元（图 5-30）。

（7）生姜

印度生姜 1972—2013 年累计进出口 99.36 万吨、合 6.65 亿
美元（累计进口 50.60 万吨、合 1.75 亿美元，累计出口 48.76
万吨、合 4.90 亿美元）。2004—2013 年印度生姜年均进出口
5.15 万吨、合 3 557.58 万美元（年均进口 3.42 万吨、合
1 322.31万美元，年均出口 1.73 万吨、合 2 235.27 万美元），该
十年印度生姜进出口贸易累计总量和总额分别约为 1972—2013
年累计总量和总额的 51.83% 和 53.51%。1972—2013 年，除
1985 年和 1989 年为零外，印度生姜进口量均超过百吨，其中有
28 年超过千吨，有 16 年超过万吨，最高为 2012 年的 4.87 万
吨；除 1985 年和 1989 年为零外，进口额均超过万美元，其中有
38 年超过十万美元，有 24 年超过百万美元，8 年超过千万美元，
最高为 2013 年的 2 013 万美元；出口量均超过千吨，其中有 17
年超过万吨，最高为 2012 年的 3.28 万吨；出口额均超过百万美
元，其中 16 年超过千万美元，最高为 2011 年的 5 535.60 万美
元（图 5-31）。

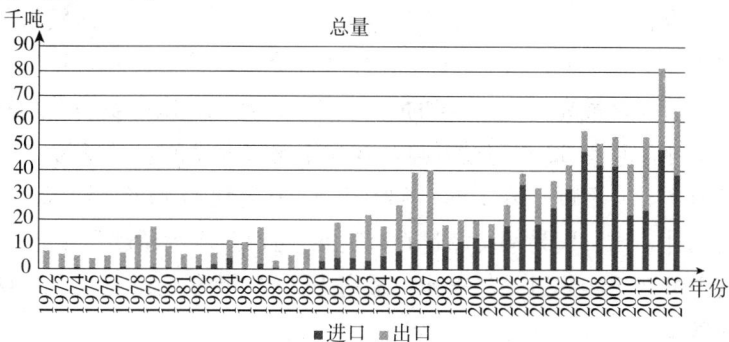

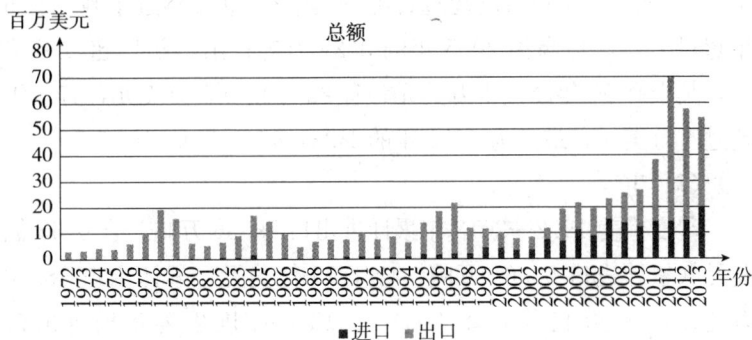

图 5-31 印度 1972—2013 年生姜进出口贸易总量和总额变化情况

资料来源：联合国粮食及农业组织（FAO）。

（8）茴香

在进出口贸易中，印度茴香以出口贸易为主，所占比重在九成左右。1961—2013 年累计进出口 176.93 万吨、合 24.93 亿美元（累计进口 17.60 万吨、合 2.58 亿美元，累计出口 159.34 万吨、合 22.35 亿美元）。2004—2013 年印度茴香年均进出口 11.34 万吨、合 1.92 亿美元（年均进口 1.18 万吨、合 1 925.90 万美元，年均出口 10.15 万吨、合 1.72 亿美元），该十年进出口贸易累计总量和总额分别约为 1961—2013 年累计总量和总额的 64.07% 和 76.85%。1961—2013 年，印度茴香进口贸易量均超过百吨，且有 25 年超过千吨，其中又有 7 年超过万吨，最高为 2009 年的 1.69 万吨；除 1967 年为 8.10 万美元外，进口贸易额均超过十万美元，且有 26 年超过百万美元，其中又有 9 年超过千万美元，最高为 2013 年的 3 278.80 万美元；出口贸易量均超过千吨，且有 32 年超过万吨，有 3 年超过十万吨，最高为 2013 年的 21.16 万吨；除 1963 年为 93.40 万美元和 1969 年为 53 万美元外，出口贸易额均超过百万美元，且有 26 年超过千万美元，其中又有 7 年超过一亿美元，最高为 2013 年的 4.14 亿美元（图 5-32）。

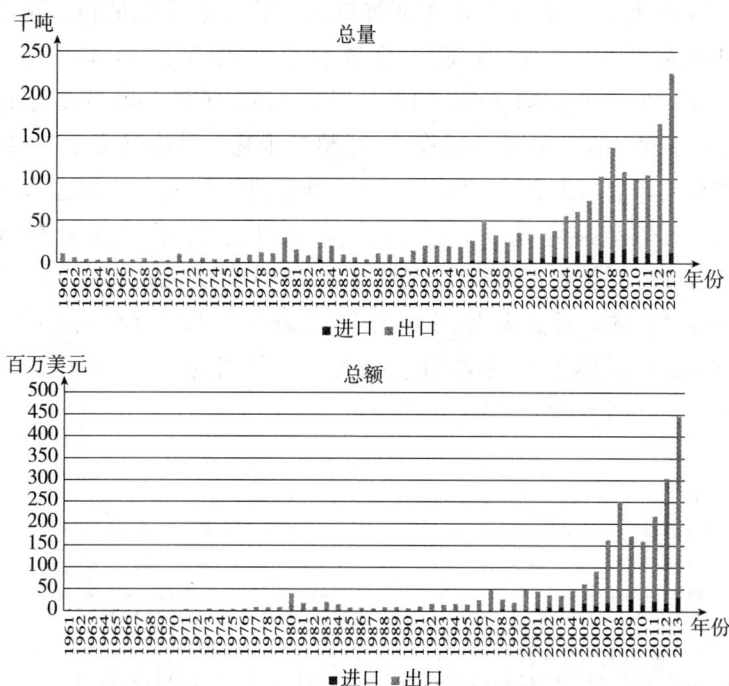

图 5-32 印度 1961—2013 年茴香进出口贸易总量和总额变化情况
资料来源：联合国粮食及农业组织（FAO）。

（9）胡椒

印度胡椒进出口贸易结构的变化分为两个阶段，1961—1990年，印度胡椒以出口贸易为主，所占比重超过95％，自1991年起，进口贸易开始逐渐增多，2002年后每年的进口量维持在10万～20万吨左右，2004年进口量曾达到进出口总量的50％以上。1961—2013年，印度胡椒累计进出口167.17万吨、合41.07亿美元（累计进口22.59万吨、合6.69亿美元，累计出口144.58万吨、合34.38亿美元）。2004—2013年，印度胡椒年均进出口4.68万吨、合1.57亿美元（年均进口1.51万吨、合5 298.12万美元，年均出口3.17万吨、合

1.04 亿美元），该十年印度胡椒进出口贸易累计总量和总额分别约为 1961—2013 年累计总量和总额的 28% 和 38.12%。1961—2013 年，除 1974—1977 年和 1979 年外，印度胡椒进口贸易量均超过百吨，且有 24 年超过千吨，其中又有 12 年超过万吨，最高为 2005 年的 1.89 万吨；进口贸易额均超过万美元，其中有 48 年超过十万美元，有 26 年超过百万美元，有 16 年超过千万美元，最高为 2012 年的 1.07 亿美元；出口贸易量均超过万吨，最高为 1986 年的 5.16 万吨；出口贸易额均超过千万美元，且有 12 年超过一亿美元，最高为 1987 年的 1.96 亿美元（图 5-33）。

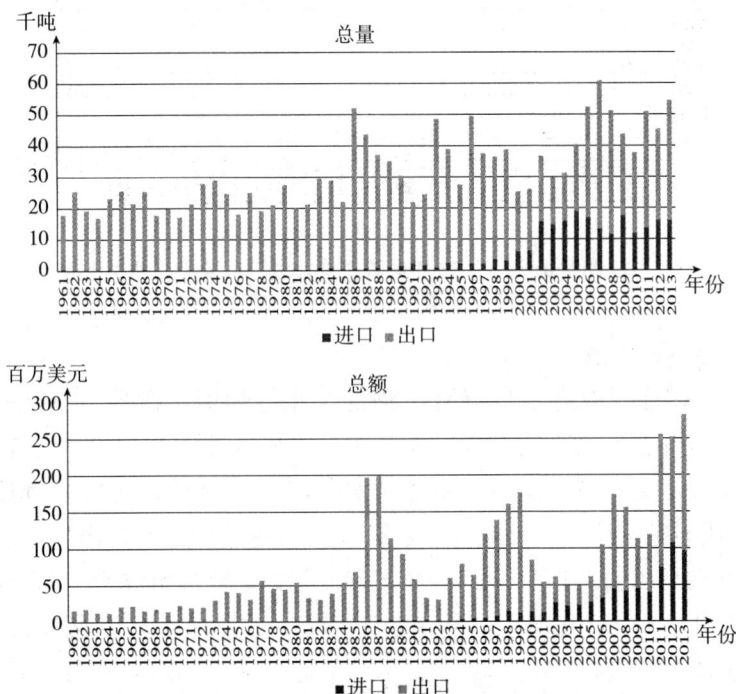

图 5-33　印度 1961—2013 年胡椒进出口贸易总量和总额变化情况
资料来源：联合国粮食及农业组织（FAO）。

（10）辣椒

印度辣椒进出口贸易主要包括青椒和干辣椒两种。在进出口贸易中，印度青椒以出口贸易为主，所占比重超过 99%。1990—2013 年，印度青椒累计进出口 30.77 万吨、合 1.37 亿美元（累计进口 764 吨、合 50.20 万美元，累计出口 30.70 万吨、合 1.37 亿美元）。2004—2013 年，印度青椒年均进出口 2.88 万吨、合 1 269.82 万美元（年均进口 73.40 吨、合 4.82 万美元，年均出口 2.87 万吨、合 1265 万美元），该十年印度青椒进出口贸易累计总量和总额分别约为 1990—2013 年累计总量和总额的 93.43% 和 92.53%。1990—2013 年，印度青椒仅有 7 年存在进口贸易，进口量均超过十吨，最高为 2012 年的 598 吨；进口贸易额有 6 年超过一万美元，其中有两年超过十万美元，最高为 2012 年的 26.50 万美元；出口贸易量均超过十吨，其中有 23 年超过百吨，有 17 年超过千吨，有 8 年超过万吨，最高为 2011 年的 4.74 万吨；出口额均超过万美元，其中有 20 年超过十万美元，有 14 年超过百万美元，7 年超过千万美元，最高为 2013 年的 2 619.90 万美元。

在进出口贸易中，印度干辣椒以出口贸易为主，所占比重超过 99%。1961—2013 年印度干辣椒累计进出口 311.54 万吨、合 37.54 亿美元（累计进口 1.84 万吨、合 3 140.90 万美元，累计出口 309.70 万吨、合 37.22 亿美元）。2004—2013 年，印度干辣椒年均进出口 22.26 万吨、合 2.99 亿美元（年均进口 1 211.80 吨、合 241.47 万美元，年均出口 22.14 万吨、合 2.96 亿美元），该十年印度干辣椒进出口贸易累计总量和总额分别约为 1961—2013 年累计总量和总额的 71.46% 和 79.61%。1961—2013 年，印度干辣椒进出口贸易总量（总额）整体呈增长趋势（图 5-34），从 1961 年的 1.11 万吨、合 451.10 万美元（无进口贸易）增长至 2013 年的 29.14 万吨、合 4.54 亿美元（进口 915

吨、合 250.10 万美元，出口 29.04 万吨、合 4.52 亿美元）。
1961—2013 年，印度干辣椒进口量有 32 年超过十吨，其中有 20
年超过百吨，有 9 年超过千吨，最高为 2003 年的 2 117 吨；进
口额有 30 年超过万美元，其中有 20 年超过十万美元，有 11 年
超过百万美元，最高为 2011 年的 487.10 万美元；出口量均超过
百吨，其中有 49 年超过千吨，有 32 年超过万吨，有 10 年超过
十万吨，最高为 2012 年的 36.93 万吨；出口额均超过十万美元，
其中有 49 年超过百万美元，有 30 年超过千万美元，有 8 年超过
亿美元，最高为 2012 年的 5.32 亿美元。

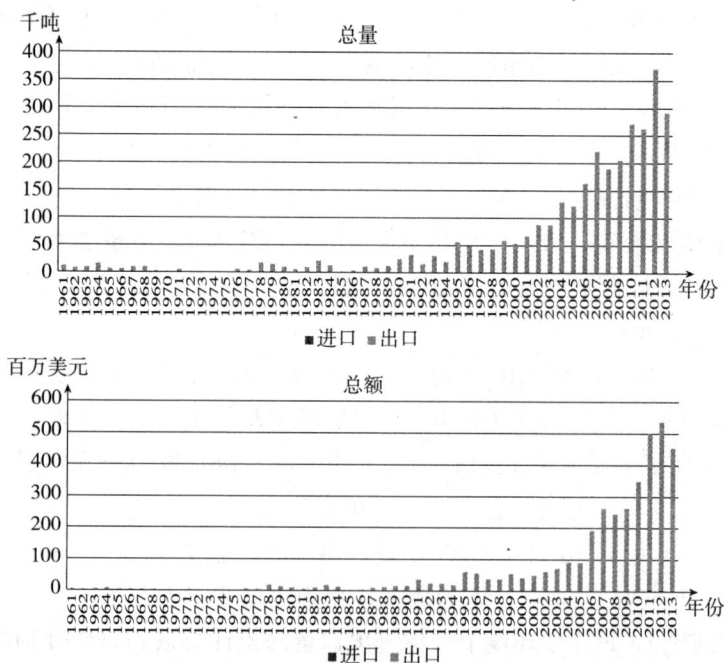

图 5-34　印度 1961—2013 年干辣椒进出口贸易总量和总额变化情况
资料来源：联合国粮食及农业组织（FAO）。

（11）蔬菜醋

此外，印度在 1967—2013 年有一定量的蔬菜醋进出口贸易。

在进出口贸易中，印度蔬菜醋以出口贸易为主，所占比重超过
99%。1967—2013 年，印度蔬菜醋累计进出口 240.23 万吨、合
15.71 亿美元（累计进口 7 369 吨、合 928.20 万美元，累计出口
239.49 万吨、合 15.62 亿美元）。2004—2013 年，印度蔬菜醋年
均进出口 18.94 万吨、合 1.19 万美元（年均进口 437 吨、合
66.92 万美元，年均出口 18.90 万吨、合 1.18 亿美元），该十年
印度蔬菜醋进出口贸易累计总量和总额分别约为 1967—2013 年
累计总量和总额的 78.85% 和 75.63%。1967—2013 年，印度蔬
菜醋仅有 26 年存在进口贸易，进口量仅有 17 年超过十吨，其中
有 10 年超过百吨，有 3 年超过千吨，最高为 2003 年的 1 518
吨；进口额有 18 年超过万美元，其中有 13 年超过十万美元，有
3 年超过百万美元，最高为 2009 年的 130.70 万美元；出口量均
超过千吨，其中有 23 年超过万吨，有 9 年超过十万吨，最高为
2008 年的 23.09 万吨；除 1967 年为 68 万美元外，出口额均超
过百万美元，其中有 23 年超过千万美元，有 6 年超过亿美元，
最高为 2013 年的 1.72 亿美元（图 5-35）。

4. 水果类产品[①]

印度进出口的水果类产品主要有苹果，香蕉，葡萄和葡萄
干，椰枣，无花果和无花果干，猕猴桃，柠檬和青柠，芒果、山
竹和番石榴、芒果肉，橙子，木瓜，以及梨等。2013 年，椰枣
进口贸易量居世界第一，芒果、山竹和番石榴出口贸易量居世界
第二。

(1) 芒果、山竹和番石榴

在进出口贸易中，印度芒果、山竹和番石榴以出口贸易为
主，所占比重超过 99%。印度芒果、山竹和番石榴 1961—2013
年累计进出口 319.75 万吨、合 22.36 亿美元（累计进口 4 242

————————

① 此处不包括果汁。果汁进出口贸易变化情况见后"饮料类产品"。

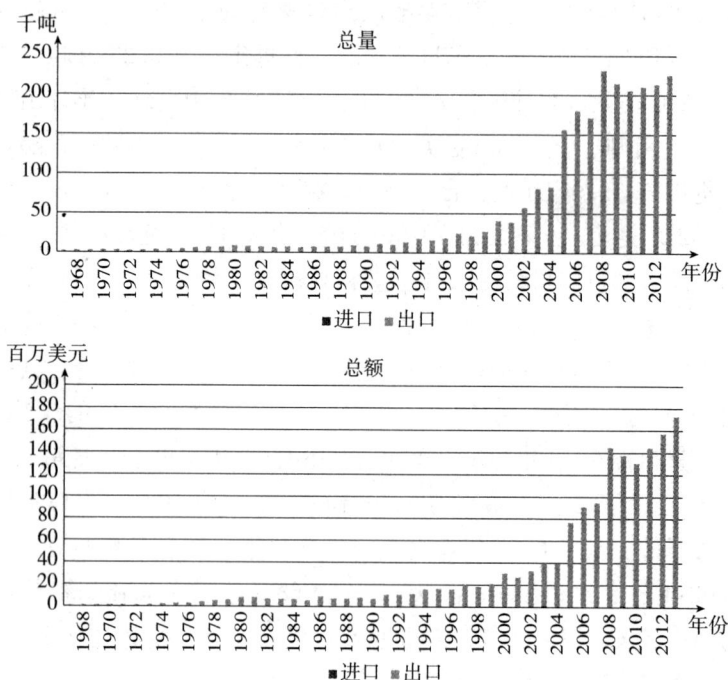

图 5-35　印度 1967—2013 年蔬菜醋进出口贸易总量和总额变化情况
资料来源：联合国粮食及农业组织（FAO）。

吨、合 304.60 万美元，累计出口 319.32 万吨、合 22.33 亿美元）。2004—2013 年，印度芒果、山竹和番石榴年均进出口 24.09 万吨、合 1.78 亿美元（进口 298 吨、合 26.83 万美元，出口 24.06 万吨、合 1.77 亿美元），该十年印度芒果、山竹和番石榴进出口贸易累计总量和总额分别约为 1961—2013 年累计总量和总额的 75.35% 和 79.42%。

1961—2013 年，印度芒果、山竹和番石榴进出口贸易总量和总额整体上呈现逐渐增长趋势（图 5-36），从 1961 年的 2 473 吨、合 48 万美元（无进口贸易）增长至 2013 年的 26.46 万吨、合 2.05 亿美元（进口 653 吨、合 73.70 万美元，出口 26.39 万吨、合 2.04 亿美元）。印度芒果、山竹和番石榴有 38 年存在进口贸易，其中有 29 年超过十吨，有 13 年超过百吨，最高为 2012 年的 777 吨；进口额有 19 年超过万美元，其中有 6 年超过十万美元，最高为 2013 年的 73.70 万美元；印度芒果、山竹和番石榴出口量均超过百吨，其中有 51 年超过千吨，有 32 年超过万吨，有 11 年超过十万吨，最高为 2009 年的 28.68 万吨；出口额均超过十万美元，其中有 39 年超过百万美元，有 32 年超过千万美元，有 9 年超过亿美元，最高为 2010 年的 2.29 亿美元。

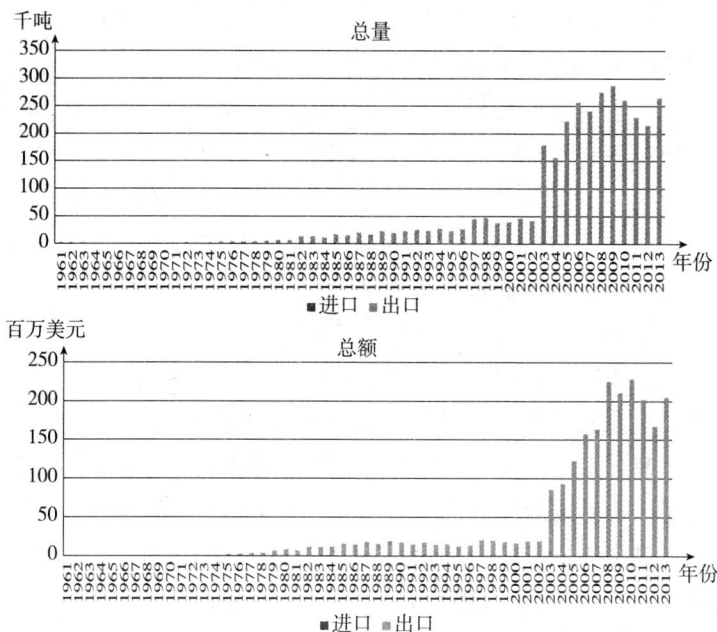

图 5-36 印度 1961—2013 年芒果、山竹和番石榴
进出口贸易总量和总额变化情况
资料来源：联合国粮食及农业组织（FAO）。

（2）香蕉

在进出口贸易中，印度香蕉以出口贸易为主，进口贸易极少。印度香蕉 1961—2013 年累计进出口 50.09 万吨、合 1.83 亿美元（累计进口 109 吨、合 2.10 万美元，累计出口 50.08 万吨、合 1.83 亿美元）。2004—2013 年印度香蕉年均进出口 3.32 万吨、合 1501.15 万美元（年均进口 0.40 吨、合 700 美元，年均出口 3.32 万吨、合 1 501.08 万美元），该十年印度香蕉进出口贸易累计总量和总额分别约为 1961—2013 年累计总量和总额的 66.38% 和 81.87%。1961—2013 年 30 年中，印度香蕉进出口贸易总量（总额）整体呈增长趋势，从 1961 年的 1.15 万吨、合 61.10 万美元（无进口贸易）增长至 2013 年的 3.72 万吨、合 2 649.50 万美元（无进口贸易）。1961—2013 年，印度香蕉仅有 12 年存在进口贸易，只有 4 年超过十吨，最高为 1979 年的 22 吨；进口贸易额均未超过一万美元，最高时 2006 年为 6 000 美元；出口量有 45 年超过百吨，其中有 34 年超过千吨，有 13 年超过万吨，最高为 2010 年的 6.08 万吨；出口额有 51 年超过万美元，其中有 40 年超过十万美元，有 17 年超过百万美元，有 6 年超过千万美元，最高为 2009 年的 2 690.10 万美元。

（3）橙子

在进出口贸易中，印度橙子在较长时间里以出口贸易为主，所占比重在超过 99%，只有 1967—1970 年和 2012—2013 年进口贸易量超过出口贸易量，2005 年后进口贸易开始大幅增长，进口贸易量（额）逐渐超过出口贸易量（额）。印度橙子 1961—2013 年累计进出口 80.32 万吨、合 2.41 亿美元（累计进口 12.99 万吨、合 8 364.70 万美元，累计出口 67.33 万吨、合 1.58 亿美元）。2004—2013 年印度橙子年均进出口 4 万吨、合 1 583.81 万美元（年均进口 1.24 万吨、合 825.79 万美元，年均出口 2.76 万吨、合 758.02 万美元），该十年印度橙子进出口贸易累计总量和总额分别约为 1961—2013 年累计总量和总额的 49.80% 和 65.63%。1961—2013 年，印度橙子有 35 年存在进口贸易，进口量有 30 年超过十吨，其中有 22 年超过百吨，有 10 年超过千吨，有 3 年超过万吨，最高为 2013 年的 3.42 万吨；进口额有 23 年超过万美元，其中有 14 年超过十万美元，有 8 年超过百万美元，有 3 年超过千万美元，最高为 2012 年的 2 161.40 万美元；出口量均超过十吨，其中有 49 年超过百吨，有 44 年超过千吨，有 22 年超过万吨，最高为 2003 年的 5.74 万吨；出口额有 51 年超过万美元，其中有 45 年超过十万美元，有 35 年超过百万美元，有 3 年超过千万美元，最高为 2012 年的 1 277.20 万美元（图 5-37）。

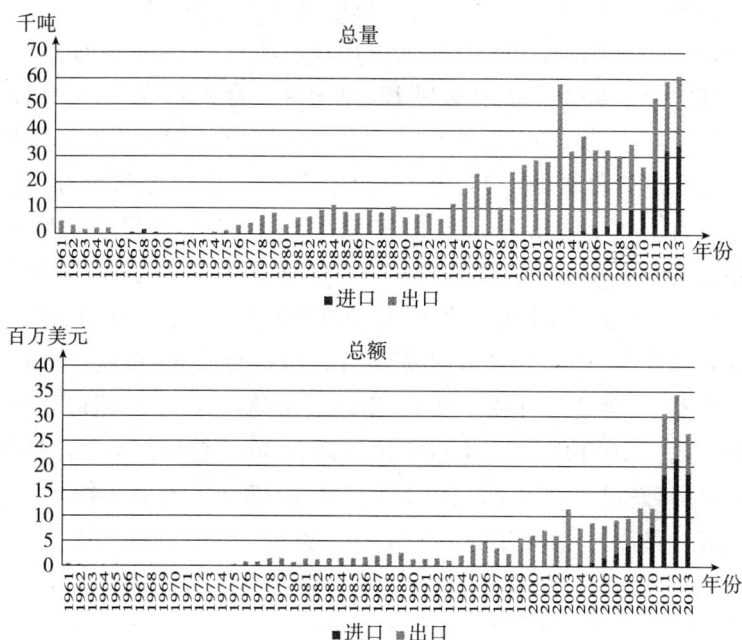

图 5-37　印度 1961—2013 年橙子进出口贸易总量和总额变化情况
资料来源：联合国粮食及农业组织（FAO）。

（4）苹果

1961—1974 年，印度存在极少量的苹果进出口贸易；1975—1998 年，出口贸易逐渐增加，所占比重超过 99%，几乎没有进口贸易；1999—2013 年，进口贸易开始大幅增加并超过出口贸易。1961—2013 年，印度苹果累计进出口 153.89 万吨、合 11.64 亿美元（累计进口 104.53 万吨、合 10.08 亿美元，累计出口 49.36 万吨、合 1.56 亿美元）。2004—2013 年，印度苹果年均进出口 12.96 万吨、合 1.07 亿美元（年均进口 9.83 万吨、合 9 680.28 万美元，年均出口 3.13 万吨、合 1 001.31 万美元），该十年印度苹果进出口贸易累计总量和总额分别约为 1961—2013 年累计总量和总额的 84.20% 和 91.75%。1961—2013 年，印度苹果进出口贸易整体呈增长趋势（图 5-38），从 1961 年的 5 吨、合 3 000 美元（出口）增长至 2013 年的 23.15 万吨、合 2.25 亿美元（进口 19.43 万吨、合 2.11 亿美元，出口 3.72 万吨、合 1 367 万美元）。1961—2013 年，印度苹果仅有 19 年存在进口贸易，进口量有 18 年超过十吨，其中有 16 年超过百吨，有 15 年超过千吨，有 13 年超过万吨，有 3 年超过十万吨，最高为 2013 年的 19.43 万吨；进口额有 17 年超过万美元，其中有 15 年超过百万美元，有 13 年超过千万美元，有 3 年超过亿美元，最高为 2013 年的 2.11 亿美元；出口量有 42 年超过十吨，其中有 38 年超过百吨，有 36 年超过千吨，有 15 年超过万吨，最高为 2010 年的 4.75 万吨；出口额有 39 年超过万美元，其中有 37 年超过十万美元，有 31 年超过百万美元，有 5 年超过千万美元，最高为 2011 年的 1 479.60 万美元。

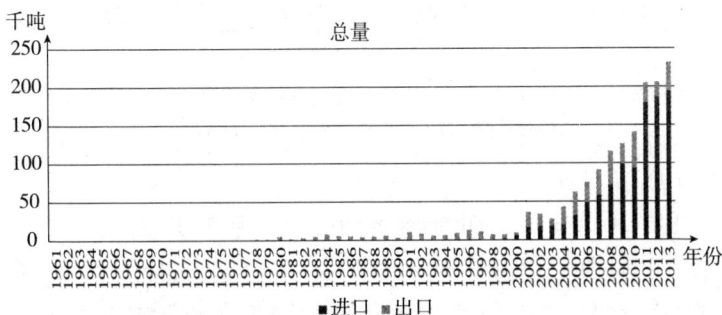

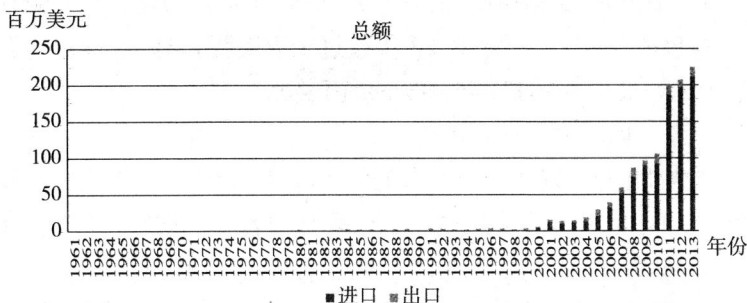

图 5-38　印度 1961—2013 年苹果进出口贸易总量和总额变化情况
资料来源：联合国粮食及农业组织（FAO）。

（5）柠檬和青柠

在进出口贸易中，印度柠檬和青柠以出口贸易为主，所占比重超过 99％。1961—2013 年印度柠檬和青柠累计进出口 23.14 万吨、合 6 948.80 万美元（累计进口 241 吨、合 8.70 万美元，累计出口 23.11 万吨、合 6 940.10 万美元）。2004—2013 年，印度柠檬和青柠年均进出口 2.02 万吨、合 595.93 万美元（年均进口 7.50 吨、合 4 000 美元，年均出口 2.02 万吨、合 595.53 万美元），该十年印度柠檬和青柠进出口贸易累计总量和总额分别约为 1961—2013 年累计总量和总额的 87.27％和 85.76％。1961—2013 年，印度柠檬和青柠进出口贸易总量（总额）整体呈增长趋势，从 1961 年的 225 吨、合 3.60 万美元（进口 84 吨、合 9 000 美元，出口 141 吨、合 2.70 万美元）增长至 2013 年的 2.19 万吨、合 941 万美元（进口 22 吨、合 1.60 万美元，出口 2.19 万吨、合 939.40 万美元）。1961—2013 年，印度柠檬和青柠仅有 20 年存在进口贸易，且贸易量和贸易额较小，进口贸易量仅有 6 年超过十吨，最高为 1961 年的 84 吨；进口额仅有 4 年超过万美元，最高为 2013 年的 1.60 万美元；除 1972 年和 1973 年外，出口量均超过十吨，其中有 29 年超过百吨，有 17 年超过

千吨，有 9 年超过万吨，最高为 2010 年的 3.09 万吨；出口额有
47 年超过万美元，其中有 23 年超过十万美元，有 14 年超过百
万美元，最高为 2013 年的 939.40 万美元。

（6）木瓜

在进出口贸易中，印度木瓜以出口贸易为主，几乎没有进口
贸易。印度木瓜 1987—2013 年累计进出口 16.71 万吨、合
5 042.60 万美元（累计进口 3 吨、合 7 000 美元，累计出口
16.71 万吨、合 5 041.90 万美元）。2004—2013 年，印度木瓜年
均进出口 1.27 万吨、合 368.68 万美元（年均进口 0.3 吨、合
700 美元，年均出口 1.27 万吨、合 368.61 万美元），该十年印
度木瓜进出口贸易累计总量和总额分别约为 1987—2013 年累计
总量和总额的 75.75% 和 73.11%。1987—2013 年，印度木瓜只
有 2006 年有少量进口贸易，进口贸易量为 3 吨，进口贸易额为
7 000 美元；出口贸易量和进出口贸易总量均有 26 年超过百吨，
其中有 13 年超过千吨，有 7 年超过万吨，最高为 2011 年的
1.87 万吨；除 1987 年和 1995 年低于十万美元（分别为 1.9 万
美元和 9.2 万美元），出口贸易额和进出口贸易总额均超过十万
美元，且有 12 年超过百万美元，最高为 2013 年的 644.10 万
美元。

（7）葡萄

在进出口贸易中，印度葡萄进出口贸易以 1980 年为分界线
分为两个阶段，1961—1980 年主要以进口贸易为主，1981—
2013 年主要以出口贸易为主。印度葡萄 1961—2013 年累计进出
口 148.51 万吨、合 12.35 亿美元（累计进口 24.32 万吨、合
1.24 亿美元，累计出口 124.19 万吨、合 11.11 亿美元）。
2004—2013 年，印度葡萄年均进出口 10.02 万吨、合 9 515.96
万美元（进口 2 745 吨、合 558.83 万美元，出口 9.74 万吨、合
8 957.13 万美元），该十年印度葡萄进出口贸易累计总量和总额

分别约为 1961—2013 年累计总量和总额的 67.46% 和 77.08%。
1961—2013 年，印度葡萄进口量有 44 年超过十吨，其中有 40
年超过百吨，有 33 年超过千吨，有 8 年超过万吨，最高为 1972
年的 1.93 万吨；进口额有 44 年超过万美元，其中有 40 年超过
十万美元，有 29 年超过百万美元，最高为 2013 年的 9 770 万美
元；出口量有 41 年超过十吨，其中有 36 年超过百吨，有 32 年
超过千吨，有 23 年超过万吨，有 5 年超过十万吨，最高为 2013
年的 14.85 万吨；出口额有 38 年超过万美元，其中有 36 年超过
十万美元，有 32 年超过百万美元，有 20 年超过千万美元，有 3
年超过亿美元，最高为 2013 年的 1.94 亿美元（图 5-39）。

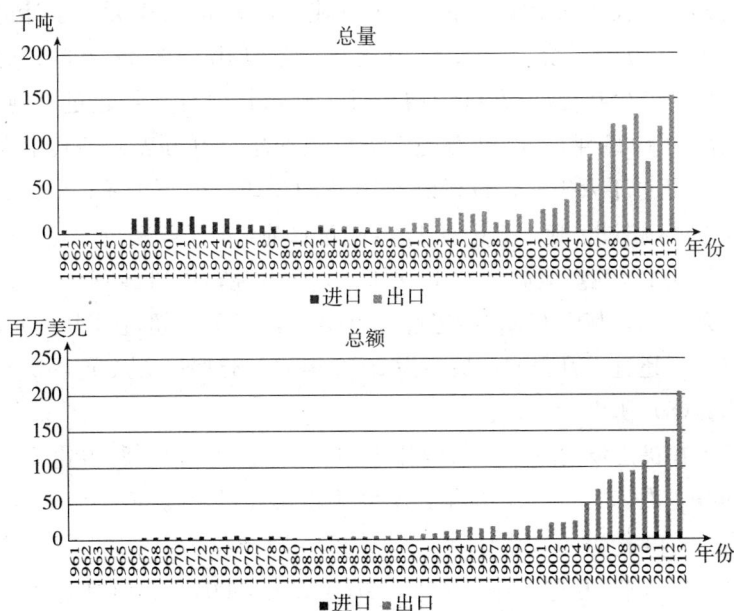

图 5-39　印度 1961—2013 年葡萄进出口贸易总量和总额变化情况
资料来源：联合国粮食及农业组织（FAO）。

此外，印度还存在一定量的葡萄干进出口贸易。在进出口贸
易中，印度葡萄干以进口贸易为主，除 1983 年和 2008—2013 年

外，所占比重均在九成以上。1961—2013 年，印度葡萄干累计进出口 50.37 万吨、合 5.86 亿美元（累计进口 39.59 万吨、合 4.32 亿美元，累计出口 10.78 万吨、合 1.54 亿美元）。2004—2013 年印度葡萄干年均进出口 1.84 万吨、合 2 870.86 万美元（年均进口 8 037.60 吨、合 1 383.68 万美元，年均出口 1.04 万吨、合 1 487.18 万美元），该十年印度葡萄干进出口贸易累计总量和总额分别约为 1961—2013 年累计总量和总额的 36.55% 和 48.97%。1961—2013 年，印度葡萄干进出口贸易总体呈逐渐增长趋势，累计进出口从 1961 年的 4 449 吨、合 229.10 万美元（累计进口 4 442 吨、合 228.90 美元，累计出口 7 吨、合 2 000 美元）增长达到 2013 年的 4.71 万吨、合 7445 万美元（累计进口 1.22 万吨、合 3 191.20 万美元，累计出口 3.49 万吨、合 4 253.80 万美元）。进口量均超过千吨，其中有 6 年超过万吨，最高为 1986 年的 1.39 万吨；进口额均超过百万美元，其中有 14 年超过千万美元，最高为 2013 年的 3 191.20 万美元；出口量有 26 年超过十吨，其中有 17 年超过百吨，有 7 年超过千吨，有 3 年超过万吨，最高为 2013 年的 3.49 万吨；出口额有 31 年超过万美元，其中有 20 年超过十万美元，有 7 年超过百万美元，有 4 年超过千万美元，最高为 2012 年的 5 334.90 万美元。

（8）椰枣

在进出口贸易中，印度椰枣以进口贸易为主，所占比重在 99% 左右。1961—2013 年，印度椰枣累计进出口 610.02 万吨、合 17.43 亿美元（累计进口 608.82 万吨、合 17.30 亿美元，累计出口 1.20 万吨、合 1 359.70 万美元）。2004—2013 年印度椰枣年均进出口 25.75 万吨、合 9 741.87 万美元（年均进口 25.66 万吨、合 9 622.29 万美元，年均出口 919.50 吨、合 119.58 万美元），该十年印度椰枣进出口贸易累计总量和总额分别均约为 1961—2013 年累计总量和总额的 42.21% 和 55.88%。1961—

2013 年，印度椰枣进口量均超过万吨，其中有 19 年超过十万吨，最高为 2013 年的 31.16 万吨；进口额均超过百万美元，其中有 36 年超过千万美元，有 3 年超过亿美元，最高为 2013 年的 1.83 亿美元；出口量有 39 年超过十吨，其中有 16 年超过百吨，有 3 年超过千吨，最高为 2010 年的 3 515 吨；出口额有 36 年超过万美元，其中有 16 年超过十万美元，有 3 年超过百万美元，最高为 2010 年的 649.40 万美元（图 5-40）。

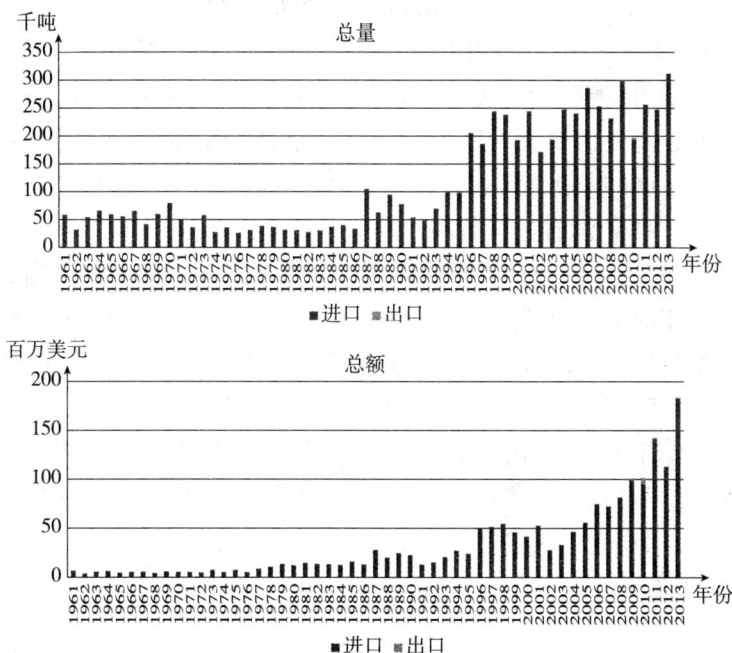

图 5-40 印度 1961—2013 年椰枣进出口贸易总量和总额变化情况
资料来源：联合国粮食及农业组织（FAO）。

（9）梨

在进出口贸易中，1961—2013 年，印度梨进出口贸易主要分为三个阶段，1961—1973 年，印度梨主要以进口贸易为主；1974—1998 年，印度梨在主要以出口贸易为主；1999—2013 年，印度梨主要以进口贸易为主。1961—2013 年，印度梨累计进出口 16.29 万吨、合 8 690 万美元（累计进口 15.08 万吨、合 8 463.50 万美元，累计出口 1.21 万吨、合 226.50 万美元）。2004—2013 年，印度梨年均进出口 1.13 万吨、合 818.92 万美元（年均进口 1.12 吨、合 804.53 万美元，年均出口 161.80 吨、合 14.39 万美元），该十年印度梨进出口贸易累计总量和总额分别约为 1961—2013 年累计总量和总额的 69.65% 和 94.24%。1961—2013 年，印度梨进出口贸易量和贸易额整体呈先增长后下降的趋势，从 1961 年的 1.31 万吨、合 60.20 万美元下降至 1973 年的 0 吨、合 0 美元，又逐渐增长至 2013 年的 1.41 万吨、合 1 410.70 万美元，其中 1976—1992 年的贸易总量和总额在 100~1 000 吨和 1 万~10 万美元之间徘徊。1961—2013 年，印度梨有 14 年没有进口贸易，进口量有 30 年超过十吨，其中有 21 年超过百吨，有 18 年超过千吨，有 6 年超过万吨，最高为 2012 年的 1.93 万吨；进口额有 20 年超过万美元，其中有 19 年超过十万美元，有 11 年超过百万美元，有 3 年超过千万美元，最高为 2012 年的 1 481.60 万美元；1961—2013 年，印度梨有 7 年没有出口贸易，出口量有 41 年超过十吨，其中有 26 年超过百吨，有两年超过千吨，最高为 1993 年的 1 426 吨；出口额有 35 年超过万美元，其中仅有 1 年超过十万美元，最高为 2011 年的 122 万美元。

（10）无花果

在进出口贸易中，印度只有少量鲜无花果进出口贸易，53 年累计进出口贸易量（额）只有 1 184 吨、合 131.50 万美元。印度无花果类产品进出口贸易以干无花果为主，干无花果又以进口贸易为主。1961—2013 年印度干无花果累计进出口 7.07 万吨、合 3.28 亿美元（累计进口 6.90 万吨、合 3.27 亿美元，累计出口 1 612 吨、合 85.40 万美元）。2004—2013 年，印度干无

花果年均进出口 4 693.30 吨、合 2 994.14 万美元（年均进口
4 636.70吨、合 2 989.49 万美元，年均出口 56.60 吨、合 4.65
万美元），该十年印度干无花果进出口贸易累计总量和总额分别
约为 1961—2013 年累计总量和总额的 66.43% 和 91.28%。
1961—2013 年，印度干无花果进出口贸易总量（总额）整体呈
增长趋势，从 1961 年的 91 吨、合 7.10 万美元（无出口贸易）
增长至 2013 年的 9 300 吨、合 6 780 万美元（进口 9 198 吨、合
6 762.80 万美元，出口 102 吨、合 17.20 万美元）。1961—2013
年，印度干无花果进口量均超过十吨，其中有 48 年超过百吨，
有 16 年超过千吨，最高为 2013 年的 9 198 吨；进口额均超过万
美元，其中有 45 年超过十万美元，有 18 年超过百万美元，有 9
年超过千万美元，最高为 2013 年的 6 762.80 万美元；1961—
2013 年，印度干无花果仅有 27 年存在出口贸易，出口量有 22
年超过十吨，其中仅有 3 年超过百吨，最高为 2001 年的 633 吨；
出口额有 18 年超过万美元，其中有两年超过十万美元，最高为
2013 年的 17.20 万美元。

（11）猕猴桃

印度 1996—2013 年还存在一定量的猕猴桃进出口贸易，且
以进口为主，除 1999 年外，进口贸易总量和总额所占比重超过
95%。印度猕猴桃 1996—2013 年累计进出口 2.53 万吨、合
4 421.90万美元（累计进口 2.47 吨、合 4 327.30 万美元，累计
出口 575 吨、合 94.60 万美元）。2004—2013 年，印度猕猴桃年
均进出口 2 432.30 吨、合 420.76 万美元（年均进口 2 417.70
吨、合 420.28 万美元，年均出口 14.60 吨、合 4 800 美元）。
1996—2013 年，印度猕猴桃进出口贸易总量（总额）整体呈增
长趋势，从 1996 年（进口）的 2 吨、合 9 000 美元增长至 2013
年的 5 498 吨、合 939.80 万美元（进口 5 492 吨、合 939.50 万
美元，出口 6 吨、合 3 000 美元）。1996—2013 年，印度猕猴桃

进口量有 16 年超过十吨，其中有 12 年超过百吨，有 8 年超过千吨，最高为 2013 年的 5 492 吨；进口额有 16 年超过万美元，其中有 14 年超过十万美元，有 9 年超过百万美元，最高为 2013 年的 939.50 万美元；印度猕猴桃仅有 7 年存在出口贸易，出口量有 5 年超过十吨，仅有 1 年超过百吨，最高为 1999 年的 429 吨；出口额仅有 3 年超过万美元，其中仅有 1 年超过十万美元，最高为 1999 年的 89.80 万美元。

5. 树坚果类产品

印度进出口的树坚果类产品主要有杏、杏干、杏仁、腰果、开心果和核桃。2013 年，带壳腰果进口贸易量居世界第一，脱壳腰果出口贸易量居世界第二。

(1) 杏

在进出口贸易中，印度杏进口贸易较多。印度杏 1961—2013 年累计进出口 6 133 吨、合 594.80 万美元（累计进口 4 200 吨、合 457.90 万美元，累计出口 1 933 吨、合 136.90 万美元）。2004—2013 年，印度杏年均进出口 149.10 吨、合 15.29 万美元（进口 78.80 吨、合 12.40 万美元，出口 70.30 吨、合 2.89 万美元），该十年印度杏进出口贸易累计总量和总额分别约为 1961—2013 年累计总量和总额的 24.31% 和 25.71%。1961—2013 年，印度杏进口量有 38 年超过十吨，其中有 14 年超过百吨，最高为 1994 年的 578 吨；进口额有 38 八年超过万美元，其中有 15 年超过十万美元，最高为 1994 年的 47.40 万美元；出口量有 36 年超过十吨，其中有 3 年超过百吨，最高为 2008 年的 163 吨；出口额有 34 年超过万美元，其中有 3 年超过十万美元，最高为 1978 年的 19.40 万美元（图 5-41）。

此外，印度还存在一定量的杏干和杏仁进出口贸易。在杏干进出口贸易中，印度以进口贸易为主，所占比重在九成以上。1987—2013 年，印度杏干累计进出口 4.16 万吨、合 8 595.30 万

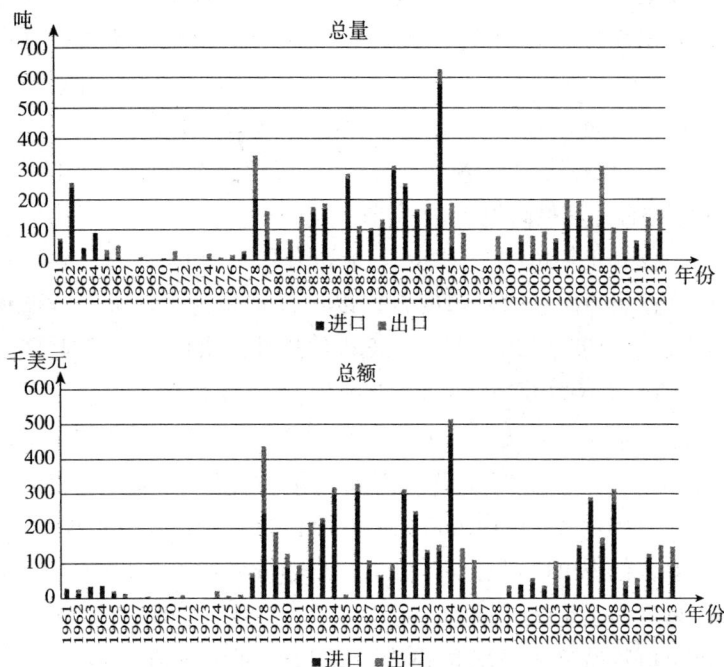

图 5-41　印度 1961—2013 年杏进出口贸易总量和总额变化情况
资料来源：联合国粮食及农业组织（FAO）。

美元（累计进口 4.09 万吨、合 8 523.40 万美元，累计出口 729
吨、合 71.90 万美元）。2004—2013 年印度杏干年均进出口
2 897.60吨、合 679.67 万美元（年均进口 2 845.20 吨、合
675.21 万美元，年均出口 52.40 吨、合 4.46 万美元），该十年
杏干进出口贸易累计总量和总额分别约为 1987—2013 年累计总
量和总额的 69.61％和 79.07％。1987—2013 年，印度杏干贸易
量总体呈增长趋势，从 1987 年的 416 吨、合 48.70 万美元（进
口 395 吨、合 46.70 万美元，出口 21 吨、合 2 万美元）增长到
2013 年的 4 735 吨、合 1 372.50 万美元（进口 4 709 吨、合
1 365万美元，出口 26 吨、合 7.50 万美元）。1987—2013 年，印

度杏干进口量均超过十吨，其中有 25 年超过百吨，有 16 年超过千吨，最高为 2013 年的 4 709 吨；进口额均超过万美元，其中有 26 年超过十万美元，有 16 年超过百万美元，有两年超过千万美元，最高为 2013 年的 1 365 万美元；1987—2013 年，印度杏干有 19 年存在出口贸易，出口量有 15 年超过十吨，其中仅有 1 年超过百吨，最高为 2007 年的 286 吨；出口额有 16 年超过万美元，仅有 1 年超过十万美元，最高为 2007 年的 20.20 万美元。

在进出口贸易中，印度杏仁以进口贸易为主，所占比重在 99% 以上。1987—2013 年，印度杏仁累计进出口 8.61 万吨、合 4.99 亿美元（累计进口 8.52 万吨、合 4.95 亿美元，累计出口 825 吨、合 381.80 万美元）。2004—2013 年印度杏仁年均进出口 5 645.80 吨、合 3 620.72 万美元（年均进口 5 573.70 吨、合 3 586.90 万美元，年均出口 72.10 吨、合 33.82 万美元），该十年印度杏仁进出口贸易累计总量和总额分别约为 1987—2013 年累计总量和总额的 65.61% 和 72.59%。1987—2013 年，印度杏仁进出口贸易整体呈增长趋势，从 1987 年（进口）的 635 吨、合 73.10 万美元增长至 2013 年的 5 886 吨、合 4 493.20 万美元（进口 5 577 吨、合 4 316.80 万美元，出口 309 吨、合 176.40 万美元）。1987—2013 年，印度杏仁进口量均超过百吨，其中有 23 年超过千吨，最高为 2011 年的 8 457 吨；进口额均超过十万美元，其中有 25 年超过百万美元，有 17 年超过千万美元，最高为 2011 年的 5 307.80 万美元；1987—2013 年，印度杏仁仅有 15 年存在出口贸易，出口量有 13 年超过十吨，其中有两年超过百吨，最高为 2013 年的 309 吨；出口额有 14 年超过万美元，其中有 8 年超过十万美元，仅有 1 年超过百万美元，最高为 2013 年的 176.40 万美元。

（2）腰果

印度是世界腰果生产和加工大国。在腰果进出口贸易中，印度大量进口带壳腰果，经过加工后，又将大量脱壳腰果出口国外。印度带壳腰果 1961—2013 年累计进出口 1 202.64 万吨、合 95.12 亿美元（累计进口 1 196.34 万吨、合 92.66 亿美元，累计出口 6.30 万吨、合 2.47 亿美元）。2004—2013 年，印度带壳腰果年均进出口 64.66 万吨、合 6.27 亿美元（年均进口 64.52 万吨、合 6.25 亿美元，年均出口 1 378.50 吨、合 197.24 万美元），该十年印度带壳腰果进出口贸易累计总量和总额分别约为 1961—2013 年累计总量和总额的 53.77% 和 65.89%。1961—2013 年，印度带壳腰果进口量均超过千吨，其中有 52 年超过万吨，有 35 年超过十万吨，最高为 2013 年的 82.99 万吨；进口额均超过百万美元，其中有 50 年超过千万美元，有 19 年超过亿美元，有 1 年超过十亿美元，最高为 2011 年的 11.47 亿美元；印度带壳腰果仅在 1996—2013 年存在出口贸易，出口量有 17 年超过百吨，其中有 12 年超过千吨，仅有 1 年超过万吨，最高为 1997 年的 1.07 万吨；出口额均超过万美元，其中有 17 年超过十万美元，有 15 年超过百万美元，有 7 年超过千万美元，最高为 1997 年的 5 211.50 万美元；进出口贸易总量只有 1982 年低于万吨（4 864 吨），且有 35 年超过十万吨，最高为 2013 年的 83.42 万吨；进出口贸易总额只有 1978 年、1980 年和 1982 年低于千万美元，且有 20 年超过一亿美元，最高为 2011 年为 11.48 亿美元。

在印度脱壳腰果进出口贸易中，主要是以出口贸易为主，除 1996—1998 年三年进口贸易量（额）较大外，出口贸易量（额）所占比重均在九成以上，且 1961—1995 年仅有 1986 年有进口贸易。1961—2013 年累计进出口 422.19 万吨、合 157.84 亿美元（累计进口 66.48 万吨、合 6.36 亿美元，累计出口 355.71 万吨、合 151.48 亿美元）。2004—2013 年，印度脱壳腰果年均进出口 11.90 万吨、合 6.63 亿美元（年均进口 2 665 吨、合 604.71 万

美元，年均出口 11.64 万吨、合 6.57 亿美元），该十年印度脱壳
腰果进出口贸易累计总量和总额分别约为 1961—2013 年累计总
量和总额的 28.19% 和 42.03%。1961—2013 年，印度脱壳腰果
仅有 19 年存在进口贸易，进口量均超过十吨，其中有 17 年超过
百吨，有 12 年超过千吨，有 4 年超过万吨，有 3 年超过十万吨，
最高为 1997 年的 22.68 万吨；进口额均超过万美元，其中有 17
年超过十万美元，有 12 年超过百万美元，有 6 年超过千万美元，
有 3 年超过亿美元，最高为 1998 年的 1.96 亿美元；出口量均超
过万吨，其中有 10 年超过十万吨，最高为 2011 年的 13.34 万
吨；出口额均超过千万美元，其中有 39 年超过亿美元，最高为
2013 年的 9.22 亿美元（图 5-42）。

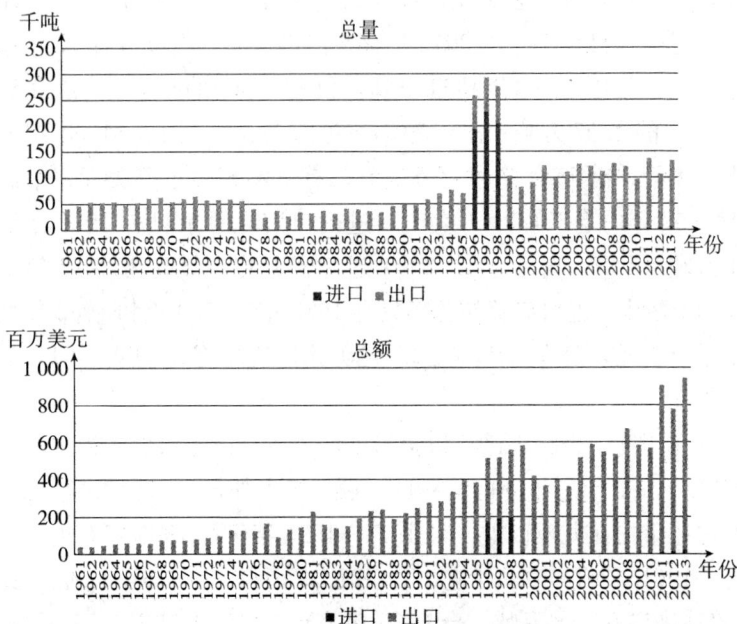

图 5-42　印度 1961—2013 年脱壳腰果进出口贸易总量和总额变化情况
资料来源：联合国粮食及农业组织（FAO）。

（3）开心果

在进出口贸易中，印度开心果以进口贸易为主，所占比重超过九成。印度开心果 1961—2013 年累计进出口 13.31 万吨、合 6.52 亿美元（累计进口 13.20 万吨、合 6.48 亿美元，累计出口 1 085 吨、合 434.40 万美元）。2004—2013 年，印度开心果年均进出口 7 164.40 吨、合 4 640.78 万美元（进口 7 099.20 吨、合 4 609.63 万美元，出口 65.20 吨、合 31.15 万美元），该十年印度开心果进出口贸易累计总量和总额分别约为 1961—2013 年累计总量和总额的 53.82% 和 71.18%。1961—2013 年，印度开心果进出口贸易总量和总额整体上呈现逐渐增长趋势，从 1961 年的 980 吨、合 132.50 万美元（进口 968 吨、合 129.60 万美元，出口 12 吨、合 2.90 万美元）增长至 2013 年的 1.05 万吨、合 7 147.50 万美元（进口 1.05 万吨、合 7 132 万美元，出口 28 吨、合 15.50 万美元）。1961—2013 年，印度开心果进口量均超过十吨，其中有 51 年超过百吨，有 25 年超过千吨，有 1 年超过万吨，最高为 2013 年的 1.05 万吨；进口额均超过十万美元，其中有 33 年超过百万美元，有 18 年超过千万美元，最高为 2013 年的 7 132 万美元；1961—2013 年，印度开心果仅有 27 年存在出口贸易，出口量有 18 年超过十吨，其中仅有两年超过百吨，最高为 2004 年的 366 吨；出口额有 17 年超过万美元，其中有 11 年超过十万美元，有 1 年超过百万美元，最高为 2004 年的 130.70 万美元。

（4）核桃

在进出口贸易中，印度核桃以出口贸易为主，所占比重在 95% 以上[1]。印度核桃 1961—2013 年累计进出口 27.59 万吨、合 8.16 亿美元（累计进口 1 320 万吨、合 246.60 万美元，累计

---

[1] 核桃包括带壳核桃和脱壳核桃。

出口 27.46 万吨、合 8.14 亿美元)。2004—2013 年印度核桃年
均进出口 6 300.60 吨、合 3 669.39 万美元(年均进口 55.70 吨、
合 18.27 万美元,年均出口 6 244.90 吨、合 3 651.12 万美元),
该十年印度核桃进出口贸易累计总量和总额分别约为 1961—
2013 年累计总量和总额的 22.83% 和 44.96%。1961—2013 年,
印度核桃仅有 20 年存在进口贸易,进口量有 10 年超过十吨,其
中有 4 年超过百吨,最高为 2000 年的 572 吨;进口额有 14 年超
过万美元,其中有 5 年超过十万美元,有 1 年超过百万美元,最
高为 2013 年的 104.30 万美元;1961—2013 年,印度核桃的出
口量维持在 2 000~10 000 吨之间,最高为 2009 年的 9 072 吨;
出口额均超过百万美元,其中有 30 年超过千万美元,最高为
2013 年的 5 622.20 万美元。

三、家禽和牲畜类产品

印度进出口的家禽和牲畜类产品主要为四大类,即:活家禽
和活牲畜类产品,肉类产品,蛋和奶类产品,以及皮、毛和油脂
类产品。

1. 活家禽和活牲畜类产品

印度的活家禽和活牲畜类产品进出口贸易主要有包括鸡、鸭
和火鸡等的家禽,包括水牛和黄牛等的牛,包括山羊和绵羊的
羊,以及猪等。

(1)家禽①

很长时间里,印度家禽以出口为主,但近年来出口贸易量和
出口贸易额均有所下降,且被进口贸易所超过,尤其是进口贸易
额近年来有很大幅度的增长。印度家禽 1961—2013 年累计进出
口 7 406.90 万只、合 4 723 万美元(累计进口 153.50 万只、合

---

① 家禽包括鸡、鸭和火鸡。

2 500.90 万美元，累计出口 7 253.40 万只、合 2 222.10 万美元）。2004—2013 年，印度家禽年均进出口 85.14 万只、合 293.20 万美元（进口 9.87 万只、合 237.86 万美元，出口 75.27 万只、合 55.34 万美元），该十年印度家禽进出口贸易累计总量和总额分别约为 1961—2013 年累计总量和总额的 11.49% 和 62.08%。1961—2013 年，印度家禽贸易总量以 1995 年为分界线，呈现先增长后下降的趋势，从 1961 年的 5 000 只（无出口贸易）增长至 1995 年的 917.80 万只（无进口贸易），又下降至 2013 年的 81.90 万只（进口 9.40 万只，出口 72.50 万只）；印度家禽贸易总额总体上呈现逐渐增长的趋势，从 1961 年的 2 000 美元增长至 2013 年的 460.20 万美元。1961—2013 年，印度家禽有 36 年存在进口贸易，进口量有 22 年超过万只，其中有 6 年超过十万只，最高为 2009 年的 17.90 万只；进口额有 27 年超过万美元，其中有 14 年超过十万美元，有 8 年超过百万美元，最高为 2009 年的 499.30 万美元；出口量有 47 年超过万只，其中有 39 年超过十万只，有 17 年超过百万只，最高为 1995 年的 917.80 万只；出口额有 42 年超过万美元，其中有 37 年超过十万美元，有 7 年超过百万美元，最高为 1995 年的 252.50 万美元（图 5-43）。

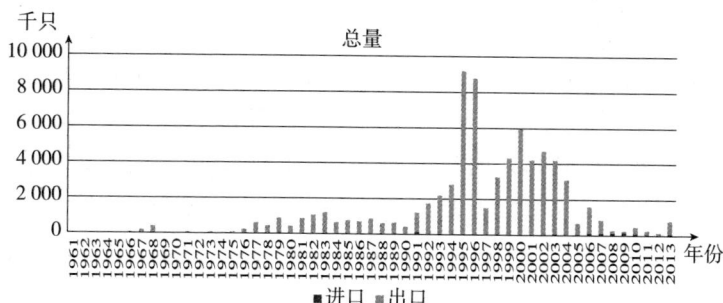

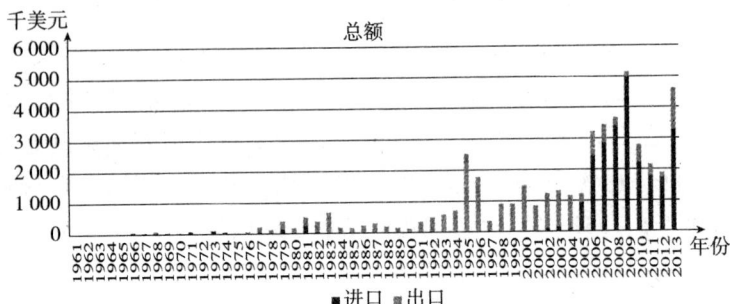

图 5-43　印度 1961—2013 年家禽进出口贸易总量和总额变化情况
资料来源：联合国粮食及农业组织（FAO）。

（2）牛①

印度牛 1961—2013 年累计进出口 117.40 万头、合 1.71
亿美元（累计进口 47.83 万头、合 4 010.60 万美元，累计出
口 69.57 万头、合 1.31 亿美元）。2004—2013 年印度牛年均
进出口 3.02 万头、合 135.73 万美元（年均进口 1.31 万头、
合 81.32 万美元，年均出口 1.71 头、合 54.41 万美元），该十
年印度牛进出口贸易累计总量和总额分别约为 1961—2013 年
累计总量和总额的 25.70% 和 7.95%。1961—2013 年，印度
活牛贸易总量和总额呈现先增长后下降的趋势，1961—1964
年无活牛进出口贸易，印度活牛贸易总量从 1965 年的 91 头
（无出口贸易）增长至 1994 年的 9.46 万头（进口 5.96 万头，
出口 3.50 万头），又下降至 2013 年的 5.90 万头（进口 4 万
头，出口 1.90 万头）；印度活牛贸易总额从 1965 年的 9.10 万
美元（无出口贸易）增长至 1985 年的 1 780 万美元（进口 580
万美元，出口 1 200 万美元），又下降至 2013 年的 372.20 万
美元（进口 277 万美元，出口 95.20 万美元）。1961—2013

---

① 包括水牛和黄牛。

年，印度活牛进口量均超过十头，其中有 39 年超过百头，有
27 年超过千头，有 17 年超过万头，最高为 1994 年的 5.96 万
头；进口额有 42 年超过万美元，其中有 29 年超过十万美元，
有 8 年超过百万美元，最高为 1985 年的 580 万美元；出口量
有 36 年超过十头，其中有 32 年超过百头，有 26 年超过千头，
有 23 年超过万头，最高为 2011 年的 6.29 万头；出口额有 31
年超过万美元，其中有 26 年超过十万美元，有 21 年超过百万
美元，有两年超过千万美元，最高为 1983 年的 1 447.70 万美
元（图 5-44）。

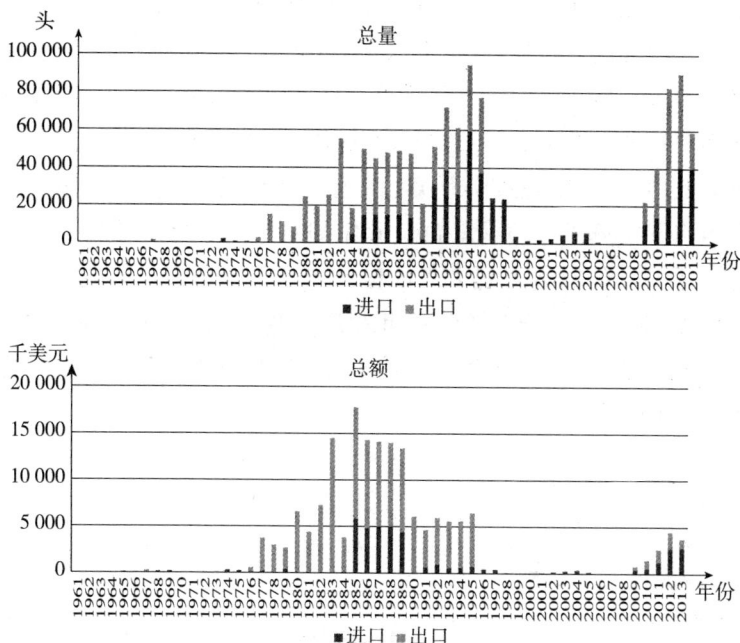

图 5-44　印度 1961—2013 年活牛进出口贸易总量和总额变化情况
资料来源：联合国粮食及农业组织（FAO）。

（3）羊①

印度羊1961—2013年累计进出口700.77万只、合1.50亿美元（累计进口149.99万只、合1738.90万美元，累计出口550.78万只、合1.33亿美元）。2004—2013年，印度羊年均进出口35.55万只、合940.64万美元（年均进口1580只、合2.28万美元，年均出口35.39万只、合938.36万美元），该十年印度羊进出口贸易累计总量和总额分别约为1961—2013年累计总量和总额的50.72%和62.57%。1961—2013年，印度活羊贸易总量和总额呈现波动式上升趋势（图5-45），从1961年的2.27万只、合26.30万美元（无进口贸易）增长至2013年的26.29万只、合1041.60万美元（无进口贸易）。1961—2013年，印度活羊进口量有42年超过百只，其中有41年超过千只，有29年超过万只，有5年超过十万只，最高为1991年的16.25万只；进口额有41年超过万美元，其中有27年超过十万美元，有7年超过百万美元，最高为1991年的198.40万美元；出口量有49年超过百只，其中有47年超过千只，有35年超过万只，有18年超过十万只，最高为2008年的85.70万只；出口额有47年超过万美元，其中有39年超过十万美元，有23年超过百万美元，有5年超过千万美元，最高为2009年的1563.60万美元。

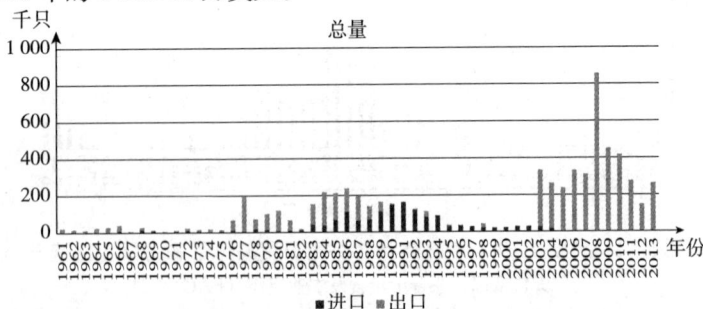

① 包括山羊和绵羊。

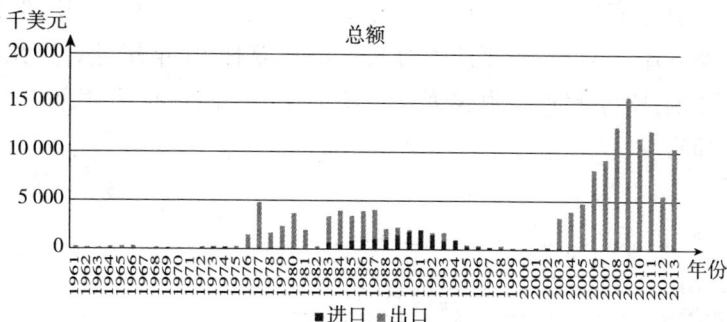

图 5-45　印度 1961—2013 年活羊进出口贸易总量和总额变化情况
资料来源：联合国粮食及农业组织（FAO）。

（4）猪

印度猪1971—2013 年累计进出口 63.15 万头、合 1 155 万
美元（累计进口 29.63 万头、合 506 万美元，累计出口 33.53
万头、合 649 万美元）。2004—2013 年，印度猪年均进出口
1 954 头、合 5.45 万美元（年均进口 6 头、合 200 美元，年均
出口 1 948 头、合 5.43 万美元），该十年印度猪进出口贸易
累计总量和总额分别约为 1971—2013 年累计总量和总额的
3.09％和 4.72％。1971—1981 年，印度生猪贸易主要是进口
贸易，无出口贸易；1982—1991 年是印度生猪贸易的繁荣期，
出口贸易和进口贸易均呈现较好的发展态势，贸易总量和总
额均较高；1992—2003 年，主要以进口贸易为主，无出口贸
易；2004—2013 年，除 2011 年进口 60 头、合 2 000 美元外，
其他年份无进口贸易，主要以出口贸易为主。1971—2013 年，
印度生猪有 31 年存在进口贸易，进口量均超过十头，其中
有 26 年超过百头，有 20 年超过千头，有 14 年超过万头，最高
为 1999 年的 2.88 万头；进口额有 21 年超过万美元，其中有
17 年超过十万美元，最高为 1987 年的 70 万美元；1971—
2013 年，印度生猪有 20 年存在出口贸易，出口量均超过十

头，其中有 19 年超过百头，有 18 年超过千头，有 10 年超过万头，最高为 1988 年的 4 万头；出口额有 19 年超过万美元，其中有 12 年超过十万美元，最高为 1982 年的 95 万美元（图5-46）。

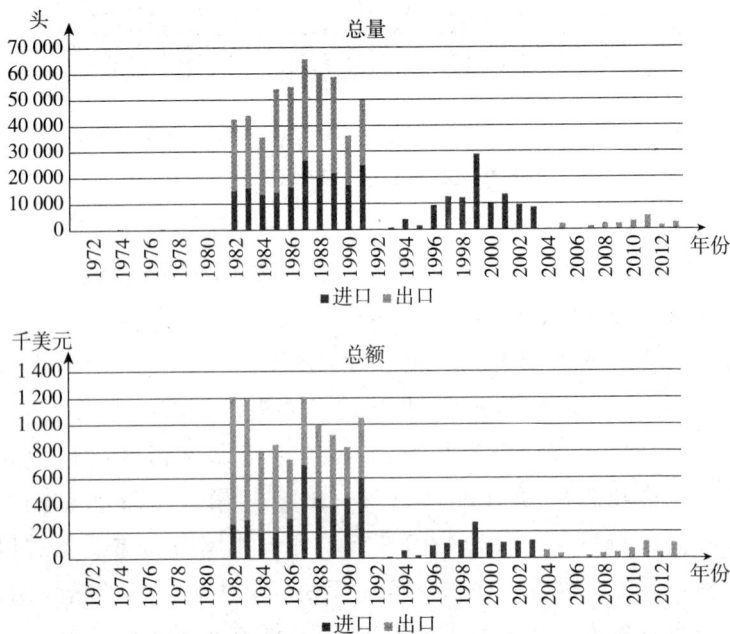

图 5-46　印度 1971—2013 年猪进出口贸易总量和总额变化情况
资料来源：联合国粮食及农业组织（FAO）。

2. 肉类产品

印度的肉类产品进出口贸易主要有家禽肉、牛肉、羊肉、猪肉和动物内脏等。其中，进口贸易以猪肉为主，其在印度肉类产品进出口贸易中的比重超过八成；出口贸易以牛肉为主，其在印度肉类产品进出口贸易中的比重超过九成（表5-2）。

表 5-2　印度 2004—2013 年主要肉类产品年均
进出口贸易量（额）比重情况

单位:%

	进口量	进口额	出口量	出口额
牛肉	0.99	0.53	95.32	94.36
猪肉	93.46	87.84	0.08	0.07
家禽肉	1.34	1.96	0.44	0.25
羊肉	2.61	7.09	2.46	3.65
内脏	0.63	0.61	1.65	1.62
其他	0.96	1.97	0.05	0.06

资料来源：联合国粮食及农业组织（FAO）。

在进出口贸易中，印度肉类产品以出口贸易为主，所占比重超过 99%。印度肉类产品 1961—2013 年累计进出口 1 043.12 万吨、合 213.17 亿美元（累计进口 9 247 吨、合 3 624.80 万美元，累计出口 1 042.19 万吨、合 212.81 亿美元）。2004—2013 年，印度肉类产品年均进出口 72.30 万吨、合 17.71 亿美元（进口 885.70 吨、合 320.41 万美元，出口 72.21 万吨、合 17.68 亿美元），该十年印度肉类产品进出口贸易累计总量和总额分别约为 1961—2013 年累计总量和总额的 69.31% 和 83.10%。1961—2013 年，印度肉类产品进出口贸易整体呈增长趋势，从 1961 年的 521 吨、合 99.90 万美元（进口 10 吨、合 5 万美元，出口 511 吨、合 94.90 万美元）增长至 2013 年的 164.12 万吨、合 47.98 亿美元（进口 839 吨、合 524.10 万美元，出口 164.04 万吨、合 47.93 亿美元），进出口贸易总量和总额增幅分别约为 3 150 倍和 4 803 倍、年均增长分别约为 16.76% 和 17.71%。1961—2013 年，印度肉类产品进口量有 20 年超过十吨，其中有 10 年超过百吨，有 4 年超过千吨，最高为 2009 年的 1 728 吨；进口额有 41 年超过万美元，其中有 21 年超过十万美元，有 9 年超过百万美元，最高为 2012 年的 524.30 万美元；出口量有 48 年超过十吨，其中有 45 年超过百吨，有 42 年超过千吨，有 37 年超过万吨，有 21 年超过十万吨，有 2 年超过百万吨，最高为 2013 年的 164.04 万吨；出口额均超过十万美元，其中有 47 年超过百万美元，有 38 年超过千万美元，有 21 年超过亿美元，有 6 年超过十亿美元，最高为 2013 年的 47.93 亿美元。

3. 蛋奶类产品

印度的蛋奶制品进出口贸易主要有包括鸡蛋、全脂奶、脱脂奶、酸奶、黄油和奶酪等。其中，进口贸易以牛奶为主，其在印度蛋奶类产品进出口贸易中的比重超过六成；出口贸易以鸡蛋和牛奶为主，其在印度蛋奶类产品进出口贸易中的比重超过八成（表 5-3）。

表 5-3　印度 2004—2013 年主要蛋奶类产品年均
进出口贸易量（额）比重情况

单位：%

	进口量	进口额	出口量	出口额
鸡蛋	1.70	1.67	49.40	35.08
全脂奶	14.31	14.78	9.45	7.86
脱脂奶	50.88	52.96	36.96	51.27
酸奶	0.38	0.20	0.54	0.79
奶酪	6.18	11.00	1.98	3.43
其他	26.56	19.40	1.67	1.57

资料来源：联合国粮食及农业组织（FAO）。

在进出口贸易中，1961—1990 年，印度蛋奶类产品以进口为主，1991—2013 年，则以出口为主。印度蛋奶类产品 1961—

2013 年累计进出口 275.36 万吨、合 53.78 亿美元（累计进口
135.70 万吨、合 23.64 亿美元，累计出口 139.66 万吨、合
30.14 亿美元）。2004—2013 年，印度肉类产品年均进出口
12.18 万吨、合 3.19 亿美元（进口 1.41 万吨、合 6 372.99 万美
元，出口 10.77 万吨、合 2.56 亿美元），该十年印度蛋奶类产品
进出口贸易累计总量和总额分别约为 1961—2013 年累计总量和
总额的 44.22% 和 59.37%。1961—2013 年，印度蛋奶类产品进
出口贸易整体呈波动式上升趋势（图 5-47），从 1961 年的 4.89
万吨、合 1 654.50 万美元（进口 4.75 万吨、合 1 567.50 万美
元，出口 1 375 吨、合 87 万美元）升至 2013 年的 20.72 万吨、
合 7 亿美元（进口 8 251 吨、合 3 568.90 万美元，出口 19.90 万
吨、合 6.65 亿美元）。1961—2013 年，印度蛋奶产品进口量均
超过百吨，其中有 50 年超过千吨，有 34 年超过万吨，最高为
1982 年的 6.97 万吨；进口额均超过百万美元，其中有 46 年超
过千万美元，有 8 年超过亿美元，最高为 1982 年的 2.02 亿美
元；出口量有 43 年超过百吨，其中有 33 年超过千吨，有 20 年
超过万吨，有 4 年超过十万吨，最高为 2013 年的 19.90 万吨；
出口额均超过万美元，其中有 47 年超过十万美元，有 37 年超过
百万美元，有 20 年超过千万美元，有 10 年超过亿美元，最高为
2013 年的 6.65 亿美元。

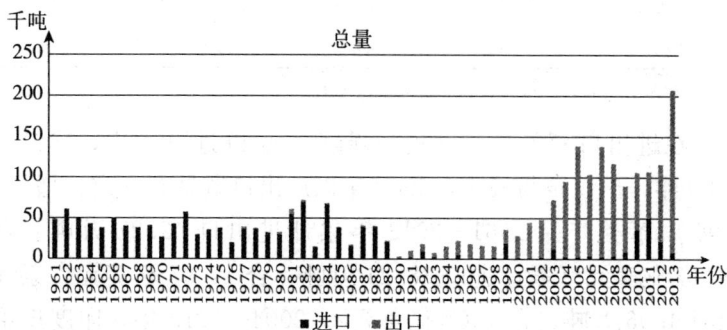

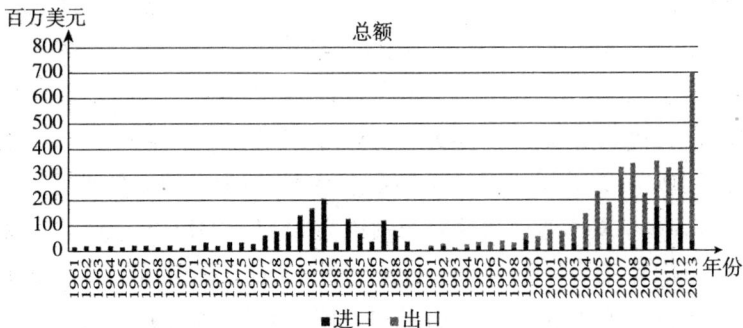

图 5-47　印度 1961—2013 年蛋奶类产品进出口贸易总量和总额变化情况
资料来源：联合国粮食及农业组织（FAO）。

4. 皮革类产品

印度的皮革类产品贸易主要有包括牛皮、羊皮和马皮。其中，马皮的贸易量极少，仅发生在 1978 年、1981 年、1982 年和 1984 年，以牛皮和羊皮为主，其所占印度皮革进出口贸易的九成以上（表 5-4）。

表 5-4　印度 2004—2013 年主要皮革类产品年均
进出口贸易量（额）比重情况

单位：%

	进口量	进口额	出口量	出口额
牛皮	76.98	62.25	76.07	78.19
羊皮	23.02	37.75	23.93	21.81
马皮	0.00	0.00	0.00	0.00

资料来源：联合国粮食及农业组织（FAO）。

在进出口贸易中，印度皮革类产品以进口为主，1961—2000 年，出口贸易较少，2000 年以后出口贸易有一定的增长。印度皮革类产品 1961—2013 年累计进出口 42.27 万吨、合 14.03 亿美元（累计进口 38.21 万吨、合 12.95 亿美元，累计出口 4.06 万吨、合 1.07 亿美元）。2004—2013 年，印度皮革

类产品年均进出口 2.28 万吨、合 8 130.29 万美元（进口 1.90
万吨、合 7 060.71 万美元，出口 3 788.80 吨、合 969.58 万美
元），该十年印度皮革类产品进出口贸易累计总量和总额分别
约为 1961—2013 年累计总量和总额的 53.91％ 和 57.97％。
1961—2013 年，印度皮革类产品进口量有 50 年超过十吨，其
中有 43 年超过百吨，有 28 年超过千吨，有 19 年超过万吨，
最高为 2009 年的 2.76 万吨；进口额有 49 年超过万美元，其
中有 33 年超过十万美元，有 27 年超过百万美元，有 26 年超
过千万美元，有 1 年超过亿美元，最高为 2008 年的 1.01 亿美
元；1961—2013 年，印度皮革类产品仅有 35 年存在出口贸
易，出口量有 26 年超过十吨，其中有 14 年超过百吨，有 9 年
超过千吨，有 1 年超过万吨，最高为 2008 年的 1.56 万吨；出
口额有 35 年超过万美元，其中有 25 年超过十万美元，有 16
年超过百万美元，有 3 年超过千万美元，最高为 2008 年的
4 260.60 万美元。

5. 羊毛和生丝

（1）羊毛

在进出口贸易中，印度羊毛以进口贸易为主，在很长时间
内所占比重超过 95％。印度羊毛 1961—2013 年累计进出口
234.27 万吨、合 58.88 亿美元（累计进口 219.51 万吨、合
56.74 亿美元，累计出口 14.77 吨、合 2.14 万美元）。2004—
2013 年，印度羊毛年均进出口 8.51 万吨、合 2.68 亿美元
（进口 8.40 万吨、合 2.64 亿美元，出口 1 062.20 吨、合
371.76 万美元），该十年印度羊毛进出口贸易累计总量和总额
占 1961—2013 年累计总量和总额的 36.32％ 和 45.46％。
1961—2014 年，印度羊毛贸易总量和总额整体上呈现增长趋
势，由 1961 年的 1.87 万吨、合 2 399 万美元（进口 4 420 吨、
合 652 万美元，出口 1.43 万吨、合 1 747 万美元）增长到

2013 年的 9.21 万吨、合 3.32 亿美元（进口 9.01 万吨、合 3.24 亿美元，出口 2001 吨、合 762.60 万美元）。1961—2013 年，印度羊毛进口量均超过千吨，其中有 47 年超过万吨，有 1 年超过十万吨，最高为 2006 年的 10.28 万吨；进口额均超过百万美元，其中有 52 年超过千万美元，有 26 年超过亿美元，最高为 2011 年 3.80 亿美元；出口量有 48 年超过十吨，其中有 44 年超过百吨，有 22 年超过千吨，有 5 年超过万吨，最高为 1961 年的 1.43 万吨；出口额有 50 年超过万美元，其中有 45 年超过十万美元，有 32 年超过百万美元，有 6 年超过千万美元，最高为 1964 年的 1 755 万美元（图 5-48）。

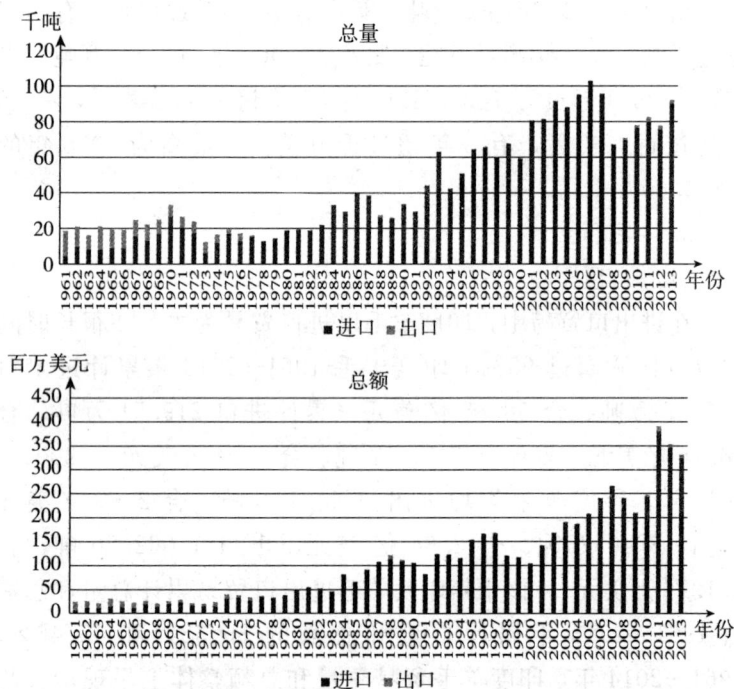

图 5-48　印度 1961—2013 年羊毛进出口贸易总量和总额变化情况
资料来源：联合国粮食及农业组织（FAO）。

(2) 生丝

在进出口贸易中，印度生丝以进口贸易为主，所占比重在95％以上。印度生丝1961—2013年累计进出口14.42万吨、合34.31亿美元（累计进口14.26万吨、合33.98亿美元，累计出口1 569吨、合3 303.60万美元）。2004—2013年印度生丝年均进出口6 546吨、合1.83亿美元（年均进口6 451.40吨、合1.82亿美元，年均出口94.60吨、合161.77万美元），该十年印度生丝进出口贸易累计总量和总额分别约为1961—2013年累计总量和总额的45.40％和53.41％。1961—2013年，印度生丝贸易总量和总额总体上呈增长趋势，从1961年的97吨、合109.30万美元（进口91吨、合103.90万美元，出口6吨、合5.40万美元）增长到2013年的3 618吨、合1.66亿美元（进口3 609吨、合1.66亿美元，出口9吨、合67.50万美元）。1961—2013年，印度生丝进口量均超过十吨，其中有39年超过百吨，有32年超过千吨，最高为2003年的9 258吨；进口额均超过十万美元，其中有42年超过百万美元，有32年超过千万美元，有15年超过亿美元，最高为2012年的2.34亿美元；1961—2013年，印度生丝有42年存在出口贸易，出口量有23年超过十吨，其中有4年超过百吨，最高为2009年的313吨；出口额有41年超过万美元，其中有27年超过十万美元，有12年超百万美元，最高为2005年的445.30万美元。

6. 动物油脂

1961—1983年，印度动物油脂进口贸易总量和总额较大，1984—2013年，印度动物油脂进口量维持在100～1 000吨之间，出口贸易虽有所增加，单是贸易量相对较小。印度动物油脂1961—2013年累计进出口128.60万吨、合4.88亿美元（累计进口123.75万吨、合4.26亿美元，累计出口4 851.80万吨、

合 6 126.80 万美元）。2004—2013 年，印度动物油脂年均进出口
3 312.70 吨、合 666.70 万美元（进口 491 吨、合 169.24 万美
元，出口 2 821.70 吨、合 497.46 万美元），该十年印度动物油
脂进出口贸易累计总量和总额分别约为 1961—2013 年累计总量
和总额的 2.58％ 和 13.67％。1961—2013 年，印度动物油脂贸
易总量和总额总体上呈现先增长后下降的趋势，从 1961 年的
7 821 吨、合 173.20 万美元（无出口贸易）增长到 1983 年的
11.18 万吨、合 4 997.30 万美元（无出口贸易），又下降到 2013
年的 847 吨、合 642.10 万美元（进口 291 吨、合 254.60 万美
元，出口 556 吨、合 387.50 万美元）。1961—2013 年，印度动
物油脂进口量均超过百吨，其中有 23 年超过千吨，有 16 年超过
万吨，有 4 年超过十万吨，最高为 1967 年的 11.75 万吨；进口
额均超过十万美元，其中有 33 年超过百万美元，有 15 年超过千
万美元，最高为 1981 年的 5 345.90 万美元；1961—2013 年，印
度动物油脂有 37 年存在出口贸易，出口量有 31 年超过十吨，其
中有 21 年超过百吨，有 7 年超过千吨，有 2 年超过万吨，最高
为 1984 年的 1.32 万吨；出口额有 33 年超过万美元，其中有 21
年超过十万美元，有 12 年超过百万美元，有 1 年超过千万美元，
最高为 2004 年的 1 284.70 万美元。

四、油料类产品

印度进出口的油料类产品主要包括油料作物和油类产品。

1. 油料作物类

印度的油料作物类产品贸易中，主要品种包括葵花籽、亚麻
籽、油菜籽、芝麻、罂粟籽、大豆、花生、椰子和棉籽等。其
中，在进口贸易中以芝麻和罂粟籽为主，占印度油料作物进口贸
易的三成以上；出口贸易中以花生和芝麻为主，占印度油料作物
出口贸易的八成左右（表 5-5）。

表 5-5 印度 2004—2013 年主要油料作物年均

进出口贸易量（额）比重

单位：%

	进口量	进口额	出口量	出口额
椰子	0.44	0.15	1.40	1.25
棉籽	0.01	0.00	0.37	0.12
脱壳花生	0.46	0.20	45.49	44.24
亚麻籽	0.61	0.32	0.39	0.39
罂粟籽	16.65	38.87	0.02	0.05
油菜籽	1.96	1.35	2.90	1.61
芝麻	18.85	28.57	33.47	42.40
大豆	0.33	0.24	4.00	2.33
葵花籽	1.18	0.92	0.50	0.49
其他	59.52	29.38	11.46	7.13

资料来源：联合国粮食及农业组织（FAO）。

在进出口贸易中，印度油料作物类产品以出口为主，在很长时间内所占比重超过 95%。印度油料作物类产品 1961—2013 年累计进出口 1 527.14 万吨、合 128.92 亿美元（累计进口 202.98 万吨、合 10.23 亿美元，累计出口 1 324.16 万吨、合 118.69 亿美元）。2004—2013 年，印度油料作物类产品年均进出口 85.94 万吨、合 9.45 亿美元（进口 6.64 万吨、合 6 123.81 万美元，出口 79.30 万吨、合 8.84 亿美元），该十年印度油料作物类产品进出口贸易累计总量和总额分别约为 1961—2013 年累计总量和总额的 56.27% 和 73.33%。1961—2013 年，印度油料作物类产品整体呈增长趋势，进出口贸易总量（总额）从 1961 年的 13.19 万吨、合 3 100.80 万美元（进口 8.97 万吨、合 2 035.50 万美元，出口 4.22 万吨、合 1 065.30 万美元）增长至 2013 年的 139.40 万吨、合 17.90 亿美元（进口 14.29 万吨、合 1.91 亿美元，出口 125.11 万吨、合 15.99 亿美元），增幅分别为 9.57 倍和 56.73 倍，年均增长率分别约为 4.64% 和 8.11%。1961—2013 年，印度油料作物产品进口量均超过千吨，其中有 41 年超过万吨，有 1 年超过十万吨，最高为 2013 年的 14.29 万吨；进口额均超过百万美元，其中有 23 年超过千万美元，有 1 年超过亿美元，最高为 2013 年的 1.91 亿美元；出口量均超过千吨，其中有 50 年超过万吨，有 25 年超过十万吨，有 3 年超过百万吨，最高为 2011 年的 132.45 万吨；出口额均超过十万美元，其中有 50 年超过百万美元，有 41 年超过千万美元，有 20 年超过亿美元，有 3 年超过十亿美元，最高为 2011 年的 16.33 亿美元（图 5-49）。

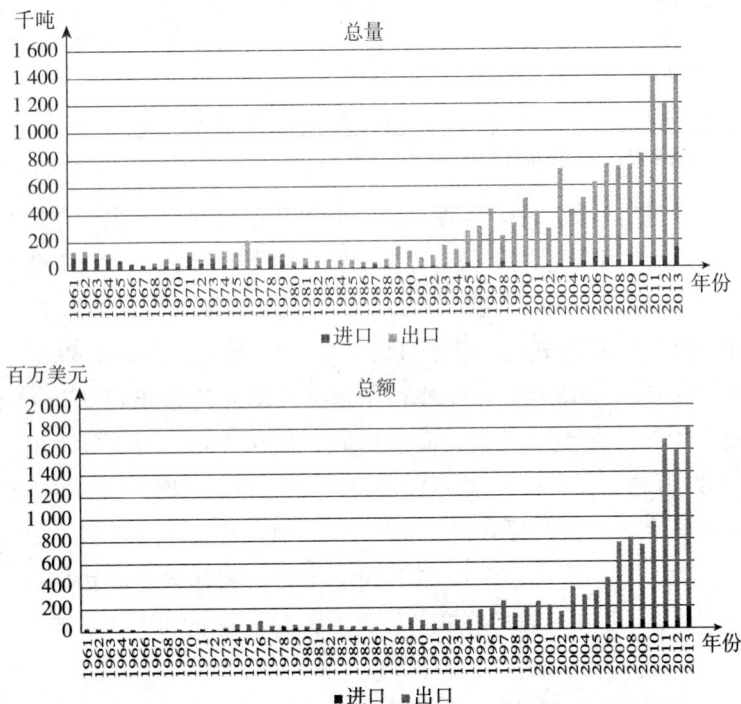

图 5-49 印度 1961—2013 年油料作物类产品
进出口贸易总量和总额变化情况
资料来源：联合国粮食及农业组织（FAO）。

2. 油料作物产品

印度的油料作物产品贸易主要有蓖麻籽油、椰子油、棉籽油、花生油、亚麻籽油、橄榄油、棕榈油①、菜籽油、红花油、芝麻油、大豆油和葵花籽油等。其中，进口贸易中以大豆油和棕榈油为主，占印度油料作物进口贸易的90％以上；出口贸易中以蓖麻籽油、芝麻油、大豆油和花生油为主，占印度油料作物出口贸易量和贸易额的95％以上（表5-6）。

表5-6　印度2004—2013年主要油料作物产品年均
进出口贸易量（额）比重

单位:%

	进口量	进口额	出口量	出口额
蓖麻籽油	0.00	0.00	89.11	85.99
椰子油	0.11	0.13	1.49	1.90
棉籽油	0.01	0.01	0.02	0.02
花生油	0.00	0.00	2.48	2.91
亚麻籽油	0.03	0.05	0.12	0.12
橄榄油	0.07	0.29	0.09	0.11
棕榈油	76.23	72.74	0.29	0.15
菜籽油	0.31	0.45	0.46	0.50
红花油	0.06	0.12	0.02	0.02
芝麻油	0.01	0.02	1.15	1.50
大豆油	16.48	16.89	1.57	1.18
葵花籽油	6.56	9.11	0.60	0.54
其他	0.13	0.19	2.62	5.06

资料来源：联合国粮食及农业组织（FAO）。

在进出口贸易中，印度油料作物产品以进口为主，在很长的时间内所占比重超过九成。印度油料作物产品1961—2013年累计进出口1.24亿吨、合844.84亿美元（累计进口1.15亿吨、

---

① 包括棕榈仁油，下同。

合758.89亿美元，累计出口843.14万吨、合85.95亿美元）。2004—2013年，印度油料作物产品年均进出口716.35万吨、合58.72亿美元（进口675.16万吨、合53.30亿美元，出口41.18万吨、合5.42亿美元），该十年油料作物产品进出口贸易累计总量和总额分别约为1961—2013年累计总量和总额的57.93％和69.51％。1961—2013年，印度油料作物产品贸易总额和总量整体上呈现逐渐增长趋势，从1961年的6.81万吨、合1847.90万美元（进口3.63万吨、合878万美元，出口3.18万吨、合969.90万美元）增长到2013年的1162.25万吨、合106.13亿美元（进口1096.20万吨、合97.72亿元，出口66.05万吨、合8.41亿美元）。1961—2013年，印度油料作物产品进口量均超过万吨，其中有39年超过十万吨，有31年超过百万吨，有两年超过千万吨，最高为2013年的1096.20万吨；进口额均超过百万美元，其中有49年超过千万美元，有36年超过亿美元，有16年超过十亿美元，有1年超过百亿美元，最高为2012年的109.81亿美元；出口量均超过万吨，其中有26年超过十万吨，最高为2013年的66.05万吨；出口额均超过百万美元，其中有46年超过千万美元，有22年超过亿美元，最高为2011年的9.29亿美元（图5-50）。

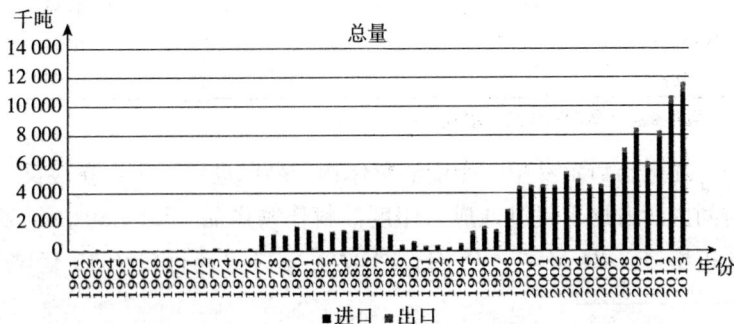

图5-50

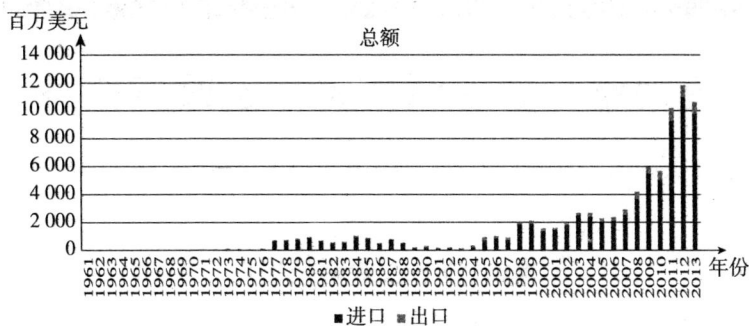

图 5-50 印度 1961—2013 年油料作物产品
进出口贸易总量和总额变化情况
资料来源：联合国粮食及农业组织（FAO）。

第六章　农业科技推广及政府服务

第一节　农业科技推广

农民关心的问题，便是农业科技的努力方向。调查显示，当今印度农民最关心的问题有：农作物的产量和品质，如何减少病虫害；蔬菜的储存和运输，能否卖个好价钱；如何减少农产品的价格波动导致收益不稳等。就西红柿的产量和收益而言，印度农业专家通过深入调研发现，目前印度种植的西红柿中，自然授粉品种占种植面积的 40%，每公顷投入成本为 300 美元，产量 12 吨，收入 650 美元，农民的净利润为 350 美元；而采用杂交授粉技术的西红柿，种植面积占 60%，每公顷的投入成本为 1 800 美元，产量为 45 吨，收入 3 800 美元，农民的净利润达 2 000 美元。科技对农民增产增收的作用不言而喻，做好农业科技推广是印度农业发展的重要工作。

一、印度农业技术推广三大革命

印度科技部最新出台的科学技术与创新政策提出，将农业科研纳入国家研发体系，其首要目标是确保粮食安全。印度独立后，为了解决温饱问题，开展了增产粮食运动，起初印度政府寄希望于土地改革，但结果收效甚微。20 世纪 60 年代，印度政府意识到科技在农业中的重要性，把新的科学技术应用到农业生产中，掀起了"绿色革命""白色革命""蓝色革命"的浪潮。

　　"绿色革命"的突出特点是一项庞大的、以科技为导向的农业综合发展工程。其核心思想是通过推广高产优良品种、扩大灌溉面积以及发展农业机械等一系列措施，促进农业现代化、集约化发展，实现作物特别是粮食生产的稳产高产。因为印度政府对农业技术推广工作非常重视，20 世纪 60 年代中期"绿色革命"刚刚开始，印度政府便建立起从中央到地方的多层次的农业科教和技术推广网络，并逐步建立起研究、推广、应用和支持等四大系统。印度对于农业科技的创新也是十分重视，加入 WTO 之前，印度的每个"五年计划"中，农业科研的预算比重高于20%，1994 年的农业科研经费占 GDP 比重为 0.9%，接近发达国家水平。印度加入 WTO 后，政府不断引导科研院所与专家学者向农业高科技领域进军，并逐步将计算机管理和网络信息技术应用到农业生产中。政府支持通过各种措施将农业技术和信息向农业社区转移。支持扩建改革的方案开始于 2005—2006 年，目的是带动农民进行扩建改革，使有责任感的农民通过以地区级别的农业技术管理机构（ATMA）的形式建立技术传播的新体制。截至 2010 年 1 月，已经建立了 595 个地区级的 ATMA。

　　"白色革命"是指建立奶业生产、加工和销售的产业体系，通过技术研究和推广，使印度成为世界第一产奶大国。印度是目前世界上最大的牛奶生产和消费国，其牛奶产量约占全球牛奶总产量的 17%。乳业的发展刺激了农村经济的增长，提高了农民的收入，这有赖于印度政府对于乳业的支持，也就是所谓的"白色革命"。1964 年，印度总理夏斯特里参观了阿南德地区的乳业合作社，该合作社股份属于农户，但经营者是专业经理，夏斯特里决定推广其乳业经营模式。此后印度政府建立和注册了国家乳业发展委员会（NDDB），筹措资金并实施乳业发展计划，即洪流计划乳业发展项目。洪流计划是综合的乳业发展项目，于1970—1996 年分三步实施。在此项目的推动下，印度不断完善了乳业下设机构，并设立了约10万个村级合作社，成员有1 100多万农户。在此基础上又设立了170多个地区（副邦级）合作社联盟和17个邦级合作社联盟。"白色革命"席卷了整个印度，在技术方面给予农业更多的帮助，实现了奶农利益和生产力的最大化，通过"散养＋手工挤奶＋简单加工＋销售"等模式，实现了养殖、加工、销售的一体化。

"蓝色革命"是指充分对海洋进行研究和开发，加大技术和人才引进，增加对海洋渔业和淡水养殖的投入，使水产品出口实现了高速增长，增加创汇和就业，提高从业人员收入，是拉·甘地政府在制定"七五"计划时提出的设想。印度位居印度洋北部，拥有丰富的海洋资源，但长久以来，由于文化宗教等多种原因，印度人中素食者较多，肉类和鱼类的需求很小，对于海洋资源的开发利用缺少动力，浪费了得天独厚的资源优势。政府根据国内实际情况，结合国际需求，决定重点开拓国际市场，制定了出口导向型的行动计划，加大对海洋渔业和淡水养殖业的投入，重金从国外引进技术和人才，全力推进"蓝色革命"。通过多年的努力，目前印度海产品出口以平均每年26％的速度递增，并迅速地跻身世界十大渔业国。

二、印度农业科技体系

印度的农业科技体系主要包括：中央政府机构、邦政府机构以及其他机构和组织（万宝瑞，2007）。

中央农业科技机构。印度农业研究理事会（ICAR）作为全国性的农业科研协调机构，实行社团理事会管理机制，理事大会是其最高的权力机构，理事长由农业部长担任，大会成员包括：畜牧与渔业部长、各部高级官员、议会代表、农业企业代表、研究机构代表和农民代表。总干事作为首席执行官，由负责农业研究与教育工作的农业部副部长担任。管理委员会是理事会的日常管理和决策机构，成员包括：著名农业科学家、教育家、议员及农民代表，总干事兼任主任。印度农业研究理事会主要包括：综合性国家农业研究局 5 个、科研项目指导委员会 12 个、国家级农业研究中心 30 个、国家级农业研究院（所）48 个、全印协作研究项目和网络 77 个、农业科技中心（KVK）551 个。

邦农业科技机构。邦一级的农业科技系统主要是邦农业大学和邦农业厅。每个邦至少一所农业大学，目前印度共有 41 所邦高等农业院校，其主要职责是邦农业教育和研究和一定的农业技术推广工作。根据印度的《宪法》，农业技术推广工作主要由邦政府的各邦农业厅负责，各邦农业厅通过在县、发展区两级设立办公室的形式，对于当地的农业科技推广工作进行具体的管理和指导。

其他机构和组织。除中央政府和邦政府设立的专门农业科研、教育与推广机构以外，农业科技的发展也离不开一些公共部门、私人部门和非政府组织的广泛参与。比如科技部和生物技术部等政府机构、私人企业、各种类型的农业合作社等，这些机构和组织作为国家机构的补充，在为农民提供技术支持的过程中是必不可少的。

三、印度农业科技推广运行机制

印度农业科技运行机制特点是中央和地方各种研究、教育和推广机构既有明确分工又有紧密合作，运行效率较高（万宝瑞，2007）。

研究理事会下设有国家级农业研究机构和邦一级的农业大学，农业科研的工作主要由它们负责。农业研究理事会通过设立全印协作研究项目和网络等方式，以此集中研究资源和力量，加强全国的农业研究合作，进行重大项目的联合攻关，为全国农业研究机构提供相关技术、信息和材料等方面的服务和支持。

在农业技术推广工作中，邦农业厅起到了主导的作用，此外，印度农业研究理事会和邦农业大学的作用也非常重要，通过设立面向基层的推广机构和项目，进行技术推广工作和农民的培训工作。依托国家级农业研究机构、非政府组织和邦农业大学，印度农业研究理事会建立了551个农业科技中心，在农业技术推广中发挥了重要的作用。近年来，企业、农民组织和非政府组织等逐渐开始在印度技术服务中发挥作用并迅速发展，这些组织和机构等能对公共部门公益性的农技服务体系起到很好的辅助作用。

企业在印度的农业科技推广中也扮演了重要的角色，比如国际知名公司孟山都在印度大力推广农业技术，搭建定制服务平台。已经有17个州超过135万农民在孟山都公司的农场AgVisory服务（MFAS）平台注册，MFAS是一个免费的移动作物咨询服务，注册农民数量以约10%的速度增长。孟山都印度公司CEO Shilpa Divekar Nirula表示他们有注册用户的数据，包括姓名、手机号码、他们所属村庄和乡镇、年龄、学历、年收入和拥有的农场设备（拖拉机、耙、中耕、播种机、收割机等）。此外，还有土地面积、土壤类型、灌溉状态、个别的作物种植面积、播种日期等信息。

为尽快推动农业科技的进步和普及，印度政府对国外的先进科技采取开放和引进政策。总部位于瑞士的先正达公司是印度较早引进的一家农业科技公司，该公司1998年就在印度西南部的马哈拉施特拉邦设立了研发中心，站在农户的角度，研发一揽子的作物解决方案，并进行规模化推广。如今，印度市场上每4个西红柿中，就有1个采用先正达的种子；印度市场上90%的甜玉米是先正达的产品。

农业高等教育主要由农业大学承担，但国家级农业研究机构中也有4个研究所已经获得大学资格。印度农业大学特别重视农业科技的推广和应用，全国建立起以大学为依托和主导的农业科技推广体系。具有完备而严格的农业技术推广培训教育体系，建立了科学家和农民的双向交流体系，许多农业大学利用展览"研讨会"新闻媒体和电子媒体等平台，向农民传播最新的农业科技信息。

四、印度农业科技经费

从事农业研究和推广的科研机构由政府全额拨款，经费主要来源于中央政府和邦政府的财政预算，政府农业科技投入约占农业总产值的0.6%（万宝瑞，2007）。农业科技投入中，中央政府投入50%，邦政府投入40%，私营部门投入10%左右。

中央政府的投资主要由印度农业研究理事会管理和分配。各邦农业大学的科研、教育和推广费用主要由邦政府负责。此外，印度农业研究理事会还支持其所需经费的20%～30%。多数农业大学由于经费比较紧张，也靠向其他机构申请项目、生产和出售种子、为企业提供产品检测和咨询服务、收取学生注册费等增加经费来源。

从农业科技经费的使用主体来看，全国农业科技经费总额的37%由印度农业研究理事会所属机构使用，51%由邦农业大学使用，其他公共和私营机构使用12%。

从农业科技经费的用途看，基础性和战略性研究的经费占印度全国农业研究和推广经费的21%，主要由印度农业研究理事会所属研究机构进行分配；应用性研究的经费占53%，主要由印度农业研究理事会所属的研究机构、邦农业大学、全印协作研究项目等使用；农业教育和人力资源开发的经费占20%，主要由邦农业大学使用；剩余6%的科技经费用于生产第一线与推广相关的科技活动，主要由印度农业研究理事会所属研究机构（括分布各地的农业科技中心）、邦农业大学进行分配。

印度非常重视各层次农技服务工作人员的培训工作，但是由于人力资源紧缺和经费保障不足，农技服务人员的服务能力难以提高，整个农技服务的覆盖范围较低。调查显示，27 个州的政府农业部门 143 863 个职位中，有 36% 空缺。在职工作人员任务繁重，承担着实施政府补贴计划、项目等多项任务，进行农技服务工作的时间和精力相应减少。为增加人力资源，2010 年印度对 ATMA 的修订方针中，提出在乡镇增设农技服务相应职位。但由于这些职位工资偏低，很难吸引高素质的求职人员或者长期留住有能力的工作人员。

印度公共部门的农技服务支出占 GDP 的份额，在 1989 年到 2006 年间基本没有增长。自 2011 年起，在各县农业技术管理局（ATMA）下增设乡级职位，增加乡级农技推广的预算，但每个拥有一万人以上的乡仅仅只有 10 万卢比的预算，很难保障农技工作的有效开展。政府农业机构大部分的开支都花在人员工资上，机构的运行成本、培训和能力建设的经费严重不足。这限制了技术服务人员经常性地深入田间指导实践，还使农技推广机构不能长期进行更新推广人员技术知识的教育和培训投入。

第二节　政府一般服务政策

一、基础设施建设投入

印度农村工业化真正得到快速发展的是 20 世纪 80 年代以后。政府通过招商引资、加强宏观管理、推动产业化经营等方式推动农产品加工业的发展（杜志雄等，2001）。

基于食品工业的强劲发展及所蕴涵的巨大的国内外市场潜力，印度政府特别重视对这一行业在行政上的宏观管理工作。为此，中央政府成立了对食品行业管理的专门主管机构——食品工业部，推动并引导形成一个强劲高效的食品加工部门；随着新政策的出台，工业政策环境的变化，国外私人资本的进入，食品工业部的职责现已逐渐演变为主要是监管。

20 世纪 80 年代出现了外国资本对食品加工及软饮料工业产生强烈兴趣的局面。正当印度推进农产品加工业时，国际跨国公司也在试图打入印度的食品及软饮料市场。这对印度农产品加工业是一个难得的机遇。因此，印度政府逐渐敞开国门，不断加大招商引资力度。1985 年，印度取消了使用外国商标的各种禁令，使得跨国公司迅速进入印度市场，这是印度在引进技术和资金上的一个转折点。印度对外国私人直接投资提供了许多优惠政策，并修改了大型公司及跨国公司进入食品加工业的许可政策。这些政策有效地促进了外资在食品加工业的发展。其发展变化情况可以在有关食品工业方面，印度与外国合作企业的情况得到说明。从 1951—1985 年期间所批准的 111 家食品工业的外资企业中，60％以上投入的是技术，而直接投入的资金不到 40％；从产品方面看，在这 35 年的 111 家企业中，海产品占了主导地位，共有 32 家，占 28.23％。而在 1986—1993 年的 7 年中，有关食品工业的合作企业已达 293 家。同中国情况类似，印度也存在农业的小生产与大市场的尖锐矛盾，因此，印度政府也推行农业产业化经营。产业化方式主要有：小企业＋龙头企业；农户＋龙头企业；合作组织。

印度的粮仓容量与实际需要之间有很大差距，尤其是在旁遮普邦等产粮区一到收获季节，大量的粮食只能露天存放，任其霉烂和遭鼠盗。印度得到加工处理的农产品只占全部农产品的 5％。印度的目标是到 2015 年农产品得到加工处理的份额占到 20％。为此，印度已计划大量投资加强能力建设。由于冷链、仓库等基础设施的缺乏，大约有价值 3 000 亿卢比的农产品被浪费。中央政府制定了增加 1 500 万吨库存空间的计划目标，但实际能安排落实的计划只有大约 250 万吨。缓慢的行动让夏季丰收的小麦又有许多只能存放在露天。此外，印度蔬菜和水果产量约占世界的 13％和 10％，但由于缺乏收后处理技术和存储、加工、冷链设施不足等原因，每年浪费掉的水果和蔬菜达 30％。加强粮食存储和加工能力已成为印度的当务之急，有专家甚至说印度的下一场"绿色革命"也许应该发生在农田以外和收获之后。

此外，针对印度农业长期存在的基础设施建设不足的问题，政府一直强调加大建设力度。政府计划在 100 个最落后的地区进行基础设施发展特别计划的实施，包括：农村公路的修筑，农村通讯网、电力网的建设，在相应地区发展计算机互联网设施。为增强农业抗灾能力，提高现有灌溉水的利用率，印度政府制定了《国家水资源管理与分配方案》，加强水利设施的建设，包括水库、灌溉渠、排水设施建设等。第六个五年计划中，规定拨款1 216亿卢比用于灌溉和防洪。2004 年印度新政府更加注重农业发展和农村建设。新的政府预算为农村发展拨款近 20 亿美元，主要用来为农村地区改善道路交通，铺设桥梁。另外拨款 10 亿美元架构灌溉网。

二、实施农村反贫困计划

随着经济的发展，农村贫困问题愈显突出。20 世纪 70 年代，农村人口贫困比率在 55％左右。因此，从 1979 年起，印度经济计划和政策的重点转向缓解农村贫困，随后成为印度政府"六五"计划直至"八五"计划中扶贫部分中的中心内容，并实施了一系列扶贫计划。主要有：全国农村就业计划，农村综合发展计划，农村青年自营职业培训计划，农村无地者就业保证计划，农村妇女和儿童发展计划，干旱地区发展计划。中央政府和地方政府专门设立了农村发展部，负责实施国民经济和社会发展计划，主要有：乡村卫生计划、就业保证、扶贫计划、社会扶助事业、农村住房建设、饮用水改善、荒地综合开发等农村基础设施建设。中央政府的农村发展部设立了三个部门：农村发展局、土地资源局和饮水供应局，分别负责扶贫和各种项目建设、荒地开发和土地改革、乡村饮水和卫生项目。"八五"计划中的扶贫计划强调因地制宜地注重基础设施的建设，在干旱地区发展小型灌溉工程，通过村民委员会、合作社和其他民间组织促使广大人民参加扶贫计划，注意培养受益人的技术能力，提高受益人的偿还能力。农村综合发展计划为印度反贫困做出了重要贡献，在20世纪末期，印度农村的贫困率降到了27.1%。

三、支持农业合作社发展

合作社是印度政府推动农业发展的重要经验。印度自1904年成立第一个合作社以来，合作社的发展历史100多年，合作社立法也较早，1904年通过了合作社法（2002年重新修订），自此合作社的发展速度不断加快。印度合作社最高机构为全国合作社联合会，其前身是1929年创立的"全印合作社组织工作协会"，1951年改名为全国合作社联合会。经过多年的发展，截至2012年底，印度共有合作社组织54.53万个，社员2.49亿户，全国2/3以上的农村家庭和大部分乡村均已加入合作社，合作社在许多领域的市场占有率均较高，已成为印度农业经济发展的主要力量。

印度合作社分为四个层次：基层社、地区合作社、邦合作社和中央合作社，目前是世界上最大的合作社体系之一，拥有18个中央级专业合作社联合社，360个邦级联合社，2 761个区级联合社，形成了十分完整的合作经济体系。印度合作社具有专业性强的特点，主要种类有：农业信贷合作社，包括信用合作社（提供中短期贷款服务）和土地开发银行合作社（提供长期贷款服务）；农业销售合作社，包括农副产品营销合作社、消费品合作社、化肥合作社等；加工和仓储合作社，主要负责农产品加工业务，包括：制糖厂、碾米厂、纺纱厂、棉花加工厂、水果加工厂、蔬菜加工厂等；牛奶乳制品合作社、渔业合作社和耕种合作社等。印度的合作社中，负责农产品加工和销售业务的合作社发展潜力巨大。

四、改善资源条件和生态环境

农业的发展过程中，势必造成环境的污染，尤其是像印度这样的发展中国家，所以印度政府对于土地和水资源十分重视。在农村水资源管理方面，印度政府通过制定长期开发计划，以保证农业生产用水的持续供应，全国 2/3 以上缺水地区的农业才能实现可持续发展。印度政府在生物物种和基因资源的利用和保护方面，也不断加大扶持力度。政府与农业部门重视先进生物技术的研发，以开发适宜不同气候的、各项特征良好的作物新品种，促进农业经济的发展。通过制定物种项目规划表，印度政府对生物多样性进行分类登记与管理，根据生物多样性的评价结果，对不通的物种采取不同的保护措施。

五、农业社会保障政策

印度自 1990 年代初期在实行市场经济以来，就把社会保障体系作为经济改革的一部分。政府对丧失劳动能力的老年农民发放津贴和向无房的贫困农民提供建房补助以保障农民的基本生活需求；制定向贫困农民倾斜的农业政策；中央和邦政府还对贫困子女的教育给予补贴；积极发展农村养老保险和金融服务；保障农业工人的工资收入。印度政府推行农村医疗改革，自独立以来，印度政府就致力于采取各种措施来改善人们的健康情况，1949 年通过的第一部宪法明确规定，所有国民都享受免费医疗。

印度政府努力健全农村医疗网络，免费向穷人提供医疗服务。
2005 年，印度政府颁布了新的"国家农村健康计划"，该计划决
定将公共医疗支出从占印度国内生产总值的 0.9％提高到 2％～
3％，各省和邦对公共医疗的预算投入至少每年提高 10％，用以
支持国家农村健康计划的各项活动。印度政府还大力推行农村医
疗保险制度，引进私人部门和非政府组织帮助实现医疗保险的有
效性（张文镝，2009）。这些社会保障措施的实施，解决了印度
农民特别是贫困农民的基本生活问题，确保了农村社会的基本
稳定。

第七章 农产品消费

第一节 消费状况及变化

印度人口众多，民族成分复杂。由于在资源禀赋、文化传统、生活水平、饮食习惯等方面的巨大差异，各地区间的居民收入水平差别较大，地区内的不同阶层的收入水平差别也较大。印度有大量低收入阶层人口，世界银行统计数据显示：1999—2000年，日均生活费低于1美元的印度人占总人口的35％。2003年，印度进行了第59次家庭消费调查，数据显示：印度人的大部分收入用于购买生活必需品，如粮食、菜籽油、糖等，对于附加值较高的食品支出较少，食品消费支出占印度人收入的51％，城市的食品消费支出占收入的42％，农村的情况更为严峻，食品支出占收入的54％。

近年来，随着人均收入的不断增加，印度人民的生活水平有了较大的改善，食品消费结构也有了相应的变化，逐渐增加了对于蔬菜、鸡蛋、水果、肉以及饮料的消费。印度应用经济研究委员会（Council of Applied Economic Research）实施了关于家庭市场信息的调查，调查显示：印度中上层收入阶层的比例不断增加，1989—1990年，印度中上层收入阶层（年收入9万卢比或1.12万美元）的比例为14％，2001—2002年增加到28％，增长了近一倍，2009—2010年达到48％；相应的，印度低收入阶层比例不断下降。据印度时报报道，印度大型消费者研究中心日前发布一项调查报告，报告指出只有45％的人口日收入低于20卢比（不足人民币 3 元）。此项结论推翻了印度国家样本调查机构此前发布的数据，即印度 80％的人口日收入低于 20 卢比。

有分析认为，印度农村人口数量庞大，目前已成为消费的主力军，远远超过其他人口，并对印国内生产总值作出巨大的贡献。关于印度人的消费变化趋势，部分印度经济观察家持乐观态度，认为在居民收入水平不断提高、城市化进程不断加快、年龄结构不断改变（年轻人的增加）、单身职业男女的不断增加、消费观念的不断变化、消费信用卡的使用等多种因素的影响下，印度的消费将会进入一个新的增长阶段，印度消费者开始注重产品质量的差别、对于高质量食品消费的意愿也不断提高。在粮食作物上，印度北部和西部以小麦产品消费为主，南部和东部以稻米为主。主要的粗粮是高粱、玉米、大麦、粟等，粗粮产量的80％用作食品。高粱主要用作烘烤面包和蒸煮，玉米主要作为食品谷物，只有 25％用作饲料。

第二节　主要农产品的消费

一、谷物消费

1. 大米

从谷物消费情况看，印度大米消费量最大。2007—2016 年印度大米年均消费 9 319.85 万吨。2007—2016 年累计消费 9.32亿吨，约为 1960—2016 年消费量（36.85 亿吨）的 25.29％。1960—2016 年，除部分年份出现下降外，印度大米消费量整体呈增长趋势（图 7-1）。消费量从 1960 年的 3 547.30 万吨增长至 2016 年的 9 700 万吨，57 年间，增幅 1.73 倍，年均增长 1.81％。

2. 小麦

印度小麦消费量仅次于大米。2007—2016 年印度小麦年均

千吨

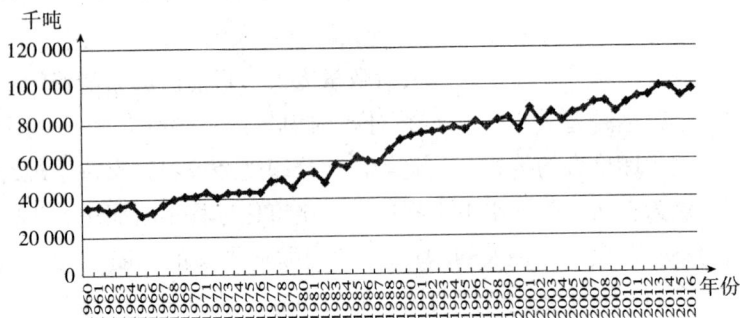

图 7-1　印度 1960—2016 年大米消费量变化情况
资料来源：美国农业部数据库。

消费 8 448.30 万吨。印度小麦 2007—2016 年累计消费 8.45 亿吨，约为 1960—2016 年消费量（28.46 亿吨）的 29.69%。1960—2016 年，除部分年份出现下降外，小麦消费量整体呈增长趋势（图 7-2）。消费量从 1960 年的 1 421.80 万吨增长至 2016 年的 9 684 万吨，57 年间，增幅为 5.81 倍，年均增长 3.49%。

千吨

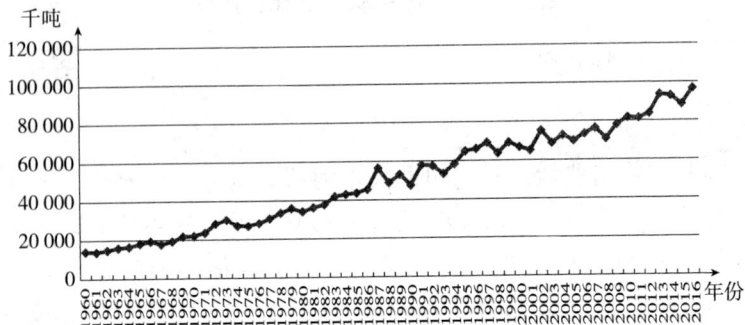

图 7-2　印度 1960—2016 年小麦消费量变化情况
资料来源：美国农业部数据库。

3. 玉米

印度玉米 2007—2016 年年均消费 1 870.50 万吨。印度玉米 2007—2016 年累计消费 1.87 亿吨，约为 1960—2016 年消费量

（5.66 亿吨）的 33.03％。1960—2016 年，印度玉米消费量变化情况大致可分为三个阶段（图 7-3）。1960—1970 年，玉米消费量逐渐增长，从 1960 年的 425.50 万吨增长到 750 万吨；1971—1994 年，24 年中，消费量有 12 年增加，有 12 年减少，玉米消费量呈现波动式上升趋势，从 1971 年的 530.10 万吨增加到 1994 年的 886.80 万吨；1995—2016 年，玉米消费量逐渐增加，从 1995 年的 948.80 万吨增加到 2016 年的 2 340 万吨。1960—2016 年，印度玉米消费量从 1960 年的 425.50 万吨增长到 2016 年的 2 340 万吨，增幅为 4.50 倍，年均增长 3.09％。

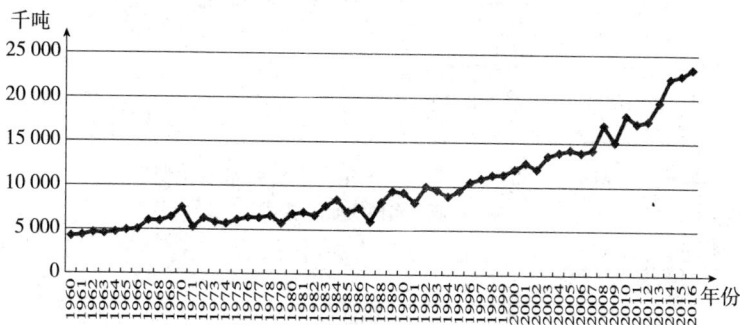

图 7-3 印度 1960—2016 年玉米消费量变化情况
资料来源：美国农业部数据库。

4. 大麦

印度大麦 2007—2016 年年均消费 135.90 万吨。2004—2013 年累计消费 1 359 万吨，约为 1960—2016 年消费量（1.09 亿吨）的 12.44％。1960—2016 年，印度大麦消费量变化情况大致分为三个阶段。1960—1980 年，印度大麦消费量呈现波动式下降趋势，从 1960 年的 270.60 万吨下降到 1980 年的 161.90 万吨，且波动幅度较大，基本维持在 200 万～300 万吨之间；1981—1999 年，大麦消费量呈现波动式下降趋势，从 1981 年的 224.90 万吨下降到 1999 年的 152 万吨，波动幅度较上一阶段小，基本维持在 150 万～200 万吨之间；2000—2016 年，大麦消费量总体上呈现先下降后上升的趋势，从 2000 年的 145 万吨下降到 2007 年的 97.50 万吨，又增长到 2016 年的 157 万吨。1960—2016 年，印度大麦消费量总体上呈现波动式下降趋势，降幅为 41.98%，年均下降 0.97%（图 7-4）。

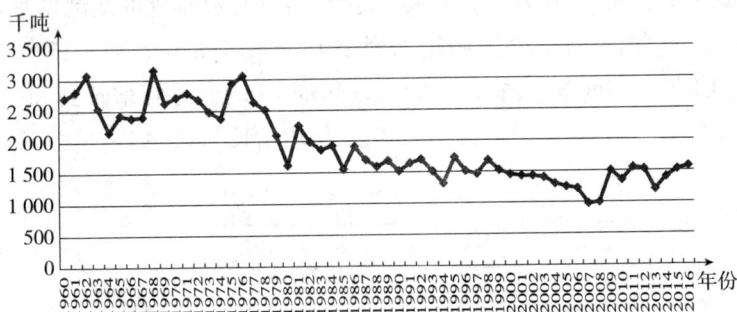

图 7-4 印度 1960—2016 年大麦消费量变化情况
资料来源：美国农业部数据库。

5. 小米

印度小米 2007—2016 年年均消费 1 134.50 万吨。2007—2016 年累计消费 1.13 亿吨，约为 1960—2016 年消费量（5.55 亿吨）的 20.42%。1960—2016 年，印度小米消费量波动较大，但基本在 1 000 万吨上下波动，最高时 2003 年为 1 420 万吨，最低时 1969 年 617.60 万吨（图 7-5）。57 年间，印度小米消费量有 26 年下降，有 30 年增长，有 15 年的增幅超过 10%，有 10 年的增幅超过 20%，最高为 1970 年的 121.37%；有 18 年的降幅超过 10%，其中有 9 年的降幅超过 20%，最高为 2002 年的 40.81%。

6. 高粱

印度高粱 2007—2016 年年均消费 600.20 万吨。2007—2016 年累计消费 6 002 万吨，约为 1960—2016 年消费量（5.18 亿吨）的 11.59%。1960—2016 年，印度高粱消费量呈现波动式下降趋

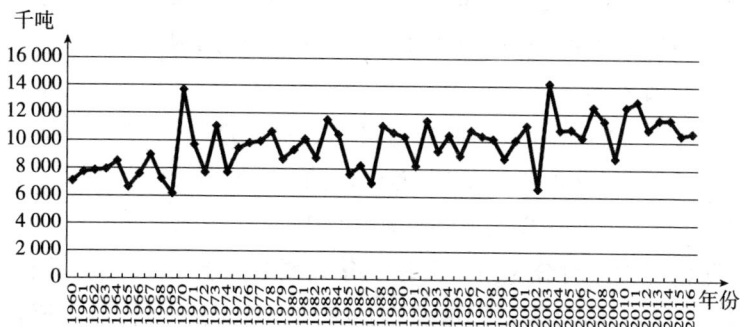

图 7-5　印度 1960—2016 年小米消费量变化情况
资料来源：美国农业部数据库。

势（图 7-6），从 1960 年的 936.70 万吨下降至 2016 年的 535 万吨，57 年间降幅为 42.89％，年均下降约 1％。其间，印度高粱消费量波动较大，有 30 年增长、26 年下降，增幅有 6 年超过 10％，最高为 1992 年的 48.14％；降幅有 9 年超过 10％，最高为 1991 年的 28.94％。

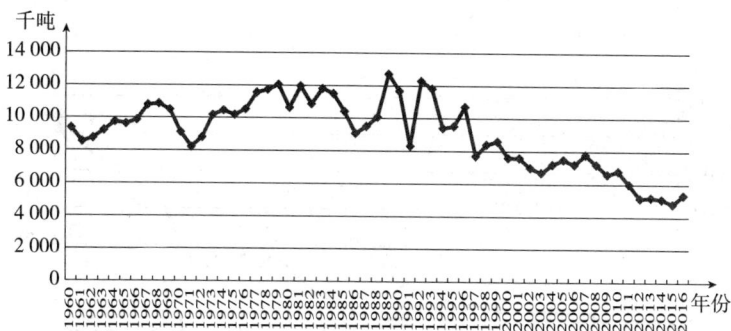

图 7-6　印度 1960—2016 年高粱消费量变化情况
资料来源：美国农业部数据库。

二、油类消费

印度国内消费的油类主要有棕榈油、棕榈仁油、大豆油、菜籽油、花生油、葵花籽油、棉籽油和椰油等。主要用于工业、食品和饲料，其中，棕榈油和椰油是工业用油的重要来源。

1. 棕榈油[1]

印度棕榈油 2007—2016 年年均消费 757.01 万吨。2007—2016 年累计消费 7 570.10 万吨，约为 1970—2016 年消费量（1.17 亿吨）的 64.85%。1970—2016 年，印度棕榈油消费量变化情况大致可分为三个阶段，年均增长率为 22.24%（图 7-7）。1970—1992 年，印度棕榈油消费量呈现先增长后下降的趋势，从 1970 年的 1 000 吨增长到 1987 年的 109.20 万吨，又下降到 1992 年的 3.60 万吨；1993—2000 年，印度棕榈油消费量以年均 47.38% 的增速连续增长 8 年，从 1993 年的 21.30 万吨增长到 2000 年的 321.70 万吨；2001—2016 年，印度棕榈油消费量呈现波动式上升趋势，其中 2001—2006 年在 250 万～350 万吨之间波动，2006 年后，消费量呈直线增长，印度棕榈油消费量从 2001 年的 280.50 万吨增长至 2016 年的 1 028.90万吨。

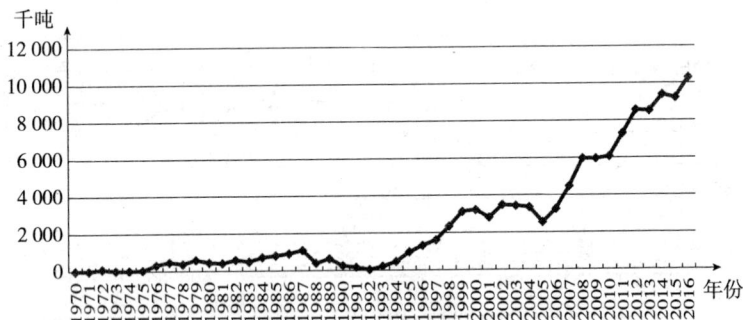

图 7-7　印度 1970—2016 年棕榈油消费量变化情况
资料来源：美国农业部数据库。

---

[1]　包括棕榈仁油，下同。

2. 大豆油

印度大豆油 2007—2016 年年均消费 338 万吨。2007—2016年累计消费 3 380 万吨，约为 1964—2016 年消费量（6 525.50万吨）的 51.80%。1964—2016 年，大豆油消费量变化情况大致可以分为三个阶段（图 7-8）。1964—1975 年，大豆油消费量基本在 10 万吨以下，最高为 1968 年的 8.40 万吨，最低为 1974 年的 7 000 吨；1976—1996 年，大豆油消费量基本在 40 万～80 万吨左右波动，最高为 1995 年的 77.20 万吨，最低为 1989 年的34 万吨；1997—2016 年，大豆油消费量呈波动式上升趋势，且增长幅度较大，有 6 年增幅超过 20%，最高为 1998 年的64.84%，该阶段大豆油消费量从 1997 年的 109.50 万吨增长到550 万吨。1964—2016 年，大豆油消费量增幅为 129.95 倍，年均增长 9.83%。

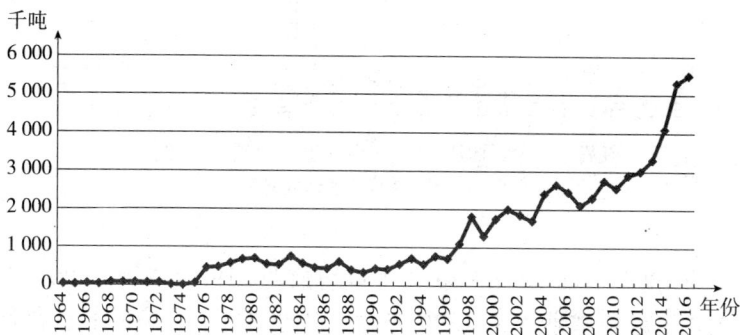

图 7-8 印度 1964—2016 年大豆油消费量变化情况
资料来源：美国农业部数据库。

3. 花生油

印度花生油 2007—2016 年年均消费 117.72 万吨。2007—2016 年累计消费 1 177.20 万吨，约为 1972—2016 年消费量（6 588.70万吨）的 17.87%。1972—2016 年，印度花生油消费量变化情况大致可分为三个阶段（图 7-9）。1972—1987 年，花

生油消费量基本保持在 100 万~140 万吨上下波动，最高为 1981
年的 161.50 万吨，最低为 1972 年为 106 万吨。1988—2003 年，
花生油消费量波动较大，最高为 1996 年的 210.80 万吨，最低为
1999 年的 125.30 万吨；16 年有 11 年的增（降）幅超过 10%，
其中又有 7 年的增（降）幅超过 20%，1988 年增幅最高为
52.60%，1999 年降幅最高为 25.19%。2004—2016 年，花生油
消费量呈现波动式下降趋势，从 2004 年的 149.40 万吨下降到
2016 年的 106.50 万吨。

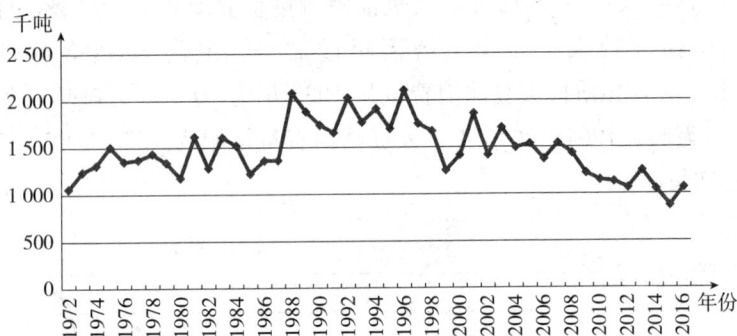

图 7-9　印度 1972—2016 年花生油消费量变化情况
资料来源：美国农业部数据库。

4. 菜籽油

印度菜籽油 2007—2016 年年均消费 219.18 万吨。2007—
2016 年累计消费 2 191.80 万吨，约为 1964—2016 年消费量
（7 112.70万吨）的 30.82%。1964—2016 年，印度菜籽油消
费变化量从 1964 年的 44.40 万吨增长至 2016 年的 253.50 万
吨，53 年间增幅约 4.71 倍，年均增长约 3.41%。其间，消费
量波动较大，增长 31 年、下降 21 年，有 25 年的增（降）幅
超过 10%，其中又有 7 年的增（降）幅超过 20%，增幅最
高为2003 年的 53.57%，降幅最高为 1992 年的 17.73%（图
7-10）。

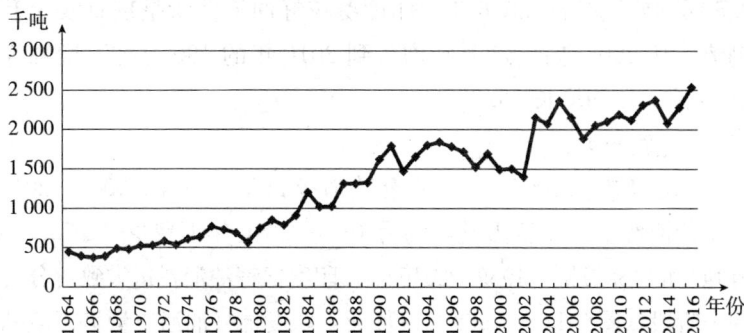

图 7-10 印度 1964—2016 年菜籽油消费量变化情况
资料来源：美国农业部数据库。

5. 葵花籽油

印度葵花籽油 2007—2016 年年均消费 123.70 万吨。2007—2016 年累计消费 1 237 万吨，约为 1972—2016 年消费量（2 389万吨）的 51.78%。1972—2016 年，印度葵花籽油消费量变化情况大致可分为三个阶段（图 7-11）。1972—1982 年，葵花籽油消费量较少，基本维持在 10 万吨以下波动。1983—2006 年，印度葵花籽油消费量呈现波动式上升趋势，但增长较为缓慢，从1983 年的 15.60 万吨增长到 2006 年的 65 万吨，其中有 7 年下降、17 年增长，最高为 1999 年的 90 万吨，最低为 1985 年的

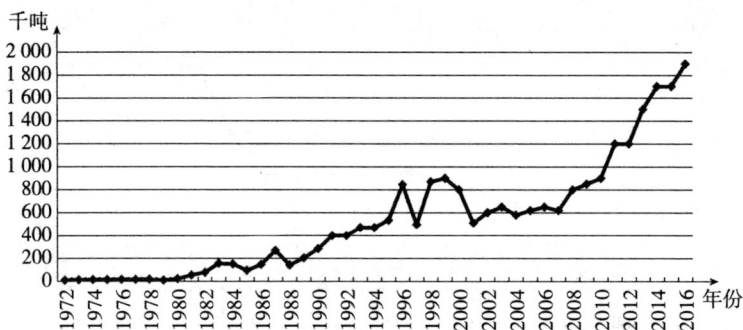

图 7-11 印度 1972—2016 年葵花籽油消费量变化情况
资料来源：美国农业部数据库。

9.50 万吨。2007—2016 年，印度葵花籽油消费量呈现直线上升趋势，从 2007 年的 62 万吨增长到 2016 年的 190 万吨，增幅为2.06 倍，年均增长 13.25％。

6. 棉籽油

印度棉籽油 2007—2016 年年均消费 118.05 万吨。2007—2016年累计消费 1 180.50 万吨，约为 1969—2016 年消费量（2 732.10万吨）的 43.21％。1969—2016 年，印度棉籽油消费量大致可分为四个阶段（图 7-12）。1969—1994 年，印度棉籽油消费量呈现波动式上升趋势，从 1969 年的 17.80 万吨增长到 1994 年的 53 万吨，其中有 15 年增长、10 年下降，1969—1978 年消费量维持在 20 万吨上下波动。1995—2002 年，印度棉籽油消费量呈现波动式下降趋势，从 1995 年的 67 万吨下降到 2002 年的 50.50 万吨，其中有 4年增长、4 年下降。2003—2012 年，印度棉籽油消费量呈现波动式上升趋势，且增长幅度较大，从 2003 年的 61.30 万吨增长到2012 年的 123.80 万吨，增幅为 1.02 倍，年均增长 8.12％。2013—2016 年，印度棉籽油消费量呈现下降趋势，从 2013 年的129.50 万吨下降到 2016 年的 120.20 万吨。

图 7-12　印度 1969—2016 年棉籽油消费量变化情况
资料来源：美国农业部数据库。

7. 椰油

印度椰油 2007—2016 年年均消费 42.88 万吨。2007—2016 年累计消费 428.80 万吨，约为 1964—2016 年消费量（1 666.80 万吨）的 25.73%。1964—2016 年，印度椰油消费量变化情况大致可分为三个阶段（图 7-13）。1964—1986 年，印度椰油消费量波动较为频繁，其中有 12 年增长、10 年下降，基本维持在 20 万吨上下波动，最高为 1980 年的 27.80 万吨，最低为 1965 年的 19.70 万吨。1987—1996 年，除 1994 年和 1995 年消费量相同外，其余年份均呈现增长趋势，从 1987 年的 18.60 万吨增加到 1996 年的 45 万吨，增幅为 1.42 倍，年均增长 10.31%。1997—2016 年，印度椰油消费量波动较大，基本维持在 40 万~50 万吨上下波动，其中有 8 年增长、12 年下降，有 3 年增幅超过 10%，有 1 年降幅超过 10%，增幅最高为 2011 年的 17.11%，降幅最高为 2005 年的 12.66%。

图 7-13　印度 1964—2016 年椰油消费量变化情况
资料来源：美国农业部数据库。

三、家禽类消费

印度家禽 2008—2017 年年均消费 334.75 万吨。2008—2017 年累计消费 3 347.50 万吨，约为 1990—2017 年消费量（5 206.10

万吨）的 64.30％。1990—2017 年，印度家禽消费量总体上呈现逐
渐增长的趋势（图 7-14），除 1994 年下降 5.30 万吨和 1997 年下降
6.90 万吨以外，其他年份均处于不断增长的状态，从 1990 年的 19
万吨增长到 2017 年的 449.50 万吨，增幅为 22.66 倍，年均增长
12.43％。在 28 年中，有 14 年增降幅超过 10％，有 3 年增幅超过
20％，最高为 1991 年的 121.05％。印度家禽联合会（PFI）表示，
由于居民收入不断增长，加之整体经济发展迅速（年增长率 8％），
对于家禽产品的消费需求正在迅速增长。目前印度鸡肉产品的人
年均消费量为 2.4 千克，而这一数字预计将很快上升至 3.0 千克。

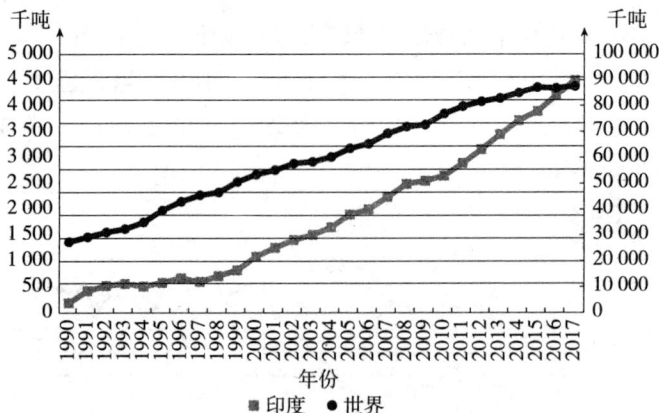

图 7-14　1990—2017 年印度与世界家禽消费量对比
注：次坐标表示世界禽肉消费量，2017 年数据为预测值。
资料来源：美国农业部数据库。

四、食糖消费

近年来，由于印度的人口每年以超过 2％的速度增长，经济年
增长率达 5％，糖产量连年攀升和糖价持续下跌等原因，有力地推
动了印度的食糖消费，其食糖消费量每年以 3％～4％的平均速度
递增。目前，印度是世界上最大的食糖消费国，人均食糖年消费

28.30 千克。国内有近 65% 的甘蔗用于产白糖，其余的产粗糖，或用来作种、作饲料等用途。印度食糖生产主要分为白糖和粗糖，白糖人均年消费 18.30 千克，粗糖人均年消费 10.00 千克。

印度食糖 2008—2017 年年均消费 2 473.62 万吨。2008—2017 年累计消费 2.47 亿吨，约为 1960—2017 年消费量（7.11 亿吨）的 34.78%。1960—2017 年，除 11 年出现下降外，食糖消费量整体呈增长趋势（图 7-15），从 1960 年的 226.90 万吨增长至 2017 年的 2 720 万吨，增幅为 10.99 倍，年均增长 4.45%。58 年中，有 46 年增长、11 年下降，有两年降幅超过 10%，最高为 1968 年的 12.06%，有 10 年增幅超过 10%，有两年增幅超过 20%，最高为 1970 年的 48.62%。

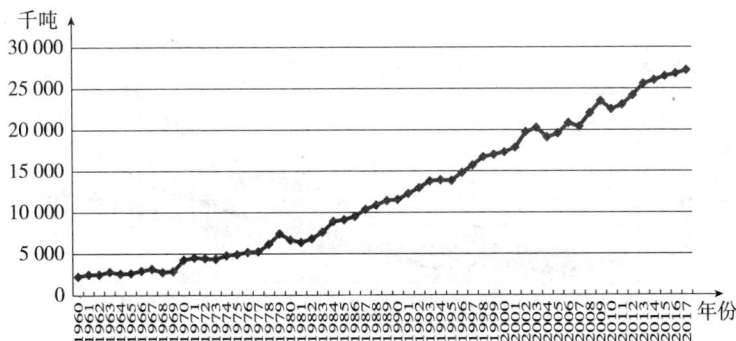

图 7-15　印度 1960—2017 年食糖消费量变化情况
资料来源：美国农业部数据库。

五、乳制品消费

印度乳制品国内消费量中，1966—2017 年，液体牛奶消费量最多，为 34.33 亿吨，年均消费为 6 602.04 万吨；黄油消费量为 9 366.90 万吨，年均消费 180.13 万吨；脱脂牛奶消费量为 853.70 万吨，年均消费量为 16.42 万吨。液体牛奶消费分为普通消费和工业消耗两部分，1964—2017 年，普通消费量为 15.35

亿吨，年均消费量为 2 951.33 万吨；工业消耗量为 18.98 亿吨，年均消费 3 650.72 万吨。

　　1966—2017 年，印度液体牛奶消费量整体上呈现逐渐增长的趋势（图 7-16），连续 51 年增长，从 1966 年的 1 936.80 万吨增长到 2017 年的 1.60 亿吨，增幅为 7.26 倍，年均增长 4.23%；印度黄油消费量也呈现逐渐增长的趋势，除 1969 年、1976 年和 1985 年出现下降外，其他年份均不断增长，从 1966 年的 44.80 万吨增长到 2017 年的 539.50 万吨，增幅为 11.04 倍，年均增长 5%；印度脱脂牛奶总体上也不断增长，其中有 40 年增长、11 年下降，从 1966 年的 4.90 万吨增长到 2017 年的 56 万吨，增幅为 10.43 倍，年均增长 4.89%。

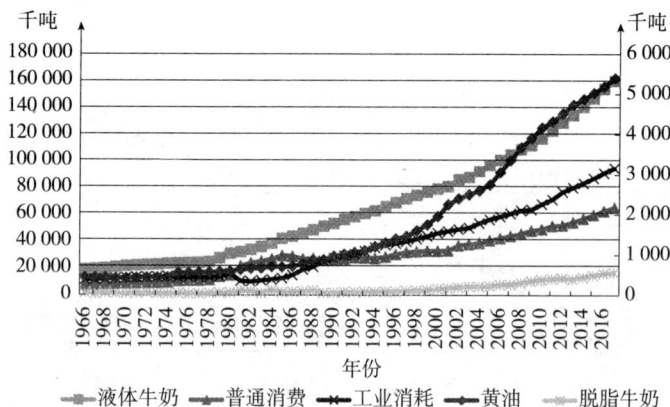

图 7-16　印度 1966—2017 年奶制品消费量变化情况

注：图中的次坐标表示黄油与脱脂牛奶的数据。

资料来源：美国农业部数据库。

六、饮品消费

1. 葡萄酒消费

　　随着出口的快速增长，国内消费市场扩大，印度葡萄酒消费逐年增加。2006 年印度年均消费葡萄酒的量为 600 万升，且呈逐年上升的趋势。研究指出，过去人们以为印度消费的葡萄酒以进口的为主，现在情况正好相反，印度消费的葡萄酒中 75% 都是本国生产的。只有 25% 是进口的，其中以进口法国的葡萄酒为主。据 India Briefing 网站报道，过去 10 年对美国的出口上涨了 10 倍，从 2003 年的 60 万美元增长至 2014 年的 688 万美元。印度市场上的葡萄酒大多数是国产酒，2013 年印度出口了 180 万升葡萄酒。国际葡萄酒与烈酒展会 Vinexpo 最新数据显示，印度的葡萄酒市场将继续增长，到 2017 年，印度葡萄酒消费量将增长 73%，增至每年 210 万箱。[①]

2. 咖啡消费

印度咖啡消费分为现磨咖啡和速溶咖啡，2008—2017 年年均消费 123.28 万吨，其中现磨咖啡年均消费量为 86.65 万吨，速溶咖啡年均消费量为 36.63 万吨。2008—2017 年，印度咖啡累计消费 1 232.80 万吨，约为 1961—2017 年消费量（5 377 万吨）的 22.93%；其中现磨咖啡累计消费 866.50 万吨，约为 1961—2017 年消费量（4 610.60 万吨）的 18.79%；速溶咖啡累计消费 366.30 万吨，约为 1961—2017 年消费量（766.40 万吨）的 47.79%。

1961—2017 年，印度咖啡消费量分为三个阶段（图 7-17）。1961—1989 年，印度咖啡消费量呈现波动式上升的趋势，其中有 20 年增长、8 年下降，从 1961 年的 68.20 万吨增长至 1989 年的 125.50 万吨；其中现磨咖啡和速溶咖啡也呈现波动式增长趋势，现磨咖啡有 18 年增长、10 年下降，从 1961 年的 64.70 万吨增长到 1989 年的 115.50 万吨；速溶咖啡阶段为 1961—1990 年，有 16 年增长、12 年下降、1 年不变，从 1961 年的 3.50 万吨增长到 1990 年的 10 万吨。

1990—2006 年，印度咖啡消费量呈现先下降后上升的趋势，

---

① 中国葡萄酒资讯网，网址：http://www.winesinfo.com。

从 1990 年的 100 万吨下降到 1995 年的 74.90 万吨，又上升到 2006 年的 136.40 万吨，其中有 11 年增长、6 年下降；现磨咖啡从 1990 年的 90 万吨下降到 1995 年的 62.90 万吨，又上升到 2006 年的 119.40 万吨，其中有 12 年增长、5 年下降；速溶咖啡时间段为 1991—2006 年，从 1991 年的 31 万吨下降到 2000 年的 10 万吨，又上升到 2006 年的 17 万吨，其中有 12 年增长、6 年下降。

2007—2017 年，印度咖啡消费量呈现波动式增长趋势，从 2007 年的 105 万吨增长到 2017 年的 140 万吨，其中有 7 年增长、4 年下降；现磨咖啡总体上呈现逐渐下降趋势，从 2007 年的 85 万吨下降到 77.50 万吨，其中有 6 年增长、5 年下降；速溶咖啡总体上呈增长趋势，从 2007 年的 20 万吨增长到 2017 年的 62.50 万吨，其中有 7 年增长、4 年下降。

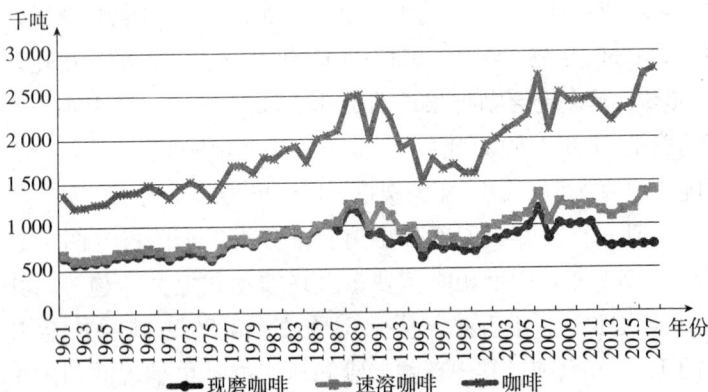

图 7-17 印度 1961—2017 年咖啡消费量变化情况
资料来源：美国农业部数据库。

七、棉、麻消费

1. 棉花消费

印度棉花 2008—2017 年年均消费 2 121 万吨。2008—2017 年累计消费 2.12 亿吨，约为 1961—2017 年消费量

（6.03 亿吨）的 35.15%。1961—2017 年，印度棉花消费量可
以分为三个阶段（图 7-18）。1961—1982 年，棉花消费量基本
维持在 500 万～600 万吨上下波动，增长趋势不明显，其中有
14 年增长、7 年下降，最高为 1981 年的 631.10 万吨，最低为
1962 年的 456.70 万吨。1983—2003 年，印度棉花消费量呈现
增长趋势，从 1983 年的 623.20 万吨增长到 2003 年的 1 330 万
吨，增长趋势明显，其中有 16 年增长、5 年下降，最高为
2000 年的 1 354.70 万吨，最低为 1983 年的 623.20 万吨。
2004—2017 年，印度棉花消费量呈现增长趋势，从 2004 年的
1 350 万吨增长到 2017 年的 2 375 万吨，增长趋势较上一时期
明显，其中有 10 年增长、4 年下降，最高为 2015 年的 2 450
万吨，最低为 2004 年的 1 350 万吨。

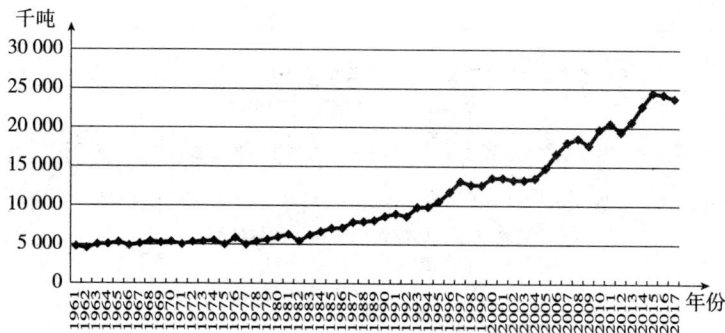

图 7-18　印度 1961—2017 年棉花消费量变化情况
资料来源：美国农业部数据库。

2. 黄麻消费

印度黄麻消费量较大，2005—2006 年度至 2014—2015 年度
年均消费黄麻 17.68 万吨。2005—2006 年度至 2014—2015 年度
年累计消费 176.76 万吨，约为 1982—1983 年度至 2014—2015
年度消费量（546.11 万吨）的 32.37%。1982—1983 年度至
2014—2015 年度，印度黄麻消费量变化情况大致可以分为前后

两个阶段（图 7-19）。1982—1983 年度至 1996—1997 年度，黄麻消费量基本保持在 15 万吨上下波动，最高为 1996—1997 年度的 16.40 万吨，最低时 1983—1984 年度为 11.49 万吨。1997—1998 年度至 2014—2015 年度，除 1997—1998 年度外（23.40 万吨），印度黄麻消费量基本保持在 18 万吨上下波动，最高为 2007—2008 年度的 19.44 万吨，最低为 2006—2007 年度和 2009—2010 年度的 16.02 万吨。

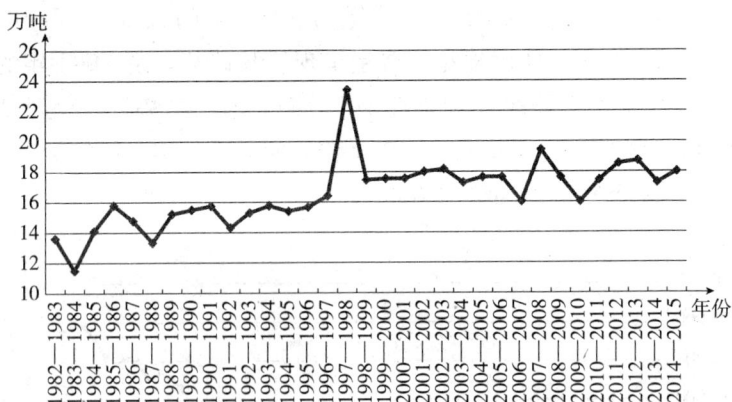

图 7-19　印度 1982—1983 年度至 2014—2015 年度生黄麻消费量变化情况
资料来源：印度黄麻公司，加尔各答。

八、橡胶消费

印度目前已成为全球天然橡胶第二大消费国。2004—2005 年度至 2015—2016 年度，印度橡胶年均消费量为 91.02 万吨，12 年总共消费量为 1 092.22 万吨，印度橡胶消费量呈现逐渐增长的趋势，从 2004—2005 年度的 75.54 万吨增加到 2015—2016 年度的 99.44 万吨，增幅为 31.64%，年均增长 2.53%。其中 2005—2006 年度、2007—2008 年度和 2009—2010 年度的增幅超过 5%。

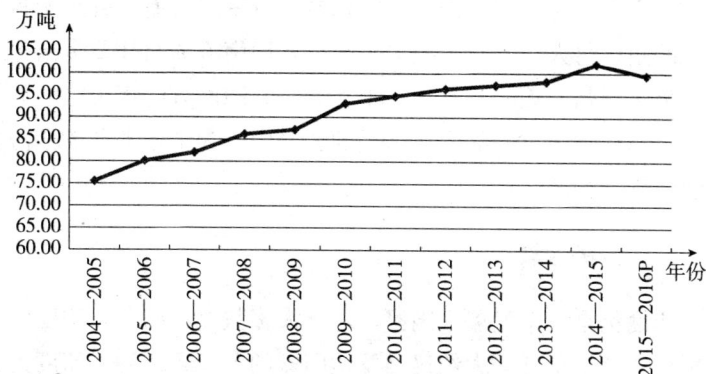

图 7-20　印度 2004—2005 年度至 2015—2016P 年度
橡胶消费量变化情况

注：2015—2016P 中，P 是 Provisional，指的是
2015—2016 年度的数据为临时值，下文同。

资料来源：印度橡胶局。

九、转基因食品消费

对于转基因食品，2008 年，由印度管理协会（IIM）组织进行的一项"转基因食品的新兴市场：印度对消费转基因食品的理解和愿望"调查显示，有 70％的印度中产阶级能够接受并消费转基因食品。消费转基因食品的可能性从低收入人群向高收入人群增加。一般来说，消费者愿意为黄金大米和转基因食用油分别支付 19.5％和 16.12％的薪水。总之，印度市场可以接受转基因食品，但消费教育团体、政府部门以及食品公司可能还需要在印度消费者中更多地宣传转基因食品。

第三节　影响消费的主要因素

一、传统消费习惯因素

印度各地消费习惯不一。比如南方人以大米为主，北方人以面食为主，各邦也不完全相同。辣椒也有南北之差。香辣调料在北方的州，每人一天平均用量为三克，而南方的州却要多出七八倍，最多的州一天的用量为二十多克。它同南方终年炎热的天气不无影响，在南方内陆闷热干燥的酷暑中，为了增进食欲是需要强烈的刺激物的。

二、价格因素

印度仍是一个发展中国家，对于大多数商品而言，印度民众的平均消费量很低，大约仅是发达国家的 5％至 25％。印度人所得偏低，家庭的年平均收入仅有 480 美元。但是印度平均的储蓄率达到 24％。印度大多数的消费者在下决定购买商品时，价格会是相当重要的因素。大多数消费者对于价格特别敏感，大多数的消费者仍然会因为价格便宜而牺牲品质。

三、宗教因素

印度人因宗教关系、气候原因，食素者多，食荤者少。印度并存着各种教派。广大印度教徒以食羊肉为主，绝不吃牛肉；他们把牛奉为"神"，称为"神牛"。"神牛"自然不能成为人们口中之物。印度教的上层人物更是不沾任何肉类的斋戒主义者。伊斯兰教徒则以食牛肉为主。锡克教徒戒酒。印度教徒和伊斯兰教徒中同样有许多人是戒酒的。有禁酒的州，也有的州规定每周的某一天为禁酒日。

四、自然灾害

对于印度很多没有灌溉条件的地区来说，季风成为农民增收的保证，而一旦失去季风，干旱问题就会对农作物的产量造成打击，导致农产品减产，粮食价格上涨，由此引发通货膨胀问题，从而影响农民的消费，使印度农村地区的经济消费需求下降。

第四节　影响农产品消费的政策

为了保证印度人民的消费，政府制定了多种政策，以保证消费者的权益。

一、生产者价格支持政策

为保护农民和消费者的权益，免受私营粮商不公平的对待，中央和各邦政府对其采取了较多的限制措施，包括严格控制运输、存储、进口、出口、贸易信贷的获得、风险管理工具的使用（期货合约）等。在粮食供给短缺和价格上涨时，这些措施会更加严格，以削减私营部门套利行为的发生，维持正常的市场秩序。但是从2002年起，印度的粮食出现了大量剩余，政府也相应做出政策上的调整，暂时取消了对大米和小麦的许可证、库存和运输等方面的限制。

二、粮食分配政策

印度粮食分配政策的实施，主要是通过公共分配系统（Public Distribution System，PDS）来实现。通过印度食品公司，印度中央政府负责粮食的定购、储存，并把粮食转运到中央仓库（Centralgodowns），按照中央发行价格（Center Issue Prices，低于收购价的补贴价）将粮食批发给各邦政府，各邦政府把粮食运出，通过40多万个平价商店（Fair-Price Shops）网络向消费者进行粮食的分配。印度目前约有平价商店47.5万个，75％位于农村。鉴于上述粮食分配系统并不能完全做到合理分配，1997年6月起，印度政府开始实施定向公共分配系统（Targeted PDS），即根据居民的家庭收入实行粮食差别价格。所有家庭可分为两类：低于贫困线（Below Poverty

Line，BPL) 和高于贫困线 (Above Poverty Line，APL)，前者购买粮食可通过 TPDS 得到较低的价格；而后者购买粮食只能按规定价格。这种粮食分配政策起到了良好的效果，具有很强的针对性，它使贫困发生率较高的邦获得了更多的粮食分配。

三、定向公共分配系统

定向公共分配系统 (TPDS) 以补贴价向居民提供生活必需品，主要包括大米、小麦、食糖、食用油、粗粮等。各邦政府以低于 FCI 经济成本 (在定购、存储和分配过程中所发生的成本总和) 的中央发行价格 (Central Issue Price) 向 FCI 购买粮食，作为 TPDS 的粮食库存，然后通过平价商店网络出售给全国的消费者。中央和各邦政府共同经营 TPDS，中央政府负责定购、运输、存储和分配过程中的成本，各邦政府负责在本邦内分配粮食过程中的成本，邦政府还负责确认低于贫困线的家庭数量、发放粮食供应卡及监督管理平价商店运行情况等。定向公共分配系统规定，出售给低于贫困线家庭的粮食价格，在边际上高于中央发行价格不得超过 0.5 卢比/千克，而向高于贫困线家庭出售的粮食价格则弹性较大。

《印度金融快报》报导，2009 年 08 月，印度内阁可能将讨论以补助价格增加向贫困人群的食糖供应。为向贫困人群出售补助食糖，政府已经要求糖厂增加低价糖的供应，当前印度糖厂被要求以政府设定的低价出售 10％ 的产量。2010 年，印度已决定放宽对诸如糖果及不含酒精的饮料制造商等大宗糖消费者施加的库存持有量限制。大宗糖消费者是指那些在一个月内消耗 1 吨或以上糖的消费者，将被允许保留足够 90 天 (原为 15 天) 需求的库存。大宗糖消费者占印度糖消费总量的 65％ 左右，新的库存持有量要求有效期将为六个月。

贫困家庭发放粮食卡计划（Antyodaya Anna Yojana，AAY）是印度政府针对低于贫困线家庭中特别贫困的家庭实施的计划。为了补贴相应的贫困人口，使 TPDS 更具有针对性，印度政府自 2000 年 12 月起实行了 AAY（对贫困家庭中最贫困的家庭发放粮食）计划。AAY 是 TPDS 的进一步深化，其对于贫困家庭的价格补贴程度更大，AAY 按照每月 2 卢比/千克和 3 卢比/千克的价格向特别贫困家庭提供 25 千克的小麦和大米，2002 年 4 月 1 日起这一数量又增加到 35 千克。

四、粮食储存政策

印度由于在农产品的运输、储存和保鲜等方面技术落后，使得农产品的损失率很高。伦敦机械研究所的报告显示，印度每年浪费的小麦与澳大利亚的小麦年产量相当，其中有 2 100 万吨是因为粮仓短缺或未能及时发放而坏掉。印度粮食公司自己也承认，从 2009 年到 2013 年间，印度共浪费了 7 900 万吨小麦，占总产量的 9%。联邦政府仓储发展和监管局的高层官员迪内希·拉伊（Dinesh Rai）称："供应链上浪费的粮食相当于印度国内生产总值的 13%。"

2006—2015 年，印度粮食年均存储量为 3 874.40 万吨，近十年总存储量为 3.87 亿吨，约为 1991—2015 年总量（8.10 亿吨）的 47.86%。其中水稻和小麦的存储量相当，存量极少。2006—2015 年，水稻年均存储量为 1 919.80 万吨，近十年总存储量为 1.92 亿吨，约为 1991—2015 年总量（4.06 亿吨）的 47.33%。2006—2015 年，小麦年均存储量为 1 953.80 万吨，近十年总存储量为 1.95 亿吨，约为 1991—2015 年总量（4.02 亿吨）的 48.55%。1991—2015 年，印度粮食储存量波动较大（图 7-21），1992—1993 年出现两年下降，1994—1995 年两年上升，1996—1998 年三年下降，1999—2002 年四年上升，2003—2007 年五年下降，2008—2010 年三年上升，2011 年下降，2012—2013 年两年上升，2014—2015 年两年下降，其中最高为 2013 年的 6 669 万吨，最低为 1993 年的 1 313 万吨。

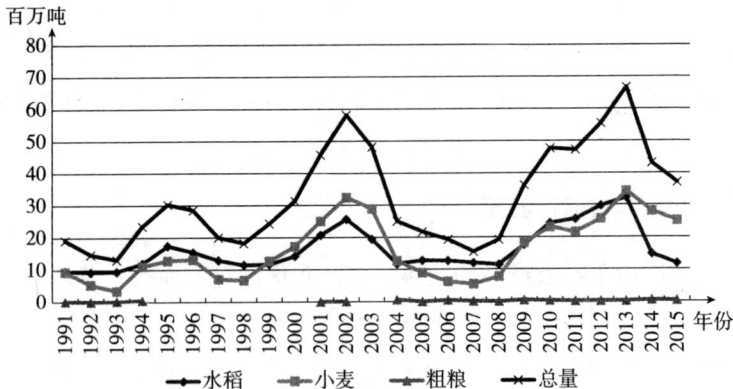

图 7-21　印度 1991—2015 年中央与地方的谷物存储量变化情况

资料来源：印度消费者事务、食品和公共分配部。

水稻和小麦的变化趋势与粮食总量略有不同，水稻存储量在 1992 年下降，1993—1995 年三年上升，1996—1998 年三年下降，1999—2002 年四年上升，2003—2004 年两年下降，2005 年上升，2006—2008 年三年下降，2009—2013 年四年上升，2014—2015 年两年下降，其中最高为 2013 年的 3 222 万吨，最低为 1992 年的 929 万吨。小麦存储量在 1992—1993 年两年下降，1994—1996 年三年上升，1997—1998 年两年下降，1999—2002 年四年上升，2003—2007 年五年下降，2008—2010 年三年上升，2011 年下降，2012—2013 年两年上升，2014—2015 年两年下降，其中最高为 2013 年的 3 438 万吨，最低为 1993 年的 347 万吨。

2005 年、2011 年、2015 年印度粮食缓冲库存规则见表 7-1。

表 7-1　印度粮食缓冲库存规则

单位：百万吨

日期	水稻			小麦			合计		
	2005 年	2011 年	2015 年	2005 年	2011 年	2015 年	2005 年	2011 年	2015 年
4 月 1 日	12.2	14.2	13.6	4.0	7.0	7.5	16.2	21.2	21.0
7 月 1 日	9.8	11.8	13.5	17.1	20.1	27.6	26.9	31.9	41.1
10 月 1 日	5.2	7.2	10.3	11.0	14.0	20.5	16.2	21.2	30.8
1 月 1 日	11.8	13.8	7.6	8.2	11.2	13.8	20.0	25.0	21.4

注：2015 年的规则自 2015 年 1 月 22 日起开始适用。
资料来源：印度消费者事务、食品和公共分配部。

五、印度对消费者权益保护的管理

1. 印度 1986 年《消费者保护法》

印度《消费者保护法》是为了保护最广大的消费者的利益不受侵害，该部法律保证了印度的所有消费者的申诉能够在花费不多的情况下得到快速有效地处理，它已在过去的几十年里成为印度最重要的一部法律之一。该法案依据五种理由建立了公平贸易的责任范围，消费者可依据任意一种理由提出申诉。五个理由分别为：①发生不公正贸易行为或是限制性贸易行为；②服务不完善；③商品存在缺陷；④商品标价超过法律允许的范围；⑤商品在使用时对生命安全有害。

依据《消费者保护法》，印度政府建立了消费者保护委员会——消费者事务司，在各邦均设有消费者保护机构，以增强消费者对自己权益的认识，在安全、质量、选择、说明、教育、赔偿等方面，对消费者权利进行保护。各级消费者保护委员由负责消费者事务的部长以及其他政府和非政府成员组成。同时，为了快速有效地处理消费者的申诉，政府在区、邦、国家水平上建立起了与现有的各级法院相平等但又相分离的消费争端赔偿组织

（区法庭、邦委员会、全国委员会）。如果消费者对区法庭的处理结果不满意，可以向邦级委员会提起申诉，若还不满意，可将该案件交与国家级委员会处理。

由此可见，该法案的特性和影响力来自于其独特且高度有效的赔偿机制，另一个重要特点就是其规则非常宽松。消费者可以自己上法庭打官司，也可以寻求任何得到承认的消费者协会帮他打官司。该法规也允许消费者派代表、群众诉讼或是邦政府、中央政府提出诉讼。

2. 消费者保护部门和机构

（1）国家级的消费者保护部门——消费者事务司（Department of Consumer Affairs）

消费者事务司是国家消费者事务、食品和公共分配部下设的两个司之一。该司主要负责有关消费者合作社，价格监管，主要商品的实用性和国家领土内的消费者运动等事宜的政策制定问题，并监管印度标准局等法定机构的工作。

除国家级消费者保护部门外，各邦也设有消费者保护机构，这些机构与消费者事务司和其他国家级消费者保护机构配合，共同维护消费者的合法权益。

（2）国家级消费者争端赔偿组织——国家消费者争端赔偿委员会（National Consumer Disputes Redressal Commission）

国家消费者争端赔偿委员会是依据《消费者保护法》建立的国家级消费者争端赔偿机构，主要是为了给消费者投诉提供一种方便、快捷有效的途径。同时，为了实现《消费者保护法》的目标，该委员会还被授权监管各邦委员会的工作，定期召集各邦委员会就有关其体制、案件的处理和搁置等问题进行汇报。另外，该委员会还有权就以下问题发布指示：第一，在听讼上采取统一的程序；第二，优先处理他方的文件；第三，迅速批准文件；第四，在不妨碍其司法自由的情况下，从大体上监察各邦委员会和地区法庭的工作以确保《消费者保护法》的目的可以实现。除国家消费者争端赔偿委员会外，在地区一级和邦级都设有类似的消费者争端赔偿机构，就是上文所提到的区法庭和邦委员会。

第八章　农产品价格

第一节　印度农产品价格的基本情况

印度农产品价格主要由最低支持价格、批发价和零售价等部分组成。

一、印度农作物最低支持价格变化

1998—1999 年度至 2016—2017 年度，印度农作物最低支持价格呈逐年增长趋势。其中秋收作物最低支持价格增长最快，19 年间平均增幅约 2.72 倍，年均增长约 7.57%；其次是早春作物，18 年间（2016—2017 年度无数据）平均增幅约 2.48 倍，年均增长约 7.62%。

谷物作物中，水稻（普通）从 1998—1999 年度的 440 卢比/公担①增长至 2016—2017 年度的 1 470 卢比/公担，19 年间增长约 2.34 倍，年均增长约 6.93%；水稻（A 级）从 1998—1999 年度的 470 卢比/公担增长至 2016—2017 年度的 1 510 卢比/公担，19 年间增长约 2.21 倍，年均增长约 6.70%；小麦从 1998—1999 年度的 550 卢比/公担增长至 2015—2016 年度的 1 525 卢比/公担，18 年间增长约 1.77 倍，年均增长约 6.18%；玉米从 1998—1999 年度的 390 卢比/公担增长至 2016—2017 年度的 1 365 卢比/公担，19 年间增长约 2.50 倍，年均增长约

---

① 公担为公制重量单位，1 公担＝100 千克。

7.21%；大麦从 1998—1999 年度的 385 卢比/公担增长至
2015—2016 年度的 1 225 卢比/公担，18 年间增长约 2.18 倍，
年均增长约 7.05%；珍珠粟从 1998—1999 年度的 390 卢比/公
担增长至 2016—2017 年度的 1 330 卢比/公担，19 年间增长约
2.41 倍，年均增长约 7.05%；混合品种高粱从 1998—1999 年度
的 390 卢比/公担增长至 2016—2017 年度的 1 625 卢比/公担，
19 年间增长约 3.17 倍，年均增长约 8.25%；Maldandi 品种高
粱从 2006—2007 年度的 555 卢比/公担增长至 2016—2017 年度
的 1 650 卢比/公担，7 年间增长约 1.97 倍，年均增长
约 11.51%。

油类作物中，黑豆（大豆）从 1998—1999 年度的 705 卢比/
公担增长至 2014—2015 年度的 2 500 卢比/公担，17 年间增长约
2.55 倍，年均增长约 8.23%；黄豆（大豆）从 1998—1999 年度
的 795 卢比/公担增长至 2016—2017 年度的 2 675 卢比/公担，
19 年间增长约 2.36 倍，年均增长约 6.97%。

糖类作物中，甘蔗从 1998—1999 年度的 52.7 卢比/公担增
长至 2016—2017 年度的 230 卢比/公担，19 年间增长约 3.36
倍，年均增长约 9.05%。

棉麻类作物中，棉花（细绒棉）从 1998—1999 年度的
1 440 卢比/公担增长至 2016—2017 年度的 3 860 卢比/公担，
19 年间增长约 1.68 倍，年均增长约 5.63%；棉花（长绒棉）
从 1998—1999 年度的 1 650 卢比/公担增长至 2016—2017 年
度的 4 160 卢比/公担，19 年间增长约 1.52 倍，年均增长约
5.27%；黄麻从 1998—1999 年度的 650 卢比/公担增长至
2016—2017 年度的 3 200 卢比/公担，19 年间增长约 3.15 倍，
年均增长约 8.74%。

表 8-1a 印度 1998—1999 年度至 2016—2017 年度
主要农作物最低支持价格变化情况

单位：卢比/公担

种　类	1998—1999	1999—2000	2000—2001	2001—2002	2002—2003	2003—2004	2004—2005	2005—2006	2006—2007	2007—2008
秋收作物										
普通水稻	440	490	510	530	530	550	560	570	580	645
A 级水稻	470	520	540	560	560	580	590	600	610	675
混合品种高粱	390	415	445	485	485	505	515	525	540	600
Maldandi 品种高粱①	—	—	—	—	—	—	—	—	555	620
珍珠粟	390	415	445	485	485	505	515	525	540	600
玉米	390	415	445	485	485	505	525	540	540	620
鸭脚稗	390	415	445	485	485	505	515	525	540	600
树豆	960	1 105	1 200	1 320	1 320	1 360	1 390	1 400	1 410	1 550
绿豆	960	1 105	1 200	1 320	1 330	1 370	1 410	1 520	1 520	1 700
黑豆	960	1 105	1 200	1 320	1 330	1 370	1 410	1 520	1 520	1 700
细绒棉	1 440	1 575	1 625	1 675	1 675	1 725	1 760	1 760	1 770	1 800
长绒棉	1 650	1 775	1 825	1 875	1 875	1 925	1 960	1 980	1 990	2 030
花生	1 040	1 155	1 220	1 340	1 355	1 400	1 500	1 520	1 520	1 550
葵花籽	1 060	1 155	1 170	1 185	1 195	1 250	1 340	1 500	1 500	1 510
黑豆（大豆）	705	755	775	795	795	840	900	900	900	910
黄豆（大豆）	795	845	865	885	885	930	1 000	1 010	1 020	1 050
芝麻	1 060	1 205	1 300	1 400	1 450	1 485	1 500	1 550	1 560	1 580
黑芝麻	850	915	1 025	1 100	1 120	1 155	1 180	1 200	1 220	1 240
早春作物										
小麦	550	580	610	620	620	630	640	650	750	1 000
大麦	385	430	500	500	500	525	540	550	565	650

① Maldandi 品种高粱是印度 Maldandi 的地方品种。

（续）

种类	1998—1999	1999—2000	2000—2001	2001—2002	2002—2003	2003—2004	2004—2005	2005—2006	2006—2007	2007—2008
鹰嘴豆	895	1 015	1 100	1 200	1 220	1 400	1 425	1 435	1 445	1 600
小扁豆	—	—	1 200	1 300	1 320	1 500	1 525	1 535	1 545	1 700
油菜/芥末	1 000	1 100	1 200	1 300	1 330	1 600	1 700	1 715	1 715	1 800
红花	990	1 100	1 200	1 300	1 300	1 500	1 550	1 565	1 565	1 650
托里亚油菜	965	1 065	1 165	1 265	1 295	1 565	1 665	1 680	1 680	1 735
其他										
制粉椰干	2 900	3 100	3 250	3 300	3 300	3 320	3 500	3 570	3 590	3 620
球形椰干	3 125	3 325	3 500	3 550	3 550	3 570	3 750	3 820	3 840	3 870
去核椰子	—	—	—	—	—	—	—	—	—	—
黄麻	650	750	785	810	850	860	890	910	1 000	105
甘蔗	52.7	56.1	59.5	62.05	69.5	73	74.5	79.5	80.25	81.18

资料来源：印度农业部经济和统计局，印度农业合作部。

表 8-1b 印度 1998—1999 年度至 2016—2017 年度

主要农作物最低支持价格变化情况

单位：卢比/公担

种类	2008—2009	2009—2010	2010—2011	2011—2012	2012—2013	2013—2014	2014—2015	2015—2016	2016—2017
秋收作物									
普通水稻	850	950	1 000	1 080	1 250	1 310	1 360	1 410	1 470
A 级水稻	880	980	1 030	1 110	1 280	1 345	1 400	1 450	1 510
混合品种高粱	840	840	880	980	1 500	1 500	1 530	1 570	1 625
Maldandi 品种高粱	860	860	900	1 000	1 520	1 520	1 550	1 590	1 650
珍珠粟	840	840	880	980	1 175	1 250	1 250	1 275	1 330
玉米	840	840	880	980	1 175	1 310	1 310	1 325	1 365
鸭脚稗	915	915	965	1 050	1 500	1 500	1 550	1 650	1 725
树豆	2 000	2 300	3 000	3 200	3 850	4 300	4 350	4 425	4 625

（续）

种　类	2008—2009	2009—2010	2010—2011	2011—2012	2012—2013	2013—2014	2014—2015	2015—2016	2016—2017
绿豆	2 520	2 760	3 170	3 500	4 400	4 500	4 600	4 650	4 800
黑豆	2 520	2 520	2 900	3 300	4 300	4 300	4 350	4 425	4 575
细绒棉	2 500	2 500	2 500	2 800	3 600	3 700	3 750	3 800	3 860
长绒棉	3 000	3 000	3 000	3 300	3 900	4 000	4 050	4 100	4 160
花生	2 100	2 100	2 300	2 700	3 700	4 000	4 000	4 030	4 120
葵花籽	2 215	2 215	2 350	2 800	3 700	3 700	3 750	3 800	3 850
黑豆（大豆）	1 350	1 350	1 400	1 650	2 200	2 500	2 500	—	—
黄豆（大豆）	1 390	1 390	1 440	1 690	2 240	2 560	2 560	2 600	2 675
芝麻	2 750	2 850	2 900	3 400	4 200	4 500	4 600	4 700	4 800
黑芝麻	2 405	2 405	2 450	2 900	3 500	3 500	3 600	3 650	3 725
早春作物									
小麦	1 080	1 100	1 120	1 285	1 350	1 400	1 450	1 525	—
大麦	680	750	780	980	980	1 100	1 150	1 225	—
鹰嘴豆	1 730	1 760	2 100	2 800	3 000	3 100	3 175	3 425	—
小扁豆	1 870	1 870	2 250	2 800	2 900	2 950	3 075	3 325	—
油菜/芥末	1 830	1 830	1 850	2 500	3 000	3 050	3 100	3 350	—
红花	1 650	1 680	1 800	2 500	2 800	3 000	3 050	3 300	—
托里亚油菜	1 735	1 735	1 780	2 425	2 970	3 020	3 020	3 290	—
其他									
制粉椰干	3 660	4 450	4 450	4 525	5 100	5 250	5 250	5 550	5 950
球形椰干	3 910	4 700	4 700	4 775	5 350	5 500	5 500	5 830	6 240
去核椰子	988	1 200	1 200	1 200	1 400	1 425	1 425	1 500	1 600
黄麻	1 250	1 375	1 575	1 675	2 200	2 300	2 400	2 700	3 200
甘蔗	81.18	129.84	139.12	145	170	210	220	230	230

资料来源：印度农业部经济和统计局，印度农业合作部。

不同年份间的最低支持价格波动很大，比如小麦，其支持价格在 1992—1993 年度、1993—1994 年度、1997—1998 年度、2002—2003 年度增长迅速，原因主要是在不同时间点上，政府对其影响因素的侧重点不同，政府的重点主要是不同作物（产品）之间价格比率。对于粗粮产品，不同种类的支持价格基本相同，玉米的支持价格略高（1992—1993 年度起），鹰嘴豆、绿豆、扁豆和树豆的最低支持价格要低于市场价格，故提高支持价格的呼声并不高，只发生在有些年份和某种单一产品市场上。印度政府还对芥末、托里亚油菜、带壳花生、大豆（黑豆和黄豆）、葵花籽、干椰子肉和红花籽等也实行最低支持价格政策。近年来，芝麻和黑芝麻进入了价格支持计划中，而甘蔗是根据印度政府制定最低法定价格（Statutory Minimum Prices），该价格要求食糖加工厂至少要向生产者支付该种价格水平。

二、印度农产品批发价格指数变化

1. 粮食作物批发价格指数

2005—2006 年度到 2015—2016 年度，印度粮食作物批发价格指数总体保持上涨。以 2004—2005 年为基准年，谷物、豆类、粮食价格涨幅分别为 122%、197%、136%。2005—2006 年度到 2015—2016 年度，印度粮食作物批发价格稳步增长，也有出现下降的情况，其中大米在 2015—2016 年度出现 1.66% 的负增长，小麦在 2011—2012 年度和 2014—2015 年度出现了 1.84% 和 0.29% 的负增长，珍珠粟在 2014—2015 年度出现了 2.44% 的负增长，玉米在 2014—2015 年度出现了 3.79% 的负增长，大麦在 2009—2010 年度出现了 1.48% 的负增长，鸭脚稗在 2010—2011 年度和 2014—2015 年度出现了 0.50% 和 2.89% 的负增长，豆类在 2007—2008 年度和 2013—2014 年度出现了 2.85% 和 5.52% 负增长（表 8-2）。

表 8-2   2005—2006 年度至 2015—2016 年度
印度粮食作物批发价格增长率

基准年：2004—2005＝100；单位：%

种类	2005—2006	2006—2007	2007—2008	2008—2009	2009—2010	2010—2011	2011—2012	2012—2013	2013—2014	2014—2015	2015—2016
粮食	7.26	14.12	6.92	11.02	14.49	4.85	3.61	14.61	9.10	3.99	7.66
谷物	5.99	10.14	9.53	11.91	12.64	5.27	3.87	13.41	12.84	3.60	0.68
大米	5.23	4.56	11.30	14.83	12.31	5.86	3.05	12.69	16.51	6.70	−1.66
小麦	5.02	19.14	7.32	9.90	12.81	2.99	−1.84	15.51	9.20	−0.29	3.67
高粱	9.53	13.78	18.75	2.16	11.52	12.42	31.13	−5.13	6.52	14.87	−2.29
珍珠粟	10.48	10.84	4.54	8.69	20.78	4.47	10.04	20.84	10.05	−2.44	4.03
玉米	13.10	8.30	6.32	6.81	10.24	10.17	21.72	13.81	7.35	−3.79	6.24
大麦	14.84	7.72	10.41	11.91	−1.48	10.01	8.76	15.45	3.03	6.22	1.90
鸭脚稗	1.36	10.66	9.98	9.38	29.45	−0.50	17.91	35.81	21.19	−2.89	0.74
豆类	13.34	31.62	−2.85	7.53	22.41	3.20	2.52	19.57	−5.52	5.88	39.47
黑吉豆	13.94	37.05	−4.59	3.23	−1.06	−1.44	29.21	37.43	−18.41	−8.90	41.34
树豆	−1.95	10.46	16.41	14.44	48.81	−4.49	−10.66	8.82	6.49	8.71	55.10
绿豆	21.66	31.76	−11.93	6.54	55.43	19.95	−12.84	6.16	14.03	20.99	12.99
扁豆	2.51	12.15	26.71	34.65	16.31	−14.77	−16.29	19.10	12.01	22.20	27.08
黑豆	31.08	45.96	−16.50	0.01	42.97	18.96	−11.68	−5.14	2.92	23.04	51.93

资料来源：印度工商部，经济顾问办公室。

2005—2006 年度到 2015—2016 年度，主要粮食作物中，大米、小麦、高粱、珍珠粟、玉米、大麦、鸭脚稗等谷物批发价格指数增幅分别为 126%、109%、157%、136%、127%、102%、226%。豆类中，黑吉豆、树豆、绿豆、扁豆、黑豆等的增幅分别为 146%、265%、232%、229%、234%。相比谷物的价格增长，豆类近两年的增幅较大，2015—2016 年度价格增幅达到了 39.47%，其中黑吉豆、树豆、绿豆、扁豆、黑豆的增幅分别为41.34%、55.10%、12.99%、27.08%、51.93%（表 8-3）。

表8-3　2005—2006 年度至 2015—2016 年度
印度粮食作物批发价格指数

基准年：2004—2005＝100

种类	2005—2006	2006—2007	2007—2008	2008—2009	2009—2010	2010—2011	2011—2012	2012—2013	2013—2014	2014—2015	2015—2016
粮食	107.26	122.41	130.88	145.3	166.36	174.43	180.72	207.13	225.97	234.98	252.99
谷物	105.99	116.74	127.86	143.09	161.18	169.67	176.23	199.87	225.53	233.64	235.23
大米	105.23	110.03	122.46	140.62	157.93	167.19	172.29	194.16	226.22	241.37	237.36
小麦	105.02	125.12	134.28	147.57	166.47	171.44	168.29	194.39	212.27	211.66	219.42
高粱	109.53	124.62	147.99	151.19	168.6	189.54	248.55	235.81	251.18	288.52	281.92
珍珠粟	110.48	122.46	128.02	139.15	168.07	175.58	193.21	233.47	256.93	250.66	260.77
玉米	113.1	122.49	130.23	139.1	153.34	168.94	205.63	234.03	251.24	241.73	256.82
大麦	114.84	123.71	136.59	152.86	150.6	165.68	180.19	208.03	214.34	227.67	232
鸭脚稗	101.36	112.17	123.36	134.93	174.67	173.79	204.92	278.31	337.27	327.52	329.96
豆类	113.34	149.18	144.93	155.84	190.76	196.86	201.82	241.32	228	241.4	336.68
黑吉豆	113.94	156.15	148.98	153.79	152.16	149.97	193.78	266.31	217.28	197.95	279.78
树豆	98.05	108.31	126.08	144.28	214.7	205.06	183.2	199.35	212.28	230.78	357.93
绿豆	121.66	160.3	141.18	150.42	233.8	280.44	244.42	259.47	295.88	357.99	404.5
扁豆	102.51	114.97	145.68	196.16	228.16	194.45	162.78	193.87	217.16	265.37	337.23
黑豆	131.08	191.33	159.77	159.78	228.43	271.75	240	227.67	234.32	288.31	438.03

资料来源：印度工商部，经济顾问办公室。

2. 经济作物批发价格指数

2005—2006 年度到 2015—2016 年度，以 2004—2005 年度为基准年，印度油菜籽、水果和蔬菜以及调味品和香料、原棉、黄麻等主要经济作物批发价格指数总体保持增长，增幅分别为138％、135％、262％、111％、199％。2005—2006 年度到 2015—2016 年度，经济作物批发价格指数也有些年份出现下降，其中蔬菜在 2011—2012 年度、2014—2015 年度和 2015—2016 年度出现 1.95％、6.06％和 2.91％的负增长，调味品和香料在

2005—2006 年度、2011—2012 年度和 2012—2013 年度出现了
5.46%、2.64% 和 11.80% 的负增长，原棉在 2005—2006 年度、
2009—2010 年度、2012—2013 年度、2014—2015 年度和 2015—
2016 年度出现了 9.82%、1.87%、8.50%、12.88% 和 7.86%
的负增长，黄麻在 2007—2008 年度出现了 9.97% 的负增长，油
菜籽在 2005—2006 年度出现了 9.46% 的负增长（表 8-4）。

表 8-4　2005—2006 年度至 2015—2016 年度
印度主要经济作物批发价格指数

基准年：2004—2005＝100

种　类	2005—2006	2006—2007	2007—2008	2008—2009	2009—2010	2010—2011	2011—2012	2012—2013	2013—2014	2014—2015	2015—2016
蔬菜和水果	108.00	111.78	124.63	134.86	147.76	172.05	183.15	198.40	244.26	257.33	253.97
蔬菜	113.71	114.28	137.07	141.89	161.80	182.83	179.26	210.08	294.45	276.60	268.54
水果	103.27	109.68	114.38	129.08	136.17	163.17	186.37	188.79	202.92	241.49	241.98
调味品和香料	94.54	136.71	142.93	151.24	182.68	243.98	237.53	209.50	245.58	298.82	342.56
黑胡椒	92.71	132.45	184.63	180.80	186.27	247.12	402.93	518.98	553.24	736.66	724.91
原棉	90.18	96.63	111.80	141.54	138.55	199.32	225.19	206.04	236.53	206.07	189.88
黄麻	134.90	135.97	122.42	137.88	160.45	210.68	222.51	242.36	261.93	288.08	403.53
油菜籽	90.36	94.49	113.22	131.17	134.97	141.33	158.75	198.02	202.59	208.88	214.90

资料来源：印度工商部，经济顾问办公室。

2005—2006 年度到 2015—2016 年度，以 2004—2005 年度
为基准年，花生种子、油菜/芥菜籽、棉花种子、椰子仁、芝麻
子、亚麻籽、蓖麻籽、小葵子、红花、向日葵、大豆等油类作物
的批发价格指数分别从 96.80、95.87、86.52、82.24、104.38、
98.75、89.38、85.58、89.03、95.97、82.03 增加到 246.17、
225.03、196.72、147.40、312.52、209.74、224.27、334.32、
151.88、194.52、210.00。2005—2006 年度到 2015—2016 年

度，以 2004—2005 年度为基准年，人造黄油、花生油、棕榈油、米糠油、棉籽油、芥末/菜籽油、豆油、椰子油、葵花油、芝麻油等植物油的批发价格指数从 93.25、97.03、93.23、99.29、93.40、94.49、90.64、99.88、94.42、89.05 增长到 115.30、192.29、121.88、148.05、184.86、180.44、148.84、148.97、131.12、165.28。

蔬菜中的马铃薯、甘薯、洋葱、木薯、生姜、豌豆、番茄、菜花、茄子、黄秋葵、卷心菜从 2005—2006 年度的 118.51、114.66、126.62、95.55、70.39、108.48、119.05、101.32、114.31、102.68、127.32 增长到 2015—2016 年度的 164.08、265.00、447.30、307.83、135.15、273.32、321.60、248.95、229.59、220.48、309.04。水果中的香蕉、芒果、苹果、橘子、腰果、椰子、番木瓜、葡萄、菠萝、番石榴、柠檬、人心果从 2005—2006 年度的 110.57、95.03、100.88、113.30、106.67、85.03、92.08、98.72、94.25、119.92、131.73、101.28 增长到 2015—2016 年度的 265.50、252.70、234.53、219.58、266.16、201.91、147.01、255.15、250.98、369.27、236.32、215.52。

调味品和香料中的黑胡椒、辣椒（干）、姜黄、豆蔻、生姜（干）、槟榔、小茴香、大蒜从 2005—2006 年度的 92.71、83.92、90.45、84.65、100.02、107.91、100.13、92.77 增长到 2015—2016 年度的 724.91、358.63、255.60、423.21、154.13、377.13、204.14、375.66。纤维中的原棉、黄麻、洋麻、羊毛、生丝、椰壳纤维从 2005—2006 年度的 90.18、134.90、131.43、97.72、116.08、106.77 增长到 2015—2016 年度的 189.88、403.53、329.97、65.35、201.96、235.50。

三、主要农业作物价格变化

印度农产品销售市场主要集中于金奈、孟买、德里、巴特纳

四个地区，这四个地区粮食价格的变化大致反映印度农作物价格
的变化。

1. 大米零售与批发价格

2009 年 1 月至 2017 年 4 月，大米零售价格大致保持上涨趋
势（图 8-1），从 2009 年 1 月的 16.72 卢比/千克增长到 2017 年 4
月的 28.72 卢比/千克。2009 年四地平均零售价为 17.88 卢比/
千克，2010 年已经突破 20 卢比/千克，增加到 20.41 卢比/千
克，增幅为 14.14%，2011 年增加到 22.32 卢比/千克，2012 年
增加到了 25.24 卢比/千克，2013 年增加到 28.90 卢比/千克，
2014 年增加到 29.92 卢比/千克，2015 年又降低到 28.76 卢比/
千克，2016 年继续下降为 28.72 卢比/千克，2017 年 1—4 月四
地平均零售价格为 30.62 卢比/千克。金奈、孟买、德里、巴特
纳四个地区的零售平均价格显示，金奈最高，为 26.96 卢比/千
克，德里为 26.44 卢比/千克，孟买为 25.67 卢比/千克，巴特纳
最低，为 23.35 卢比/千克。

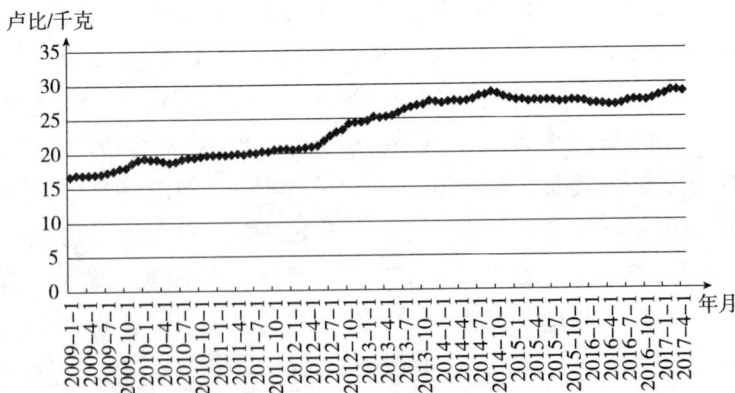

图 8-1 2009 年 1 月至 2017 年 4 月印度大米平均零售价格变化情况
资料来源：印度消费者事务部。

2009 年 1 月至 2017 年 4 月，大米批发价格大致保持上涨趋
势（图 8-2），从 2009 年 1 月的 1 555.06 卢比/100 千克增长到

2017 年 4 月的 2 583.88 卢比/100 千克。2009 年四地平均批发价为 1 627.53 卢比/100 千克，2012 年已经突破 2 000 卢比/100 千克，增加到 2 218.12 卢比/100 千克，增幅为 36.29%，2016 年增加到 2 384.33 卢比/100 千克，2017 年 1—4 月增加到 2 650.20 卢比/100 千克。

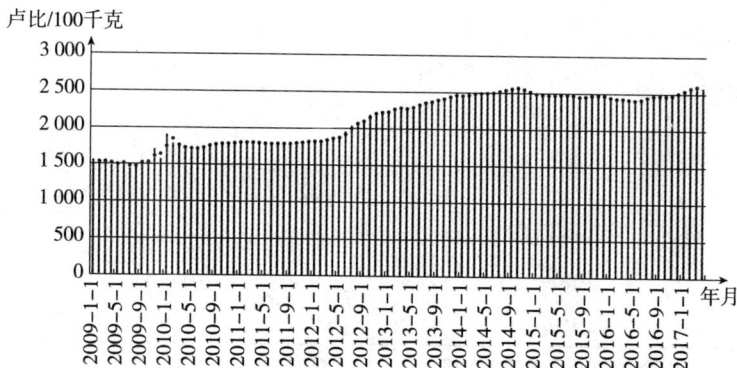

图 8-2 2009 年 1 月至 2017 年 4 月印度大米平均批发价格变化情况
资料来源：印度消费者事务部。

金奈、孟买、德里、巴特纳四个地区的批发平均价格显示，金奈最高，为 2 318.28 卢比/100 千克，巴特纳为 2 294.60 卢比/100 千克，孟买为 2 166.61 卢比/100 千克，德里最低，为 2 158.41 卢比/100 千克。但从 2017 年 2 月开始，德里的批发价格已经逐渐超过其他地区，2017 年 2—4 月仅次于金奈，超过了孟买和巴特纳，2017 年 2—4 月份批发价格分别为 2 576.79 卢比/100 千克、2 505 卢比/100 千克、2 584.38 卢比/100 千克（表 8-5）。

表 8-5 2009—2017（1—4 月）年印度主要地区大米平均批发价格变化情况

单位：卢比/100 千克

年份	金奈	德里	孟买	巴特纳	平均价格
2009	1 774.50	1 680.21	1 749.79	1 134.38	1 627.53

（续）

年份	金奈	德里	孟买	巴特纳	平均价格
2010	1 827. 73	1 924. 41	1 794. 31	1 669. 17	1 803. 90
2011	1 900. 00	1 947. 11	1 842. 21	2 102. 46	1 950. 00
2012	2 329. 37	2 058. 38	2 163. 97	2 320. 77	2 218. 12
2013	2 600. 07	2 306. 58	2 241. 06	2 673. 35	2 455. 26
2014	2 486. 77	2 437. 83	2 343. 79	2 618. 45	2 471. 71
2015	2 502. 85	2 340. 06	2 276. 69	2 319. 51	2 359. 78
2016	2 349. 79	2 319. 72	2 447. 08	2 420. 71	2 384. 32
2017. 1	3 267. 39	2 421. 67	2 450. 00	2 450. 00	2 647. 27
2017. 2	3 300. 00	2 576. 79	2 450. 00	2 400. 00	2 681. 70
2017. 3	3 132. 26	2 505. 00	2 450. 00	2 400. 00	2 621. 82
2017. 4	3 129. 41	2 584. 38	2 486. 36	2 400. 00	2 650. 04

资料来源：印度消费者事务部。

2. 小麦零售与批发价格

印度小麦批发价格从 2009 年 1 月平均的 1 265.28 卢比/100 千克增加到 2017 年 4 月的 2 139.41 卢比/100 千克，增幅高达 69.09%。2010 年 1 月在达到 1 664.32 卢比/100 千克后开始出现连续四个月的下降，直到 2010 年 5 月降到 1 401.14 卢比/100 千克。2011 年 2—9 月出现连续七个月的下降，从 1 539.88 卢比/100 千克下降到 1 413.13 卢比/100 千克。2014 年 1—5 月出现连续四个月的下降，从 1 965.41 卢比/100 千克下降到 1 891.10 卢比/100 千克。2017 年 1—3 月连续两个月出现下降，从 2 188.12 卢比/100 千克下降到 2 139.41 卢比/100 千克（图 8-3）。

2009 年 1 月至 2017 年 4 月，四地平均的小麦批发价格从 1 407.80 卢比/100 千克增加到 2 081.65 卢比/100 千克，总均价为 1 846.36 卢比/100 千克。2013 年突破 2 000 卢比/100 千克，四地总均价金奈最高，为 2 405.29 卢比/100 千克，孟买为

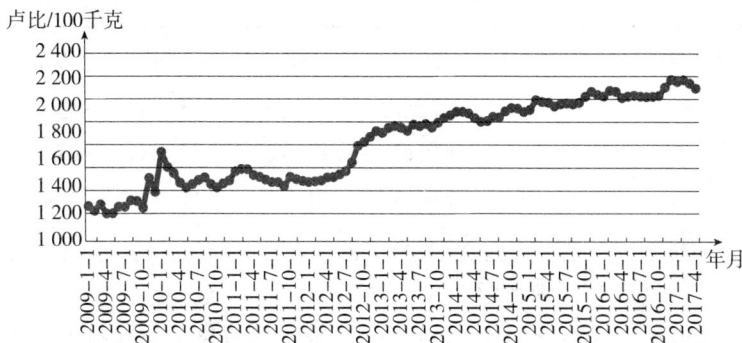

图 8-3　2009 年 1 月至 2017 年 4 月印度小麦平均批发价格
资料来源：印度消费者事务部。

2 330.79 卢比/100 千克，德里为 1 657.40 卢比/100 千克，巴特
纳最低，为 1 640.23 卢比/100 千克（表 8-6）。2015 年，四地小
麦批发价格均出现不同程度的下降，平均降幅为 4.07%，金奈、
德里、孟买的小麦批发价格降幅分别为 2.78%、2.49%、
2.00%，其中巴特纳降幅最大，为 10.12%。

表 8-6　2009—2017（1—4 月）年印度主要地区
小麦平均批发价格变化情况

单位：卢比/100 千克

年份	金奈	德里	孟买	巴特纳	平均价格
2009	1 756.79	1 181.10	1 516.78	1 081.77	1 407.80
2010	2 064.07	1 266.91	1 669.38	1 228.74	1 557.28
2011	2 026.38	1 241.93	1 643.80	1 252.09	1 541.05
2012	2 235.00	1 410.64	1 874.34	1 277.78	1 699.44
2013	2 405.29	1 657.40	2 330.79	1 640.23	2 008.43
2014	2 377.48	1 736.10	2 228.42	1 720.48	2 015.62
2015	2 311.46	1 692.86	2 183.87	1 546.39	1 933.64
2016	2 438.19	1 816.48	2 407.54	1 677.25	2 084.87

（续）

年份	金奈	德里	孟买	巴特纳	平均价格
2017.1	2 638.10	2 057.27	2 497.83	2 113.33	2 326.63
2017.2	2 496.30	1 971.61	2 550.00	2 035.71	2 263.41
2017.3	2 500.00	1 892.33	2 410.87	1 903.23	2 176.61
2017.4	2 464.71	1 768.24	2 313.64	1 780.00	2 081.65

资料来源：印度消费者事务部。

2009 年 1 月至 2017 年 4 月，小麦零售价格大致保持上涨趋势，从 13.59 卢比/千克增长到 24.04 卢比/千克，增幅为 76.89%。四地平均售价从 14.50 卢比/千克增长到 26.45 卢比/千克，增幅为 82.41%，其中巴特纳增幅最高，为 89.09%。自 2009 年 9 月起，四地平均价格开始突破 15 卢比/千克，自 2012 年 8 月起，四地平均价格突破了 20 卢比/千克，2015 年 12 月起，四地平均价格突破了 25 卢比/千克（图 8-4）。

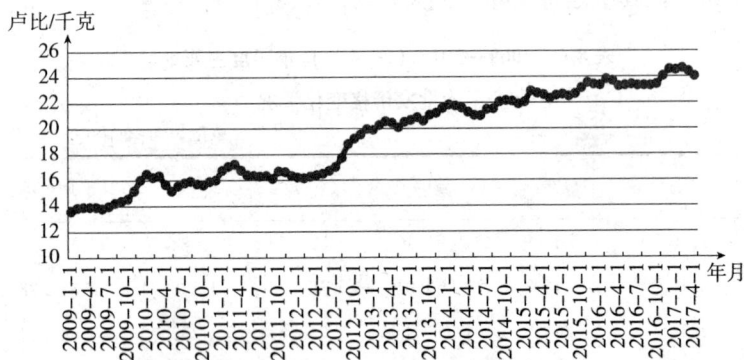

图 8-4　2009 年 1 月至 2017 年 4 月小麦平均零售价格变动趋势图
资料来源：印度消费者事务部。

2009—2017 年，印度小麦平均零售价格为 19.33 卢比/千克，四地平均零售价格为 21.12 卢比/千克，高于印度平均水平，其中金奈价格最高，为 26.50 卢比/千克，巴特纳价格最低，为

16.12 卢比/千克，德里和孟买的平均价格为 17.21 卢比/千克和 24.64 卢比/千克。从月度数据来看，2016 年 1 月起，金奈和孟买的价格，已经超过 30 卢比/千克，而德里和巴特纳的价格却维持在 20 卢比/千克左右，2017 年 4 月，金奈和孟买的零售价格达到 34 卢比/千克和 30 卢比/千克，而德里和巴特纳的价格为 21 卢比/千克和 20.80 卢比/千克。

3. 印度糖类零售批发价格

印度糖类作物批发主要集中在德里和孟买两个市场，2009 年 1 月至 2017 年 4 月，印度糖类批发价最低为 2009 年 1 月的 2 062.58 卢比 100/千克，在 2010 年 1 月一度达到 3 917.25 卢比/100 千克的高位，此后出现下降，2010 年 10 月出现 2 803.58 卢比/100 千克的低位价格，2012 年 10 月也曾达到 3 754.83 卢比/100 千克的高位，此后一直下降到 2015 年 8 月的 2 639.94 卢比/100 千克，之后一直上升至 2017 年 4 月的 3 976.26 卢比/100 千克。2009 年 1 月至 2017 年 4 月，印度糖类零批发波动较大，整体上呈现波动式上升趋势，增幅为 92.78%（图 8-5）。

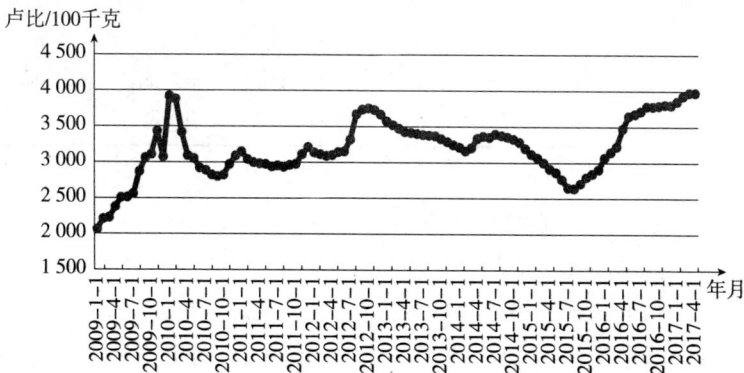

图 8-5　2009 年 1 月至 2017 年 4 月印度糖类作物平均批发价格变化情况
资料来源：印度消费者事务部。

2009—2017 年，四地糖类平均零售价格，从 28.06 卢比/千克增加到 2017 年 4 月的 43.00 卢比/千克，总均价为 36.84 卢比/千克。2010 年达到 33.12 卢比/千克之后，一直在 30 卢比/千克以上。四地的糖类零售价格相差不大，2016 年的价格均接近 40 卢比/千克，其中金奈超过 40 卢比/千克，2017 年前四个月的数据显示，糖类零售价格均在 40 卢比/千克以上（表 8-7）。

表 8-7　2009—2017（1—4 月）年印度主要地区糖类零售价格变化情况

单位：卢比/千克

年份	金奈	德里	孟买	巴特纳	平均价格
2009	26.43	29.36	28.85	27.61	28.06
2010	31.85	34.12	33.36	33.16	33.12
2011	30.42	32.97	32.47	31.78	31.91
2012	34.37	36.81	36.46	35.47	35.78
2013	33.83	36.61	38.00	35.35	35.95
2014	33.49	36.13	37.24	34.69	35.39
2015	30.82	31.48	30.76	30.91	30.99
2016	41.05	39.74	38.84	39.42	39.76
2017.1	42.17	41.67	42.03	41.71	41.90
2017.2	44.81	42.07	43.00	42.00	42.97
2017.3	45.06	42.17	43.87	42.00	43.28
2017.4	44.00	42.00	44.00	42.00	43.00

资料来源：印度消费者事务部。

4. 印度土豆零售批发价格

土豆是印度主要的粮食消费品之一。2009 年 1 月到 2017 年 4 月，印度土豆零售价格从 8.26 卢比/千克上升到 13.62 卢比/千克，增幅为 64.89%。但土豆价格受天气、病虫害等因素等影响波动较大（图 8-6）。2009—2017 年间，印度土豆价格共出现了八次大规模的高价期，分别是 2009 年 11 月的 18.99 卢比/千克，2010 年 12 月的 13.18 卢比/千克，2011 年 11 月的 12.65 卢比/千克，2012 年 8 月的 18.80 卢比/千克，2013 年 11 月的 25.08 卢比/千克，2014 年 11 月的 29.81 卢比/千克，2015 年 11 月的 17.68 卢比/千克，2016 年 8 月的 22.65 卢比/千克。同时也出现了九次低价期，分别是 2009 年 2 月的 7.69 卢比/千克，2010 年 4 月的 8.79 卢比/千克，2011 年 3 月的 9.63 卢比/千克，2012 年 1 月的 9.14 卢比/千克，2013 年 3 月的 13.59 卢比/千克，2014 年 2 月的 15.27 卢比/千克，2015 年 5 月的 13.79 卢比/千克，2016 年 2 月的 14.92 卢比/千克，2017 年 3 月的 13.54 卢比/千克。

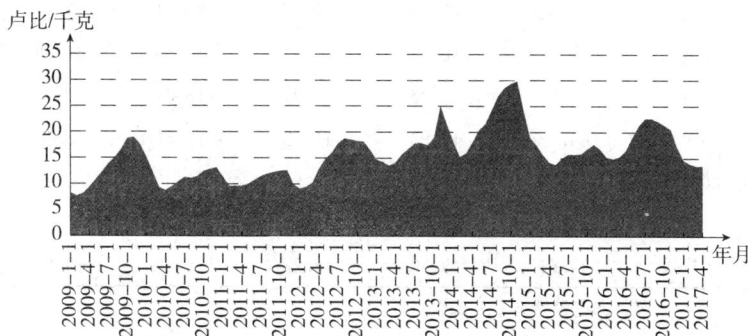

图 8-6　2009 年 1 月至 2017 年 4 月印度土豆零售平均价格
资料来源：印度消费者事务部。

　　2009—2017 年，印度土豆零售价格整体波动较大，总体上呈现上升趋势，但增加幅度不大，其中在 2014 年达到 23.992 卢比/千克的高位（表 8-8）。四地土豆零售价格中，2009—2010 年期间金奈最高，分别为 15.812 卢比/千克和 14.392 卢比/千克，其次为孟买，价格为 15.552 卢比/千克和 14.132 卢比/千克，德里的价格为 14.232 卢比/千克和 11.572 卢比/千克，最低的是巴特纳，价格为 10.632 卢比/千克和 8.142 卢比/千克。2011—2017 年期间孟买最高，2017 年 4 月达到 18.222 卢比/千克，其次为金奈，价格为 14.612 卢比/千克，德里的价格为 13.392 卢比/千克，最低的是巴特纳，价格为 9.632 卢比/千克。

表 8-8　2009—2017（1—4 月）年印度主要地区土豆零售价格变化情况

单位：卢比/千克

年份	金奈	德里	孟买	巴特纳	平均价格
2009	15.81	14.23	15.55	10.63	14.05
2010	14.39	11.57	14.13	8.14	12.06
2011	12.85	12.10	15.35	8.67	12.24
2012	16.98	15.72	17.28	12.37	15.59
2013	19.45	18.60	21.75	12.66	18.12
2014	23.44	25.34	28.57	18.61	23.99
2015	19.42	16.63	22.15	10.86	17.26
2016	20.96	22.33	22.21	15.84	20.34
2017.1	14.88	12.93	14.52	11.61	13.49
2017.2	14.56	12.79	14.96	10.36	13.17
2017.3	14.16	12.50	16.13	9.33	13.03
2017.4	14.61	13.39	18.22	9.63	13.96

资料来源：印度消费者事务部。

2009 年 1 月至 2017 年 4 月，印度土豆平均批发价格波动较大，但整体上呈现增长的趋势（图 8-7），从 474.58 卢比/100 千克增长到 1 000.47 卢比/100 千克，增幅为 110.81%。2009—2017 年，印度土豆平均批发价格总体上有五个高价期，分别为 2009 年 10 月的 1 535.28 卢比/100 千克，2012 年 8 月的 1 519.82 卢比/100 千克，2013 年 11 月的 2 038.78 卢比/100 千克，2014 年 11 月的 2 452.17 卢比/100 千克，2016 年 8 月的 1 816.46 卢比/100 千克。

此外，还有九个低价期，分别为 2009 年 2 月的 427.72 卢比/100 千克，2010 年 3 月的 658.63 卢比/100 千克，2011 年 4 月的 696.08 卢比/100 千克，2012 年的 1 月的 656.27 卢比/100

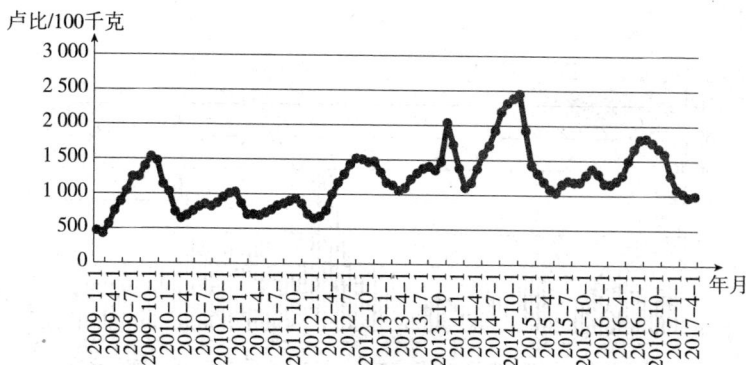

卢比/100千克

图 8-7 2009 年 1 月至 2017 年 4 月印度土豆平均批发价格变化情况
资料来源：印度消费者事务部。

千克，2013 年 3 月的 1 062.11 卢比/100 千克，2014 年 2 月的
1 112.56 卢比/100 千克，2015 年 5 月的 1 042.89 卢比/100 千
克，2016 年 2 月的 1 160.54 卢比/100 千克，2017 年 3 月的
980.15 卢比/100 千克。

5. 印度洋葱零售批发价格

洋葱是印度基础蔬菜，被誉为"政治蔬菜"，是印度国内非
常敏感的政治议题。1980 年，英迪拉·甘地就是利用当时执政
的人民党没能有效控制洋葱价格一事对其发难，在议会选举中把
人民党拉下马。1998 年，在德里地方选举中，印度人民党也由
于洋葱价格大幅上涨而失利。因此其价格波动受到广泛关注。

2009 年 1 月至 2017 年 4 月，印度洋葱零售平均价格波动较
大，从 16.40 卢比/千克变化到 14.46 卢比/千克，整体上呈现下
降的趋势，但其中有三个价格高位期（图 8-8），2011 年 1 月曾
一度达到 43.73 卢比/千克，之后下降到 2012 年 3 月的 11.42 卢
比/千克，接着又上升到 2013 年 10 月的 57.21 卢比/千克，之后
又下降到 2014 年 3 月的 17.22 卢比/千克，到 2015 年 9 月又达
到 54.14 卢比/千克，之后又下降到 2017 年 4 月的 14.46 卢比/

千克。

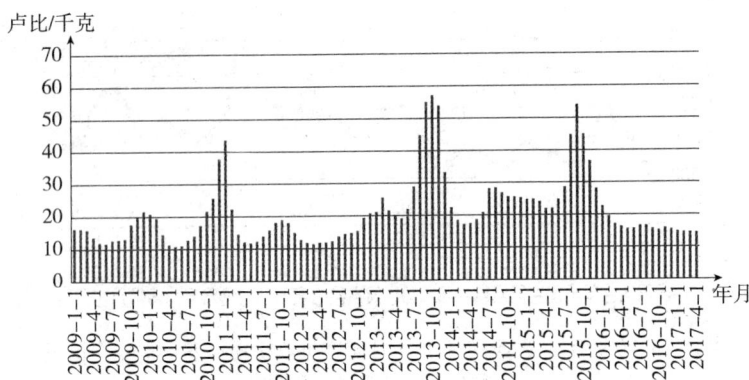

图 8-8　2009 年 1 月至 2017 年 4 月印度洋葱零售价格

资料来源：印度消费者事务部。

2009—2017 年，印度四地洋葱平均批发价格总体上呈现先增长后下降的趋势，2013 年和 2015 年是两个高价期（表 8-9）。2009 年的四地均价为 1 051.65 卢比/100 千克，增长到 2013 年的 2 319.33 卢比/100 千克，2014 年又下降到 1 448.95 卢比/100 千克，2015 年又增长到 2 199.05 卢比/100 千克，2017 年 4 月又下降到 835.42 卢比/100 千克。其中 2012—2013 年增幅最大，为 193.01%。四地洋葱平均批发价格中，巴特纳最高，其次为金奈，孟买价格最低。

表 8-9　2009—2017（1—4 月）年印度主要地区洋葱
平均批发价格变化情况

单位：卢比/100 千克

年份	金奈	德里	孟买	巴特纳	平均价格
2009	1 161.59	908.32	1 005.62	1 130.60	1 051.65
2010	1 355.62	1 008.15	1 261.20	1 298.19	1 230.79
2011	1 073.90	896.16	1 079.54	1 239.40	1 072.25
2012	826.47	688.60	738.13	913.07	791.56

（续）

年份	金奈	德里	孟买	巴特纳	平均价格
2013	2 409.42	1 951.49	2 302.54	2 613.87	2 319.33
2014	1 334.25	1 287.33	1 446.60	1 727.64	1 448.95
2015	2 252.60	1 795.07	2 367.44	2 381.11	2 199.05
2016	1 003.45	816.94	816.09	1 129.91	941.60
2017.1	956.52	765.83	702.17	1 188.33	903.21
2017.2	918.52	712.50	697.50	1 007.14	833.92
2017.3	903.23	755.83	650.00	1 054.84	840.98
2017.4	966.67	750.00	625.00	1 000.00	835.42

资料来源：印度消费者事务部。

6. 番茄零售批发价格

番茄是印度的主要蔬菜之一，在印度人民的日常生活中十分常见。2009年1月至2017年4月，印度番茄平均零售价格变化较大（图8-9），低价在10～20卢比/千克之间，高价则在40～50卢比/千克之间，其中最高价为2014年8月的50.17卢比/千克，最低价为2010年4月的11.77卢比/千克。番茄平均零售价格在10～20卢比/千克之间的月份众多，主要集中在2009年、

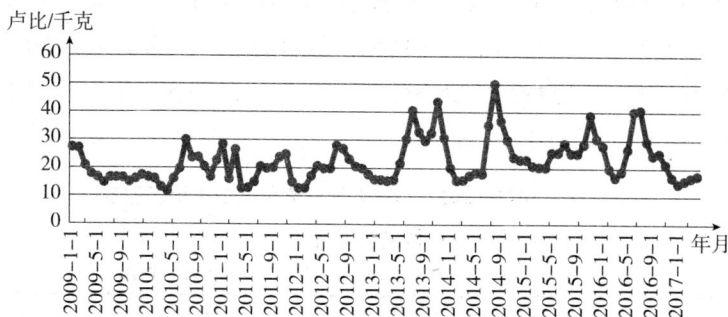

图8-9　2009年1月至2017年4月印度番茄平均零售价格
资料来源：印度消费者事务部。

2011 年、2014 年和 2017 年，番茄平均零售价格在 40 卢比/千克
以上的月份较少，分别为 2013 年 7 月的 40.53 卢比/千克，2013
年 11 月的 43.61 卢比/千克，2014 年 8 月的 50.17 卢比/千克，
2016 年 6 月的 40.17 卢比/千克，2016 年 7 月的 40.67 卢比/千克。

2009—2017 年，印度四地番茄平均零售价格中，德里最高，
平均价格为 27.83 卢比/千克，其次为孟买，平均价格为 25.12
卢比/千克，巴特纳的平均价格为 23.30 卢比/千克，金奈的价格
最低，平均价格为 20.31 卢比/千克。2009—2017 年，印度四地
番茄平均零售价格波动较大，四地平均零售价格曾一度达到
2014 年 8 月的 58.98 卢比/千克，也出现过 2009 年 4 月的 11.22
卢比/千克。

2011—2017 年，印度四地番茄平均批发价格增减交替，从
2011 年的 1 124.11 卢比/100 千克增加到 2013 年的 1 966.81 卢
比/100 千克，又下降为 2017 年 1 月的 743.92 卢比/100 千克，
2017 年 3 月又增加到 1 188.57 卢比/100 千克（表 8-10）。在四
地番茄批发价格中，2011—2016 年，巴特纳最高，2013 年甚至
达到 2 573.06 卢比/100 千克，其次为金奈，德里和孟买相差很
小；2017 年 1—4 月，金奈的价格最高，四个月的平均价格为
1 680.47 卢比/100 千克，其次为孟买，平均价格为 866.49
卢比/100 千克，与金奈相差较大，德里的平均价格为 788.30 卢
比/100 千克，巴特纳的价格最低，为 611.86 卢比/100 千克，仅
为金奈平均价格的 36.41%。

表 8-10　2011—2017（1—4 月）年印度主要地区番茄
平均批发价格变化情况

单位：卢比/100 千克

年份	金奈	德里	孟买	巴特纳	平均价格
2011	975.26	846.90	769.99	1 841.57	1 124.11

（续）

年份	金奈	德里	孟买	巴特纳	平均价格
2012	1 357.55	1 043.67	955.29	1 739.49	1 274.00
2013	2 012.37	1 598.63	1 683.19	2 573.06	1 966.81
2014	1 311.62	1 350.99	1 369.61	2 516.89	1 637.28
2015	1 630.68	1 461.24	1 385.63	2 004.15	1 620.42
2016	1 697.33	1 260.04	1 268.81	1 862.19	1 522.09
2017.1	1 152.17	574.17	529.35	720.00	743.92
2017.2	2 188.89	731.25	730.00	550.00	1 050.04
2017.3	2 141.94	911.67	1 123.26	577.42	1 188.57
2017.4	1 238.89	936.11	1 083.33	600.00	964.58

资料来源：印度消费者事务部。

7. 印度鹰嘴豆零售批发价格

印度是世界鹰嘴豆最大的生产国家，我国新疆也有生产，但产量较少。鹰嘴豆不仅是一种十分珍贵的稀有种质资源，而且属于高营养豆类植物，富含多种植物蛋白和多种氨基酸、维生素、粗纤维及钙、镁、铁等成分。印度鹰嘴豆价格波动直接影响世界市场。

2009 年 1 月到 2017 年 4 月，印度鹰嘴豆平均零售价格总体上呈现逐渐增长的趋势，从 34.28 卢比/千克上升到 88.93 卢比/千克，增幅达 159.42%。其中存在三个高价时期和三个低价时期，最高价为 2016 年 12 月的 123.70 卢比/千克，最低价为 2010 年 3 月的 31.64 卢比/千克（图 8-10）。

2009 年 1 月至 2017 年 4 月，印度鹰嘴豆平均批发价格总体上呈增长趋势（图 8-11），从 2009 年 1 月的 2 794.38 卢比/100 千克增长到 8 154.19 卢比/100 千克，增幅为 191.81%。具体来说，2009 年 1 月至 2012 年 11 月，印度鹰嘴豆处于增长趋势，2012 年 11 月达到 6 150.36 卢比/100 千克，之后开始下降，

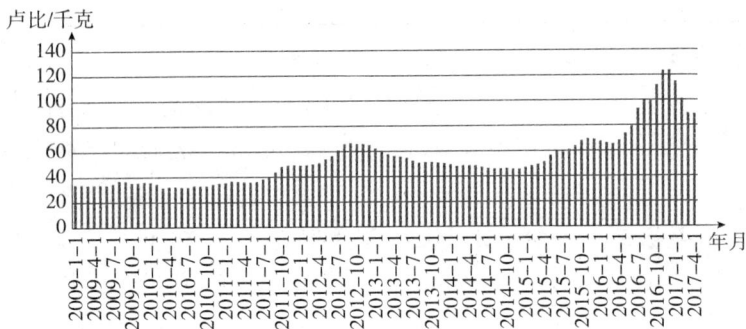

图 8-10　2009 年 1 月至 2017 年 4 月印度鹰嘴豆零售价格
资料来源：印度消费者事务部

2014 年 12 月下降为 4 070.49 卢比/100 千克，然后又开始增长，
到 2016 年 12 月增长到 11 512.65 卢比/100 千克，成为该时期的
最高价格，2017 年鹰嘴豆价格又开始下降。

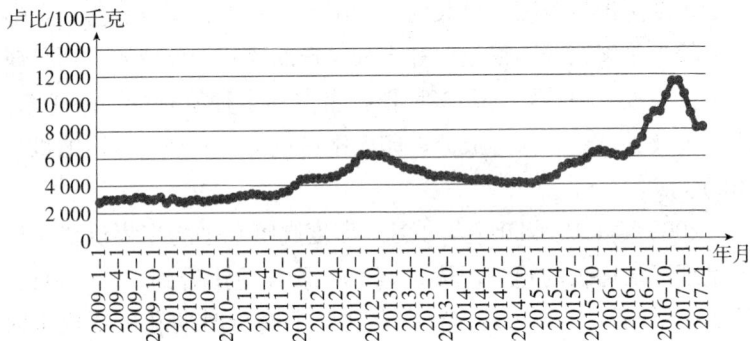

图 8-11　2009 年 1 月至 2017 年 4 月印度鹰嘴豆平均批发价格
资料来源：印度消费者事务部。

第二节　农产品价格政策

政府干预定价是印度农产品价格制定的主要政策。政府干预
的主要目标，旨在通过有利的价格确保与鼓励种植者增加投资和

生产。20 世纪 60 年代中期以来，印度政府采取了提高农产品收购价格、对农产品和农用物资进行财政补贴的政策，通过规定粮食购销价格、实施政府配售制度和建立缓冲库存等措施来稳定和增加农民的收入。

印度政府主要关注稻米、小麦、糖、食用油及其他大众消费品的生产增长和价格控制，在发展生产以增加市场供应量的同时，防止大众消费者必需品价格的过度上涨。在这方面主要实施了以下八种措施，即规定最高/最低价格；实行价格双轨制；增加粮食储备、保障供应增长；发展食用油生产以增加供应；加强公共分配系统；实行对粮食私人贸易的控制制度；推行各种增加农业生产的措施以发展生产、增加供应；在需要时通过进口来增加国内供应。

1965 年以前，印度农产品价格政策的重点主要是保护消费者利益，政府通过低价收购，进口和配售来实现保护。这种政策虽然保证了城镇居民生活水平的稳定，却带来了严重后果：生产发展缓慢、政府收购量无法增加、粮食进口激增。1965 年以后，印度农产品价格政策的重点主要是保护生产者利益、同时兼顾消费者利益，这一政策是印度农业政策调整的里程碑。

1965 年成立了两个新机构，农业价格委员会和全国粮食公司。前者的主要任务是每年就粮食及其他作物的价格、收购和征收粮食数量提出建议。后者是国营的一个贸易机构，它代表政府管理国内粮食收购和分配活动，以及进口粮食事务。

为实现农业收入的稳步增长，保护消费者的合法利益，印度政府采取了规定农产品（主要是粮食）购销价格、政府配售制度、缓冲库存等措施。政府规定，农产品支持（收购）价格机构为"农产品价格委员会"（1985 年更名为"农产品成本和价格委员会"）。该组织依据农产品成本、工农产品比价、作物间比价、供需状况、农民合理利润等多种因素，在农产品支持（收购）价格上向政府提供科学合理的建议，经政府参考确定后，在收获前正式公布农产品支持（收购）价格。农产品价格政策初期的主要支持对象是大米、小麦、玉米等粮食作物，20 世纪 70 年代中期，印度实现粮食基本自给后，为了促进农业的平衡发展，调整种植业生产结构，主要支持对象范围不断扩大，包括黄麻、大豆、油料等 20 多种农产品。

印度农产品价格政策的政策工具主要有：第一，对 23 种农产品实行最低支持价格（Minimum Support Prices，MSP）；第二，对其他一些农产品实行市场干预；第三，公共或合作机构以市场价格购买农产品；第四，通过公共机构以固定价格在公开市场上销售农产品；第五，对大米和小麦实行缓冲库存；第六，通过公共分配系统（PDS）分配受补贴的粮食和糖类。

一、农产品最低价格支持政策

印度的粮食价格计划是由政府负责颁布粮食保护价格，并由印度粮食公司（FCI）负责执行的。印度政府根据农业成本及农产品成本与价格委员会（the Commission for Agricultural Costs and Prices，CACP）对于农业生产成本，农产品之间的比价关系，市场供求状况和市场价格的分析，向政府提供的农产品收购价格的建议，其中包括粮食收购价格的建议，在听取各邦政府的意见之后，颁布农产品收购保护价格。自 1986 年起，政府的保护价开始在播种季节之前公布。保护价旨在不允许相应产品的价格跌落到保护价格水平之下，但是对价格的上限并不加以限制。作为政府保护价的执行者，印度粮食公司认购市场中以保护价出售的一切数量的小麦和稻谷，从而有效地保证了农民不论在任何市场结构中都不会以低于保护价的水平出售其产品。另一方面是通过全国的公共销售体系，向社会成员，尤其是低收入或贫困阶层，提供平价粮食，以保证其基本消费需要。平价粮食的供应是由印度粮食公司与平价粮店签订契约，向后者支付市场价与平价之间的差额，以使平价粮店能够获得正常的利润。

FCI 或其指定的邦政府代理机构以最低支持价格（the Minimum Support Price，MSP）从农民手中定购稻米和小麦。除此之外，FCI 还通过对大米加工厂征收大米税（Rice Levy）来获取额外的大米供应。平均来说，征收的大米大约能够占到 FCI 定购大米总量的 60％左右。这些定购来的大米和小麦主要用来满足公共分配系统、缓冲库存和其他以粮食为基础的福利计划的需要。粮食收购工作由印度粮食公司承担，按照"低于贫困线"与"高于贫困线"的家庭数量，把粮食分配给各个邦，消费者可以通过"公共分配系统"（仓库和定量配给商店）获取粮食。

2002 年 6 月起，印度政府通过"公共分配系统"出售的小麦与大米价格保持稳定，"贫困线以上"用户的小麦、普通大米和 A 级大米售价分别为 6 100 卢比/吨、7 950 卢比/吨和 8 300 卢比/吨，"贫困线以下"用户的小麦、大米售价则为 4 150 卢比/吨、5 650 卢比/吨，"最贫困"用户的小麦售价为 2 000 卢比（50.6 美元）/吨。2006 年，印度政府小麦最低支持价格为 6 500 卢比/吨，而小麦收购和管理成本总计为 12 326 卢比/吨。由于粮食生产成本的不断上涨，印度的粮食最低支持价格也不断攀升，但是自 2002 年 6 月起，印度"公共分配系统"出售的粮食价格没有变化，这就使得印度政府的粮食补贴预算不断增加，政府各类粮食补贴预算在 2006—2007 年度和 2007—2008 年度分别达到了 2 383 亿卢比和 2 570 亿卢比，近年来粮食补贴增长较快，2010—2011 年度为 6 293 亿卢比，2011—2012 年度为 7 237 亿卢比，2012—2013 年度为 8 455 亿卢比，2113—2014 年度为 8 974亿卢比，2014—2015 年度突破了 1 万亿卢比，增长到了 1.13 万亿卢比。

二、市场干预计划

对于那些没有受到 MSP 支持的园艺产品和其他农产品，政府实施的支持政策，简称 MIS。如果一种产品的价格低于特定的"经济水平"，政府就会通过不超过生产成本的干预价格来购买此商品，计划执行中的损失由中央和各邦政府共同承担。它是为了购买在自然条件下易腐烂且不包含在 PSS 下的农产品和园艺商品。市场干预计划的实施是为了保护种植者们避免发生扣押拍卖。在市场上出现作物大丰收或过剩的情况下，价格往往低于经济水平/生产成本。市场政府干预计划下的采购是由国家农业合作营销联盟印度有限公司（NAFED）这个既是中央机构又是国家制定机构进行的。1998 年以来，受 MIS 支持的产品有柑橘、苹果、油椰子、马铃薯、红辣椒、槟榔、生姜和洋葱。

据印度《经济时报》报道，2008—2009 财年，印度政府通过价格稳定基金（Price Stabilization Fund，PSF）向 1.5 万余个茶叶种植商提供 760 万卢比（约 19 万美元）的财政补助。价格稳定基金是印度政府为稳定茶叶、咖啡、橡胶和烟草等商品价格而专门设立的基金，当这些商品价格低于某一特定水平时，价格稳定基金则向相关商品种植商提供财政补助。近年来，价格稳定基金也在向粮食作物倾斜，截至 2016 年 1 月 18 日，在价格稳定基金的支持下，印度粮食公司已经按照市场价格收购豆类作物 3 961 吨。

三、价格支持计划

印度自加入世贸组织后，为加快农业发展，促进农民增收，在 WTO 农业协议框架下，走出了一条符合印度实际的农业支持道路，建立了相应的农业支持体系。对于"绿箱政策"补贴，1986—1988 年，印度特定产品支持为负值，随着农业支持力度的不断加大，印度近年来的非特定产品支持，保持在国内农业生产总值的 7.5% 左右。

农业与合作部正在为通过 NAFED 采购油菜籽和豆类实施价格支持计划（PSS），NAFED 是政府公告最低支持价格的中央代理机构。NAFED 也是除印度棉花合作社（CCI）外在 PSS 下采购棉花的政府机构。NAFED 在 PSS 以及价格低于 MSP 时着手油菜籽、豆类和棉花的采购。PSS 的采购一直持续到价格稳定在 MSP 或者 MSP 以上。2014—2015 年度，通过价格支持计划（PPS），印度以 40 卢比/千克的价格收购花生 6 230 吨，以 31 卢比/千克的价格收购芥菜籽 1 715 吨，以 37.50 卢比/千克的价格收购葵花籽 4 153 吨。

四、农业投入品补贴政策

从 20 世纪 80 年代中期以来印度就对农业投入品进行补贴，主要包括对肥料、电力和灌溉、农业机械进行补贴。加入 WTO 后，印度仍然充分利用了《农业协议》中针对发展中国家的补贴条款，对农业进行补贴。化肥补贴是印度农业补贴中最大的项目，长期以来化肥补贴的最大项目是尿素，约占 60% 以上。不管是进口还是国产化肥，售价普遍低于生产成本，运输费用也完全由政府来承担。2010 年政府为鼓励国内市场对于化肥各产品的广泛使用，而不是单一的只倾向于使用尿素，进行了改革。但新的补贴制度并未对尿素的定价作出改变，尿素较其他化肥品种而言仍可以继续享受优惠待遇，而主要目标意在减轻国内市场对于尿素产品的依赖性。在磷肥方面，复合肥的进口可以使二铵的采购策略逐渐转变。[1]

邦政府对农用柴油、灌溉用电等给予财政支持。例如旁遮普

---

[1] http://info.315.com.cn/sltinfodetail?id=2040585。

邦，该邦规定农民购买柴油的款项支付时间可在出售农产品后；采取农业用电区别对待的政策，贫困线以下的农民可以享受免费用电，一般农户灌溉用电可免费使用，对于其他用电则给予优惠价。为促进农机制造业的不断发展，印度政府将发动机、拖拉机、动力耕耘机、配套农具等产品置于优先位置，并在原材料分配上给予相应的优惠政策。印度的农村贷款政策十分有效，通过银行贷款购买拖拉机、水泵等农机具的农民占 90％以上。在清洁能源开发方面，印度政府鼓励农民购买灌溉用风车和沼气设备，一般补贴在 25％左右，贫困地区的补贴，有时能达到一半。印度对于生产机械的补贴力度也较大，购买大型动力耕耘机械，农民一般会获得 50％～70％的补贴。印度政府自 2004 年起计划不断削减对农业投入物的补贴，新经济政策实行后，对化肥、农药和农用电力等的补贴逐渐减少，并提高其价格，正在不断与市场接轨。

第九章　农地制度

第一节　农地状况及变化

印度土地资源丰富，国土面积排世界第七位，耕地面积数量居亚洲之首，人均占有耕地约为我国的两倍。土地是印度最主要的生产资源，全国近四分之三的农村人口依靠土地获取食物、工资和非工资收入、燃料、饲料以及满足许多其他的需求。

1951 年印度的陆地面积为 2.84 亿公顷，其中 41.6% 是耕地，14.5% 被森林覆盖，16.6% 的土地是不可耕地或贫瘠的荒地。1997 年，农业用地已经增长到 46.6%，林地面积达到22.6%，而不可耕地下降到 13.9%。

印度国土面积为 297.319 万平方千米[2]，大致分为四部分：北部喜马拉雅高山区，中部恒河平原区，南部德干高原区和西部塔尔沙漠区、台地和缓丘陵、丘陵。北部约占国土面积的 11%；中部约为 43%；南部和西部约占 36%。从土地类型上看，根据联合国粮食及农业组织 2006—2010 年的土地均值数据，在印度国土中，农业土地所占比重超过 60%，草地和牧场所占比重不到 3.5%，而森林所占比重近 33%。

1961—2014 年，印度农业用地面积以 1991 年为界分为两个阶段（图 9-1）。1961—1991 年，印度农业用地面积总体上呈现逐渐增长的趋势，从 1961 年的 1.75 亿公顷增长到 1.82 亿公顷。1992—2014 年的，印度农业用地面积整体上呈现下降趋势，从1.81 亿公顷下降到 1.80 亿公顷。其中，1978—2005 年，印度农业用地面积在 1.80 亿~1.82 亿公顷之间波动。

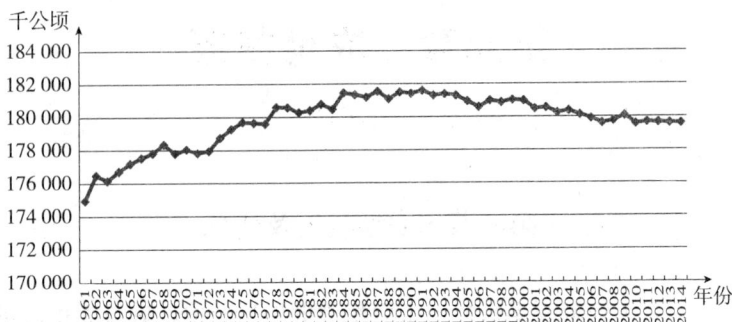

图 9-1　印度 1961—2014 年农业用地面积变化情况
资料来源：联合国粮食及农业组织（FAO）。

　　印度的耕地面积居亚洲之首，根据 2010 年数据计算，当年，印度有耕地 1.58 亿公顷，人口 12.102 亿，人均占有耕地 0.130 公顷；同年，我国耕地面积 1.11 亿公顷，人口 13.705 亿，人均占有耕地则为 0.081 公顷，约为我国的 1.6 倍。在印度 1.8 亿左右的农业土地中，又有近 88% 的土地是耕地，而耕地面积约占印度国土 53%。近年来，随着农业土地面积的下降，印度耕地面积除个别年份外，也出现下滑趋势，且幅度更大。1961 年印度耕地面积为 1.56 亿公顷，2014 年为 1.56 亿公顷，略大于 1961 年的耕地面积。1961—2014 年，与农业用地面积变化相同，印度耕地面积也以 1984 年为界，分为两个阶段（图 9-2）。1961—1984 年，印度耕地面积呈现逐渐增长趋势，从 1.56 亿公顷增长到 1.64 亿公顷，增幅为 5.01%。1985—2014 年，印度耕地面积呈现逐渐下降的趋势，从 1.64 亿公顷下降到 1.56 亿公顷，降幅为 4.39%。

　　1961—2014 年，印度灌溉土地面积呈逐年增长趋势（图 9-3），从 1961 年的 2 594.50 万公顷增长至 2014 年的 7 040 万公顷，增幅为 171.34%，年均增长 1.90%。2014 年，在印度 1.56

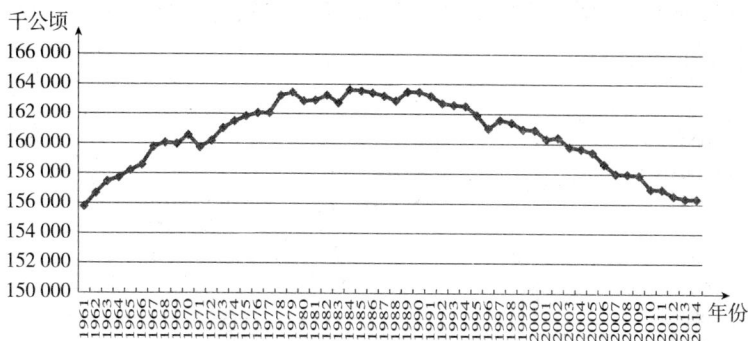

图 9-2　印度 1961—2014 年耕地面积变化情况
资料来源：联合国粮食及农业组织（FAO）。

亿公顷的耕地中，有 45.02％ 的土地属于灌溉地。灌溉面积在耕地面积中的比重也逐渐上升，从 1961 年的 16.65％ 增长到 2014 年的 45.02％。

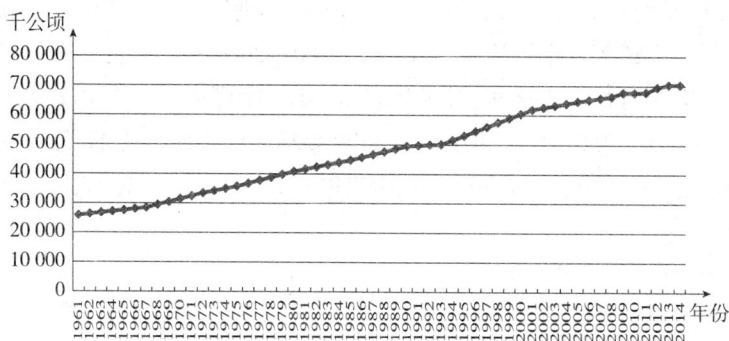

图 9-3　印度 1961—2014 年灌溉面积变化情况
资料来源：联合国粮食及农业组织（FAO）。

　　近年来，印度草地和牧场面积整体呈下降趋势（图 9-4），从 1961 年的 1 396.60 万公顷下降至 2014 年的 1 024 万公顷，降幅为 26.68％，年均下降 0.58％。其中，1961—1966 年呈现增长趋势，从 1 396.60 万公顷增长到 1 481 万公顷，增幅为 6.04％，年均增长 1.18％。1979—1985 年较为平稳，在 1 200

万公顷上下微小浮动。2003—2014 年的也较为平稳，在 1 030 公顷上下浮动。

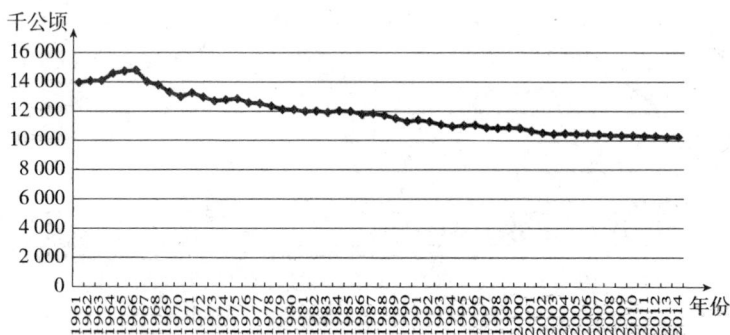

图 9-4 印度 1961—2014 年草地和牧场面积变化情况
资料来源：联合国粮食及农业组织（FAO）。

1990—2014 年，印度森林面积呈逐年增长趋势（图 9-5），从 1990 年的 6 393.90 万公顷上升至 2014 年的 7 050.36 万公顷，涨幅为 10.27%，年均增长 0.41%。1990—2000 年，印度森林面积年均增长 14.51 万公顷。2001—2005 年，印度森林面积年均增长 46.38 万公顷。2006—2010 年，印度森林面积年均增长 41.62 万公顷。2011—2014 年，印度森林面积年均增长 17.84 万公顷。

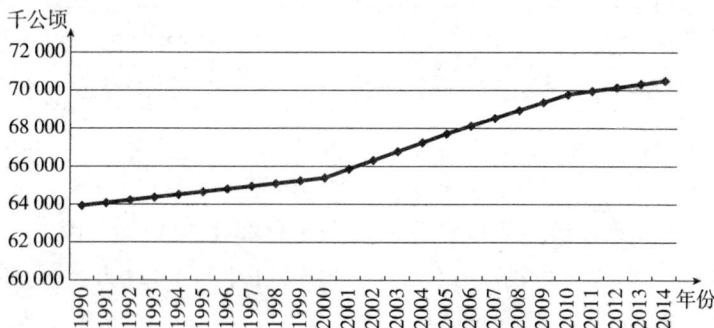

图 9-5 印度 1990—2014 年森林面积变化情况
资料来源：联合国粮食及农业组织（FAO）。

1950—1951 年度至 2012—2013 年度，印度农地的作物密度（总播种面积与净播种面积之比）也呈现逐渐增长的趋势，从 111.07％上升到 138.93％，增幅为 25.09％，年均增长 0.36％。63 年中，印度农地作物密度有 41 年增长、21 年下降。1950—1951 年度至 2012—2013 年度，印度农业土地净播种面积从 118.75 万公顷增长到 139.93，63 年间增幅仅为 17.84％，年均增长率仅为 0.27％，增幅较小。1950—1951 年度至 2012—2013 年度，印度农业土地净播种面积有 38 年增长、24 年下降（图9-6）。

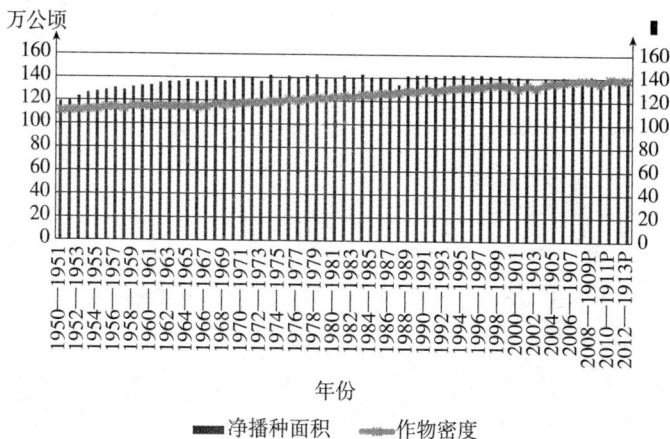

图 9-6　1950—1951 年度至 2012—2013 年度印度农业
净播种面积及其作物密度

注：图中 P 为 Provisional，数据为暂时值，下文同。

资料来源：印度农业合作部经济统计局。

印度耕地受旱灾影响较大，灌溉显得格外重要。1950—1951 年度至 2012—2013 年度，印度土地总灌溉面积从 22.56 万公顷上升到 92.58 万公顷，增幅为 310.37％。净灌溉面积从 1950—1951 年度的 20.85 万公顷增加到 66.10 万公顷，增幅为 217.03％，而灌溉超过一次的土地面积从 1950—1951 年度的

1.71 万公顷增加到了 2012—2013 年度的 26.47 万公顷，增幅高达 1 447.95%（表 9-1）。

表 9-1　1950—1951 年度至 2012—2013 年度印度土地播种与灌溉面积

单位：万公顷

年份	净播种面积	播种超过一次面积	净灌溉面积	总灌溉面积	灌溉超过一次面积
1950—1951	118.75	13.15	20.85	22.56	1.71
1951—1952	119.40	13.83	21.05	23.18	2.13
1952—1953	123.44	14.23	21.12	23.31	2.18
1953—1954	126.81	15.67	21.87	24.36	2.49
1954—1955	127.85	16.24	22.09	24.95	2.86
1955—1956	129.16	18.16	22.76	25.64	2.88
1956—1957	130.85	18.64	22.53	25.71	3.17
1957—1958	129.08	16.75	23.16	26.63	3.47
1958—1959	131.83	19.80	23.40	26.95	3.55
1959—1960	132.94	19.89	24.04	27.45	3.42
1960—1961	133.20	19.57	24.66	27.98	3.32
1961—1962	135.40	20.81	24.88	28.46	3.58
1962—1963	136.34	20.42	25.67	29.45	3.79
1963—1964	136.48	20.48	25.89	29.71	3.82
1964—1965	138.12	21.11	26.60	30.71	4.10
1965—1966	136.20	19.08	26.34	30.90	4.56
1966—1967	137.23	20.12	26.91	32.68	5.78
1967—1968	139.88	23.86	27.19	33.21	6.01
1968—1969	137.31	22.22	29.01	35.48	6.47
1969—1970	138.70	23.57	30.20	36.97	6.78
1970—1971	140.86	24.93	31.10	38.20	7.09
1971—1972	139.72	25.47	31.55	38.43	6.88
1972—1973	137.14	25.01	31.83	39.06	7.22

（续）

年份	净播种面积	播种超过一次面积	净灌溉面积	总灌溉面积	灌溉超过一次面积
1973—1974	142.42	27.46	32.55	40.28	7.74
1974—1975	137.79	26.40	33.71	41.74	8.03
1975—1976	141.65	29.64	34.59	43.36	8.77
1976—1977	139.48	27.86	35.15	43.55	8.40
1977—1978	141.95	30.28	36.55	46.08	9.53
1978—1979	142.98	31.82	38.06	48.31	10.25
1979—1980	138.90	30.69	38.52	49.21	10.69
1980—1981	140.29	32.34	38.72	49.78	11.06
1981—1982	142.12	34.63	40.50	51.41	10.91
1982—1983	140.81	31.94	40.69	51.83	11.14
1983—1984	143.21	36.35	41.95	53.82	11.88
1984—1985	140.90	35.43	42.15	54.53	12.38
1985—1986	140.90	37.56	41.87	54.28	12.42
1986—1987	139.58	36.83	42.57	55.76	13.19
1987—1988	134.09	36.65	42.89	56.04	13.14
1988—1989	141.89	40.39	46.15	61.13	14.98
1989—1990	142.34	39.93	46.70	61.85	15.15
1990—1991	143.00	42.74	48.02	63.20	15.18
1991—1992	141.63	40.61	49.87	65.68	15.81
1992—1993	142.72	42.98	50.29	66.76	16.47
1993—1994	142.34	44.25	51.34	68.26	16.92
1994—1995	142.96	45.09	53.00	70.65	17.65
1995—1996	142.20	45.27	53.40	71.35	17.95
1996—1997	142.93	46.57	55.11	76.03	20.91
1997—1998	141.95	48.04	55.21	75.67	20.46
1998—1999	142.75	48.90	57.44	78.67	21.23

（续）

年份	净播种面积	播种超过一次面积	净灌溉面积	总灌溉面积	灌溉超过一次面积
1999—2000	141.06	47.33	57.53	79.22	21.69
2000—2001	141.34	44.00	55.20	76.19	20.98
2001—2002	140.73	47.28	56.94	78.37	21.44
2002—2003	131.94	41.95	53.90	73.06	19.16
2003—2004	140.71	48.95	57.06	78.04	20.98
2004—2005	140.64	50.46	59.23	81.08	21.85
2005—2006	141.16	51.58	60.84	84.28	23.44
2006—2007	139.82	52.56	62.74	86.75	24.01
2007—2008	141.02	54.21	63.19	88.06	24.87
2008—2009P	141.90	53.43	63.64	88.90	25.26
2009—2010P	139.17	49.83	61.94	85.08	23.15
2010—2011P	141.56	56.00	63.66	88.89	25.23
2011—2012P	140.97	54.66	65.69	91.73	26.04
2012—2013P	139.93	54.47	66.10	92.58	26.47

资料来源：印度农业合作部经济统计局。

印度土地种植的农作物类型中，粮食作物所占总种植面积的比例最多，2011—2012 年度至 2012—2013 年度的均值为62.54%。其中，谷物在两个年度的均值为50.91%。水稻、小麦以及各种杂粮的种植面积最广，2011—2012 年度至 2012—2013 年度所占总种植面积的比重年均值分别为22.17%、15.55%和13.19%。最少的是大麦，两个年度的均值为0.35%。豆类两个时期的均值为11.64%，鹰嘴豆的平均值为4.04%。

同一时期，调味品和香料的种植面积占总耕地面积的比例为1.78%；水果为2.14%；蔬菜为2.81%，其中马铃薯为0.84%、洋葱为0.30%；油料种子的均值为14.67%，其中花生

为 2.69%，油菜籽和芥菜为 2.93%，芝麻为 0.95%，亚麻籽为
0.12%，其他油料种子为 7.98%；纤维作物均值为 6.65%，其
中棉花最多，均值为 6.17%，黄麻为 0.41%；烟草为 0.21%；
其他作物为 6.44%（表 9-2）。

表 9-2 2011—2012 年度至 2012—2013 年度农作物总耕地面积分布比率

单位:%

作物种类	2011—2012P	2012—2013P
水稻	22.34	21.99
高粱	3.16	3.24
珍珠粟	4.51	3.94
玉米	4.39	4.40
龙爪稷	0.60	0.57
小麦	15.41	15.69
大麦	0.34	0.36
其他谷类和谷子	0.44	0.41
杂粮	**13.44**	**12.93**
总谷物	**51.19**	**50.62**
鹰嘴豆	3.97	4.10
全豆	1.92	1.80
其他豆类	6.08	5.39
总豆类	**11.97**	**11.30**
粮食总和	**63.17**	**61.91**
甘蔗	**2.76**	**2.80**
调味品和香料	**1.86**	**1.70**
水果总量	**2.06**	**2.22**
马铃薯	0.83	0.85
洋葱	0.32	0.28
蔬菜总量	**2.78**	**2.83**

(续)

作物种类	2011—2012P	2012—2013P
花生	2.66	2.71
芝麻	0.97	0.92
油菜籽和芥菜	2.80	3.06
亚麻籽	0.12	0.12
其他油料种子	7.80	8.15
油料种子总量	**14.36**	**14.97**
棉花	6.22	6.11
黄麻	0.41	0.40
洋麻	0.04	0.04
纤维作物总和	**6.71**	**6.58**
烟草	**0.20**	**0.22**
其他作物	**6.11**	**6.77**
总耕地面积	**100**	**100**

资料来源：印度农业合作部经济统计局。

　　印度是一个旱灾多发的国家，水利灌溉在印度农业的发展中占有重要的地位。2012—2013年度，印度各地区主要农作物灌溉面积覆盖率平均值的比例为47.60%。其中，旁遮普邦覆盖率最高，为98.40%，其次为哈里亚纳邦的89%，北方邦的78.20%，比哈尔邦的68.50%，西孟加拉邦的63.10%，泰米尔纳德邦的58.20%，其余各邦均低于50%，其中最低的为阿萨姆邦的3.80%（图9-7）。

　　具体的农作物种类中，谷物的灌溉面积覆盖率平均为58.50%。其中，旁遮普邦谷物覆盖率最高，为98.80%，水稻、小麦和大麦的覆盖率都在98%以上，水稻更是高达99.60%；其次是哈里亚纳邦，覆盖率为93.50%，其中，水稻、小麦均超过99%，分别为99.90%、99.50%；大麦为94%；北方邦和安得

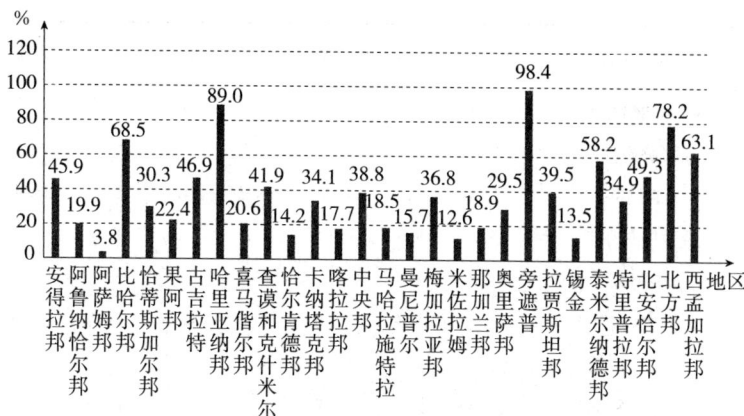

图 9-7　2012—2013 年度印度各地区农作物
灌溉面积覆盖率比重分布情况
资料来源：印度农业合作部经济统计局。

拉邦的覆盖率也分别达到 84.80% 和 80.90%。各种谷类作物中，小麦的灌溉面积覆盖率最高，为 93.40%，特别是梅加拉亚邦和奥里萨邦更是达到 100%。旁遮普邦、哈里亚纳邦、拉贾斯坦邦、北方邦也均超过了 98%，分别为 98.90%，99.50%、99.20% 和 98.40%。虽然安得拉邦、哈里亚纳邦、旁遮普、泰米尔纳德邦、查谟和克什米尔等地区水稻覆盖率的覆盖率均超过了 90%，但由于一些邦，如阿萨姆邦、恰尔肯德邦、中央邦、马哈拉施特拉等均低于 30%，这使水稻的平均覆盖率拉低到 58.30%。大麦的覆盖率为 76.50%，其中的旁遮普、拉贾斯坦邦、哈里亚纳邦均超过了 90%（表 9-3）。

表 9-3　2012—2013 年度印度各地区谷物灌溉面积覆盖率

单位：%

地　区	水稻	高粱	珍珠粟	玉米	小麦	大麦	杂粮
全印度	58.3	9.7	9.1	25.5	93.4	76.5	16.5
安得拉邦	96.8	18.6	23.6	49.5	97.0	—	39.7

（续）

地　区	水稻	高粱	珍珠粟	玉米	小麦	大麦	杂粮
阿鲁纳恰尔邦	37.4	—	—	—	43.5	—	—
阿萨姆邦	4.9	—	—	0.4	2.7	—	0.3
比哈尔邦	62.4	23.0	0.4	65.2	94.6	25.7	63.4
恰蒂斯加尔邦	35.3	1.6	—	9.7	75.0	5.6	4.3
果阿邦	31.8	—	—	—	—	—	—
古吉拉特	61.5	19.8	22.3	12.5	90.8	46.9	18.8
哈里亚纳邦	99.9	76.7	41.7	24.3	99.5	94.0	49.8
喜马偕尔邦	64.8	—	33.2	8.9	21.6	12.6	9.4
查谟和克什米尔	90.5	—	4.1	9.4	28.5	13.1	11.5
恰尔肯德邦	6.4	—	—	1.0	96.0	15.3	1.0
卡纳塔克邦	72.2	11.5	12.9	36.1	55.2	—	20.1
喀拉拉邦	74.5	—	—	—	—	—	—
中央邦	26.0	0.2	0.1	2.1	90.8	58.4	4.1
马哈拉施特拉	26.1	9.5	5.0	12.7	73.9	—	9.0
曼尼普尔	30.7	—	—	—	—	—	—
梅加拉亚邦	88.3	—	—	—	100.0	—	—
米佐拉姆	59.2	—	—	—	—	—	—
那加兰邦	48.2	—	—	0.7	17.1	—	0.6
奥里萨邦	34.0	—	—	3.9	100.0	—	2.5
旁遮普	99.6	—	84.8	76.0	98.9	97.7	78.1
拉贾斯坦邦	51.6	0.2	3.3	1.0	99.2	96.9	7.4
锡金	84.5	—	—	3.0	17.0	12.1	3.4
泰米尔纳德邦	92.2	13.8	14.4	38.8	18.1	—	24.9
特里普拉邦	38.4	—	—	13.4	—	—	13.4
北安恰尔邦	70.3	—	—	1.3	57.7	1.4	0.4
北方邦	83.1	0.6	8.9	37.4	98.4	72.0	24.6
西孟加拉邦	48.2	19.6	94.6	14.4	95.9	53.0	18.6

资料来源：印度农业合作部经济统计局。

印度棉花灌溉面积覆盖率超过90％的有比哈尔邦、哈里亚纳邦、旁遮普邦、拉贾斯坦邦和北方邦，分别为97.50％、99.70％、100％、93％和98.20％。烟草有些地区的灌溉面积覆盖率达到100％，分别是古吉拉特、哈里亚纳邦和北方邦，泰米尔纳德邦和西孟加拉邦均在95％以上，分别为96.50％和97.50％。油籽类作物中，油菜籽和芥菜覆盖率最高，为76.50％，旁遮普邦和古吉拉特邦超过了90％，分别为93.10％和95.30％。向日葵覆盖率达到100％的有哈里亚纳邦和旁遮普邦，比哈尔邦和恰蒂斯加尔邦均超过了90％，分别为92.20％和97.10。大豆覆盖率最高的是泰米尔纳德邦，为98.90％；花生覆盖率最高的为哈里亚纳邦的97.20％。古吉拉特、哈里亚纳邦和和北方邦的烟草覆盖率均达到100％，泰米尔纳德邦也达到了96.50％（表9-4）。

表9-4　2012—2013年度印度各地区分类农作物灌溉面积覆盖率

单位：%

地　区	谷物	豆类	油籽	棉花	烟草
全印度	58.5	18.6	28.4	33.8	54.3
安得拉邦	80.9	2.2	25.6	14.0	29.2
阿鲁纳恰尔邦	25.0	—	—	—	—
阿萨姆邦	4.9	—	0.4	—	
比哈尔邦	73.9	16.2	57.1	97.5	
恰蒂斯加尔邦	34.3	13.1	4.3	76.3	84.2
果阿邦	31.8	8.9	36.9	—	
古吉拉特	52.3	13.5	31.1	58.7	100.0
哈里亚纳邦	93.5	36.3	80.9	99.7	100.0
喜马偕尔邦	20.7	17.1	18.5	37.5	—
查谟和克什米尔	39.7	13.5	69.0		
恰尔肯德邦	10.6	0.8	5.9		

（续）

地 区	谷物	豆类	油籽	棉花	烟草
卡纳塔克邦	35.0	7.6	30.8	37.7	11.1
喀拉拉邦	74.3	—	20.6	—	—
中央邦	62.2	38.5	5.5	53.5	71.6
马哈拉施特拉	19.5	9.1	3.3	2.7	16.7
曼尼普尔	27.0	—	—	—	—
梅加拉亚邦	74.3	—	41.3	—	—
米佐拉姆	47.4	—	—	—	—
那加兰邦	33.5	0.9	3.9	—	—
奥里萨邦	32.6	5.8	17.4	—	—
旁遮普	98.8	88.0	88.1	100.0	—
拉贾斯坦邦	38.7	21.1	60.3	93.0	77.1
锡金	19.7	3.0	11.3	—	—
泰米尔纳德邦	71.9	9.3	64.2	25.1	96.5
特里普拉邦	38.0	15.9	5.7	5.4	—
北安恰尔邦	46.4	9.8	26.9	—	—
北方邦	84.8	23.8	50.8	98.2	100.0
西孟加拉邦	50.2	23.4	82.6	79.2	97.5

资料来源：印度农业合作部经济统计局。

　　印度政府于 2005—2006 年度制定了一个发展计划，该项计划包括农村水源供给、加速灌溉受益计划、农村电气化、农村道路、农村住宅和通信 6 个基础设施发展项目，投资额达到 1 210 亿卢比（约 27 亿美元）。灌溉项目等基础设施的发展得到了国外资金的大力支持，例如 1995—2005 年，针对印度农村发展方面的 12 个基础设施项目，欧盟提供了 115 亿卢比（约 2.53 亿美元）的支持。印度政府计划实现 11 901.08 千公顷的灌溉面积，截至 2012—2013 年度，已建设完成 8 491.53 千公顷。

表 9-5　2007—2008 年度至 2012—2013 年度印度农地加速灌溉
受益计划（AIBP）建设情况

单位：千公顷

地　区	2007—2008	2008—2009	2009—2010	2010—2011	2011—2012	2012—2013
安得拉邦	91.5	85.42	11.3	99.23	0	43.87
阿萨姆邦	4.33	8.8	7.16	26.71	4	0.45
比哈尔邦	6.4	10	0.47	0	0	0
恰蒂斯加尔邦	15.82	18.86	10.21	2.83	4.6	7.18
果阿邦	4.89	1.5	0.53	0.8	0.17	12.58
古吉拉特	68.2	20.89	25.66	28.89	21.27	128.2
哈里亚纳邦	0	0	0	0	0	0
喜马偕尔邦	3.34	4.15	4.04	5.01	0	0
查谟和克什米尔	4.52	4.74	4.23	9.43	10.15	4.59
恰尔肯德邦	0	0	0.51	1.66	0	4.3
卡纳塔克邦	21.73	42.01	108.12	45.75	26.51	8.02
喀拉拉邦	0.95	0.12	1.63	0	7.55	1.08
中央邦	82.06	49.83	37.55	91.11	78.05	98
马哈拉施特拉	78.15	77.36	68.94	32.59	39.52	36.23
曼尼普尔	5.92	4.14	1.8	4	0.1	4
梅加拉亚邦	0	0	0	0	0	0
奥里萨邦	14.4	10.73	29.37	40.11	11.84	26.61
旁遮普	4.8	27.44	12.89	25	0	1
拉贾斯坦邦	127.47	52	44	30.79	11.93	10.29
特里普拉邦	1.73	1.27	4.27	0.51	0	0.22
泰米尔纳德邦	0	0	0	0	0	0
北方邦	79.65	105.18	37.34	212.76	67.95	82.05
北安恰尔邦	0	0	0	0	0	0

（续）

地 区	2007—2008	2008—2009	2009—2010	2010—2011	2011—2012	2012—2013
西孟加拉邦	7.6	4.85	5.28	15.27	10.63	0
所有地区	623.44	529.27	415.31	672.43	294.27	468.66
小型灌溉计划贡献	118.25	184.86	156.33	153.87	267.17	131.45
总计	741.69	714.13	571.63	826.3	561.44	600.11

资料来源：印度农业合作部经济统计局。

印度人均耕地占有率分布不均。根据土地占有量和土地耕种大小，印度农民可分为四类：拥有土地自己不耕种的农民、拥有少量土地自己耕种的农民、主要耕种别人土地的农民和农业短工。印度土地私有制度规定了户均土地的上限，但通过把土地登记在不同家庭成员名下等途径，印度许多家庭仍然拥有大量土地，目前，没有土地及拥有半英亩*以下的农户家庭占 43% 左右，完全没有土地的农户占 25%（与贫困率基本相当）。

第二节　农地政策及变化

一、印度土地改革

印度有 3/4 的农民靠土地为生，土地制度在农村具有十分重要的地位。殖民统治以前为莫卧儿（1526—1761 年）封建帝国，土地所有权主体有国家（帝王）、扎吉尔（军人）和柴明达尔（地主）。殖民时期的印度引进了土地所有权制度的三种主要类型，即土地管辖制、莱特瓦尔制、马哈瓦里制。土地管辖制永久属于该制度下的地主，这一制度主要在印度东部推行；后两者是土地暂时由某个阶层所有，收入定期修改。当时的土地以出租为

＊　英亩为非法定计量单位，1 英亩＝4.047×10³ 米²。——编者注

主，直接的私人种植十分罕见。土地过于集中的状况没有根本改变。占农村人口 15% 以下的地主、富农占有 85% 的农地，地租率一般高达 50%，有的甚至高达 70%～80%。因租金负担过高和获得土地的高度不公平使得租户负债严重，导致 19 世纪晚期和 20 世纪初期许多地区发生农民起义。由此，取消地主所有制和其他形式的土地改革成了全国各种政党和刚独立的印度的重要政策。20 世纪 50 年代开始的土地改革（"绿色革命"）的主要目的有两方面：一是消除土地所有制结构中阻碍农业生产的因素；二是创造条件使农业经济实现高效高产。最终目的是要建立一个有效、进步的农业生产制度。土地改革主要包括三项内容：废除中间人制度，废除柴明达尔包税地主制和贾吉尔达尔、因南达尔赏赐地主制。实行租赁改革；规定拥有土地的最高限额和盈余土地的分配政策；分配政府荒地和合并土地项目。印度土地改革自 20 世纪 40 年代末开始（印度的土地改革都是以邦为单位进行的）。据统计，50 多年来，印度主要的 16 个邦颁布土地改革方面的法律多达 80 项。

1. 土地租赁制度改革

印度各邦政府于 20 世纪五六十年代都通过了租赁法，但各邦租赁法在本质和内容上存在较大的差异。基于此，印度各邦可分为四类：①已合法禁止农业租赁体制，如喀拉拉邦；②除弱势群体（寡妇、未成年人等）外，不能租赁土地，如安哈拉邦的部分地区，比哈尔邦，喜马偕尔邦，卡那塔克邦，中央邦（存在隐蔽的租赁）；③对土地出租没有任何限制，如奥里萨邦，拉贾斯坦邦，泰米尔纳德邦，西孟加拉邦和安得拉邦的安得拉地区（西孟加拉邦的土地改革法案规定，收益分成的佃农可以继承土地权）；④没有禁止租赁，如旁遮普邦，哈里亚纳邦，古吉拉特邦，马哈拉施特拉邦和阿萨姆邦（在古吉拉特邦和马哈拉施特拉邦，佃农在租赁产生后的一年内，有权利从地主手中购买所租土地，在旁遮普邦和哈里亚纳邦，如果耕种者连续 4 年耕种某一块地上，就有权利购买该片土地）。

在安得拉邦，卡纳塔克邦，中央邦，哈里亚纳邦，旁遮普邦和拉贾斯坦邦等许多邦中，收益分成佃农的土地保有权并不受法律保护，因为他们并未被确认为佃农。来自海德拉巴地区的一份研究显示：在佃农土地保有保障的立法过程中，每 100 个受保护佃农就有约 22.1 个被非法赶出土地，被迫"自愿放弃"土地的有 17.5 个。根据上述资料，印度的土地租赁制度改革并不是十分成功，佃农土地耕种权的保障并未落到实处，改革仅仅使部分佃农的土地耕种权得到了保证。

表 9-6　印度不同邦所允许的租赁条件

邦或地区	允许可以出租土地的人	相应的业主和租户的权利
特伦甘纳（安得拉邦）	在限制类别里少于三名"家庭持有人"的小农户；续租期为五年	土地回收权
安得拉邦区（安得拉邦）	无限制	土地回收权的上限为土地面积的 2/3，但应留一半土地给租户
阿萨姆	无限制	如果土地确实需要自己耕种，业主有收回土地的权利
比哈尔邦	限制类，根据比哈尔邦的租约条例，灌溉面积少于 5 英亩的人	土地回收权
索拉施特拉（古吉拉特邦）	限制类别	未经批准的租赁将受到罚款
哈里亚纳邦	允许	租户没有相应的权利
喜马偕尔邦	限制类别	土地回收权
查谟和克什米尔邦	不允许	
卡纳塔克邦	限制类别	

（续）

邦或地区	允许可以出租土地的人	相应的业主和租户的权利
喀拉拉邦	不允许	
马哈拉施特拉邦	允许	租户在一年之内拥有购买土地的权利，除非业主属于限制类别
奥利萨邦	限制类别和特权	
旁遮普邦	允许	租户没有相应的权利
拉贾斯坦邦	允许但有时间限制，除限制类别以外	
泰米尔纳德邦	允许，但需要记录合约	
北方邦	限制类别	
西孟加拉邦	允许	增加租户的 Bargadari 继承权，业主可以在特定条件下收回土地，但要服从关于自己最多收回土地以及给租户至少保留土地面积的规定

注："限制类别"通常指特殊人群，如寡妇、军人、残疾人等。

资料来源：印度农业部。

2. 土地分配的最高限额

实施土地最高限额法的目的是为了分散过于集中的土地，把从中获得的剩余土地分给下层农民，使更多人获得土地。这项改革持续进行了几十年，可分为 1972 年以前的阶段和 1972 年以后两个阶段。

印度"二五"计划提出实施土地最高限额法的指导原则，对土地最高限额法的实施单位和豁免范围、土地最高限额的数量、实施土地最高限额法后政府获得的剩余土地的分配对象等等作了规定。但是，由于各邦行动迟缓，加上通过的立法

漏洞很多，各邦的差距很大，结果改革的收效甚微。20 世纪
50 年代，西孟加拉邦、加姆和克什米尔邦对土地持有设有上
限，任何人都不能超过这一限度。加姆和克什米尔邦是 9.21
公顷，西孟加拉邦是 10.12 公顷。20 世纪 60 年代以后，其他
所有的邦都对土地持有设定了上限。但数字因邦不同而有异。
如在古吉拉特邦的部分地区，上限是 40 公顷，而在拉贾斯坦
邦的部分地区为 136 公顷。适用的单位各邦也不一样。古吉拉
特邦、马哈拉施特拉邦、卡纳塔克邦、拉拉邦、中央邦、拉贾
斯坦和泰米尔纳德邦等邦以家庭为单位，而其他邦以个人为
单位。

　　1972 年，政府召开了各邦首席部长大会，修订了有关上限
的法律，通过了新的土地最高限额法实施指导原则，把家庭作
为统一的适用标准，水浇地的最高占有限额为 18 英亩，非水
浇地为 54 英亩。土地最高限额法并未对茶叶、橡胶、咖啡、
豆蔻、可可种植园、合作农场、甘蔗农场、有效经营的农场、
宗教慈善和教育机构的土地做出规定。剩余土地应优先分配给
无地农业劳动力，尤其是那些属于列表部落和表列种姓的人。
对地主交出的剩余土地，所支付的补偿应固定在低于市场价格
的水平上。虚假转让无效。据新的指导原则，各邦或对以前的
立法作出了修改，或重新制定了立法，进一步实施了土地最高
限额法。通过前后两个阶段的改革，到 1988 年 4 月，共计有
293 万公顷土地被宣布为剩余土地。其中各邦政府获得了 243
万公顷的所有权，并将其中的 180 万公顷分给了 410 万个农业
劳动力和其他符合分配原则者。2000 年印度国家农业政策
（National Agriculture Policy）中将国家实施土地最高限额措施
后获得的土地分配给无地农户和失业的年轻人，并给予启动
资本。

表 9-7 印度占有土地最高限额

单位：英亩

地区	两种作物灌溉地	一种作物灌溉地	旱地
1972 年记载 国家准则	10～18	27	54
会议议程中的建议	12	18	30
1985 年区域部长会议（RMC）			
安得拉邦	10～18	15～27	35～54
阿萨姆	17	17	17
比哈尔邦	15～18	25	30～45
古吉拉特	10～18	15～27	20～54
哈里亚纳邦	18	27	54
喜马偕尔邦	10	15	30～70
查谟和克什米尔	9～12.5	9～12.5	15～23
卡纳塔克邦	10～20	25～30	54
喀拉拉邦	12～15	12～15	12～15
中央邦	18	27	54
马哈拉施特拉邦	18	27	54
曼尼普尔	12	12	15
奥里萨邦	10	15	30～45
旁遮普	17	27	51
拉贾斯坦邦	18	27	54～175
泰米尔纳德邦	12	30	60
锡金	12.5	12.5	50
特里普拉邦	10	10	30
北方邦	18	27	45
西孟加拉邦	12	12	17

注：1. 由于土地分类，卡纳塔克邦和北方邦土地实际限额最高。

2. 由于丘陵地形和沙漠，喜马偕尔邦和拉贾斯坦邦的实际最高限额较高。

3. 1 英亩＝0.404686 公顷。

资料来源：农村发展部，新德里。

3. 土地合并

随着印度人口的不断增加，印度土地持有会走向更加细分的道路发展。土地持有的平均规模已经很低，缺乏规模经济。在土地经营规模不断缩小的现状下，灌溉管理、土地改良和监督不同地块等工作会变得更困难，尤其是东部与中部地区，其平均土地分割量较高，问题会变得更加困难。在独立后，几乎印度所有的邦（泰米尔纳德邦、曼尼普尔邦、那加兰邦、特里普拉邦和安得拉邦的部分地区除外）都通过了对小块土地合并的相应法律。如旁遮普邦哈亚纳邦和北方邦的法律规定，针对小块土地，要进行强制性合并，而其他邦是自愿的，取决于大多数土地所有者的意愿。土地合并工作进展并不顺利，只在旁遮普邦，哈亚纳邦和北方邦获得了成功，所以有必要在某些地区对小块土地再合并，甚至是土地合并工作已进行完的地区。土地合并计划在安得拉邦、比哈尔邦、加姆和克什米尔邦、卡纳塔喀邦、马哈拉施特拉邦和拉贾斯坦邦已经中断。

此外，印度政府规定部族土地禁止进行转让。在安得拉邦、比哈尔邦、中央邦和拉贾斯坦邦部族地区，相关法律条文规定，限制或禁止土地从部族社区转让到非部族社区。印度东北部的邦在传统上实行土地社区所有制，如：梅加拉亚邦、那加兰邦、曼尼普尔邦、米佐拉姆和锡金，尽管这些地区的主要土地关系形式是土地个人所有制，但从法律的角度看，土地制度没有改变。

1988—1989 年，印度政府推行土地登记电脑化计划（Digital India Land Record Modernization Programme），涉及 8 个邦的 8 个地区，现已推广至全国。土地登记电脑化的主要目的是对所有权和土地的详细情况进行电脑化管理，向土地所有者及时颁发准确的权利登记副本。这也为农业调查创造了一个土地信息系统和平台，西孟加拉邦、安得拉邦、卡纳塔喀邦、泰米尔纳德邦、锡金和奥里萨邦做得最为出色。2008—2009 年度至

2015—2016 年度，印度政府在该计划上投入资金 11.70 亿卢比，涉及全国 457 个地区。

印度经过长期的土地改革，取得了一定的成效，但依然存在很多问题。土地的分配出现严重的不平等，中小地主占有了大量的土地。印度农业部《2004 年农业概览》中指出，印度有大量的无地农民，80.3％的有地农户拥有的农地仅占 36％，64％的土地在 19.7％的农户手中，除此之外，印度的公共土地还有 7.7 万公顷。

二、印度政府土地管理体制与相关法律

在印度联邦的架构下，土地归邦管辖，迄今尚无国家立法。农业与合作部的国家土地利用与保护局主要负责国家土地资源的健全和科学管理方面的政策规划、协调和监督工作。各邦都建立了邦土地利用局，以贯彻执行国家土地利用与保护局颁布的政策。

印度在土地资源管理方面，其横向和纵向分权现象均非常明显，土地审批事务涉及许多机构，程序十分繁杂。邦政府负责管理土地，而联邦政府只有建议和协调权，由于全国土地法的严重缺失以及邦级土地立法的严重滞后，印度各邦的土地审批制度存在不统一、不透明的问题，因此产生了严重的土地腐败现象，已经成为印度社会中比较棘手的问题。

纵向上，在联邦制的结构下，印度土地资源管理也有着典型的联邦制特点。土地立法在全国不统一，联邦政府只负责制定全国性的政策与措施；实际的土地管理权、控制权和征税权以及私有土地和邦有土地的最终审批权归邦政府所有，邦政府负责制定本邦的基本土地法律政策，所以各邦之间的土地政策往往存在差异。

横向上，印度实行分散式的土地资源管理体制。土地资源管

理涉及的部门较多，且职能分割不清；不同部门间由于缺乏沟通交流，制定的规划往往不一样，这严重地影响了土地资源的管理和利用。

联邦制定的政策往往是为了有效地保护优质农业用地，这都体现在土地征用法的指南中。在土地税收法中，对农业用地向非农业用地的变更做了具体规定。为有效管理森林资源，印度政府将森林资源纳入土地管理范围内，并制定了森林保护法，规定任何森林用地的变更都要经过中央政府的批准。

邦政府负责执行土地政策与土地立法，鼓励地方社区、乡村行政委员会、县政府保护管理土地资源。各邦都有自己的法律，在处理土地行政问题以外，土地资源利用方面也有相应的规定。在耕地问题上，各邦也有相应法规，对土地出租和最高租价等问题做出规定。为加强土地资源的有效利用和科学管理，各邦政府制定了合并零星土地计划，但土地合并的进展在各邦中情况不同。

为保证稀缺的土地资源的最佳利用和粮食安全，1958 年，印度政府颁布了《土地利用法令》（1967 年第一次修改），主要目的是保护用于粮食生产尤其是稻谷生产的土地。20 世纪 70 年代，印度建立了邦土地利用局，进展情况各邦不尽相同。1985—1986 年设立了国家土地资源保护与荒地开发委员会，由总理直接领导的，而后改组为中央土地利用委员会，下设国家土地利用与保护局和国家荒地开发局。

近百年来，印度邦政府在土地调查和清理工作上做出了巨大的努力，详细的乡村土地记录被完整地保存下来，基于详细调查和清理的正式报告制度在全国大部分地区建立了起来。印度政府计划通过一些机构（诸如印度农业研究委员会和全国土壤调查及土地利用规划局等）建立一个用于土地资源的详细地理信息系统，卫星图像提供信息生成和编制详细图件。印度农业研究委员会（ICAR）下属的国家土壤勘查和土地利用规划局设有六个地区中心，分别在班加罗尔、德里、齐哈特、加尔各答、那格浦尔、瓦多达拉，主要负责全印度土壤资源详细调查编目工作。为加强土地的规划和管理体系建设，印度政府重组了国家土地利用与保护局（NLCB）。

第十章 农村财政与金融

第一节 农业财税

一、农业财政预算支持

1991 年 6 月印度开始新的经济政策。政府通过改革贸易、财政、税收和投资政策，放宽经济、改革公有企业，更加严格地控制预算。对农业影响最大的是财政改革，减少了灌溉、电力和其他农业基础设施（包括农业研究、道路和通讯）方面的公共投资。2004—2005 财年至 2013—2014 财年期间，印度农业支出占GDP 的份额由 2.3％降至 2.1％。开支的削减制约了公共农业发展项目的推进，面向小农户的项目受到的影响尤其严重。

印度计划委员会的统计数据显示，印度"九五"计划（1997—2002 年）期间，农业与相关部门的财政预算为 42 462 亿卢比，约占总财政支出的 4.94％；虽然国家实际支出较财政预算有所增加，但农业实际支出却下降，为 37 239 亿卢比，占总支出的 3.96％。"十五"计划（2002—2007 年）期间，虽然政府财政对农业与相关部门的财政预算有了较大的增加，达到 58 933 亿卢比，但在总支出中所占的比重下降为 3.86％。实际开支略微超出，为 60 702 亿卢比，占实际开支的 3.75％。"十一五"计划（2007—2012 年）中，对农业和相关行业的投入大幅增加，财政预算 136 381 亿卢比，约占总计划支出的 3.74％，实际支出为 163 105 亿卢比，约占年度实际支出的 4.44％。"十二五"计划（2012—2017 年）中，对农业和相关行业的投入大幅增加，财政预算 363 273 亿卢比，约占总计划支出的 4.74%。2012—
2013 年度，财政预算和实际支出分别为 56 669 亿卢比和 52 521
亿卢比，分别占总预算和总支出的 4.53% 和 5.40%。2013—
2014 年度，财政预算和实际支出（实际支出为已报告金额）分
别为 64 098 亿卢比和 61 356 亿卢比，分别占总预算和总支出的
4.68% 和 4.79%。2014—2015 年度，财政预算和实际支出（实
际支出为已报告金额）分别为 11 531 亿卢比和 10 199 亿卢比，
分别占总预算和总支出的 2.38% 和 2.39%。2015—2016 年度，
财政预算为 11 657 亿卢比，约占总预算的 2.02%（表 10-1）。

表 10-1　印度农业与相关部门财政预算和实际支出

单位：亿卢比，%

"五年计划"/年度计划	农业与相关部门		农业与相关行业支出比例	
	财政预算	实际开支	财政预算	实际开支
"九五"计划（1997—2002）	42 462	372 39 $	4.9	4.0
年度计划（1997—1998）	6 974	5 929	4.5	4.6
年度计划（1998—1999）	8 687	7 698	4.7	5.1
年度计划（1999—2000）	8 796	7 365	4.6	4.6
年度计划（2000—2001）	8 281	7 577	4.1	4.1
年度计划（2001—2002）	9 097	8 248	4.0	4.4
"十五"计划（2002—2007）	58 933	60 702 $	3.9	3.8
年度计划（2002—2003）	9 977	7 655	4.0	3.6
年度计划（2003—2004）	9 940	8 776	3.9	3.9
年度计划（2004—2005）	11 109	10 963	3.9	4.2
年度计划（2005—2006）	13 840	12 554	3.8	5.1
年度计划（2006—2007）	16 163	16 573	3.7	5.3
"十一五"计划（2007—2012）	136 381	163 105 $	3.7	4.4
年度计划（2007—2008）	17 971	20 083	3.2	4.2
年度计划（2008—2009）	27 270	27 117	4.0	4.3
年度计划（2009—2010）	28 772	29 498	3.6	4.1

(续)

"五年计划"/年度计划	农业与相关部门		农业与相关行业支出比例	
	财政预算	实际开支	财政预算	实际开支
年度计划（2010—2011）	36 983	40 370	4.0	4.9
年度计划（2011—2012）	46 255	46 037	4.2	4.5
"十二五"计划(2012—2017) *	**363 273**	—	**4.7**	—
年度计划（2012—2013）	56 669	52 521	4.5	5.4
年度计划（2013—2014）	64 098	61 356	4.7	4.8
年度计划（2014—2015）##	11 531	10 199	2.4	2.4
年度计划（2015—2016）##	11 657	—	2.0	—

注：## 表示仅是中央直辖区、邦政府和联邦政府的数据缺失；*表示"十二五"计划预测（按现行价格计算）；$表示"九五""十五""十一五"计划实现。

资料来源：印度计划委员会。

印度政府对农村发展、灌溉防洪等投入了大量资金。"九五""十五""十一五"中农村发展支出分别为 859 201 亿卢比、1 525 639亿卢比和3 644 717 亿卢比；2007—2008 年度、2008—2009 年度、2009—2010 年度、2010—2011 年度、2011—2012 年度和2012—2013 年度实际支出分别为 371 878 亿卢比、477 293 亿卢比、717 035 亿卢比、826 269 亿卢比、538 439 亿卢比和 971 951 亿卢比。2013—2014 年度和 2014—2015 年度的已报告支出为 1 281 023 亿卢比和 426 811 亿卢比。灌溉防洪三个五年计划时期的支出分别为 55 598 亿卢比、103 315 亿卢比和 210 326 亿卢比。2007—2008 年度、2008—2009 年度、2009—2010 年度、2010—2011 年度、2011—2012 年度和 2012—2013 年度实际支出分别为 38 275 亿卢比、41 164 亿卢比、42 853 亿卢比、46 049 亿卢比、506 亿卢比、54 394 亿卢比。2013—2014 年度和 2014—2015 年度的已报告支出为 71 253 亿卢比、896 亿卢比（表 10-2a，表 10-2b）。

表 10-2a　印度"九五"至"十二五"各部门财政支出表

单位：亿卢比

	"九五"计划支出	"十五"计划支出	"十一五"计划支出	2007—2008		2008—2009		2009—2010		2010—2011	
				财政预算	实际支出	财政预算	实际支出	财政预算	实际支出	财政预算	实际支出
农业和相关部门	42 462	58 933	136 381	17 971	20 083	27 270	27 117	28 772	29 498	36 983	40 370
农村发展	73 439	121 928	301 069	32 496	34 309	39 268	59 080	64 748	58 615	70 797	67 008
特别地区计划	3 649	20 879	26 329	7 732	6 607	8 372	6 999	8 295	7 875	8 860	10 093
灌溉与防洪	55 598	103 315	210 326	38 547	38 275	48 094	41 164	50 489	42 853	54 948	46 049
能源	215 545	403 927	854 123	106 246	33 744	127 496	39 980	154 012	148 372	195 333	150 251
工业与矿产	69 972	58 939	153 600	25 002	11 379	34 919	13 343	45 208	39 041	52 228	45 056
运输	121 324	225 977	572 443	101 831	59 963	121 116	67 849	135 543	127 356	145 328	139 542
通信	47 616	98 968	95 380	25 813	794	21 937	981	16 731	14 749	18 529	10 336
科学技术与环境	25 529	30 424	87 933	11 791	9 909	13 278	11 860	15 647	13 267	18 644	15 949
综合经济服务	15 038	38 630	62 523	11 662	10 175	17 970	11 108	16 332	11 482	20 097	20 496
社会服务	182 005	347 391	1 102 327	172 608	140 397	216 548	190 813	247 331	215 955	295 896	272 031
一般服务	11 940	16 328	42 283	7 066	6 243	8 020	6 999	11 508	7 972	12 082	9 088
合计	859 201	1 525 639	3 644 717	558 765	371 878	684 288	477 293	794 616	717 035	929 725	826 269

表 10-2b　印度"九五"至"十二五"各部门财政支出表

单位：亿卢比

	2011—2012		"十二五"计划支出*	2012—2013		2013—2014		2014—2015		2015—2016
	财政预算	实际支出		财政预算	实际支出	财政预算	报告支出	财政预算**	报告支出**	财政预算**
农业和相关部门	46 255	46 037	363 273	56 669	52 521	64 098	61 356	11 531	10 199	11 657
农村发展	75 821	37 599	457 464	72 248	66 194	77 307	73 255	3 082	1 877	3 131
特别地区计划	12 413	0	80 370	15 342	11 289	18 392	18 095	0	0	0
灌溉与防洪	64 001	506	422 012	72 169	54 394	78 211	71 253	1 797	896	772
能源	208 436	121 855	1 438 466	208 711	179 438	221 095	238 019	166 275	154 878	167 342
工业与矿产	56 400	36 235	377 302	71 491	46 786	64 602	51 428	40 209	39 397	43 113
运输	171 344	107 532	1 204 172	183 015	145 002	196 628	175 543	116 202	106 242	193 417

（续）

	2011—2012		"十二五"计划支出 *	2012—2013		2013—2014		2014—2015		2015—2016
	财政预算	实际支出		财政预算	实际支出	财政预算	报告支出	财政预算**	报告支出**	财政预算**
通信	20 256	6 586	80 984	15 411	6 289	12 380	9 333	13 009	13 027	12 032
科学技术与环境	22 160	11 735	167 350	24 220	18 304	26 874	22 664	18 792	14 821	19 023
综合经济服务	35 179	19 697	305 612	51 525	37 079	63 022	47 660	26 318	17 303	20 333
社会服务	356 713	145 352	2 664 843	419 267	340 266	476 980	443 357	79 411	64 284	81 003
一般服务	28 226	5 305	107 959	66 040	14 390	71 347	69 060	7 906	3 887	26 559
合计	1 097 204	538 439	7 669 807	1 256 108	971 951	1 370 936	1 281 023	484 532	426 811	578 382

注：* 表示十二五计划预测（按现行价格计算）；**表示仅是中央直辖区、邦政府和联邦政府的数据缺失。

资料来源：印度计划委员会。

农业相关部门的具体类别中，2002—2003 年度到 2015—2016 年度，作物种植的财政预算总和远远高于其他门类，总预算为 82 527 亿卢比。其次是农业科研与教育和森林与野生生物保护，总预算分别为 26 795 亿卢比和 17 626 亿卢比。最少的是农业金融机构的 379 亿卢比以及园艺的 642 亿卢比（图 10-1）。

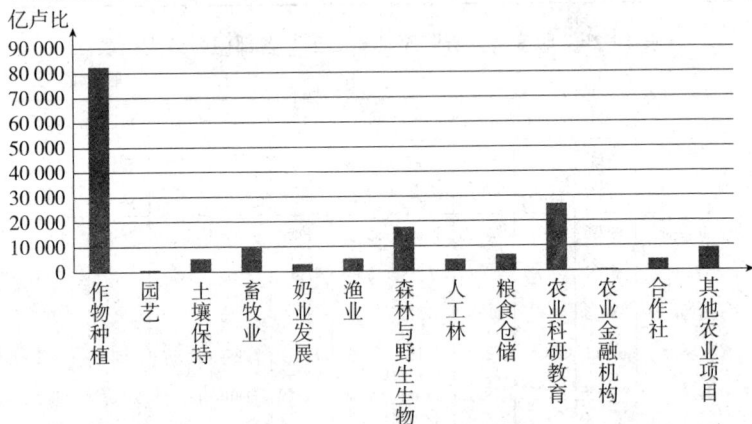

图 10-1　印度 2002—2003 年度至 2015—2016 年度农业各部门财政预算
资料来源：印度计划委员会。

　　农业各部门分类统计的财政预算逐年增加，2002—2003 年
度仅为 9 978 亿卢比，2006—2007 年度增加到 16 163 亿卢比，
2007—2008 年又下降到 8 558 亿卢比，为 2002—2003 年度至
2015—2016 年度的最低值，2009—2010 年度至 2013—2014 年度
连续 4 年增长，2013—2014 年度增长到 18 781 亿卢比，为
2002—2003 年度至 2015—2016 年度的最高值，此后有所下降，
2014—2015 年度为 11 531 亿卢比，2015—2016 年度为 11 657 亿
卢比（图 10-2）。

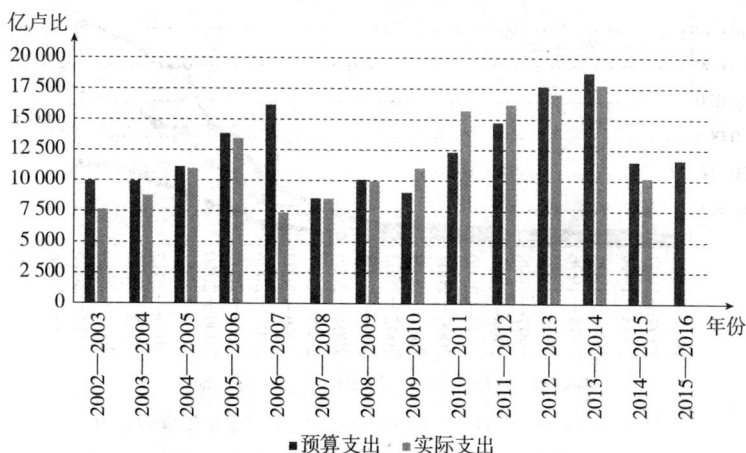

图 10-2　印度 1991—1992 年度至 2015—2016 年度农业各部门分类
统计支出变化情况
资料来源：印度计划委员会。

　　中央财政对农业财政预算之外，印度农业和合作部针对实际
情况做出预算，并予以修订。1991—1992 年度至 2015—2016 年
度，印度农业和合作部与邦政府财政预算呈递增趋势（图 10-
3），特别是 2008—2009 年由于加入了各邦政府预算，数目远超
2007—2008 年度，为 10 105.67 亿卢比，较上一年增加 81.8%。
修订预算达到 9 865.58 亿卢比，实际支出为 9 530.33 亿卢比。
2010—2011 年度较 2009—2010 年度的预算增加幅度也较大，预

算支出由 11 307.07 亿卢比增加到 15 042 亿卢比，增幅为
33.03%；实际支出由 10 870.15 亿卢比增加到 17 052.59 亿卢
比，增幅为 56.88%；修订预算也从 10 965.23 亿卢比增加到
17 254亿卢比，增幅为 57.35%。2012—2013 年度至 2014—2015
年度的预算均超过了 20 000 亿卢比，其中 2014—2015 年度的实
际支出为 19 530 亿卢比。

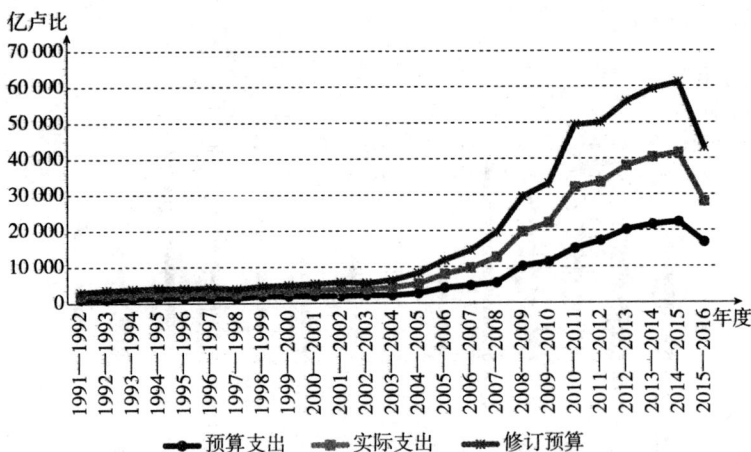

图 10-3　印度 1991—1992 年度至 2015—2016 年度农业和
合作部财政预算、修订预算和实际支出情况
资料来源：印度农业和合作部，规划、政策和预算分配司。

印度农业和合作部的财政预算主要针对中央赞助计划、部门
计划、外部援助项目和地区计划项目拟定。1997—1998 年度到
2015—2016 年度，印度农业合作部对中央赞助计划的预算逐渐
增加，"九五"与"十五"时期预算较少，从 2007—2008 年度
后，预算逐年增加。2012—2013 年度，中央赞助计划的财政预
算最高，为 7 488 亿卢比，此后逐渐下降，2013—2014 年度为
7 365 亿卢比，2014—2015 年度为 6 509 亿卢比，2015—2016 年
度为 6 300.50 亿卢比。对外援助项目的财政预算总体不高，

2007—2008 年度至 2015—2016 年度，仅有 2011—2012 年度有
0.05 亿卢比的预算。中央部门计划的预算在 2011—2012 年度达
到最高值，为 6 314.90 亿卢比，2015—2016 年度的预算有所下
降，为 5 845.85 亿卢比（表 10-3）。

表 10-3　印度农业和合作部财政预算分项目变化情况

单位：亿卢比

年份	中央赞助计划	中央部门计划	对外援助项目
"九五"时期	5 533.65	3 343.17	277.00
"十五"时期	7 236.73	5 694.00	264.27
2007—2008	1 523.20	3 996.80	0.00
2008—2009	2 126.00	4 774.00	0.00
2009—2010	2 226.00	4 974.00	0.00
2010—2011	2 623.02	5 656.98	0.00
2011—2012	2 947.05	6 314.90	0.05
2012—2013	7 488.00	3 503.00	0.00
2013—2014	7 365.00	4 290.00	0.00
2014—2015	6 509.00	5 846.00	0.00
2015—2016	6 300.50	5 845.85	0.00

资料来源：印度农业合作部，计划、政策与预算司。

二、价格补贴

价格补贴一直是印度农业生产的重要支撑。20 世纪 60 年代
中期以来，印度政府采取了一系列的政策，如：实施政府配售制
度、规定粮食购销价格、建立缓冲库存等，以提高农产品收购价
格、通过财政农业产品和物资进行补贴，继而提高农民的收入。
对于重要的农业生产资料（农机、化肥、种子等），印度政府采
取了较高的价格补贴，严格规定了价格，此外，农民可以以较低

的价格或者免费从政府手里获取最新的农业技术。

粮食价格补贴的主要对象起初是小麦、大米、玉米等，补贴形式主要有经营补贴和缓冲库存补贴。随着印度逐步实现了粮食基本自给后，补贴对象逐渐扩大，包括 20 多种农产品，如黄麻、大豆、油料等。按照最低支持价格，政府从农民手中收购粮食，并以补贴价格的形式向最贫困的人民进行粮食的分配，印度政府还建立起最低程度的缓冲库存。

最低支持价格是由印度农业成本与价格委员会制定的，制定依据包括许多方面，如：每年的粮食生产成本、市场供求关系、市场价格趋势、农民的交易条件、作物间的价格平衡等。粮食收购工作由印度粮食公司承担，对粮食的分配，按照各邦的"低于贫困线"和"高于贫困线"人数进行。"公共分配系统"在此过程中起了主导作用，由于此系统出售的粮食价格长时间保持不变，政府的粮食补贴压力不断增加。

除粮食外，印度政府对于农用物资的补贴力度也很大，可以说印度政府农业生产资料的价格，利用财政对由价格产生的亏损进行补贴。20 世纪 60 年代以来，印度政府对国营企业的化肥、农药和拖拉机生产进行了统筹管理，并在流通方面建立了相应的销售网络，如合作商店、国营货栈、村社联合货栈、农用工业品公司、农业技术服务中心等，通过此网络进行销售的农用物资占印度的 50％以上。此外，一些其他的农用物资如农用钢管、燃料、农业用电、灌溉用水，印度政府也给予大力的补贴，各邦的补贴比例由自己制定。

三、农业税收优惠政策

作为农业大国，印度的农业税收政策显得尤为重要。独立以来，中央政府和各邦政府所征集的税收总额中，农业税的比重呈现稳步的下降趋势，农业部门的税收负担相比其他部门较小，这是印度发展农业经济的重要基础。农业在印度经济发展中的地位十分重要，1951—1952 年，印度农业部门税收总额达到了 20 亿卢比，而非农部门为 45 亿卢比；1968—1969 年，印度农业部门的税收达 90 亿卢比，是 1951—1952 年的 4.5倍，有了较大幅度的增加，但非农部门的税收达到 270 亿卢比，是 1951—1952 年的 6 倍。相比而言，农业部门的税收负担在不断减轻。

1951—1969 年，印度农业部门和非农部门中的人均所得税率均不断增长，农业部门从 3.8％增长到 6.5％，非农部门从9.5％增加到 19.1％。在农业部门中，高收入阶层的税赋比低收入阶层更少。1950—1961 年，印度农业部门的边际税率为11.5％，其中高收入阶层的边际税负为 7％，而低收入阶层的边际税负约为 13％，可以看出政府对农业税收的优惠政策。1970年以前，印度个人所得税实行 10％～85％的十一级累进税率，1991 年印度对个人所得税进行改革之后，起征点提高至 10 万卢比，税率简化为 10％～30％的三级累进税率。

印度法律规定："耕种面积不超过 8 英亩、年收入在 10 万卢比以下的农户，免交包括所得税在内的各项税收。"但是实际上，印度农民为躲避税收，无论普通农户抑或种植大户，所申报的实际耕种面积和年收入都低于法律规定的标准。印度政府为促进农业的发展，对此种情况未采取任何措施，所以在农业领域，政府基本上没有任何税收，印度农民"无税一身轻"。

为保护农业耕地，印度政府对占有农耕地的地主征收地税。地税是印度的一种地方税，与联邦无关，征税权完全属于各邦政府。印度各邦早期的地税，均以总收获金额为征税对象，现在大部分邦改变了课税对象，主要以农作物总收获金额（按平均价格计算）减去地主负担的各项费用后的金额为主，这是一种"纯资产"，相当于工商业利润的性质。

第二节　农村金融

在印度广大的农村地区，印度金融机构普遍建立了自己的网络。商业银行已在农村地区建立了3.26万多家分支机构，而基层农业信贷协会的数量则达到了9万多家。同时，土地发展银行在农村的分支也超过2000家。1976年，印度政府颁布法令以建立地区农村银行，并给予一系列的优惠政策，地区农村银行的经营目的是"满足农村地区到目前为止受到忽视的那部分人的专门需要"。政府对农村金融体系的建设十分重视，每2万个农户就有一家农村金融机构提供金融服务。

印度的农村金融体系包括：印度储备银行（负责监管和协调）、印度的商业银行（国有及私人）、农业信贷协会、地区农村银行、土地发展银行、国家农业和农村开发银行、存款保险和信贷保险公司。可以划分为合作性质的农业信贷机构，政策性金融机构以及商业银行等类型。

一、农业信贷

农业信贷是农业发展计划的关键投入。农村合作银行即信贷合作社具体分为两种，一种是只为社员提供中短期贷款服务的农村合作银行，另一种是专门提供长期贷款服务的土地开发合作银行。土地开发银行为农民提供的服务主要是长期信贷，如价值较高的农业设备、改良土壤、偿还国债、赎回抵押土地等。印度土地开发银行分为两级，每个邦的中心土地开发银行与基层初级土地开发银行。中心土地开发银行是连接初级土地开发银行和其他金融机构的纽带，主要负责提供资金给初级土地开发银行，初级土地开发银行负责直接为农民提供各种信贷服务。

几十年来，通过发展各级信用合作社、扩大农村商业银行分支机构、建立区域性村镇银行等措施，印度逐渐完善了农业信贷体系。2004—2005 年度至 2014—2015 年度，农业信贷机构对农业的贷款额由 125 309 亿卢比增加到 845 328 亿卢比，年均增长 24 个百分点，多年来一直超过预定目标。在 2015—2016 年，农业信贷的目标是 850 000 亿卢比，截至 2015 年 12 月已经完成了 70% 以上。

1969 年，印度政府要求：每家商业银行至少要在其所在地区的农村开设一家分支机构。自 1975 年起，为给予信贷服务薄弱地区的贫困农户支持，印度政府设立了地区农村银行。1980 年，政府又对八家商业银行实施国有化，并按政策要求对农村地区提供信贷服务。为保证农村金融市场的高效运作，印度政府建立了完善的监管、保险和间接支持体系，特别是建立了贷款担保与存款保险公司。2004 年，印度中央储备银行决定，在 2006—2010 年五年内向农业部门提供信贷资金 5 000 亿卢比，对各环节的投资导向进行了明确规定，主要包括开垦荒地、选育良种、改造农业基础设施、增加灌溉面积、提高粮食加工和储藏能力、完善粮食市场流通。此外，印度政府还为农民提供低息贷款，指导农民进行产业升级。

印度供给主要通过以下几条途径实现：基层合作组织（Primary Level Cooperatives-PACS）自有基金、储蓄存款、贷款；地区或州合作银行、通过中央或者州政府；其他金融组织如 NCDC（国家合作社发展公司 National Cooperative Development Corporation）、SIDBI（印度小行业发展银行 Small Industry Development Bank of India）、NDDB（国家奶制品发展银行 National Dairy Development Bank）等；通过个体资金借贷者；向亲戚朋友借贷。在这些融资渠道中，前四种的资金提供者主要是通过印度国家农业乡村发展银行（NABARD）将资金借贷给合作银行或者涉农商业银行进而提供给农业或者农村资金需求者的。值得一提的是，印度政府规定，商业银行每年用于农业或农村的贷款不得低于其全部贷款总额的 11％，以确保对农业或农村的资金供给总量。印度的农业信贷包括短期信贷、中期信贷和长期信贷三种类型。目前，印度农业合作银行和地区银行提供了 90％以上的农业贷款。

二、政策性金融机构

印度支持农业发展的政策性金融机构主要是地区农业银行及国家农业和农村开发银行。

1. 地区农村银行

1975 年，为解决农村地区商业银行机构网点少、农村金融服务不足等问题，印度政府设立了农村银行，通过吸收存款，直接向小农、边际农、农业工人、农村手工业者等提供贷款。地区农村银行设立的目的是满足农村地区被忽视的农民、手工业者等的专门需要，发展农村经济，从而促进印度落后地区经济的发展，缩小与发达地区的差距。每个地区农村银行均由一家商业银行主办，其营业机构主要设立在农村信贷服务薄弱的地区，按商业原则进行经营，有特定的贷款对象，实行优惠的贷款利率，并向贫苦农民提供维持生活的消费贷款。地区农业银行不以盈利为目的，除农业贷款外，还为贫穷农民提供消费贷款，已成为贫困地区农民信贷资金的主要渠道。

2. 国家农业和农村开发银行

印度当前最高一级的农业金融机构是国家农业和农村开发银行，它负责监督和检查农村信贷合作机构、地区农业银行，资助商业银行的农村信贷活动。国家农业和农村开发银行能够全面满足农村地区各种信贷需要，为农业的发展提供短、中、长期贷款。

表 10-4　印度金融机构向农业部门贷款变动表

单位：亿卢比

	2000—2001	2001—2002	2002—2003	2003—2004	2004—2005	2005—2006	2006—2007	2007—2008	2008—2009	2009—2010	2010—2011	2011—2012	2012—2013	2013—2014	2014—2015
I. 短期信贷															
合作银行	16 528	18 787	19 668	22 640	27 157	34 930	38 622	43 294	40 164	56 946	64 527	81 829	102 592	113 574	—
地区农村银行	3 245	3 777	4 775	6 088	10 010	12 712	16 631	21 133	22 413	29 802	37 808	47 401	55 957	70 697	—
商业银行	13 486	17 904	21 104	26 192	38 791	57 640	83 202	116 966	147 818	189 908	216 773	266 928	314 951	388 730	—
其他机构	55	41	39	57	104	68	0	0	66	0	0	—	0	0	—
合计	33 314	40 509	45 586	54 977	76 062	105 350	138 455	181 393	210 461	276 656	319 108	396 158	473 500	573 001	635 412
II. 中长期信贷															
合作银行	4 190	4 737	3 968	4 235	4 074	4 474	3 858	4 964	5 802	6 551	5 578	6 134	8 611	6 389	—
地区农村银行	974	1 077	1 295	1 493	2 394	2 511	3 804	4 179	4 352	5 415	6 160	7 049	7 724	11 956	—
商业银行	14 321	15 683	18 670	26 249	42 690	67 837	83 283	64 122	81 133	95 892	115 933	101 688	117 540	120 275	—
其他机构	28	39	41	27	89	314	0	0	160	0	0	—	0	0	—
合计	19 513	21 536	23 974	32 004	49 247	75 136	90 945	73 265	91 447	107 858	127 671	114 871	133 875	138 620	209 916
短期和中长期信贷															
合作银行	20 718	23 524	23 636	26 875	31 231	39 404	42 480	48 258	45 966	63 497	70 105	87 963	111 203	119 963	138 469
地区农村银行	4 219	4 854	6 070	7 581	12 404	15 223	20 435	25 312	26 765	35 217	43 968	54 450	63 681	82 653	102 483
商业银行	27 807	33 587	39 774	52 441	81 481	125 477	166 485	181 088	228 951	285 800	332 706	368 616	432 491	509 005	604 376
其他机构	83	80	80	84	193	382	0	0	226	0	0	—	0	0	—
合计	52 827	62 045	69 560	86 981	125 309	180 486	229 400	254 658	301 908	384 514	446 779	511 029	607 375	711 621	845 328

资料来源：印度农业与合作部、信贷司。

三、商业银行

印度农村金融的主渠道是商业银行，包括国有商业银行、私人商业银行和地区农村银行。1969 年，印度商业银行实行了国有化，中央银行规定各商业银行必须在农业和农村发展方面有一定的放款比例，从而增加了各商业银行对农业的中短期贷款，为化肥等农用物资提供贷款。同时，其还对初级农业信贷合作社提供资金融通，对农产品运输、储存、销售、加工等发放贷款，为印度粮食公司收购并储备粮食提供资金支持，对小农、边际农和农村小手工业者等扩大信贷扶持等。

印度合作银行在印度农村金融体系中的作用相当重要。印度合作银行的资金来源主要是储蓄、印度国家农业乡村发展银行（NABARD）的低息贷款。合作银行通过合作社向农民提供信贷服务，以满足农民在种子、化肥、改良土地，农机设施、灌溉、投资等方面的需要。在提供贷款的同时，合作银行还提供一系列和信贷联系的服务，如化肥、种子供应、产品存储、加工、包装、运输、销售、消费品供应、基础设施建设等方面的服务，在印度农村建设过程中，合作银行发挥了至关重要的作用。此外，印度不同土地拥有者对于农业信贷有着不同的需求。

1998 年 8 月，为了从银行系统向农民提供充足和及时的信贷支持，以满足农民需求，印度政府开展了农民信用卡计划（Kisan Credit Card Scheme），该计划主要满足农民的短期信贷需求，包括作物耕种支出、收获费用、农产品营销费用及农民家庭消费。截至 2015 年 10 月，农民信用卡计划的总额达到 7 389.17 万亿卢比，未偿还金额为 52.79 万亿卢比。

2006—2007 年度，政府为农民提供 3 万卢比的短期作物贷款，年利率为 7%，为激励农民及时还款，政府实行了利息补助计划，对于及时还款的农民提供 3% 的利息补助。因此自 2011—

2012 年度以来，短期作物贷款的实际有效利率为 4%。

2006 年 1 月，政府宣布涉及 13 596 亿卢比的短期内复兴农村合作社贷款方案。国家农业和农村发展银行被指定为执行机构。要求各州签署和政府与国家农业和农村发展银行协议的备忘录（MOUS），致力于复兴计划中实施法律上、制度上和其他改革的设想。目前为止，25 个州已经履行了 MOUS 协议。这包括全国 96% 的基础农业信贷协会（PACS）和 96% 的中央合作银行（CCBs）。

政府在安得拉邦、卡纳塔克邦和马哈拉施特拉邦的 31 个地区开展了涉及财政 16 978.69 亿卢比的复兴方案。方案下的 16.953 亿卢比在 2009 年 9 月才发放下去。对于喀拉拉邦，政府实施分离方案，为了 Kuttanad 湿地生态系统的发展，减轻 Idukki 地区农业危难，分别支出 1 840.75 亿卢比和 764.45 亿卢比。

政府在 2008—2009 年实施了农民债务勾销预算计划，由计划内的商业银行、地区农村银行和合作信用机构负责。逾期到 2007 年 12 月 31 号，在 2008 年 2 月 29 号前尚未支付的直接农业贷款，视情况可以符合债务勾销条件，约有 3.68 亿农民从 65 318.33 亿卢比的债务勾销计划中受益。

四、政府对农村金融机构的保障

在农村金融发展中，印度推行了"领头银行"计划，规定一个地区的发展开发工作要有一个领导银行负责，国家规定的优先发展的行业，"领头银行"必须提供相应的金融支持。尤其是农业和棉花工业，按照规定，"领头银行"必须给这两个行业提供 30% 以上的资金贷款。

印度商业银行在农村信贷方面实行差别利率，农民可以在信贷方面获得十分优惠的利率，印度政府对农村金融机构进行利率补贴。1978 年，印度储备银行规定，对优先发展的一些行业，商业银行以及地区农村银行的贷款年利率统一定为 9%，政府对利率的差额进行补贴。1989 年，印度政府实施了农村信贷免除政策，商业银行此前向农村地区和农民发放的中长期贷款的本金和利息予以免除，由政府补贴。印度的农村金融体系建设解决了农民贷款难的问题。一项调查表明，在被调查的农民当中，只有 2.9% 的农民由于当地缺乏分支机构而得不到贷款支持。

印度农村贷款的形式主要有：私人临时性贷款（Personalized Temporary Loans），通过机构用于生产、教育的中短期借款和用于投资的长期借款。中短期贷款主要是用于生产和个人用途，如结婚、盖房等，期限一般在 5 年以内。长期借款主要用于教育、投资等，期限一般为 5~15 年。

为确保印度农村金融服务能覆盖广大的农村地区和农民，政府制定和颁布了一系列法令，对金融机构在农村金融地区设立机构网点提出一定的要求，如：《国家农业农村发展银行法案》《银行国有化法案》《印度储备银行法案》《地区农村银行法案》等。《银行国有化法案》明确规定，在农村地区，商业银行必须设立一定数量的分支机构，其放款的一定比例必须用于支持农业和农村发展。《地区农村银行法案》规定地区农村银行营业机构须设立在农村信贷服务薄弱地区。印度储备银行规定，商业银行如果在城市开设一家分支机构，必须有 2~3 家分支机构开设在边远地区。此外，印度储备银行制定了"优先发展行业贷款"制度，以确保农村地区的信贷投放，要求商业银行在农业、中小企业、出口等国家优先发展行业的投入必须占全部贷款的 40%，农业及农业相关产业的投入必须占全部贷款的 18%，如果未达到规定的比例，相应差额部分要上缴国库。

五、印度农村金融市场发展中的问题

在农村金融市场发展过程中，印度虽然取得了较好的成绩，但同时也存在许多问题，主要包括四个方面（文富德，2006）：

第一，非生产性贷款问题。由于宗教、文化等原因，印度的社会习俗较多，如结婚必须举办婚礼，出生与死亡必须举行宗教仪式等。因此农民的借款用途并不仅限于农业生产，很多时候用于婚丧嫁娶、诉讼等活动，非生产性贷款在印度的农业金融市场中也占据了重要的地位。

第二，小农贷款难的问题。印度农村最贫困的是佃农、分成农、无地农业工人和乡村手工业者等人群，他们是最需要贷款的，但由于贷款偿还能力较差，银行往往不愿为其提供贷款服务，所以出现了印度小农贷款困难的问题。小农是印度农业生产的主要力量，但其贷款仅占合作信贷放款总额的 3%～5%，这严重制约了印度农业的发展。

第三，农村贷款呆账问题。农业生产具有很大的风险，在气候条件较为恶劣的年份，农业生产受到自然灾害的严重影响，农民的收入得不到保障，因此可能无力偿还银行贷款，造成农村贷款呆账问题。据统计，仅印度信贷合作社贷款中，全国贷款总额的 42%是未偿还贷款，初级土地开发银行的情况类似，贷款总额的 42%～44%属于过期未偿还的贷款。

第四，农村债务问题。这是在印度农村普遍出现的问题，无论是有组织的金融机构借款或者非组织的个人借款，债务拖欠的现象愈发严重，根本原因是印度农村的贫困问题。按照印度农村"父债子还"的习俗，债务的继承使得农民负债累累，有些农民为此背负了沉重的高利贷，甚至由于无力偿还而自杀，农村的债务问题也造成了严重的社会问题。

第三节　农业保险

一、农业政策性保险发展

干旱、洪水、龙卷风和反复无常的气候是印度农业生产和畜牧业的不确定因素和风险。

1947 年独立后不久，印度政府就开始农业保险问题的尝试。1961 年就开始对其主要农作物如水稻、小麦等在部分地区进行了农业保险试验，但由于政府不提供财政支持，试点没取得任何进展。1972—1973 年，印度人寿保险公司综合保险部推出了一个关于 H-4 棉花的作物保险计划，这是印度第一个长期的个体作物保险计划。1972 年后期，综合保险业务被国有化，印度综合保险公司（GIC）成立。保险责任由中央政府与邦政府两级按比例分摊、经营管理费用全由国家负责。新公司接管了有关 H-4 棉花的试验计划，并在个体作物保险的基础之上，发展到包括花生、小麦和马铃薯等，在古吉拉特、马哈拉施特拉、泰米尔拉德、安得拉、卡纳塔克、西孟加拉邦得到实行。1979 年，印度政府推出了一些实验性农作物保险计划，其中包括《农作物保险指导计划》，该计划的保险计量单位为同一区域，粟、谷类作物、油料作物、马铃薯、棉花、鹰嘴豆等农作物均被纳入其中，基于自愿购买的原则，该项计划仅针对贷款的农户，未贷款农户无法购买保险，保险风险由印度保险总公司和邦政府共同承担，比例为 2∶1。1981 年，印度政府成立了一个高级别的跨部保险委员会。虽然印度政府对农业保险十分重视，但缺乏相应的经济实力进行支持，很多农业保险政策停留在表面，没有实质性的突破。

印度政府在 1985 年正式推出了《综合作物保险计划》，同年 4 月，该计划开始执行，直至 1999 年秋季，历时十四年，主要针对信贷农户。农户的投保对象主要是谷物、豆类和油菜籽，农户还必须保证在来年重新具备信贷资格，各邦政府积极响应，对遭遇干旱和洪灾的农户提供金融支持。按照自愿原则，各邦政府和农民自愿参加，保险公司和各邦政府共同分担农户投保风险，分担比例为 2∶1。该计划还规定，所有农户均能从商业银行、区域农村银行和合作银行贷款，种植小麦、水稻、玉米、油菜籽和豆类的农户均有资格参加作物保险。农户投保总额不能超过 1 万卢比，与作物信贷金额相等，不同作物保险费率不等，小麦、水稻和玉米为 2%，油菜籽和豆类为 1%。中央政府、邦政府、银行系统和保险总公司共同负责农作物保险计划，中央政府提供了大量的财政支持，所以各邦参与该计划的积极性较高。中央政府和邦政府对小农户提供 50% 的保费补贴，1985—1999 年，印度办理过综合作物保险计划的有 19 个邦和 4 个领地。

1999 年 3 月，为了在自然灾害发生时向农民提供保险服务和金融支持，鼓励农民应用先进的农业技术，提高农民收入，印度政府开始执行新的全国农业保险计划，以《全国农业保险计划》（National Agricultural Insurance Scheme，NAIS）取代《综合作物保险计划》。该计划由印度中央政府制定，由印度保险总公司（GIC）负责执行，农村金融组织（机构）、州或邦政府等各方也参与其中。NAIS 从实施到现在，范围覆盖了 18 个州和 2 个邦。该计划面向所有农户，从银行获得贷款的农户必须参与该计划，未获贷款的可自愿参与。保额按被保地区最低收成的价值计算。所有农作物的费率要根据过去几年的收成情况制定。现在该计划为甘蔗、土豆、洋葱等 7 种作物提供保险，费率从 1.5% 到 3.5% 不等。费率可根据精算数据计算或根据预订费率计算，根据精算数据制定的费率要低于预订费率。小农户可得到保费 50% 的补助。理赔费用、保险基金、管理费用和对小农户的保费补助，由中央政府和州政府各承担一半。NAIS 的实施程序是：在每个作物季节之初，每个州或邦政府与 GIC 协商后，公布本季该计划准备承保的农作物和地区。农作物保险及保费的月度详细情况送达审批点后，审批点与发放农业贷款的机构联系，在获取贷款发放的情况后，审查需要的保险金额和保费，然后在每月规定的日期内报 GIC。愿意加入该计划的非获贷农户，要填写 NAIS 的申请表，并连同保费一同交商业银行的乡村支行或者合作银行的机构。乡村支行或合作银行接到申请表以后，负责核实保险金额、保费等。资料汇总后，被送到各自的审批点，然后在政府公告规定的日期前转交州一级的 GIC，由 GIC 负责管理和理赔。这个计划设想覆盖各种粮食作物、油籽和每年的商业园艺作物。在 25 个州和 2 个直辖区实施了这个方案。在1999—2000 财政年到 2008—2009 财政年期间，覆盖了超过2.109 亿公顷土地的 1.347 亿农民，投保 14 825 亿卢比。

2009—2010 年度，椰树保险计划在安得拉邦、卡纳塔克邦、喀拉拉邦、奥里萨邦泰米尔纳德邦选定地区试行，直到2016 年秋收，试行计划还在继续。该计划要求每位农民在相邻区域至少种植 5 棵健康的椰树，根据椰树的年龄不同，保险补助在 900～1 750 卢比之间，其中 50% 由政府提供，25% 由各邦政府提供。

印度各邦因地制宜，根据各地实际，开展有地方特色的农作物保险。喀拉拉邦在 1995 年实行了农作物保险计划，对由于干旱、暴雨、洪涝、滑坡、龙卷风、海洋侵蚀、森林火灾和野象等对农作物造成的损害进行承保，但未涉及植物病虫害方面。为应对特定区域和特定时期的干旱，防止农作物的大量减产和农民受损，针对干旱严重的拉贾斯坦邦等地，印度保险公司推出了两个险种：Varsha Bima 险种和 SSK（Sookha Surksha Kavach）险种。Varsha Bima 保险的贷款利率优惠，能够快速赔付，保险费率也比较有弹性；SSK 险种区域性较强，能够加强农民和金融机构的联系，其保险费率由多因素决定。为保证农民的最低收入，避免农作物减产，抵御农产品价格风险，印度政府近两年还推出了新险种，如《农民收入保险方案指导计划》《种子作物保险方案指导保险》《咖啡降雨指数和单位产量保险》等。2004年，印度推出一项面向地方农业的新保险项目。少数农民可以获得 75% 的额外补贴，其他农民可以获得 50% 的补贴。目前，印度 18 个省份中的 23 个地区的农民可以为自己的小麦和水稻作物申请农业收入保险，并逐渐拓展到全国各地，而且该险种将成为农民必须履行的义务。印度中央政府不仅开展了全国性的农作物保险计划，还针对特定地方开办了农业保险，各邦也因地制宜地办理了无政府补贴的农作物保险。通过中央政府和地方各邦政府的大力支持，解决了印度农业保险资金短缺的问题，对于提高农民收入、帮助农民脱贫、促进农业发展意义重大。

20 世纪 90 年代，印度政府还推出了牲畜保险，主要是牛保险。在各种牲畜保险政策的支持下，对牲畜数量或死亡时的市场价值进行保险，保证了印度养殖业的不断发展。牲畜保险的保险金额可达到牲畜的正常市场价值，1995—1996 年，该保险的投保牲畜数量为 0.153 亿，保费收入为 11.339 亿卢比，实际赔付额为 7.405 亿卢比，赔付比为 65%；2000—2001 年，投保牲畜数量为 0.079 亿，保费收入为 14.553 亿卢比，实际赔付额为 12.797 亿卢比，赔付比达到 88%。相比 1995—1996 年，2000—2001 年的实际赔付额和赔付比有了大幅度提升。

随着市场化程度的不断加深，印度农业保险体系推出了多种创新产品，最引人关注的是气象指数保险。气象指数保险（Index-Based Weather Insurance）的基本方法是，把一个或几个气候条件（如气温、降水、风速等）对农作物的损害程度指数化，使每个指数都有对应的农作物产量和损益，保险合同以这种指数为基础，当指数达到一定水平并且对农产品造成一定影响时，向投保人给予相应标准的赔付。这种保险产品的设计在全球范围内均属新鲜事物。印度 BASIX 集团和 ICICI 银行保险总公司自 2003 年起，在安得拉邦共同将气象指数保险付诸实施，13 个邦在 5 个种植季节内（从 2007 年雨季到 2009 年雨季），覆盖了 217.7 万农民，大约 44.4 亿卢比的索赔，38.8 亿卢比已支付。

二、农业小额保险

根据国际贫困扶助协商组织（CGAP）的界定，小额保险主要是指多种不同实体为低收入人群提供的、按照风险事件的发生概率和所涉及的成本按比例定期收取一定的小额保费，目的是帮助中低收入人群规避风险。全球范围内小额保险的发展非常迅猛，据不完全统计，目前全球已有350多种小额保险产品，覆盖不发达国家的7 800多万农村人口。小额保险主要繁荣于发展中国家，印度便是一个典型代表。

和中国一样，印度农民居住分散、农村经济发展缓慢、农户收入较低，故保险意识较差，所以在农村地区，印度的商业保险机构拓展业务十分困难。但近年来，印度政府的有力引导、农村小额信贷计划的不断推进以及医疗保险的需要带动了农村小额保险的迅速发展。

在保险监管方面，印度保险与发展管理委员会（IRDA）在2000年和2005年11月颁布了关于小额保险的监管条例，对小额保险进行积极的政府引导和强化监管。2000年条例规定：农村保险公司须达到如下条件：财险公司，在其展业的第一年，农村业务保费必须达到其总保费的2%，第二年必须达到3%，第三年及以后年份达到5%；对寿险公司，第一年，其农村业务新保单数量必须达到总保单数量的7%，第二年达到9%，第三年达到12%，第四年达到14%，第五年达到16%，在1～5年内，必须完成5 000～25 000份的保单数量，这种强制措施在一定程度上保证了农村小额保险市场的开拓与发展。

2005年的条例共十八条，分别对参与小额保险经营的各方当事人、关系人及小额保险产品、小额保险代理机构给予明确界定，允许寿险与产险机构业务有适当交叉；代理机构需要使用简单的本地语言，而且只能代理一家寿险或产险公司的小额保险业务；经营寿险的小额保险代理机构收取代理费或佣金，其单一费率保单不得超过保费的 10%，非单一费率保单不超过年度保费的 20%，产险业务按保费 15% 收取代理费或佣金；严格控制未注册机构经营小额保险业务；并规定最高保额小额财险产品、意外险、定期险、两全险或健康险为 1 100 美元，茅屋险、牲畜险、农具险为 675 美元；小额保险的营销渠道可以是非政府组织、自助组织或者小额信贷机构等。由于印度农民使用信用卡广泛，印度保险监管部门允许保险公司利用信用卡平台设计开发寿险、非寿险捆绑式保险产品，向农村家庭提供综合保险保障福利。同时，政府通过税收减免与政策扶持鼓励保险公司开发适合低收入群体的小额保险计划，如印度政府向印度人寿保险公司投入 10 亿卢比补贴寿险公司的超额赔付额等。

在现实的保险实务中，农村小额保险计划的提供者包括 21 家商业保险公司、4 家社区机构和 13 家直接服务于小额保险业务的机构，并主要由商业保险机构负责实施，如由印度 Tata 集团与美国国际集团（AIG）合资组建的 TataAIG 人寿保险公司。印度的小额保险计划主要依附于小额信贷的模式和小额医疗保险计划。由于印度也缺乏完善的公共医疗体系，传统商业保险主要针对社会中上收入人群，社会保障体系中的社会保险主要针对有稳定职业的中等收入群体，社会救助主要针对几乎无收入的赤贫群体，所以政府无法满足农村低收入群体的潜在保障保险需求。在印度近 11 亿人口中，只有不到 10% 的人享有某种形式的医疗保险。但小额保险满足了中低收入群体的保障需求，在这个新领域里，有 500 万～1 000 万人加入了全国范围内的小额医疗保险。荷兰鹿特丹伊拉斯谟大学戴维·德罗尔博士一直在印度研究小额医疗保险问题，其研究结果表明，贫困阶层的人愿意将平均每年 600 卢比或略高于其收入 1% 的金额用作家人的保险费。在营销模式上，小额保险计划主要采取代理模式，通常由一家商业保公司、互助保险机构和一家代理机构（多为小额信贷机构）合作。印度共有196家地区农村金融机构，因为代理费用较高，绝大部分都愿意代理保险业务。

在保险产品上，有资料显示，目前印度农村小额保险共开发出300多种产品，大多数保险产品只承保单一风险，其中小额产险28种，小额寿险51种，小额健康保险221种，意外死亡及伤残保险33种。其中小额医疗保险项目在形式和内容上有很大差异：一些险种只有不到2 000人参加，而有的则有数百万人参与。一些保险机构要求病人到政府开办的医院看病，有的则通过请社区志愿者帮忙来减少经费。大多数此类项目都没有将投保者在投保前就有的艾滋病和糖尿病等慢性疾病包括在保障范围内。印度小额保险的营运大多是自愿性计划，只有小部分计划要求强制参加。

三、农业保险现状

印度农业保险有针对旱春作物和秋收作物两种形式，秋收作物保险明显多于旱春作物。从1990—2000年开始，覆盖农民的数量、面积、总保额、保费以及赔偿费用总体而言呈增加趋势，但个别项目在一定时期出现下降（表10-5）。

表10-5　1999—2015年印度全国农业保险计划地区
发展趋势、保额、保费和索赔额情况

	覆盖农民数量	面积：公顷	总保额：亿卢比	保费：亿卢比	赔偿：亿卢比
旱春作物1999—2000	579 940	780 569.36	35 640.71	542.48	769.26
秋收作物2000	8 409 374	13 219 828.68	690 338.38	20 673.55	122 248.15
旱春作物2000—2001	2 091 733	3 111 423.25	160 268.46	2 778.76	5 948.63
2000—2001合计	**10 501 107**	**16 331 251.93**	**850 606.84**	**23 452.31**	**128 196.78**
秋收作物2001	8 696 587	12 887 710.38	750 246.11	26 161.82	49 363.57

（续）

	覆盖农民数量	面积：公顷	总保额：亿卢比	保费：亿卢比	赔偿：亿卢比
旱春作物 2001—2002	1 955 431	3 145 872.65	149 751.11	3 014.79	6 465.80
2001—2002 合计	**10 652 018**	**16 033 583.03**	**899 997.22**	**29 176.61**	**55 829.37**
秋收作物 2002	9 768 711	15 532 348.53	943 169.37	32 546.68	182 439.20
旱春作物 2002—2003	2 326 811	4 037 824.35	183 754.52	3 850.44	18 854.84
2002—2003 合计	**12 095 522**	**19 570 172.88**	**1 126 923.89**	**36 397.12**	**201 294.04**
秋收作物 2003	7 970 830	12 355 513.83	811 412.55	28 333.19	65 268.12
旱春作物 2003—2004	4 421 287	6 468 662.75	304 949.21	6 405.87	49 710.37
2003—2004 合计	**12 392 117**	**18 824 176.58**	**1 116 361.76**	**34 739.06**	**114 978.49**
秋收作物 2004	12 687 104	24 273 393.97	1 317 061.59	45 894.28	103 829.42
旱春作物 2004—2005	3 531 045	5 343 243.62	377 420.53	7 585.28	16 058.60
2004—2005 合计	**16 218 149**	**29 616 637.59**	**1 694 482.12**	**53 479.55**	**119 888.01**
秋收作物 2005	12 673 833	20 531 037.95	1 351 909.81	44 994.94	108 644.91
旱春作物 2005—2006	4 048 524	7 218 417.22	507 166.12	10 482.40	33 830.20
2005—2006 合计	**16 722 357**	**27 749 455.17**	**1 859 075.94**	**55 477.34**	**142 475.11**
秋收作物 2006	12 934 060	19 672 280.35	1 475 936.10	46 729.14	177 621.89
旱春作物 2006—2007	4 977 980	7 632 881.68	654 221.41	14 287.60	51 597.41
2006—2007 合计	**17 912 040**	**27 305 162.03**	**2 130 157.52**	**61 016.74**	**229 219.30**
秋收作物 2007	13 398 822	20 754 746.67	1 700 796.37	52 432.28	91 535.69
旱春作物 2007—2008	5 044 016	7 387 156.02	746 664.33	15 871.00	81 017.92
2007—2008 合计	**18 442 838**	**28 141 902.69**	**2 447 460.70**	**68 303.28**	**172 553.61**
秋收作物 2008	12 992 272	17 636 186.74	1 566 607.29	51 194.35	237 780.26
旱春作物 2008—2009	6 210 648	8 857 836.10	1 114 871.03	29 572.08	150 975.62
2008—2009 合计	**19 202 920**	**26 494 022.84**	**2 681 478.32**	**80 766.44**	**388 755.88**

（续）

	覆盖农民数量	面积：公顷	总保额：亿卢比	保费：亿卢比	赔偿：亿卢比
秋收作物 2009	18 253 072	25 769 817.24	2 761 670.64	86 284.89	453 744.83
旱春作物 2009—2010	5 681 148	7 899 761.05	1 100 750.21	29 170.48	58 013.31
2009—2010 合计	**23 934 220**	**33 669 578.29**	**3 862 420.85**	**115 455.37**	**511 758.14**
秋收作物 2010	12 682 242	17 108 888.27	2 371 106.80	72 178.55	164 143.58
旱春作物 2010—2011	4 967 878	6 938 628.49	1 101 055.62	29 816.72	65 793.61
2010—2011 合计	**17 650 120**	**24 047 516.76**	**3 472 162.42**	**101 995.27**	**229 937.18**
秋收作物 2011	11 554 561	15 776 488.93	2 348 710.36	71 434.91	166 541.49
旱春作物 2011—2012	5 239 299	7 609 277.50	1 128 393.63	25 767.81	54 216.47
2011—2012 合计	**16 793 860**	**23 385 766.43**	**3 477 103.99**	**97 202.72**	**220 757.96**
秋收作物 2012	10 649 354	15 693 700.52	2 719 906.05	87 874.18	278 577.25
旱春作物 2012—2013	6 141 677	8 691 156.97	1 570 872.75	44 769.98	191 484.67
2012—2013 合计	**16 791 031**	**24 384 857.49**	**4 290 778.80**	**132 644.16**	**470 061.91**
秋收作物 2013	9 746 595	14 230 707.02	2 892 425.09	97 772.40	305 991.70
旱春作物 2013—2014	3 973 984	6 472 309.81	461 452.54	29 755.73	98 396.29
2013—2014 合计	**13 720 579**	**20 703 016.84**	**3 353 877.63**	**127 528.13**	**404 387.98**
秋收作物 2014	9 683 572	11 545 892.10	2 438 783.44	84 465.82	288 760.51
旱春作物 2014—2015P	6 922 782	8 968 423.98	2 089 204.38	53 683.16	166.88
2014—2015P 合计	**16 606 354**	**20 514 316.08**	**4 527 987.83**	**138 148.98**	**288 927.39**
秋季作物合计	**172 100 989**	**256 988 541.18**	**26 148 141.66**	**848 970.99**	**2 796 490.56**
初级作物合计	**68 113 741**	**100 563 160.61**	**12 480 295.75**	**307 350.51**	**883 327.18**
总计	**240 214 730**	**357 551 701.80**	**38 628 437.41**	**1 156 321.51**	**3 679 817.74**

注：P 为暂时数值，下文同。

资料来源：印度农业与合作部，信贷司。

其中，1999—2000 年度到 2014—2015 年度，早春作物保险发展迅速（图 10-4）。早春作物覆盖农民数量从 579 940 人增加到 6 922 782人，投保土地面积从 780 569.36 公顷增加到8 968 423.98公顷，总保额从 35 640.71 亿卢比增加到2 089 204.38亿卢比，保费从 542.48 亿卢比增加到 53 683.16 亿卢比。赔偿额从 1999—2000 年度的 769.26 亿卢比增加到 2013—2014 年度的 98 396.29 亿卢比。

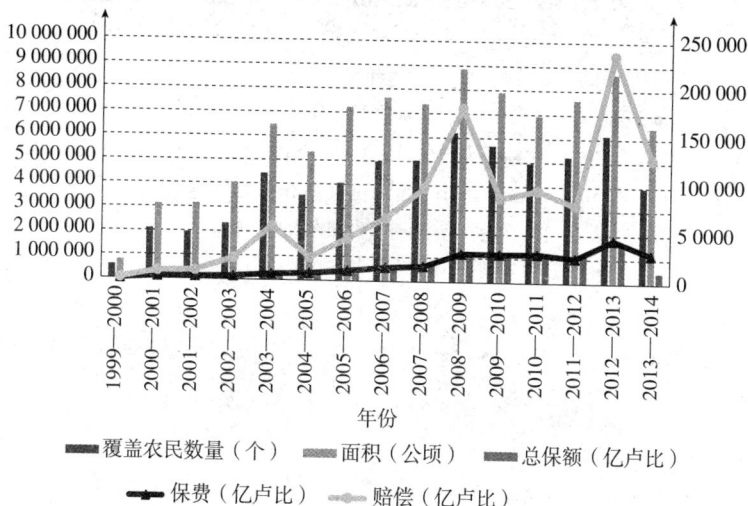

图 10-4　1999—2000 年度至 2013—2014 年度印度早春作物保险相关情况
　　　　注：保费和赔偿两项指标在次坐标轴上。
　　　　资料来源：印度农业与合作部，信贷司。

2000—2014 年，秋收作物覆盖农民数量从 8 409 374 人增加到 9 683 572 人，投保土地面积有所下降，从 13 219 828.68 公顷降低为 11 545 892.10 公顷，总保额从 690 338.38 亿卢比增加到 2 438 783.44 亿卢比，保费从 20 673.55 亿卢比增加到84 465.82亿卢比。赔偿额从 122 248.15 亿卢比增加到288 760.51亿卢比（图 10-5）。

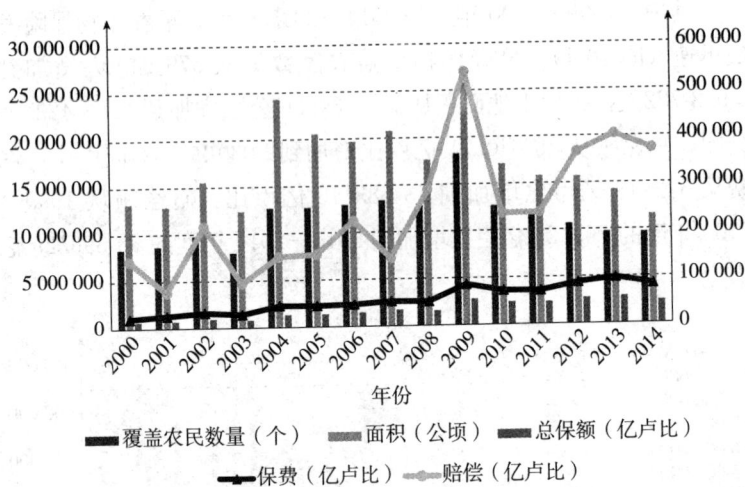

图 10-5　2000—2014 年印度秋收作物保险相关情况
注：保费和赔偿两项指标在次坐标轴上。
资料来源：印度农业与合作部，信贷司。

第十一章 印度农业的经验、问题及启示

第一节 印度农业的经验

一、需求导向的农业科技推广

印度农业的不断发展与农业科技推广密不可分，其农业科技推广体系主要是政府、科研部门与农业大学相结合，公共部门和私人部门作为相应的补充，这种体系十分有效，能够将新的科技成果传递给农民，促进农业的繁荣发展。公共部门和私人部门共同组成了印度的农业推广机构，私人部门由于和市场联系紧密，其农业推广成效往往更为有效，把科技推广者和农民的利益联结起来，建立了需求导向的科技服务体系，所以公共部门的地位不断弱化。私人部门、非政府组织等不断加入到农业技术推广体系中，在一定程度上弥补了公共部门的不足。例如，涉农企业和商品委员会，前者可以提供及时有效的市场信息，供应化肥、良种、机械等，并提供配套的技术信息和服务；后者能提供相应产品的栽培、储存等技术。

印度农业科技推广主要有两种形式，首先是因地制宜，实施不同层次的推广项目。项目的实施不具有强制性，农民可以根据情况自愿参与。农业技术推广教育方面，根据当地资源条件和实际需要，提供现代化的教学和研究，一般是由研究机构、大学或者顶尖的培训推广机构来实施。通过有效的方法、原则和理念等从思想上影响农民，提高农民的素质，使其做出更理性的选择。

农业技术推广服务项目是根据当地具体情况，结合基层专家建议，通过大量现代科技要素的投入，将研究成果与实际应用结合起来，使科技知识迅速地转化为现实生产力。基层农业技术推广工作，与农民进行直接接触，将农业技术传授给农民，或者为农民提供生产资料，帮助农民实现从传统生产方式到现代农业生产方式的转变。

其次是提供严格和密集的培训。印度政府各个农业部门均有针对农民和工作人员的培训中心，农业技术推广人员培训项目主要由农业部科研教育局下的农业推广办公室负责管理，该机构在国家层面强调推广人员的能力培养。中央农业推广办公室负责在国内建立强化农业推广服务和培训基础设施的网络，其他部门也积极参与到组织培训工作中。另外，地方设有推广教育学院 4 个，主要是面向各邦和中央直辖区的中层农业推广工作人员，提供在通信技术、参与式农村评估技术、推广方式培训管理和农业信息系统管理等领域的帮助。印度农业研究理事会下设的研究所或农业大学设有卓越培训中心 16 个，提供不同专业领域的培训，以满足不同层次推广人员的培训需求。

二、合理利用外资

1. 制定完备的法律体系

为严格管理外资的使用，印度政府制定了一套完备的法律体系。20 世纪 60 年代以来，印度政府先后颁布《外商投资鼓励法》《外资企业管理法》《外国投资法》和《合资经营企业法》。完备的法律体系为外资审批、外资保护、外商投资及经营提供了法律依据与保障。为适应本国经济发展变化，印度政府不断修正和完善投资方面的涉外法。

2. 实施以限制为主的外资政策

印度政府对农业利用外资限制较多。20 世纪 70 年代初期，印度政府规定外国投资者必须与印方合营，一般项目持股率不得超过40%，只有国家优先发展的项目、出口项目和尖端技术可达51%～74%。其中，农业机械和化肥项目允许外资持股至74%（外国投资者必须转让技术，并允许在印度作横向转移等）。1991年，印度政府逐步放松对外资利用的高度管制，实施优惠政策，鼓励外资利用。具体措施包括：建立外国投资促进委员会，鼓励吸引FDI，取消对FDI必须与技术转让挂钩的限制，实行严格的专利法和商标法，加强对外国企业在印度的知识产权保护。在农业外资的管理上，印度实行严格的外债管理制度，采用集中统一的做法，把全部外资项目列入国家经济发展计划。印度政府没有专门针对外商投资的优惠政策，外资只有投向政府鼓励发展的产业领域或区域，才能享受和本土企业一样的优惠政策。

三、缩小地区和城乡差距

由于历史、政策、区位等因素导致印度出现地区差距、城乡差别，这也是大多数发展中国家的一个普遍问题，且是一个影响很大的问题。如果这两个问题长期得不到改善和改变，甚至恶化，将对一个国家经济社会发展速度产生巨大影响，从而造成社会的不稳定（宋志辉，2009）。地区差距与城乡差别在印度由来已久，其中，地区差距更为明显，英国殖民统治、政策倾斜、政府资金投放、地理区位等是造成印度地区差距的主要因素。印度城乡和南北分化不断加剧，城市发展速度远远高于农村，南方发展也远远好于北方。

北方邦与比哈尔邦的整体经济发展水平远远不及全国平均水平，据统计，相比增长最快的古吉拉特邦（7.6%），这两个邦的人均收入增长最慢，年增长率为1.24%和1.1%。印度南部月均工资在514～700美元之间，而广大北部地区则不到此水平的1/6；城市中产阶级年收入2 000～4 000美元，而农民工则少得可怜，辛苦一年仅收入 60 多美元，两者相差 60 倍左右。对于地区差距和城乡差别，印度政府非常重视，也采取了许多政策措施，比如：重点扶持落后地区；重视对落后地区的资金援助；建立援助落后地区的咨询机构；实施落后地区发展计划；促进向落后地区投资；深入发展"绿色革命"。

四、促进农业产业化发展

农业产业化政策在印度很早就开始了，但直到 20 世纪八九十年代，印度政府才开始大规模地支持、提倡和促进。印度政府的"八五"计划中指出，要大力发展农工商一体化，为此专门成立了小农农工商联合体。该机构具有合作社性质，参与主体包括：保险公司、银行、农业科研教育机构与政府各种农业发展机构等，参与主体共同合作，组织广大小农进行农产品生产、开发、加工和经营活动，遵循经济效益、社会平等与生态环境保护等原则。总体来说，印度产业化的主要内容包括两方面。首先，面向市场，通过合作社与各种私营企业间的合作，把工农和城乡间的资本、人才、技术、资源等生产要素进行优化组合，把单一的农产品发展为产业。第二，对于现代化农业原则（技术革命和市场取向等），要在农业各部门中推广，促进农业的全面发展。

通过政府的大力推动，印度实现产业化的途径主要有两条。一是建立农工贸一体化合作社；二是通过私营大公司，向农民订购初级产品并加工销售。在印度农业产业化过程中，一体化合作社起到了至关重要的作用。20 世纪 60 年代中期，印度成立了国家合作发展公司，组织了农产品加工合作社，直接促使一体化合作社产生。一体化合作社采用了先进的、资本密集型的技术，对市场需求变化能迅速做出应对，全面参与农业生产的全过程，通过加工农产品，实现农产品的增值，最终提高劳动生产率，实现农民增收。

五、加大农业支持力度

近年来，印度政府在 WTO 农业协议框架内，逐步形成了符合本国国情的农业支持体系，以促进本国农业的发展和增加农民收入。

1. 最低保护价政策

印度人口众多，粮食安全一直是困扰政府的难题，最初的最低保护价政策主要针对粮食作物，如小麦、玉米和大米等。通过政府对农业的大力支持，印度在 20 世纪 70 年代中期基本实现粮食自给，其后，价格支持对象逐渐扩大，大豆、黄麻、油料等 24 种农产品也包括在内。据统计，价格支持的作物产值约为印度农业总产值的 60％以上，这也体现了政府对农业较大的支持力度。最低支持价格的确定工作每年都要进行，由农业成本和价格委员会对各种农作物的生产成本和要素进行分析后确定。确定以后，印度政府以此价格为基准，根据储存补充的需要，公布当年粮食收购价格，使其成为该年最低的粮食价格。印度的最低保护价政策有效地防止了"谷贱伤农"的现象，保证了本国的粮食安全。

2. 农业投入品补贴

印度对农业投入品进行补贴是在 20 世纪 80 年代中期后，主要补贴对象包括肥料、电力与灌溉。加入世贸组织后，利用《农业协议》中针对发展中国家的补贴条款，印度继续对农业投入品补贴。①化肥补贴。作为农业补贴中的最大项目，印度通过政府定价、运费补贴、生产商和进口商直接补贴等办法，保持较低的化肥价格。②农用柴油、灌溉用电补贴。主要依靠邦政府给予的财政支持，降低农民的农业生产成本。③农业机械补贴。印度政府在农业机械的生产及农民购买机械方面都给予相应的补贴，通过经济发展政策的支持，大力发展农业机械化。生产方面，将发动机、拖拉机、动力耕耘机、配套农具等产品置于优先地位，在原材料分配方面给予生产商优待；对于农民购买农业机械，政府给予相应的贷款政策，通过银行贷款购买拖拉机与水泵等农机具的农民达到90％以上。

六、发展农村合作社

农业合作社是印度政府实现农业发展规划的重要手段，农民通过合作社保护自己的利益（陈建梅，2008）。印度合作社类型较多，主要有农业信用、销售、耕种、牛奶、渔业、农产品加工、消费及住宅等。经营生产资料供应的合作社向社员提供信贷、化肥、种子、农药等；销售合作社保证社员的农产品出售价格在市场上较高（有的从事化肥等农业生产资料的销售，有的只销售某些特殊的农产品，主要目的是减少风险，使社员获利更多）；加工合作社主要从事蔗糖加工、棉花和羊毛加工与精纺以及稻谷和牛奶加工等。印度农村也有从事工业生产的合作社，主要生产农业投入品和机械，其中，化肥生产合作社的化肥产量已占全国总产量的20％。

对于合作社组织的建设，印度政府十分重视，为推动合作社的发展，政府制定了相应的法律法规，并提供了大力的资金支持。为引导、协调、规划、帮助和监督合作社，印度政府制定了《信贷合作社法》和《合作社法》，而且将合作社发展纳入到各个"五年计划"中，作为政府工作的重要内容。在贷款、投资、补贴等方面，印度政府对合作社发展提供了资金支持，在前六个"五年计划"期间，印度政府不断增加投入资金支持农村合作社发展，还通过参股的方式，向合作社提供原始资金积累。

1904年，为扶持信贷合作社的发展，解决农民贷款难的问题，印度政府颁布了《信贷合作社法》。信贷合作社的发展，不仅使农户的融资渠道增多，而且提供了农业技术保证等服务。印度信贷合作社通过多年的发展，现已在合作社联盟中占有较大比重，最多时曾占到总数的60％，2014—2015年度，信贷合作社为印度农民提供了138 469亿卢比的贷款。信贷合作社分为三个层次：初级农业信贷社、中心合作银行和邦合作银行，初级农业信贷社是基层合作信贷机构，中心合作银行主要向初级农业信贷社发放贷款，邦合作银行是农村信贷的最高层机构，主要向中心合作银行提供资金。

除了政策与资金上的支持，印度合作社的发展也有赖于对农民的教育和培训。合作社生存发展的基础是农民的合作意识与参与程度，要让大部分农民加入合作社，首先要培养农民的合作意识。通过演讲、发放资料等多种宣传方式，大力介绍合作社的目的与宗旨，让农民了解合作社，增加对合作社的信任，通过现实中的典型案例，让农民知道加入合作社能提高其收入，保证其利益，激励广大农民入社。其次，对于已入社的农民，要加强教育培训，提倡成人教育和终身学习，通过全国各种培训中心，形成完整的合作社教育培训网络，提高农民的文化素质和技术水平。

七、农业基础设施建设

农业基础设施关乎农业生产，其作用至关重要，但其需要大量资金注入。由于印度政府财力有限，在农业基础设施建设方面采取以财政投资为主、私人投资为辅、金融机构配合的办法。联邦政府出资兴建农村电力、道路、堤坝、运河、灌渠等，安装水泵等中小型地下灌溉工程，由农民私人投资完成。印度经常遭受季风危害而造成水旱灾害，传统农业对于气候和雨水等自然条件的依赖性较强，为保证农业生产的顺利进行，必须加强相应的农业基础设施建设，最重要的就是水利设施。印度政府非常重视农业水利设施的建设，首先制定了发展水资源的国家远景规划，包括水的储存和分配，从水资源丰富的地区输向缺水干旱的地区。

其次，政府采用新方法对灌溉工程进行划分，用可覆盖播种面积的划分标准替代了传统的工程费用划分标准，使水利设施的布局更加合理，水资源利用更加有效。由于灌溉潜力能立即得到充分利用，印度政府注重增加小型灌溉工程（即可覆盖播种面积在2 000公顷以内的工程），这增加了农民的收益，所以农民对此持积极态度。

八、发展农村信贷业务

为提高资本的有机构成，实现更快的资金积累，印度政府不断努力优化金融环境，发展农村信贷业是其中的一项重要政策（陈建梅，2008）。印度农业信贷有三种形式，短期信贷无需担保抵押，其贷款期限为15个月，主要用于购买种子、化肥等生产资料，利率优惠10%；中期信贷的贷款期限在5年以内，主要用于改善生产条件的投资，利率低于短期信贷；长期信贷的贷款期限在5年以上，主要用于农田保护、农村电气化等方面的投资。印度政府注重增加农村的小规模信贷，并实行了简化批准和支付手续，改善信贷管理，消除商业银行对农业和农民的信贷歧视等一系列政策措施。印度中央储备银行决定在2005—2010年内向农业部门提供信贷资金5 000亿卢比，并明确规定了从开垦荒地、选育良种到改造农业基础设施、增加灌溉面积、提高粮食加工和储藏能力、完善粮食市场流通等具体环节中的投资导向。政府还计划向70%的农民提供低息贷款，指导农民进行产业升级。

第二节　印度农业存在的问题

一、农业劳动力素质低下

印度人口特别是农业劳动力的文化素质低下，是制约印度农

业生产发展的重要原因。而提高农业劳动力文化素质任务之艰巨
又决定了印度发展农业生产任务之艰巨。农村劳动力文化素质
低，难以适应非产业工作。根据印度 1981 年人口普查，在印度
农村 17 640 万个主要劳动力中，识字的劳动力占 35.4%，而文
盲劳动力所占比重为 64.6%。识字的劳动力中，37.1% 为小学
文化程度，18.6% 为初中文化程度。根据世界银行统计，2000
年印度小学入学率为 94%，中入学率为 46%，高中入学率仅为
10%，尽管小学入学率较高，但只有 72% 的毕业率。国民教育
初中以上入学率较低是导致印度劳动力文化素质低的直接原因，
因此印度企业存在劳动力需求缺口，但低素质的劳动力无法与企
业提供工作岗位的素质要求匹配，所以农村劳动力无法向城市地
区流动。劳动力自身也会对将来到城市工作所取得的收入有一个
预期，如果自身文化素质较低，对未城市工作收入预期将很低，
也促使他们不愿意向城市地区的非农产业流动。

二、土地改革不成功

国家独立后，印度政府从 1949 年起在农村进行了多次土地
改革，由于诸多原因，土地改革并不彻底，无地和少地农民仍然
大量存在，约占农村人口的 3/4（宋志辉，2009）。土地改革的
不成功，使无地农民生活困难，一部分选择当"契约劳工"，另
一部分进入城市寻找工作。由于收入较低，成为"契约劳工"的
农民生活依然贫困。进入城市的农民工规模庞大，给印度的社会
生活造成了巨大的压力，成为印度政府面临的严峻问题。土地改
革不成功造成了诸多的社会问题，其中最突出的问题是失业和贫
困。据世界银行统计，印度有 3 亿多的人口生活在贫困线以下，
尤其是农村，有 70% 以上是贫困人口。据世界银行的预测，如
果印度经济增长较慢和政策对穷人较为不利的情况继续下去，则
印度穷人还将增加约 1 亿。在贫苦农民中，无地少地的农民占绝

大多数,如何解决约占一半人口的穷人问题,已成为印度经济发展中一个巨大难题,所以土地改革显得尤为重要。

三、农业现代化水平较低

农业产业化可以延长农业的产业链条,为工业提供优质原料,减少贫困化,加快农业现代化进程。但印度农业生产水平相对较为落后,主要表现为:初级产品多、产品增值率低、加工技术差、产业链条短等。印度农业生产增长速度较慢,现代化水平较低。据《农业现代化》显示,2000—2001 年,印度第一次农业现代化实现程度为 5.408%,在世界上 143 个地区中排名第 81 位。印度农业生产受到历史原因和自然条件的影响,历史方面,印度"绿色革命"使得土地开发过度、地表水和化学产品使用过度,致使土壤肥力严重下降,自然条件恶化;自然条件,印度农业生产极易受到气候和雨水等的限制,抗灾害能力很差。历史原因和自然条件的影响导致了印度农业生产极不稳定,粮食产量起伏较大,严重地影响了国民经济的发展,限制了印度的农业现代化发展。

四、粮食安全问题严重

印度人口基数大,增长率高,所以对粮食和各类农产品的需求不断增大,农业出现波动,对印度国民经济的影响是巨大的。印度农业人口占总人口的 80%,作为人口大国和农业大国,粮食安全是印度政府的首要任务。粮食危机频繁出现,严重影响了印度经济的发展。独立后,尽管政府十分重视粮食生产,印度粮食产量也不断增加,但由于人口增长幅度超过粮食产量增加幅度,致使印度频频出现粮荒,粮食安全问题严重。

在实现粮食自给前,印度农业对经济发展的食品贡献很小,甚至为负值。印度的农产品价格管制政策,促使农产品价格不断上升，阻碍了经济发展。独立后，政府逐步取消粮食管制，但不仅没有解决粮食问题，反而加剧了粮食囤积和粮价上涨的情况。所以印度政府重新实行粮食管制制度，并于 1964 年实行了农产品购买价格和支持价格政策。但迫于印度农业利益集团的压力，最低支持价格一直高于自由市场的价格，这极大损害了广大农民的利益，粮食消费的增加减少了工业品的消费，牵制了工业乃至整个经济的发展。由于粮食不能自给，印度不得不进口粮食，而进口粮食的开销在很大程度上抵消了农业的食品贡献。

五、地区城乡差别不断扩大

印度人民党联盟执政期间，政府对农村的公共投资逐年下降，投资额占 GDP 比重由 14％降低到 6％，有些年份甚至不足 5％。2003—2008 年，每年农村发展支出减少 3 000 亿卢比，导致与农村发展、农民生计密切相关的计划不能有效落实，如：农村就业、农村特区、乡村工业、灌溉与洪涝控制、能源与运输设施发展等计划。据统计，1997—1998 年度印度人均粮食消费为 174 千克，到 2003—2004 年度减少到 151 千克，是第二次世界大战以来的最低水平。贸易自由化给印度农民带来了巨大的冲击，但政府未能及时采取有效的措施，所以农民自杀现象时有发生。印度和中国一样，是一个以农业为主的国家，农业人口占全国人口的 75％，农业劳动力占全国劳动力的 64％。要想社会稳定发展，就要重视农村和农业的发展，但印度人民党及其盟党执政期间，对农业采取了不科学的政策措施，忽视了农业的发展，导致城乡差别进一步拉大。

六、农业补贴不合理

农业补贴过多就会挤占政府公共投资，加重政府的财政负担。印度政府的主要补贴政策是对粮食等主要农产品的价格支持和对农业生产投入品的补贴，价格支持政策方面，政府既要补贴生产过程，又要补贴流通领域，对于农产品生产者或是消费者的补贴，加重了政府的财政负担。化肥补贴作为农业投入补贴中最重要的项目，补贴数额连年增大，也给政府财政造成巨大的压力，而且日益增加的化肥等农业生产资料补贴，增加了化肥的使用量，导致部分地区土壤质量和生态环境的恶化，严重制约了印度农业的长期可持续发展。1995—2010 年，印度农业补贴支出（粮食补贴＋化肥补贴）占当年财政收入的比例显著高于美国和欧盟的补贴水平。

印度农业补贴政策的不合理，减少了农业的市场贡献。"一五"计划后，印度实行了许多工业保护政策，减少了对农业的支持，通过"剪刀差"抬高工业品价格，压低农产品价格。对幼小工业的保护，使得贸易条件不利于农业发展，农业收入、投资和储蓄均不断下降。虽然积累了工业发展资金，但却使农业的市场贡献不断下降。农产品价格下降导致了农民收入减少，工业品价格上升导致农民收入缩水，进而导致农民购买力下降，农业的市场贡献也不断下降。尽管印度政府投入大量资金对农业进行补贴，但补贴的精准性较差，大部分补贴了富裕地区和富农，而贫困线以下的农民获得的补贴很少，印度绝大多数农民依然贫穷，农业的市场贡献仍然较低。

第三节　印度农业对我国的启示

一、加强农民教育培训

加强农民教育培训，将庞大的人力资源转化为丰富的人力资本，提高农民的农业生产知识和技能，从而提高农业生产效率，并以此促进农业发展与教育的良性互动，是形成人力资本的条件。对于发展中国家而言，要在经济追赶前率先实现人力资本的追赶，并以此作为进一步追赶的条件。而我国农村人力资本投资现状堪忧，尤其是农村成人教育。因此，对农民进行人力资本投资，加强农民教育培训，对于我国经济发展尤为重要。农民作为特殊群体，其培训教育也显得较为特殊，加之我国在文化与基本国情上的差异，相比其他国家，我国农民的教育内容和形式更加特殊，不能照搬照抄。农业大学及其他农业研究机构应注重研究农民培训的目标、内容和活动的特点，提高培训效益，印度在这方面为我国提供了一定的借鉴。

农业技术推广人员是将科研成果传递到农民的关键力量，其能力素质和工作态度直接影响着推广的质量。我国应大力开展培训课程，以提高推广人员的知识储备和工作能力。此外，仿照印度的做法，我国可以建立起一套农业技术推广人员的评价和培训机制，及时了解推广人员的能力建设状况，并提供参与培训获得提高的机会。聘请农业方面的专家、有经验的推广人员等开展适宜的培训课程，提高推广人员素质，从而提高传统政府部门农业技术推广的效率。根据市场变化和农民心理，农业研究人员应经常组织针对农业教育培训的研究活动，为农民培训提供科学的指导。农业系统各部门、农业教育机构与社会团体等要积极合作，以商品粮基地建设等重大工程和项目为纽带，积极拓宽筹资渠道，做好农民培训教育工作，提高农民科学文化素质。

二、不断调整外资政策

外资的进入为农业发展提供了资本、技术等生产要素，但同时也蕴藏着潜在风险。要充分认识和利用外资，外资可能对某一环节和群体产生积极作用，但也有可能对产业其他环节和领域产生负面影响，从而产生相应的经济和社会问题。我们在扩大对外贸易规模的同时，本国的农业生产结构、产业控制、生态环境等方面也受到较大的负面影响。根据印度利用外资的经验，结合基本国情、经济发展需要、实际利用外资中出现的新问题，逐步调整和完善法律法规，制定完备的外国投资法。在指导农业利用外资的同时，加强外资利用的监管，防范产业风险。在现有外资利用法律法规框架体系内，应进一步完善相关法律法规制度，加强国家对农业利用外资的管理和监督，尽快完善《反垄断法》《反不正当竞争法》，加强对相关产业的监管和保护。

对农业利用外资采取的态度应该是鼓励和限制相结合，适时调整政策和措施，以提高外资使用效率，保护本国产业。过度开放和过于限制对本国农业的健康发展都不利，从印度的实践来看，在农业利用外资过程中不断调整相关政策，与本国农业发展相适应，才能兼顾产业发展和产业安全。鼓励外资进入优势资源开发、农业技术研发、基础设施建设和偏远落后地区开发等环节，引导外资进入具备先进技术和现代管理经验的行业，如：农产品精深加工、农产品出口创汇、农村清洁能源工程、生态农业、农业环境污染治理、农产品质量标准化工程等。鼓励外商从事农业基础设施建设，投资荒山、荒坡、中低产田改造或能明显提高农产品产量、质量和效益的项目等，鼓励外资投资偏远贫困地区农业发展。

三、协调地区与城乡发展

要逐步缩小地区差距，促进城乡协调发展。印度是南亚首屈一指的大国，经济发展失衡问题严重，东西南北之间差别较大，存在着地区差距和城乡差别。对于我国来说，这个问题同样存在，地区差距和城乡差别已成为限制我国经济社会进一步发展的重要因素。自然条件差异、资源禀赋不同、历史发展趋势、社会文化差别等诸多方面的原因，导致我国地区差距不断扩大、城乡差别愈发明显。印度的启示告诉我们：协调地区与城乡发展是保证社会稳定的基础，是人民幸福生活的前提。我国要实现全面建设小康社会的奋斗目标，必须重视中国现已存在的地区差距和城乡差别问题。在加快东部沿海地区发展的同时，全力实施西部大开发战略和加快东北等老工业基地调整、改造和振兴步伐。要调整宏观经济政策，采取各种有效措施，从多方面增加对农业和农村发展的投入，加大对农业的支持和保护力度，加快农业和农村经济发展。要真正重视农业，加快城市发展速度，逐步缩小城乡差别，实现区域的协调发展。

四、建立合理的农业支持政策

1. 建立直接补贴制度

直接补贴是没有争议的"绿箱"政策，为 WTO 规则所允许。我国要进一步增加农业国内支持总量，逐步优化农业国内支持结构，不断减少农产品流通环节的巨额财政补贴，加大对农村发展和农民的直接收入补贴。主要包括直接补贴和专项补贴，直接补贴是把补贴与农民粮食生产挂钩；专项补贴如良种补贴，退耕还林、草原治理等生态环境保护性补贴。但我国的基本国情是农民数量庞大、财政实力有限，加之政府与农民间缺少有效的中介组织，在我国实施大额度、大范围的直接补贴尚不现实，当前的可行政策，是分阶段、分地区、分人群逐步增加对农民的直接补贴。

2. 合理利用"黄箱"和"绿箱"支持

按照印度的实践，我国应建立有效的"黄箱政策"保护机制，加大"绿箱政策"支持力度，将粮食保护价收购变成直接补贴农民（陈建梅，2008）。首先，减少容易导致农产品贸易价格明显扭曲的价格干预措施；其次，充分利用"绿箱"政策，支持和保护本国农业生产。在"黄箱"政策方面，我国还存在较大的投入增长空间，而且"黄箱"补贴对提高农业竞争力有直接的作用，借鉴共同农业政策中的干预价格体系，结合我国的粮食流通体制改革，在WTO"黄箱"政策微量允许标准范围内加大价格支持力度，尽快制定和完善我国重要农产品的价格支持政策。

3. 尽快完善干预价格制度

为防止经营者利用市场波动串通涨价、哄抬价格，从而损害消费者和其他经营者的利益，需要实行一定的价格干预。我国的国家保护价格制度不同与欧美的干预价格制度，收购价格高于市场价格，目的是稳定农业生产和供应，保障农民的利益。借鉴印度最低收购价的经验，并基于降低国家收购压力的考虑，我国应在实施国家保护价格制度基础上，尽快完善适合我国国情的干预价格制度。不断完善现有价格监测制度、对价格干预方式规定合理的限度、完善价格干预救济制度等。

五、增加农民收入

农业发展的首要任务是增加农民的收入，农民收入是中央和地方各级政府关注重要问题。调查显示，截至2012年，我国贫困率已下降到7%，而印度贫困率为21.9%。农业产值较低与就业人口比重较高的矛盾导致了农民收入较低，印度农业人口较多，土地私有制导致了许多农民无地，土地资源的分配不均也是贫困率较高的主要原因。相比而言，我国土地改革较为成功，以后发展中，要不断完善土地流转方面的政策。印度无地农民大量涌入城市，是城市贫民窟的深刻根源，也是农民收入问题的表现，我国的情况较印度好很多，但促进农民增收过程中，政府的财政压力也较大。

在扶贫工作方面，政府应该量力而行。2006年3月22日，印度人民院（下院）以高票通过了《国家农村雇佣保证法案》，规定实施对象为印度所有农村家庭，保证每户家庭人均全年不低于100天的劳动时间，每天生活费最低60卢比。政府首先以全国 200 个地区作为实施对象，提供土木建筑等纯体力劳动的机会，并在 4 年内扩大至全国 600 个地区，提供的劳动内容包括灌植树、道路建设、休耕地再利用、溉等水利工作、提高乡村基础设施建设等，政府若不能提供劳动机会，将提供最低 60 卢比生活费作为补偿。这是印度大量农村贫困人口的福音，但同时每年也将增加印度政府开支 4 000 多亿卢比，而据当地媒体透露，印度财政根本无法承受如此巨大的支出。《国家农村雇佣保证法案》对于农民来说始终是一件好事，目的是为了减小贫富差距，提高农民的生活水平，但效果并不是非常明显，印度经济高速增长的背后是更大的贫富差距，政府的扶贫工作任务依然艰巨。

六、因地制宜制定农业政策

在制定农业发展政策时，政府应因地制宜、纵观全局。由于印度政府是选举出来的，因此在执政期间更注重眼前政绩，缺乏对全局的考虑，往往会损害部分农民的利益，引发一些社会动乱。所以，在制定农业发展政策时，政府应依据当地的实际，因地制宜，探索出一条合理有效的社会保障和公共服务道路。在农村基础设施建设和公共服务方面，政府应发挥主导作用。要切实保护农民的土地权益，杜绝各种土地权益侵犯事件的发生，维护农村社会的长治久安。

随着城镇化进程的不断推进和新农村建设的不断加快，加之我国农村土地产权法律不健全，农村土地侵权事件也时有发生，损害了农民的切实利益，造成农村社会的不稳定，不利于农村的长治久安和农民的安居乐业。所以在土地流转或乡村规划过程中，基层政府必须尊重农民意愿，不可独断专行。政府还应不断完善土地流转的法律法规，加强农村基础教育投资，培养有知识、会技术、懂法律的新型农民，让农民对相应的农业政策法规更加了解。

七、积极扶持农村合作社

印度积累了丰富的成功经验：政府积极推进，并有配套的合作社法和政策扶持，合作知识的普及和完善的合作经济体系等。这些经验在我国的农村合作经济发展中应予以充分的重视。首先，政府在中央设立合作社主管部门，健全管理监督体系，有利于合作社在资源上的有机结合。农村合作社是农民自治组织，但在发展的初级阶段，需要政府大力推动。印度政府建立了国家合作发展局，还设立了全国奶制品发展委员会、全国农业和农村发展银行、全国合作社发展公司等专门合作管理机构。在我国，虽然名义上农业部是专业协会的主管部门，但实际上，农村合作经济组织的管理并不统一。这严重制约了我国农村合作社的发展，应及早摆脱多头管理，仿照印度的做法成立专门的农村合作经济主管机构，促进农村合作社统筹、协调发展。

印度合作社信贷系统为农业领域提供大量的贷款，贷款数量比商业银行还多，是全世界最大的信贷网络。信贷合作社为印度农民提供了大量低息贷款，是农民筹集资金的重要渠道。虽然我国农村信用社营业网点遍布农村地区，但农民贷款较难，农民筹集资金的主要渠道是亲戚朋友，农村信用社的资金多数流向城市，其农村贷款从1994年不断下降。应该借鉴印度的经验，通过深化农村信用社改革，使其服务于农村与农业，成为农民信贷融资的主渠道。

流通服务主体型的合作社通过交易联合，能够节约市场进入成本，在交易上具有开放性，可直接进入市场，与其他合作社或非合作社进行交易，它在印度农村合作社中发展最快，能适应农业一体化的发展方向，是连接农户与大市场的纽带。流通服务主体型的合作社交易量大，覆盖范围广，有效提高了交易的效率，获得了一定的经济效益，间接促进了农民增收。我国的供销合作社在本质上已失去了合作的性质，成为政府行政管理，集体或个人承包经营，以营利为目的的经济组织，在农村经济中发挥的作用越来越小，在农业中的地位不断弱化。因此要逐步放弃供销合作社，构建流通服务主体型的合作社（李亚利，2008）。

八、加强农业基础设施建设

印度在加强农业基础设施建设方面，也值得我国借鉴。首先，要树立农业基础设施建设先行的意识。农业要想实现长远的发展，取得全局效益，前提就是农业基础设施的建设，这是农业生产的保证，落后的农业基础设施建设会降低农业的抗灾能力，制约农业产业化的发展。我国的农业基础设施建设缺乏强有力的措施保证和科学的认识，已远远落后于经济发展水平。所以，要切实转变观念，充分认识到农业基础设施的重要性，加大投资力度，实现从传统农业向现代农业的转变。

其次，要加快水利设施建设，加大农用物资投入。水利设施是农业生产的重要保证，水利是农业的命脉。新中国成立以来，我国在水利设施建设上投资巨大，也取得了较好的成绩，但抗击旱涝等自然灾害的能力依然较差，因此要不断加强农田水利的建设，提高农民防洪排涝抗旱的能力。按照"谁出钱、谁受益"的原则，充分利用市场机制，利用各方资金进行水利设施的建设。此外，还应注重小型水利设施建设，鼓励有条件的农户自己打井修渠，开源节流，加强蓄水，提高抗灾抗旱能力，尤其在水资源日益匮乏的当今，意义重大。

第三，加快农村通讯设施建设，促进科学技术的推广和应用。任何科研的突破，只有充分转化为生产力，才能更好地推动和促进社会的进步和发展。我国农村通讯水平相当落后，信息闭塞，严重阻碍了农民对科技资讯的获取，农民的网络技术掌握水平较低也严重限制了农民科技水平的提高。所以要加快农村通讯设施建设，尤其是网络设施建设，建立覆盖全国的通讯网络，及时将先进的农业科技传播给农民。

九、促进农村金融的市场竞争性

通过学习印度农村金融机构的分工协作，我国必须构建多层次、分工合作的农村金融组织。拓展中国农业发展银行与国家开发银行的政策性金融业务，满足贫困农户、农村基层政府以及农户和农村经济组织中有关政策性项目的贷款。中国农业银行定位于服务"三农"，应该发挥农村金融市场中"领头羊"的作用，定位于主要服务农村经济组织和龙头企业，推动其市场化进度。通过对中国农村金融市场上无序的多元化金融机构的分工合作，形成政策性金融、商业性金融、合作性金融相结合的农村金融市场，促进中国农村金融市场的竞争性，更好地为中国农村经济发展服务。

其次，重视农村金融市场法律建设。印度法规对金融机构实行硬性规定，保障农村金融机构高覆盖率和农户的贷款。印度金融市场体制十分健全，每个金融机构的合法地位和运营监管都有相应的法律保障。中国对农村金融市场的投入并没有专门的硬性法律规定，商业金融机构以追求商业目标、盈利性为目的，所以会做出逆向选择，使资金从农村大量流出，并形成路径依赖，所以要重视农村金融市场的法律建设。

第三，发展农村保险市场，积极推进农业保险。印度农业保险发达，金融机构风险能够得到补偿，所以金融机构把大量资金投入到农村。要培育中国农村金融市场，必须重视农村保险市场的建设，积极推进农业保险。从印度农业保险发展的经验来看，首先政府要重视，给予大力的财政支持与补贴，使农业灾害保险变成社会福利的一部分，开展具有本地特色的保险，推动农业保险的发展。

参考文献

白广玉，2006. 印度农村金融体系和运行绩效评介［J］. 农业经济问题
　　（11）：75-78.

曹雪琴，2008. 农业保险产品创新和天气指数保险的应用——印度实践评
　　析与借鉴［J］. 上海保险（8）：53-58.

陈才明，2005. 从印度人民党下台看执政党的基础建设［J］. 中国党政干
　　部论坛（5）：42-43.

陈建梅，2008. 日本，印度农业补贴政策的经验与启示［J］. 农场经济管
　　理（3）.

陈良玉，2004. 印度农村信息化的实践及借鉴［J］. 世界农业（10）：
　　36-39.

邓常春，2006. 印度政府对农业的支持及其成效［J］. 南亚研究季刊（4）：
　　14-17.

董玉华，2008. "三农"金融服务需注重体制机制的创新——印度工业信贷
　　投资银行开拓农村蓝海市场的理论，实践及启示［J］. 农村金融研究
　　（3）：67-73.

董运来，余建斌，2008. 印度粮食补贴政策及其效果评价［J］. 世界农业
　　（6）：24-27.

冯开文，2009. 印度农村合作社的启示［J］. 农产品市场周刊（27）：
　　12-14.

顾尧臣，2006. 印度有关粮食生产，贸易，加工，综合利用和消费情况
　　［J］. 粮食与饲料工业（9）：49-52.

贺聪，洪昊，葛声，等，2012. 金融支持农业科技发展的国际经验借鉴
　　［J］. 浙江金融（3）：33-38.

胡士铎，1982. 印度的农业和农业地理区域的划分［J］. 南亚研究

（3）：11.

胡烨，2014. 印度农业补贴政策及对中国的启示［J］. 南亚研究季刊（2）：66-71.

黄正多，2008. 合作社发展：印度的经验与教训［J］. 南亚研究季刊（1）：12.

黄正多，李燕，2008. 印度农业合作经济组织发展中的政府作用［J］. 南亚研究季刊，（4）：72-75.

金永丽，2006. 印度农业发展道路探索［M］. 北京：中国农业出版社.

康静莎，2007. 印度农业发展的金融支持［J］. 农村工作通讯（1）：62-62.

孔军，2011. 印度农业补贴政策的特点与启示［J］. 生产力研究（11）：146-148.

乐波，2007. 印度的农业保险［J］. 世界农业（1）：32-35.

李冬梅，刘智，唐姝，2009. 印度农业技术推广体系制度结构的分析及其启示［J］. 世界农业（5）：23-26.

李巧莎，2008. 印度金融支持农业发展的经验及借鉴［J］. 金融教学与研究（2）：29-34.

李思经，2009. 印度农产品市场信息发布研究［J］. 世界农业（7）：47-49.

李婷，2006. 浅析欧盟的共同农业政策对我国农业的启示［J］. 农场经济管理（2）：10-13.

李西林，2007. 印度农业支持政策改革的经验及对中国的启示［J］. 世界农业（10）：29-32.

李亚利，陈自强，2008. 印度农村合作社及其对中国的启示［J］. 安徽农学通报（6）.

栗华田，2002. 印度的粮食生产和流通体制［J］. 农业发展与金融（6）：19.

林承节，2001. 印度现代化的发展道路［M］. 北京：北京大学出版社：207.

刘丽，2007. 印度的土地审批制度及其相关问题［J］. 国土资源情报

(11)：22-28.

罗国柱，2011. 印度俄罗斯的农产品价格管理政策对我国的启示 [J]. 金融经济 (5)：46-48.

秦富，王秀清，辛贤，何秀荣，等，2003. 国外农业支持政策 [M]. 北京：中国农业出版社.

任大鹏，2002. 印度的农业和农村发展政策 [J]. 世界农业，11 (283)：30-32.

任晓明，2012. 印度农村科技服务体系建设初探 [J]. 全球科技经济瞭望，26 (12)：42-49.

盛荣，2007. 印度土地制度效果对中国土地制度改革的启示 [J]. 中国农业大学学报：社会科学版 (4)：71-74.

石丹，程慧，2014. 政府支持农村微型金融的国际经验借鉴 [J]. 金融与经济 (4)：50-54.

石磊，2010. 国外农村金融发展的经验及启示 [J]. 江西金融职工大学学报，23 (4)：31-33.

石明，2007. 印度的农村金融体系 [J]. 中国城乡桥 (1).

宋维佳，2006. 我国粮食储备体系重组的基本分析 [J]. 财经问题研究 (3)：10-15.

宋志辉，2009. 印度的农业发展及对我国的启示 [J]. 农村经济 (4)：126-129.

宋志辉，2009. 印度农村反贫困的经验，教训与启示 [J]. 南亚研究季刊 (1).

宋志辉，2012. 试析印度的城市化对农村减贫的影响 [J]. 南亚研究季刊 (3)：47-51.

苏布拉塔，加塔克，等，1987. 农业与经济发展 [M]. 北京：华夏出版社.

孙健，王蕾，王建丽，2008. 印度奶业发展现状 [J]. 中国奶牛 (11)：57-60.

孙凯，2014. 印度农产品价格调控机制评介 [J]. 农业经济 (4)：113-114.

孙培均，刘创源，1990. 南亚国家经济发展战略研究［M］. 北京：北京大学出版社：53.

谭晶荣，2004. 困惑大国农业经济发展的主要问题剖析——印度的经验及对中国的启示［J］. 农业经济问题（8）：74-77.

唐赛，2009. 南北国家农村金融体系比较与借鉴［J］. 商业研究（8）：94-97.

万宝瑞，2007. 印度农业科技体制的组织框架，运行机制及其启示——印度农业科技体制考察报告［J］. 中国农村经济（9）：12.

汪建彬，朱汉琪，张建新，2008. 用"三化"理念指导农民增收工作［J］. 安徽农学通报，14（6）：19-20.

王春华，2011. 印度雨水开发训示录［J］. 防灾博览（4）.

王建刚，2004. 政府扶持催生印度农业奇迹［J］. 金融信息参考（6）：59.

王建明，2009. 国外农业科研投资管理制度及对我国的启示［J］. 科技进步与对策，26（6）：75-79.

王晓丹，2007. 印度的农村建设［J］. 南亚研究（2）：31-35.

文富德，2004. 印度的银行改革［J］. 南亚研究（1）：12-16.

文富德，2005. 印度产业模式浅析［J］. 亚太经济（4）：26-29.

文富德，2005. 印度农业的全球化对策［J］. 南亚研究季刊（1）：1-7.

文富德，2007. 发展中的印度农村金融市场及其启示［J］. 南亚研究季刊（3）：1-7.

文富德，2008. 论中印经贸合作的发展前景［J］. 南亚研究季刊（1）：49-55.

翁鸣，2009. 迷局背后的博弈：WTO新一轮农业谈判问题剖析［M］. 北京：社会科学文献出版社.

吴臣辉，2007. 基于农村反贫困的印度农业保险政策［J］. 贵州财经学院学报（6）：89-93.

吴臣辉，2007. 论印度农村反贫困过程中的农业保险［J］. 江西农业学报，19（11）：142-143.

吴永年，2007. 印度的第二次绿色革命［J］. 南亚研究（2）：26-30.

武翔宇，2008. 印度金融联结的经验及对中国的启示［J］. 世界农业（2）：

32-35.

席增雷，白思然，张萌，2008. 印度发展农业的金融支持经验及启示［J］. 世界农业（7）：40-41.

向东明，2011. 农村金融失血问题与宏观政策创新［J］. 银行家（12）：104-107.

向元钧，2002. 印度农业应对WTO的对策［J］. 当代亚太（6）：58-64.

向元钧，2004. 印度农业应对WTO：对策，成效及存在问题［J］. 南亚研究季刊（2）：14-18.

徐敏，2011. 国外农业可持续发展融资经验及对中国的启示［J］. 世界农业（1）：10-14.

晏世经，陈继东，1998. 中国西南对印度贸易问题研究［M］. 成都：四川大学出版社.

杨东群，李先德，2007. 印度农业和农村的发展现状及问题［J］. 世界农业（6）：44-47.

杨东群，李先德，刘耀魁，2006. 农产品出口机遇国别报告之十五　印度篇　挖掘市场潜力　开拓农产品多样化出口［J］. WTO经济导刊（8）：50-51.

杨晓蓉，陈良玉，陈立平，2006. 印度农业信息化的现状［J］. 世界农业（2）：26-27.

亦戈，2013. 印度的"白色革命"［J］. 中国畜牧业（10）：58-60.

尹成远，周稳海，2006. 国际农业保险的成功经验对我国的启示［J］. 国际金融研究（3）：20-25.

于细婷，2011. 印度财政与金融支持农业合作社发展的经验及启示［J］. 中国农民合作社（9）：59-61.

张维发，2010. 构建我国农村金融风险补偿机制的现实选择［J］. 吉林金融研究（6）：47-48.

张宇慧，2005. 浅谈欧盟农业支持政策的改革及对中国农业政策的启示［J］. 技术经济与管理研究（3）：96-97.

周丙洋，2008. 印度ITC公司农产品交易机制创新经验及启示［J］. 价格月刊（3）：63-65.

周建松，2010. 三农问题的金融政策支持机理和经验［J］. 浙江金融（2）：
　7-10.

朱广俊，2001. 国外农业税收的优惠政策［J］. 世界农业（2）：11-13.

朱立志，方静，2004. 印度绿箱政策及相关农业补贴［J］. 世界农业（3）：
　20-23.

朱行，2008. 印度农业发展与政府财政支持［J］. 上海农村经济（9）：
　42-45.

朱行，2010. 印度农业现状概述［J］. 粮食流通技术（1）：35-38.

宗义湘，王俊芹，刘晓东，2007. 印度农业国内支持政策［J］. 世界农业
　（4）：38.

Randhawa N S，哲伦，2009. 新兴国家土地管理畅谈系列之一——印度的
　土地管理与保护利用［J］. 资源与人居环境（8）.

Agarwal B，1992. The gender and environment debate：lessons from India
　［J］. Feminist studies：119-158.

Agarwal B，1997. Gender，environment，and poverty interlinks：Regional
　variations and temporal shifts in rural India，1971 - 1991［J］. World
　Development，25（1）：23-52.

Agrawal A N，2005. Indian Economy：probs of Development & Planing
　［M］. New Age International.

Ahluwalia M S，2002. Economic reforms in India since 1991：has gradualism
　worked?［J］. The Journal of Economic Perspectives，16（3）：67-88.

Bardhan P K，1973. Size，productivity，and returns to scale：An analysis of
　farm-level data in Indian agriculture［J］. The Journal of Political
　Economy：1370-1386.

Bhalla G S，1994. Economic liberalization and Indian agriculture［J］.
　Economic liberalization and Indian agriculture.

Bhalla G S，Singh G，2001. Indian agriculture：four decades of development
　［M］. Sage Publications.

Bharadwaj K，1974. Production conditions in Indian agriculture：A study
　based on farm management surveys［M］. Cambridge：Cambridge

University Press.

Broadman H G, 2007. Africa's silk road: China and India's new economic frontier [M] . World Bank Publications.

Cassen R, Joshi V, 1995. India: The future of economic reform [M]. Oxford University Press.

Cecchini S, Scott C, 2003. Can information and communications technology applications contribute to poverty reduction? Lessons from rural India [J]. Information Technology for Development, 10 (2): 73-84.

Dandekar V M, 1994. The Indian economy 1947-92. Vol. 1. Agriculture [M]. Sage Publications.

Dossani R, Misra D C, Jhaveri R, 2005. Enabling ICT for rural India [J]. Asia Pacific Research Center, Stanford University and National Informatics Centre.

Fan S, Gulati A, Thorat S, 2008. Investment, subsidies, and pro - poor growth in rural India [J] . Agricultural Economics, 39 (2): 163-170.

Gulati A, 2003. Narayanan S. Subsidy syndrome in Indian agriculture [M]. New Delhi: Oxford University Press.

Gulati A, Sharma A, 1995. Subsidy syndrome in Indian agriculture [J]. Economic and Political Weekly: A93-A102.

Hopper W D, 1965. Allocation efficiency in a traditional Indian agriculture [J] . Journal of farm economics, 47 (3): 611-624.

India Dept. of Agriculture & Cooperation, Academic Foundation, 2004. State of the Indian Farmer: Globalisation and Indian agriculture [R]. Department of Agriculture and Cooperation, Ministry of Agriculture, Government of India.

Joshi V, Little I M D, 1994. India: Macroeconomics and Political Economy, 1964-1991 [M] . World Bank Publications.

Kohli A, 2006. Politics of economic growth in India, 1980-2005: Part I: The 1980s [J] . Economic and Political Weekly: 1251-1259.

Kumar K S K, Parikh J, 2001. Indian agriculture and climate sensitivity [J]. Global environmental change, 11 (2): 147-154.

Lau L J, Yotopoulos P A, 1971. A test for relative efficiency and application to Indian agriculture [J] . The American Economic Review: 94-109.

Pal P, 2005. Current WTO Negotiations on Domestic Subsidies in agriculture: implications for India [R] . Indian Council for Research on International Economic Relations Working Paper: 177.

Patnaik U, 1976. Class differentiation within the peasantry: an approach to analysis of Indian agriculture [J] . Economic and Political Weekly: A82-A101.

Raju S S, Chand R, 2008. Agricultural insurance in India: problems and prospects [R] . National Center for Agriculture Economics and Policy Research, NCAP working paper: 8.

Rao C H H, 1975. Technological change and the distribution of gains in Indian agriculture [M] . Macmillan Company of India.

Sen A K, 1962. An aspect of Indian agriculture [J] . Economic Weekly, 14 (4-6): 243-246.

Sharma V P, Thaker H, 2009. Fertilizer subsidy in India: Who are the beneficiaries? [R] . Ahmedabad: Indian Institute of Management.

Singh R N, 1961. Role of blue-green algae in nitrogen economy of Indian agriculture [J] . Role of blue-green algae in nitrogen economy of Indian agriculture.

Sulaiman R V, 2003. Innovations in agricultural extension in India [R]. Sustainable Development Department, FAO.

Sulaiman R, Van den Ban A W, 2003. Funding and delivering agricultural extension in India [J] . Journal of International Agricultural and Extension Education, 10 (1): 21-30.

图书在版编目（CIP）数据

印度农业/李军，黄玉玺，胡鹏著 . —北京：中
国农业出版社，2017.11
　（全球化中的大国农业）
　ISBN 978-7-109-23447-5

　Ⅰ.①印⋯　Ⅱ.①李⋯②黄⋯③胡⋯　Ⅲ.①农业经
济－研究－印度　Ⅳ.①F335.13

中国版本图书馆 CIP 数据核字（2017）第 255772 号

中国农业出版社出版
（北京市朝阳区麦子店街 18 号楼）
（邮政编码 100125）
责任编辑　闫保荣　潘洪洋

北京万友印刷有限公司印刷　新华书店北京发行所发行
2017 年 12 月第 1 版　2017 年 12 月北京第 1 次印刷

开本：880mm×1230mm 1/32　印张：12.5
字数：336 千字
定价：45.00 元
（凡本版图书出现印刷、装订错误，请向出版社发行部调换）